D1747964

TRINKKULTUR
GETRÄNK

BENTELI

Mareile Flitsch (Hrsg.)

TRINKKULTUR
GETRÄNK

Milch • Maniokbier • Kawa • Palmwein • Tee • Reisbier

Renzo S. Duin
Sonia Duin
Mareile Flitsch
Luciano Gagliardi
Katharina Haslwanter
Andreas Isler
Thomas Kaiser
Lena Kaufmann
Thomas Laely
Karin von Niederhäusern
Maike Powroznik
Raphael Schwere
Rebekka Sutter
Martina Wernsdörfer
Martina Zierhofer

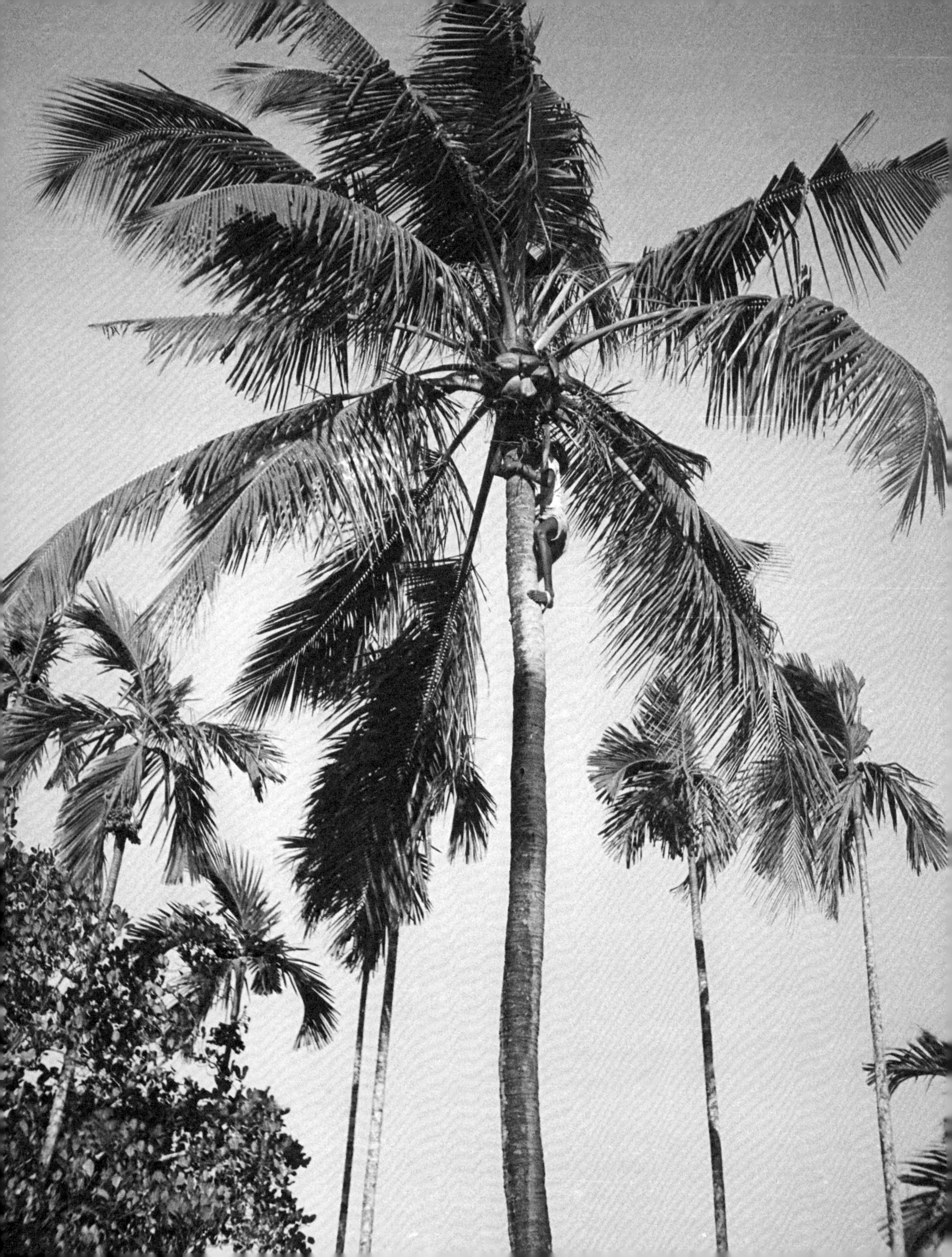

INHALT

Mareile Flitsch
7   Vorwort

Mareile Flitsch
13 Einführung

Rebekka Sutter
26 Alpine Milchkultur in der Schweiz – rufen, melken, messen, juchzen

Luciano Gagliardi, Thomas Laely, Raphael Schwere
58 Milch in Afrika – Kalebasse und Tetra Pak

Maike Powroznik, Renzo S. Duin, Sonia Duin
96 Maniokbier im tropischen Südamerika – Das Lebenselixier amazonischer Gesellschaften

Katharina Haslwanter, Andreas Isler, Martina Zierhofer
130 Kawa in West-Polynesien – Die berauschende Ehrengabe an Göttergäste

Mareile Flitsch, Lena Kaufmann, Karin von Niederhäusern
158 Palmwein im Tropengürtel – Von Palmsaftzapfern und Palmweinbechern

Martina Wernsdörfer
200 Tee im Himalaya-Raum und in Japan – Ein vielseitiges Getränk in erlesener Variation

Thomas Kaiser
238 Reisbier der Naga Nordostindiens – Dinge, Lieder und Legenden

273 Bibliografie
286 Bildnachweis

IMPRESSUM

© 2014 BENTELI Verlag, Sulgen,
und Völkerkundemuseum der Universität Zürich

Redaktion: Andreas Isler und Thomas Kaiser
Artdirektion: Adrian Hablützel, artdepartment.ch
Sachfotografie: Kathrin Leuenberger
Bibliografie: Adrienne Wegmann
Bildrechte: Bei den beim Bild genannten
Fotografen, bzw. den im Bildnachweis
S. 286 aufgeführten Institutionen.
Foto Cover: Siehe Abb. S. 213
Übersetzung der fremdsprachigen Zitate durch
die Autoren.
Korrektorat: Beate Bücheleres-Rieppel
Bildbearbeitung und Druck: Heer Druck AG, Sulgen
Bindung: Buchbinderei Burkhardt AG, Mönchaltorf

ISBN 978-3-7165-1789-5
www.benteli.ch

VORWORT

Die Sammlung des Völkerkundemuseums der Universität Zürich (VMZ) umfasst etwa 40'000 Objekte sowie Fotografien, Schrift-, Film- und Tondokumente. In einer solchen Materialfülle bildet sich so manches ab, Sammelleidenschaft zum Beispiel, geweckt anlässlich eines wissenschaftlichen Sammelauftrags, durch den Wunsch, ‹Primitivität› zu dokumentieren, Stereotype zu belegen oder Ethno-Typisches nachzuweisen, und manchmal ganz einfach durch ein Gefühl der Dringlichkeit beim Erhalt von Könnerschaft und bei der Bewahrung von Untergehendem. Beweggründe solcher Art formten die Sammlung und hinterliessen ihre Spuren in der Auswahl von Objekten und in der Qualität von Archivalien und Dokumentationen.

Doch geben unsere Bestände nicht nur Aufschluss über Lebensweisen und Gesellschaftsformen von Angehörigen aussereuropäischer Kulturen, sie spiegeln auch Biografien und Interessen von Schweizer Reisenden und Ethnologen, von Schweizern in ausländischen Diensten, von Menschen aus ganz unterschiedlichen Ländern. Die Wurzeln der Sammlung reichen weit ins 19. Jahrhundert zurück. Institutionalisiert – zunächst als geographischethnographische Lehrsammlung – wurde sie am 1. Juni 1889.

Heute, 125 Jahre später, ist sie eine bedeutende Weltkulturerbe-Sammlung, die im Schweizerischen Inventar der Kulturgüter von nationaler Bedeutung als A-Objekt inventarisiert ist und besonderen Schutz geniesst. Sie wird gepflegt und bewahrt, zielgerichtet erweitert, im Rahmen von Forschung und Lehre an der Universität Zürich erschlossen und in Ausstellungen vermittelt.

Der finanzielle, wissenschaftliche, gesellschaftliche und politische Wert ethnografischer Sammlungen wird heute in der Öffentlichkeit, aber auch in den mit der Verwahrung betrauten Institutionen und bei Geldgebern, immer wieder neu diskutiert, teils intern, teils öffentlich in den Medien. Weltsicht und Fortschrittsgedanken früherer Sammler sind Gegenstand einer kritischen wissens- und wissenschaftshistorischen Forschung, die immer wieder zu einschneidenden Paradigmenwechseln führt. Von ICOM, der International Commission of Museums, wurden ethische Richtlinien des Umgangs mit Sammlungen erarbeitet, die heute für Museen bindend sind.

Von Zeit zu Zeit wird uns die Frage nach der Bedeutung unserer Sammlung gestellt, aber auch danach, wie wir mit diesem Erbe umgehen – mit heute fragwürdigen Sammlungsbeständen etwa oder in Hinblick auf die Moderne in jenen Regionen, aus denen unsere Objekte stammen.

… toute société, tout groupe restreint tend à organiser l'ensemble de ses pratiques autour d'un breuvage central.

… jede Gesellschaft, jede kleine Gruppe tendiert dazu, die Gesamtheit ihrer Praktiken rund um ein Hauptgetränk zu organisieren.

Claudine Fabre-Vassas, La boisson des ethnologues, 1989

Das ethnografische Erbe kann manchmal schwer wiegen, etwa, wenn Fragen der Provenienz nicht geklärt oder nicht zu klären sind, wenn es um menschliche Überreste geht – um Schrumpfköpfe, Mumien oder Schädeltrophäen –, um fragwürdige Ankäufe unter Wert oder um Raubgut.

Immer wieder diskutieren wir, in welchen Fällen eine Rückführung von *human remains* und von Objekten angebracht ist. Ethnologinnen und Ethnologen sind sich der kolonialen und postkolonialen Ideologien bewusst, die sich in Fotos, Filmen und Monografien, doch auch in der Zusammensetzung von Sammlungen manifestieren, und pflegen damit einen kritischen Umgang. Längst ist Zusammenarbeit und gemeinsames Forschen mit Kolleginnen und Kollegen in entsprechenden Institutionen der Herkunftsländer Usus.

Gegenwärtig lässt sich beobachten, wie sich ethnologische Museen vielerorts neu definieren. Traditionsreiche Häuser werden saniert, umgebaut und konzeptionell überdacht. Museen wie das Musée du Quai Branly in Paris, das Kölner Rautenstrauch-Joest-Museum, das Weltmuseum in Wien, das Basler Museum der Kulturen oder das künftige Humboldt-Forum in Berlin sind diesbezüglich wegweisend. Heute existiert in der Schweiz und in Europa eine beeindruckend vielfältige Landschaft moderner ethnologischer Museen, die in ihren Ausstellungen dazu beitragen, die Öffentlichkeit zu informieren, zu orientieren oder schlicht zu erstaunen.

Das Völkerkundemuseum der Universität Zürich wurde zwischen 2012 und 2014 einer Renovation unterzogen. Die dadurch bedingte Schliessung des Hauses veranlasste auch uns, die Bedeutung unserer Sammlung zu überdenken und das Ergebnis dieser Reflexion anlässlich der Neueröffnung zu präsentieren und mit unseren Besucherinnen und Besuchern zu teilen.

Wir verstehen ethnografische Museumssammlungen als historisch gewachsene Speicher von Alltags-, Spezial- und Ritualwissen aus allen Regionen der Welt. Die Veränderung der Lebensumstände grosser Teile der Weltbevölkerung beschleunigt sich kontinuierlich; Kulturen und Gesellschaften werden damit konfrontiert und oft gleichermassen überrollt, bevor sie in der Lage sind, über das Geschehen zu reflektieren, etwa innezuhalten und zu bedenken, welche Teile ihres ureigenen Wissens weiterhin relevant und erhaltenswert wären. So wie viele der heute etwa 6'000 gesprochenen Sprachen akut vom Aussterben bedroht sind, ohne dass man sie ausreichend dokumentiert hätte, geht mit gesellschaftlichen Umwandlungen komplexes und vielgestaltiges Wissen und Können verloren.

Dies ist der Hintergrund, vor welchem der Erkenntniswert einer wissenschaftlichen ethnografischen Sammlung heute zu beurteilen und zu würdigen ist.

Zur Wiedereröffnung unseres Museums erarbeiteten wir eine Darstellung dieses Erkenntniswerts beispielhaft anhand klar umrissener Ausschnitte aus der Sammlung. Die Ausstellung TRINKKULTUR – KULTGETRÄNK soll unseren Besucherinnen und Besuchern die Ergebnisse einer Forschungsreise in die Depots präsentieren und anhand der Artefakte die Wissenswelten von Schweizer Alpwirtschaft und Milch, von Sauermilch in Afrika, Maniokbier in Amazonien, von Kawa in der Südsee, Palmwein in den tropischen Regionen Afrikas, Asiens und Amerikas, von tibetischem Buttertee, japanischer Teekultur und von Reisbier im weiteren Himalaya-Raum vor Augen führen.

Für die vielfältige Hilfestellung und Unterstützung von verschiedensten Seiten, gerade auch während des Umbaus des Völkerkundemuseums, möchten wir uns an dieser Stelle sehr herzlich bedanken.

Wir danken der Stiftung Pro Katz für die finanzielle Unterstützung des neuen, digitalen Führers durch unsere Ausstellungen, der Kommunikationsabteilung der Universität Zürich für die Teilübernahme von Werbung und Werbekosten und dem Ethnologischen Seminar der Universität Zürich für das vielfältige Engagement.

Für Leihgaben, Bildreproduktionsgewährung und Schenkungen bedanken wir uns bei der Zentralbibliothek Zürich, beim Museum Rietberg, dem Musée d'ethnographie de Neuchâtel, dem Museum der Kulturen in Basel, dem Historischen und Völkerkundemuseum St. Gallen, der Médiathèque Valais, Martigny, der Stiftung Grasland Kamerun in Kriegstetten, dem Archiv der Basler Mission, der Fotostiftung Schweiz, dem Bildarchiv der ETH-Bibliothek Zürich, dem Heinrich-Harrer-Museum Hüttenberg, dem Tropenmuseum Amsterdam, dem Natural History Museum und dem British Museum, London, dem Deutschen Bundesarchiv, dem Service protestant de mission Défap, Samuel Schütz, Marianne Bissegger und Pascal Elsner, Urs App, Liliane Ruff, Bernd Schütze, Dr. Neal Sobania und Dr. Raymond Silverman, bei Presley Lawrence-Roth Photography, Dr. h.c. Hans Knöpfli, Dr. Ingo Nentwig und bei Prof. Dr. Wolfgang Marschall.

Prof. Dr. Wolfgang Marschall gebührt zudem unser Dank für seine Recherchen und Auskünfte über Palmwein in Indonesien. Dr. Piet van Eeuwijk und Edgar Keller vom Ethnologischen Seminar der Universität Zürich sowie Dr. Jean Pierre Miahouakana aus der Republik Kongo und Prof. Dr. Wolfgang Bender danken wir dafür, dass sie ihr Palmweinwissen mit uns teilten. Georg Winterberger gilt unser Dank für die Dokumentation der Herstellung von Palmwein in Myanmar. Bei Dr. Michael Kraus, Universität Bonn, bedanken wir uns für seine Expertise zur Theodor Koch-Grünberg-Sammlung. Prof. Dr. Bruno Illius, Berlin, danken wir dafür, dass er uns mit seinem Wissen über das Bier und Biergefässe der Shipibo zur Seite stand, ausserdem Tashi und Kelchoe Khorlotsang, Illnau, für ihre Auskünfte zu Buttertee.

Ein herzliches Dankeschön geht auch an Prof. Dr. Steven Hooper, Direktor der Sainsbury Research Unit, Norwich, an Katrina Talei Igglesden, Projektkoordinatorin daselbst und in Fidschi, und an Dr. Marion Melk-Koch vom Grassi-Museum für Völkerkunde zu Leipzig für die grosszügig gewährte Beratung, Unterstützung und Zurverfügungstellung von Materialien und Leihgaben zu Kawa, und an Achim Schäfer vom Historischen und Völkerkundemuseum St. Gallen für die angenehme Zusammenarbeit bei der ‹Rück-Ausleihe› der einst von Zürich nach St. Gallen verkauften Kawaschüssel. Dr. Ganesh

Murmu von der Ranchi University, Indien, sei dafür gedankt, dass er sein Wissen über die mündlichen Traditionen der Santal mit uns teilte, und für Übersetzungsarbeiten und Hilfe bei der Beschaffung von Ton- und Filmaufnahmen zu Reisbier und Palmwein. Dr. Ingo Nentwig, Ethnologisches Seminar der Universität Zürich, danken wir herzlich für seine Übersetzungen und Nachdichtungen chinesischer Trinkgedichte. Ebenso gebührt Dr. Renzo S. Duin, Universität Leiden, und Sonia Duin, University of Florida, Dank für ihre beherzte Mitarbeit und ihre freigiebige Unterstützung der Ausstellung etwa mit Filmen und Fotos aus der eigenen Feldforschung bei den Wayana. Ferner danken wir David Holler, tibetbook.net, in Lhasa für das Beschaffen von Objekten; Prof. Dr. Alfred F. Majewicz, Adam Mickiewicz University Poznań, für die Beschaffung historischer Tonaufnahmen der Ainu; Prof. Dr. Uli Kozok, University of Hawaii in Manoa für Film- und Bildmaterial zum Klagelied des Palmsaftzapfers Ompu Hotma, Ortsvorsteher der Gemeinde Silahi Sabungan in Batakland, Sumatra; Ueli Läuppi, Luzern, für die bereitwillige Zurverfügungstellung seiner Amazonienkarte; ferner Alexis Malefakis, Universität Konstanz, für Informationen zu Palmweinobjekten in Afrika, Mohomodou Houssouba für seine Hinweise zur Mythologie afrikanischer Milch, Dr. Robert Schikowski und Dr. Mathias Jenny, Zürcher Kompetenzzentrum Linguistik an der Universität Zürich, für Hinweise zur korrekten Umschrift von Palmweinbezeichnungen; den Tutorinnen Chantal Blum, Martina Zierhofer und Karin von Niederhäusern für ihre begeisterte Zuarbeit.

Herzlich danken wir Christoph Müller, der unsere Afrika-Forschung als Fotograf und Filmer begleitete, Eunice Wangari Wambugu, die das Team als Übersetzerin und Dolmetscherin unterstützte, und den ortskundigen Begleitern Akol Moses und Ambrose Murangira. Ohne die langen vorbereitenden Gespräche mit Marceline Bottlang, Céline Nibigira und Aloys Negamiye wäre es nicht möglich gewesen, die während einer Feldforschung in Burundi im Oktober 2013 erhobenen Daten zusammenzutragen; ihnen gebührt entsprechender Dank ebenso wie Aimable Nijimbere, Edmond Remondino, Anna-Maria Brandstetter und Vénuste Havyarimana. Auch an Gitte Beckmann, derzeit in Uganda, geht unser Dank für das temporäre Beherbergen von Studierenden und Mitarbeitenden des Völkerkundemuseums und für die Zwischenlagerung einer neuen Kalebassensammlung.

Familie Neff auf der Altenalp oben und im Tal unten danken wir für die freizügig gewährten Auskünfte zur alpinen Milchwirtschaft und dafür, dass sie mit Alpsegen und Lockrufen das Tonarchiv des Völkerkundemuseums um wertvolle Dokumente bereicherte.

Wir bedanken uns bei Yvo Magnusson, Globalwine AG, und bei Jan Kübler, Sommelier Park Hyatt Hotel Zürich, für ihr professionell-wagemutiges Verkosten unserer Lebenselixiere und bei Björn Ziegler-Paiano, Manager des Personalrestaurants Piazza Credit Suisse, für Geschmack betreffende Impulse.

Ganz besonders danken wir Martin Kämpf und Dominik Steinmann vom Ausstellungsdienst der Universität Zürich, ohne deren kritisch-unterstützendes und konstruktives Mitdenken und ohne deren tatkräftige Umsetzung von Ideen die Ausstellung nicht hätte entstehen können; wir danken Adrian Hablützel für die kreative Gestaltung der Grafik von Publikation und Ausstellung; ferner danken wir dem Illustrator Daniel Müller für sein feinfühliges Zeichnen in der Sammlung und für das Realisieren der Daumenkinos, Raphael Ochsenbein für seine Expertise und seine Inputs zur gewählten Variante des digitalen Ausstellungsführers sowie Francesca Rickli für ihre Beratung zur Barrierefreiheit von Website, Ausstellung und Publikation. Dem Botanischen Garten der Universität Zürich, namentlich Peter Enz und Samuel Bürgi, sei für die gute Zusammenarbeit und für die Bereitstellung einer Vielzahl der uns interessierenden Pflanzen gedankt.

Bei Dr. Peter Gerber bedanken wir uns sehr herzlich für sein akribisches und kritisches Lesen der Buchbeiträge, und last, but not least bedanken wir uns bei unseren Angehörigen für ihre Unterstützung.

Mareile Flitsch

EINFÜHRUNG

Mareile Flitsch

Objekte einer ethnografischen Museumssammlung wirken auf den ersten Blick nicht selten unscheinbar. Sie wurden einst von Angehörigen meist aussereuropäischer Gesellschaften konzipiert und hergestellt, gewöhnlich für den Eigenbedarf, gelegentlich im Auftrag von Reisenden, Sammlern oder Ethnologen. Doch wurden diese alltäglichen Dinge von ihren Schöpfern auf spezifische Art und Weise verwendet; das Wissen um ihre Herstellung und ihren Gebrauch wurde formuliert, praktiziert und tradiert, wobei der menschliche Körper als fühlend wahrnehmender Speicher des erworbenen Wissens und als Instrument zu dessen Umsetzung diente.

Zwar teilen alle Menschen elementare körperliche Voraussetzungen, doch nutzen sie ihre Körper auf ganz unterschiedliche Weise. Schon wenn man Gesellschaften vergleicht, die unter ähnlichen Umweltbedingungen leben, stellt man fest, dass sie sich in ihrer konkreten Umgebung kulturell doch unterschiedlich bewegen. Sie nutzen die ihnen zur Verfügung stehenden Mittel entsprechend ihrer jeweiligen Vorstellungen von technischer Effizienz erstaunlich vielfältig. Je nach der gesellschaftlichen Organisation von Arbeit und Ressourcen strukturieren Menschen ihren Alltag und ihre materielle Kultur unterschiedlich, werden Neuerungen auf unterschiedliche Weisen absorbiert oder abgelehnt. Überall ist die Weitergabe von Wissen, auch von handgreifliche Dinge betreffendem Wissen, ein wesentliches gesellschaftliches Anliegen. Strategien und Techniken des Memorierens, des Repräsentierens und des Vermittelns stellen gerade nicht schriftlich tradierende Gesellschaften vor Herausforderungen (etwa an das Gedächtnisvermögen des Einzelnen), die sich der schrift- und neuerdings medienkundige Stadtmensch kaum vorstellen kann. Und so ist denn die Frage nach dem Wissen und Können von Angehörigen anderer Gesellschaften und Kulturen bereichernder als die Bemängelung von Dingen, die zu tun und haben sie vielleicht nicht in der Lage waren. Denn gerade darauf stösst man in einer ethnologischen Sammlung immer wieder: auf Könnerschaft, auf Erfindungsreichtum, auf Sorgfalt und Handfertigkeit, auf Innovation und Bastelei (*bricolage*), auf Dokumente des Nachdenkens über sich und die Welt. Artefakte, Zeugnisse materieller

Alltagskulturen, weisen über ihre blosse Materialität hinaus. Sie belegen die komplexen gesellschaftlichen Zusammenhänge, in denen sie entstanden sind, in die sie eingebunden waren und innerhalb derer sie verwendet wurden. Jedes Objekt unserer Sammlung ist in seinem Kontext zu betrachten – und gerade dies ist unsere Verantwortung und Aufgabe als ‹Weltbürger› und Ethnologen: die uns zur Verfügung stehenden wissenschaftlichen Methoden dazu einzusetzen, den Schöpfern dieser Objekte Respekt zu erweisen für ihre Leistungen in ihrer Zeit und Umgebung.

AUSGEHEND VOM OBJEKT

Eine Überprüfung der Bedeutung einer ethnologischen Museumssammlung erfordert nicht zuletzt eine Beschäftigung mit der damit verbundenen Sammlungsgeschichte. Jeder Sammler hatte seine eigenen Beweggründe beim Erwerb eines Objektes als Andenken und Mitbringsel, als Beweisstück für Gesehenes, Gehörtes, Erfahrenes, Verstandenes, Entdecktes oder Bestauntes.

Was wir heute als Kulturerbe erachten, galt in vielen Fällen einst als Beleg für die ‹Primitivität› von Menschen ferner Regionen und den Europäern unbekannter Gesellschaften. Gerade Alkoholkonsum war in westlichen Augen oft negativ belegt und galt als Indiz für angeblichen Mangel an Zivilisation.

Der wissbegierige und wissenschaftliche Blick auf dieselben Objekte und Phänomene hat sich zwischenzeitlich verändert, und wir bestaunen, was unsere Vorgänger vielleicht verachteten, «denn für das fremde *Ding* wie für das eigene Gemälde, die eigene Skulptur gilt, dass sie […] ihre ursprüngliche Form über die Zeit hinweg bewahren, während wir uns verändern…».[1]

Jede Gesellschaft verarbeitet für die von ihr produzierten Objekte nicht nur die zur Verfügung stehenden greifbaren Materialien, sondern auch geistiges Vermögen; ein Artefakt ist deshalb gleichzeitig Gebrauchsgegenstand und Inspiration:

> … der andauernde Prozess, der den Dingen Bedeutung verleiht, ist derselbe Prozess, der den Leben Bedeutung verleiht.[2]

> … es wäre nicht der Mensch, der das Werkzeug schafft, sondern vielmehr das Werkzeug, welches den Menschen erschafft.[3]

Im ethnografischen Objekt manifestiert und objektiviert sich ‹Kultur› in gegenständlicher Form;[4] Dinge sind integrale Bestandteile menschlichen Zusammenlebens, Denkens und Handelns.

Gesellschaften sind sich nicht gleich, was die Anzahl der von ihnen verwendeten Objekte angeht. Sie lassen sich vielleicht nach der Komplexität ihres dinglichen Besitztums unterscheiden, doch wird dabei oft übersehen, dass dessen

1 Schuster 2000: 10.
2 Miller 1994: 417.
3 Sigaut 2012: Klappentext.
4 Miller 1994.

Umfang kaum etwas über die Qualität des damit verbundenen Wissens besagt. Sehr allgemein formuliert, tendieren Gesellschaften, die hinsichtlich der Anzahl der von ihnen verwendeten Gegenstände überschaubar sind, Gesellschaften zumeist, deren materielle Kultur von ihren Mitgliedern selbst in handwerklicher Arbeitsteilung hervorgebracht wird, dazu, Artefakten einen hohen Stellenwert beizumessen. Sie belegen jedes Ding mit einer Fülle von Bedeutungen, Begriffen und Assoziationen und ordnen ihr Besitztum praktisch, symbolisch, geschlechterspezifisch, sozial und weltanschaulich. Auf diese Weise definieren sie sich individuell und kollektiv; so besetzen sie ihren Platz in der Welt.

Vergleichbares kann einer modernen Konsumgesellschaft dagegen nicht gelingen, da sich die enormen Mengen tagtäglich verwendeter Dinge kaum in klare Ordnungen bringen lassen. Dazu kommt, dass deren Wandlung von Gebrauchsgegenständen zu Konsumgütern die ‹geplante Obsoleszenz› einer globalisierten Wegwerfgesellschaft befördert,[5] deren Normen inzwischen auch die letzten Winkel der Welt erreichen und dort die lokalen Ordnungssysteme materieller Kulturen ersetzen.

In unserer Museumssammlung verwahren wir, so liesse sich ein erstes Fazit ziehen, Elemente materieller Ordnungen, die sich inzwischen radikal gewandelt und vielerorts ganz aufgelöst haben in einem Prozess, der keineswegs neu ist, da zu allen Zeiten und in allen Gesellschaften Prinzipien des Ordnens laufend angepasst wurden und ihrerseits wieder den Alltag der Menschen bestimmten.

Damit rückt der Begriff der Dingbedeutsamkeit in unser Blickfeld, ein wichtiges Stichwort zur Frage der Lesart von Objekten auch in unserer Sammlung: Was bedeutet etwa der Umstand, dass die Kalebasse von 1898 genauso aussieht wie eine heute im subsaharischen Afrika verwendete Form?

Für unser Ausstellungsprojekt zur Neueröffnung des Museums wählten wir ein Thema von grösstmöglicher Reichweite, um es anhand von Objekten unserer Sammlung zu entwickeln:

TRINKKULTUR – KULTGETRÄNK

Wir durchsuchten Datenbanken und Depots nach Objekten im engeren oder weiteren Kontext des Trinkens, identifizierten ortstypische Getränke von herausragender Bedeutung, beschäftigten uns mit den entsprechenden Herstellungstechniken, Wirkungen und Formen gesellschaftlicher Einbindung und stellten zu unserem eigenen Erstaunen fest, dass lokale Trinkgewohnheiten in alten Reiseberichten und ethnografischen Aufsätzen zwar häufig beschrieben doch kaum systematisch untersucht wurden. Als entsprechend lückenhaft erwies sich unsere Sammlung, der es nicht an Trinkschalen, Bechern, Kannen und Kalebassen fehlt, sehr wohl aber an vollständigen Ensembles all jener Dinge, derer es zur Herstellung und zum Genuss nur schon eines einzigen der von uns untersuchten Getränke bedarf.

5 Reuss und Dannoritzer 2013.

EINE ETHNOLOGIE DES TRINKENS UND DER GETRÄNKE

Die physiologische Notwendigkeit des Trinkens ist für alle Menschen dieselbe; der Mensch verdurstet bekanntlich lange bevor er verhungert; sein Durst lässt ihn beizeiten wissen, dass sein Körper Flüssigkeit benötigt, um sein Funktionieren und den dafür erforderlichen Wasserausgleich zu gewährleisten.

Die kulturelle Notwendigkeit des Trinkens hingegen äussert sich bei den Menschen auf höchst unterschiedliche Arten.

Trinken, alleine oder in Gruppen, ist ein sozialer Akt.[6]

In allen Gesellschaften, ja Gesellschaftsschichten, korrespondieren die Techniken und Strategien der Versorgung mit Flüssigkeit mit sozialen und natürlichen Umweltbedingungen, was auf vielfältige Weise geschehen kann. Unterschiedliche, von Faktoren wie Alter, Geschlecht und Status abhängende Körpervorstellungen, Praktiken des Trinkens, Konzepte der Erklärung von Durst bis hin zu abweichendem Trinkverhalten führen mitten hinein in eine Ethnologie, die sich mit Kulturtechniken der Flüssigkeitsaufnahme beschäftigt.

Kulturtechniken des Trinkens betreffen Kulturgetränke, Kulturen des Trinkens, die Getränkevielfalt und Fragen nach der Notwendigkeit des Trinkens jenseits seiner körperlichen Notwendigkeit. Sie beinhalten vielfältige technische, ökonomische und soziale Strategien des Trinkens und unzählige Möglichkeiten, diese rituell zu zelebrieren oder literarisch zu tradieren. Schliesslich umfassen sie Einzelbereiche wie Zubereitung, Aufbewahrung und Transport von Getränken ebenso wie Formen der Darbietung und des Konsums und die Ausprägungen materieller Kultur, derer sich die Trinkenden bedienen und mittels derer sie sich darstellen.

Die Menge und Vielfalt der weltweit produzierten und konsumierten Getränke ist unüberschaubar. Einige wie Wasser, Milch oder Pflanzensäfte sind ohne weitere Bearbeitungserfordernisse verfügbar, andere sind Produkte einfacher Herstellungstechniken; ihnen wird in der Forschung eher wenig Aufmerksamkeit zuteil. Technisch anspruchsvoller und wissenschaftshistorisch komplexer ist die Herstellung von Getränken mithilfe natürlich vorkommender oder bewusst kultivierter Fermente: Sauermilch zum Beispiel, Weine und Biere. Immer wieder stiessen wir bei unseren Recherchen auf das eine Thema: die Fermentation. Gesellschaften weltweit (mit bemerkenswerten Ausnahmen) verfügen über eine schwindelerregende Vielfalt von Fermenten und damit verbundenem Wissen. Die einer Gruppe bekannten Fermente werden in Hinblick auf den von ihnen bewirkten Geschmack diskutiert; nicht selten verfügen lokale Gemeinschaften über eine Vielfalt von Geschmacksnuancen, die sozial nach Status und Geschlecht oder nach Kategorien wie ‹sakral› und

6 Castelain 1990: 71.

‹profan› geordnet werden. Im Geschmack auch unterscheidet sich das eigene Getränk von den Getränken der Nachbarn und mithin die eigene Gruppe von den ‹Anderen›.

Dass Ethnologen – früher wie heute – gerade den Konsum von Alkohol immer wieder untersuchen, kommt nicht von ungefähr: Im Genuss von Alkohol wird eine Gesellschaft in ihrer Regelhaftigkeit besonders sichtbar.

> Das Verhalten beim Alkoholkonsum ist in kodifizierte und wesentliche Praktiken eingeschrieben, die als solche einen gerechtfertigten Zugang zum Verständnis kultureller Traditionen erlauben.[7]
>
> Ethnologische Herangehensweisen heben den Stellenwert von Alkohol (als Querelement, das vergleichenden Studien unterworfen wird) in unterschiedlichen Kulturen und Zivilisationen hervor, oder einfacher noch, in kulturellen Nischen innerhalb ein und derselben Gesellschaft. Hier ermutigt und gefeiert, anderswo kontrolliert und verboten, hier festlich, dort pathogen, offenbart der Alkoholkonsum Normen, Ideologien, einzigartige Formen der Strukturierung von Gesellschaft, symbolische Konzepte (von Welt, Reinheit, sogar von Heiligkeit, usw.).[8]

Darüber hinaus rückte Alkoholkonsum auch deshalb ins Blickfeld der Ethnologie, weil im Zuge von beschleunigter Modernisierung, Urbanisierung, der Transformation von Gesellschaften, nicht zuletzt der Verarmung und Verelendung vieler Regionen, Alkoholismus ein Kernproblem ganzer Gesellschaften wurde.[9]

Inzwischen hat in der Ethnologie ein Wandel stattgefunden, der auch im Hinblick auf die Ethnologie des Trinkens und der Getränke den handelnden Menschen in den Vordergrund stellt, ausgehend von der Frage etwa, inwieweit Objekte oder eben Getränke in der Hand derjenigen, die sie nutzen, eine das Handeln bestimmende Eigenschaft oder Materialität haben, die Menschen dazu dient, still, auf selbstbestimmte Weise und ihr Können nutzend und demonstrierend, ihrem alltäglichen Leben Sinn zu verleihen.[10] Der mexikanische Ethnologe Luis Alberto Vargas richtete 2001 einen dringenden Appell an seine Berufskollegen,[11] in welchem er dazu aufforderte, lokale materielle Trinkkulturen als Wissenskulturen zu dokumentieren, zu erforschen, und darüber hinaus die Folgen der Verdrängung lokaler Getränke durch globale Produkte zu untersuchen.

> Als ganz gewöhnliche Handlung wurde das Trinken von Ethnologen und Sozialwissenschaftlern gewöhnlich übersehen, ausser in Bereichen, wo es einige der schwerwiegenden Probleme der Menschheit berührt; exzessiven Alkoholkonsum etwa, oder den Versuch, die menschliche Laktation durch industriell produzierten Muttermilchersatz aus modifizierter Kuhmilch zu substituieren.[12]

7 Obadia 2004: Absatz 35.
8 A. a. O.: Absatz 36.
9 Vgl. De Garine und De Garine 2001; Müller 2003; Obadia 2004; Wilson 2004, 2005.
10 Farquhar 2006.
11 Vargas 2001: 17–20.
12 A. a. O.: 20.

In der Tat erscheinen seit einigen Jahren vermehrt Studien zu Trinkkulturen. Doch noch selten widmen sich Ethnologen dabei der schlichten Frage nach dem diesen Kulturen zugrunde liegenden Können. Ethnologische Sammlungen bewahren Schlüsselelemente für entsprechende Fragestellungen und Forschungen.

Für die Erschliessung autochthoner Wissenssysteme ist die Ethnologie – eine Sozial- und Humanwissenschaft – oft gut beraten, sich einer Art dritter Dimension zu bedienen: der Erkenntnisse aus den Natur- und Technikwissenschaften. In der Vergangenheit gab es bereits Ansätze einer naturwissenschaftlichen Annäherung an autochthones Wissen in aussereuropäischen Gesellschaften – Publikationen wie ‹Die Urgesellschaft und ihre Lebensfürsorge› (1912), ‹Die Anfänge der Naturbeherrschung. 1. Frühformen der Mechanik› (1921) und ‹2. Chemische Technologie der Naturvölker› (1922) von Karl Weule in Leipzig, oder Titel wie ‹Über die Saftpresse der Guayana-Indianer› von Franz Maria Feldhaus, publiziert 1918 in der ‹Zeitschrift für angewandte Chemie›. Auch für unsere Ausstellung haben wir von interdisziplinären Gesprächen mit Natur- und Technikwissenschaftlern, mit Lebensmittelingenieuren und Chemikern sowie mit Sommeliers und Köchen profitiert.

TRINKKULTUREN IN DER SAMMLUNG DES VÖLKERKUNDEMUSEUMS

Die mit der Tätigkeit des Trinkens verbundenen Objekte in unseren Depots repräsentieren vor allem die materielle Kultur *ikonischer Getränke*. Gemeint sind damit in besonderer Weise kulturell markierte Getränke, die in ihren Herkunftsgesellschaften spezifische physiologische, soziale, wirtschaftliche, technische, religiöse und identitätsstiftende Bedeutung haben. Bei manchen Gesellschaften oder sozialen Gruppen erfüllt ein einziges Hauptgetränk – wie in mehreren Regionen Afrikas und Südasiens der Palmwein – alle entsprechenden Funktionen. In der sozial korrekten Zuweisung von Trinkgefässen, in den Regeln des Einschenkens oder der Körperhaltung beim Trinken, im Tausch, dem Geben und Empfangen von Getränken, in Trinkspielen, Trinkritualen und Libationen an die Götter werden Beziehungen geknüpft, Vereinbarungen getroffen, Hierarchien bestätigt; Hochzeiten werden gefeiert, Heranwachsende initiiert; trinkend wird der eigene Körper purifiziert oder symbolisch geläutert.

Da die Durchsuchung unserer Sammlung eine überraschend grosse Zahl von Objekten ganz unterschiedlicher Trinkkulturen und Hinweise auf eine unüberschaubare Menge damit verbundener Informationen zutage förderte, hatten wir uns einzugrenzen und auf einige wenige Themeninseln zu beschränken, zu denen wir substanzielle Bestände von aussagekräftigen Artefakten fanden: Milch (Schweiz und Afrika), Maniokbier, Kawa, Palmwein, Tee und Reisbier; allesamt Getränke von besonderer Bedeutung für den Zusammenhalt ihrer Gesellschaften und für eine von ihnen als lebenswert erachtete Existenz: Lebenselixiere.

NUN STELLTEN SICH EINIGE WICHTIGE FRAGEN

Die Grundstoffe der ausgewählten Getränke sind in vielen Regionen der Welt vorhanden, aber nicht überall werden sie für die Getränkeherstellung genutzt. Maniok wird in Afrika, Südostasien und in Südamerika kultiviert, aber nur im Amazonasgebiet zu Bier vergoren. Butter kennt man als Nahrungsmittel auf allen Kontinenten der Erde, doch nur in den hochgelegenen Regionen des Himalaya-Raums und in angrenzenden Gebieten Zentralasiens wird sie mit Salz und Tee zu Buttertee vermengt. Und mancherorts werden für verschiedene körperliche Befindlichkeiten oder je nach Geschlecht und Alter, Zeitpunkt, Ort oder sozialem Anlass unterschiedliche Getränke aus ein und demselben Grundstoff hergestellt. Ein gut dokumentiertes Beispiel dafür ist die Mais-Trinkkultur in Mexiko.[13]

Auch werden, was die technischen Möglichkeiten der Gewinnung und Verarbeitung von Milch, Tee, Bier, Palmwein und Kawa angeht, in bestimmten Regionen nur bestimmte Verfahrensoptionen wahrgenommen. Der Umstand, dass eine Gesellschaftsgruppe ihr Wissen hütet und dadurch lokal begrenzt, mag dabei mitspielen. Die Flexibilität allerdings, mit der überall Techniken der Getränkeherstellung variierenden Umständen angepasst werden, lenkt den ethnologischen Blick auf etwas ganz anderes: auf Alltagsstrategien. Wer sich mit Pflanzen und mit Herstellungsprozessen auskennt, produziert in der Regel nach den in seiner Gemeinschaft üblichen Verfahren, eben so, wie es alle machen. Der französische Agrarhistoriker und Technikethnologe François Sigaut sprach in diesem Zusammenhang von *technical lineages*.[14] Solche lokal angewandten Techniken bieten ausreichend Raum für strategische Anpassung an veränderte ökonomische Bedingungen, Veränderungen der Umwelt, Verfügbarkeit neuer Zutaten oder Gerätschaften.

Welches waren die Gründe für das Bevorzugen der einen gegenüber der anderen Technik? Warum verwenden manche Gesellschaften die Technik der Fermentierung nicht, während sie bei ihren Nachbarn gang und gäbe ist? Warum nutzt eine Gruppe als Technik des Aufschliessens von Zucker aus Stärke zur anschliessenden Fermentierung die Einspeichelung, während dies bei ihren Nachbarn undenkbar wäre? Warum pflegen einige Gesellschaften in den Tropen riskante Klettertechniken zur Gewinnung von Palmsaft, während an anderen Orten dieses Risiko einfach dadurch vermieden wird, dass man die Palme fällt? Die Antworten auf solche Fragen sind weit komplexer, als wir es gewöhnlich ahnen, und nicht erst seit der Publikation des Bandes ‹Technological Choices› des französischen Ethnologen Pierre Lemonnier wissen wir, dass rein funktionale Zweckerklärungen meist nicht weit führen. Gesellschaften funktionieren als komplexe, kohärente Wissensorganismen, die sich bei unterschiedlicher Bereitschaft zur Innovation und entlang spezifischer Ungleichzeitigkeiten nach eigener Logik entwickeln. Die Entscheidung für eine Technik ist immer das Ergebnis eines Zusammenspiels unterschiedlicher Faktoren.

13 Vgl. Vargas 2001: 16f., dort mit Bezug auf die entsprechende Fachliteratur.

14 Sigaut 1994.

TRINKFERTIGKEIT ALS FOKUS DER AUSSTELLUNG

> Wenn man ein beliebiges Objekt richtig erforscht, erschliesst man damit die ganze Gesellschaft.[15]

Dieser immer wieder zitierte Satz des grossen französischen Agrar- und Technikethnologen André-Georges Haudricourt bewahrheitete sich auch bei unseren Recherchen. Erst in deren Verlauf wurden uns allmählich die Dimensionen des Themas bewusst, und bald sprachen wir nicht mehr von Themeninseln, sondern von Getränkekomplexen. Depots und Archive erwiesen sich als überaus reichhaltig, was die Bausteine solcher Komplexe angeht: Gefässe und Werkzeuge, Materialien und Zutaten, mündlich und schriftlich Tradiertes, Filme, Fotografien, Zeichnungen, Literatur. Doch wie liessen sich diese Einzelbelege zu einem sinnvollen und anschaulichen Ganzen zusammenfügen?

Als komplexe Wissensorganismen verfügen alle Gesellschaften über ihre jeweils eigene Technikgeschichte, über eigene Methoden, materielle Kultur mit sozialem Leben und Formen der Weltanschauung zu verweben – und dies gilt selbstverständlich auch für die materielle Kultur des Trinkens.

Jeder der von uns gewählten Getränkekomplexe verdiente eine eigene Ausstellung und wäre nur mit intensiver Feldforschung und langen Archivstudien umfassend zu ergründen. Deshalb suchten wir nach einer lohnenden Perspektive für die Darstellung der ausgewählten Trinkkulturen anhand der museumseigenen Objekte.

Die Frage, welche sich zu ethnografischen Objekten generell stellen lässt, ist die nach der Könnerschaft, die sich in ihnen manifestiert, sobald man sich bemüht – entsprechend dem ureigenen Anliegen der Ethnologie –, die Dinge aus der Perspektive ihrer Nutzer zu betrachten.

Wir bezeichnen die spezifische, mit den Objekten einer Trinkkultur verbundene Könnerschaft, die technische Effizienz, soziale Kompetenzen und weltanschauliches Wissen immer gleichzeitig beinhaltet, als *Trinkfertigkeit*.

Trinkfertigkeit wird praktiziert, kommentiert und tradiert. Was hatte ein Mensch einer bestimmten Gesellschaft, einer bestimmten Zeit und einer bestimmten Region bezüglich eines Getränks und dessen Herstellung und Handhabe zu wissen und zu können? Wie wird solches Wissen erlernt, wie wird es erläutert, wie wird darüber gesprochen, gelacht, gestritten und verhandelt, und woran erkennen sich die Mitglieder einer Trinkgemeinschaft? Nicht alle Fragen lassen sich anhand von Fachliteratur und musealen Sammlungen beantworten. Die Ethnologie des Trinkens und der Getränke befasste sich in der Vergangenheit vor allem mit sozialen Aspekten des Trinkens, wenig hingegen mit lokaler Trinkfertigkeit. Die Suche nach entsprechenden Informationen gestaltet sich deshalb oft als akribische Spurensuche in alle möglichen Richtungen. Drei wesentliche Aspekte von Trinkfertigkeit betreffen die Bereitstellung, das Mass und die Art und Weise, in der diesbezügliches Wissen überhaupt erlernt wird.

15 Zitiert nach Dibie 2008: 70.

In der ethnologischen Literatur und in Reiseführern finden sich Sätze wie «zu einer Hochzeit wird Maniokbier getrunken», «Reisbier spielt bei den Völkern des Himalayas eine wichtige Rolle» oder «Buttertee ist das Hauptgetränk der Tibeter». Die grundlegende Frage nach der «rituellen Ökonomie»,[16] danach nämlich, woher und wie ein Getränk zum vorbestimmten Zeitpunkt in ausreichender Menge zur Verfügung steht, wurde in der Literatur bislang kaum gestellt. Diese Getränkeökonomien erfordern im Alltag Planung und Regeln, nicht zuletzt auch im Umgang mit Exzess.

Gerade wenn es sich bei den ikonischen Getränken um alkoholische Getränke handelt, stellt sich die Frage nach dem ‹richtigen› Mass. In allen Alkohol konsumierenden Gesellschaften werden Regeln des Trinkens aufgestellt, Vorschriften zu Abstinenz oder Mässigung bis hin zu Verhaltensregeln für den Umgang mit Trunkenheit und Sucht. Jede Sanktion von Missbrauch, jeder Spott über einen Trunkenbold, jedes geschlechterspezifische Tabu bezüglich des Trinkens von Alkohol dient immer auch der Bestätigung von Normen, von Umgangsformen, von Regeln des korrekten Trinkens und Verhaltens.

Derlei Regeln des Trinkens erlernt man in allen Kulturen von klein auf. Noch wissen wir wenig darüber, wie in aussereuropäischen Gesellschaften Kinder an Trinkfertigkeit herangeführt werden. Fingerspiel und Puppenspiel, Abzählreim und Kinderlied, Kinderspiel zum Üben von Technik und zum Erlernen materieller Fertigkeit, die Partizipation von Kindern an sozialem und rituellem Trinken, all die kleinen Gesten, derer es bedarf, um ein Kind schon vor der entscheidenden Initiation allmählich an das Erwachsensein heranzuführen, – all diese Dinge wurden selten hinsichtlich ihrer geradezu schulischen Funktion für die Weitergabe praktischer Kompetenzen untersucht. Meist stellt man sich den Erwerb von Wissen in Gesellschaften ohne allgemeine Schulpflicht als *learning by doing* vor und vergisst dabei, dass auch und gerade in schriftlosen Gesellschaften zum Erlernen handwerklich-praktischer Fertigkeiten auch sprachliche Kompetenz gehört und die Wissensvermittlung stets eine starke verbale Komponente hat. Es reicht ja keineswegs, einfach im richtigen Moment das Glas oder den Becher zu heben; man sollte dabei auch etwas zu sagen haben. Trinkfertigkeit bezieht sich nicht nur auf Rezepturen, sondern ebenso auf die Kenntnis literarischer Motive, von Erzählungen über Kulturheroen vielleicht, die den Menschen einst das Geheimnis der Braukunst verrieten, oder von Liedern, die einen sich anbahnenden Streit unter Alkoholisierten schon im Keim ersticken.

In der Anwendung mündlich tradierten Wissens im Moment formalisierten Trinkens repräsentieren Mitglieder von Kulturen sich selbst und ihren Stand der Sozialisation, aber auch ihre Gesinnung, ihre Bereitschaft zur Integration, wenn nicht sogar die Handlungsmacht, die sie dadurch auszuüben in der Lage sind; das Unter-den-Tisch-Trinken ist nur eine extreme Form der Praxis solchen Könnens.

Wenig ist bislang über die Beziehungen von materieller und mündlicher Kultur in mündlich tradierenden Gesellschaften bekannt. Besonders schlicht

[16] Duin 2012: 23.

aussehende Objekte – wie etwa die in diesem Band besprochenen Reisbierbecher der Naga – sind unter Umständen in ein dichtes Geflecht mündlicher Überlieferung eingebunden, und vielleicht bedurfte es einst nur der Hand des Trinkers am Becher, um entsprechendes Wissen aufzurufen und zu zelebrieren:

- Materielles und technisches Wissen, praktisches Können und technische Effizienz;
- die Gesellschaft insgesamt betreffendes Wissen über Geschichte und kollektive Erinnerung, über individuelle und soziale Identität, über soziale Strukturen, Arbeitsteilung und Wirtschaft, über Raumvorstellungen und die natürliche Umgebung;
- Kenntnis der Wertesysteme, Kosmologien, Weltanschauungen und Glaubensvorstellungen, mit denen die Welt und damit auch Objektordnungen im Alltag repräsentiert, gefasst und geordnet werden.

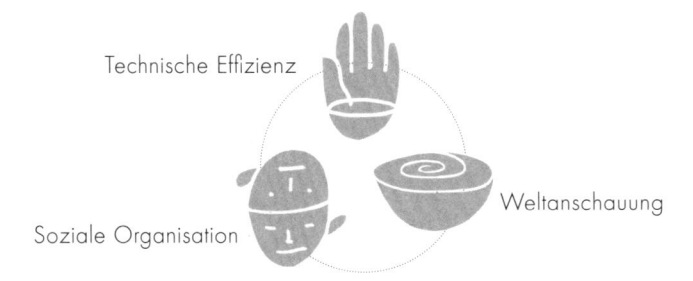

Es ist immer ein Mensch eines bestimmten Geschlechts, an einem bestimmten Punkt seines Lebens, in einer bestimmten Zeit und mit einem bestimmten Status, der in der Verwendung eines Objekts Trinkfertigkeit praktiziert.

Der Körper, das wesentliche Werkzeug des Menschen, als kulturelles und sinnliches Organ, steht auch im Hinblick auf die Frage von Trinkfertigkeit in besonderem Bezug zum Alltagsobjekt. Hier kommen Emotionen und Körpersinne (Haptik, Gustatorik, Olfaktorik) zum Tragen, ästhetisches Empfinden und Urteilskraft, das Einschätzen von Zeit, Handfertigkeit, Sorgfalt, Geschick, ein Gefühl für Material, die Orientierung in einer bestimmten, bewusst wahrgenommenen Umgebung, im Raum. Missgeschicke, das Fehlen eines Objekts, der Griff zu einem Ersatz aus dem Moment heraus, gehören ebenso zur Trinkfertigkeit wie die Fähigkeit, diese denkend zu erhalten und lösungsorientiert zu praktizieren.[17]

> Eine zeitgenössischere Ethnologie bestätigt sich als Wissenschaft der Kontextualisierung (mehr noch als von Kulturen), und gerade über sie lässt sich die Untersuchung von Orten, privat (häuslich) oder öffentlich (Bars, Cabarets, Nachtbars, usw.), durchführen, die es erlaubt, Arten des Trinkens, ihre Probleme und Herausforderungen, die Konfigurationen von Sozialisation, die vom Alkohol beflügelt werden, freizulegen.[18]

Die Grundlagen jeglicher Trinkfertigkeit sind jedoch das mit ihr verbundene praktische Wissen über die Herstellung von Getränken, die Kenntnis von

17 Ingold 2000 und 2006.
18 Obadia 2004: Absatz 38.

Pflanzenarten und Rohstoffen, das Wissen um die Bemessung von Gewürzen und Beimischungen, die Beherrschung von Produktionstechniken und Lagerung, das Urteilsvermögen hinsichtlich Qualität und die für den strategischen Umgang mit Ressourcen und Zutaten unerlässliche Voraussicht. Hier begegnen wir gekonnter Handhabe von Gerätschaften und Gefässen, der Kontrolle von Temperaturen und Prozessen, der vorausplanenden Bereitstellung und dem sozial angemessenen Ausschank und schliesslich der Ökonomie der Resteverwertung. Gerade hier befinden wir uns häufig in bislang kaum erforschten kulturellen Landschaften.

INSTANT UND FERTIGGETRÄNK

Gesellschaften, die ihre Praktiken um ein einziges ikonisches Hauptgetränk herum organisieren, sind heute selten. Vielerorts bedient man sich mehrerer Arten von Getränken, die auf unterschiedliche Weise oder sogar in unterschiedlicher Konzentration zur Anwendung kommen, je nachdem, ob das Trinken im rituellen oder geselligen Rahmen stattfindet, ob Männer oder Frauen oder sogar Kinder am gegebenen Anlass teilnehmen. Bedenken Sie nur, was Sie selbst bezüglich Trinkwasser, Milch, Tee, Kaffee, Bier, Wein, Sekt, Schnaps, Energydrinks und vielem mehr heute wissen und können müssen, um in Ihrem Alltag, bei Hochzeiten, Taufen oder Beerdigungen, während eines Apéro, eines Empfangs, eines Gastmahls oder ‹zwanglos› unter Freunden zu bestehen! Wie eigneten Sie sich dieses Wissen an, wie praktizieren Sie es und wie geben Sie es Ihren Kindern weiter – wie und mit wem sprechen Sie darüber?

Anders als die Menschen, aus deren Gebrauchszusammenhang Objekte in unsere Sammlungen gelangten, sind Angehörige heutiger Industriegesellschaften kaum mehr in der Lage, Getränke selbst herzustellen. Weder wissen wir uns die Rohstoffe selbst zu beschaffen, noch können wir einen Fermentierungsprozess in Gang setzen oder beenden. In der Regel konsumieren wir Getränke aus dem Hahn oder aus der Flasche; unsere Milch stammt aus dem Tetra Pak, und nichts ist billiger als eine Dose Bier beim Discounter.

In Europa waren es seit dem 18. Jahrhundert Entwicklungen zum Beispiel des Fleischextrakts,[19] welche unter Bedingungen gesellschaftlicher Veränderungen, vor allem der industriellen Revolution, Prozesse der Getränkezubereitung drastisch verkürzten. Im Zuge dieser Entwicklungen wurden Verfahren der Haltbarkeitsverbesserung, der Verpackung, der Instantisierung sowie Kühltechniken entwickelt, die im Laufe der Zeit weltweit übernommen wurden. Je mobiler und globaler die moderne Welt wurde, desto schneller, so scheint es, wuchs das Bedürfnis, gewohnte, lokal geschätzte Getränke auch für den heimischen Markt als Instant- oder Flaschenprodukte herzustellen, wobei es einerseits um allzeitige Verfügbarkeit ging, aber ebenso um die Gewährleistung von Hygiene und um die Standardisierung des Getränkeangebots. Darüber hinaus ist es Migranten aus ländlichen Regionen in der Stadt oder

19 Teuteberg 1990.

solchen in fernen Ländern auch ein Bedürfnis, dort mittels Instant-Buttertee, Kawa-Pulver, Reis- und Maniokbierpasten, Palmwein in Flaschen oder Sauermilch im Tetra Pak weiterhin an den Trinkkulturen der Heimat teilzuhaben.

Der Trend zur Instantisierung hat die Trinkkulturen der Welt verändert; er minderte die Rolle von Frischgetränken und deren handwerklicher Produktion und befeuerte den Handel.

Doch sind diese Entwicklungen nicht unumgänglich und unumstösslich. Könnerschaft ist Leidenschaft, davon zeugen nicht zuletzt all jene Menschen, die trotz der Technisierung landwirtschaftlicher Arbeit ihre handwerklichen Fähigkeiten weiterhin pflegen, oder diejenigen, die wider den einfachen Konsum an der Herstellung ihrer eigenen Getränke festhalten. Am Unterscheidenkönnen scheiden sich die Geister.

> Am Geschmack der Milch erkenne ich das Futter. Wenn etwa die Kühe meines Bruders auf einer Alp mehr Ruchgras fressen, riecht sie immer etwas nach Karamell.[20]

Könnerschaft bewirkt Innovationen. So verfügten nomadisierende Gesellschaften oder bäuerliche Gesellschaften mit langen Arbeitswegen häufig schon lange vor den Errungenschaften moderner Lebensmitteltechnologie über Techniken, Getränke zu transportieren und frisch zu halten, Instantpasten, Pulver, Extrakte, Sude und Konzentrate herzustellen, die es ihnen ermöglichten, auch während ihrer Wanderungen sozial korrekt zu trinken. Ein bekanntes Beispiel ist der möglicherweise auf präkolumbische Zeit zurückgehende *pozol* in Mexiko, ein aus fermentiertem Mais hergestellter Trockenteig.[21]

Zu Ziegeln oder Kuchen gepresste Teeblätter im Himalaya-Raum sind Indizien für die hohe Mobilität dortiger Teetrinker; Mitglieder von Maniokbierkulturen hinterlassen auf ihren Jagd- und Kriegszügen an bestimmten Orten Depots von Fermentextrakten, und die Palmsaftzapfer von Roti in Indonesien nutzen leicht transportierbaren Palmzucker, den sie unterwegs einfach in Wasser lösen.

Gärprozesse sind in Museumsdepots unwillkommen, doch zeugen Objekte des Alltags – Trinkschalen, Töpfe und Becher, Tassen, Kalebassen und Kannen – von Trinkfertigkeit, die in der Ausstellung TRINKKULTUR – KULTGETRÄNK sichtbar und einsichtig zu machen unser Anliegen ist.

---

20 Flammer 2009: 242.
21 Steinkraus 1996; Vargas 2001: 17.

Biomilch ist unwiderstehlich echt. Schön weiss mit niedriger Viskosität. In der Nase hat es frisches Heu, Gras und florale Düfte und – wen erstaunt es – eine echte Kuh. Der Gaumen ist cremig und füllend, und sogar Vanilletöne schwingen mit. Sie ist ausladend intensiv, naturbelassen und leicht fettig. So soll sie sein.
– Yvo Magnusson und Jan Kübler

MILCH

ALPINE MILCHKULTUR IN DER SCHWEIZ

RUFEN, MELKEN, MESSEN, JUCHZEN

Rebekka Sutter

Der Senn und der Zusenn sitzen auf ihren umgebundenen Melkstühlen mit dem Kopf gegen die Kuhbäuche und gebücktem Rücken unter den Kühen, als würden sie Gold waschen.
Die Melkmaschinen ticken wie Wecker. Sie ticken, als hätten sie einen Zeitzünder drin. [...] Der Kuhhirt hört die Melkmaschinen auch nach dem Melken weiterticken. Sie ticken in seinem Kopf bis zum nächsten Melken. Sein Herz schlägt im Rhythmus der Melkmaschinen.
— *Arno Camenisch, Sez Ner*

Tessel-Bund, Schweiz, vermutlich Wallis. Inv.-Nr. 8494. Die Tesseln dienten früher als hölzerne Urkunden zur Regelung der Alprechte zwischen Alpvögten und Sennen.

MILCH: VON DER HIRTENNAHRUNG ZUM GRUNDNAHRUNGSMITTEL

Ainu? Dulong? Inka? Auf der Karteikarte steht in feiner Bleistiftschrift: Kippel (Lötschental, CH). Reflexartiges Umdrehen der Karteikarte – als könnte ihre Rückseite ein Missverständnis aufklären. Offenbar ging es anderen gleich:

> Ein befreundeter Jurist, der zum erstenmal meine Tesselnkollektion sah, glaubte, eine Sammlung aus dem Innern Afrikas vor sich zu haben; ein Amerikaner wiederum erinnerte sich an indianische Totempools [sic].[1]

Die Suche im Museumsdepot nach Objekten, die etwas mit Getränken im weitesten Sinne zu tun haben, hat etliche absonderliche Stücke zutage gefördert. Eine der Überraschungen war: Zum Getränkekomplex Milch verfügt das Völkerkundemuseum nicht nur über russische, mongolische, nepalesische und eine Vielzahl afrikanischer Artefakte, sondern auch über acht schweizerische Objekte bzw. Objektgruppen. Beim Öffnen der digitalen Datensätze allerdings Erstaunen: Unter den Objekten findet sich kein einziges Trink- oder Getränkegefäss, vielmehr seltsame Gegenstände: diverse «Tesseln», ein «Milchmess-Stab» und ein «Geiss-Schnätz» sowie etliche noch gar nicht erfasste Objekte («28 Fragmente»).

Auch die kurzen Objektbeschreibungen auf dem bräunlichen Karton der Karteikarten enthalten kryptische Passagen. Zu dem grossen Tessel-Bund (Abb. S. 29) z. B., der um 1920 in die Sammlung gelangte, notierte der zuständige Bearbeiter:

> Die Kuhrechte werden durch eingekerbte Striche über beide Stücke markiert, und zwar bedeutet: ein tiefer ganzer Einschnitt eine Kuh, ein halber, tiefer Einschnitt eine halbe Kuh (Rind von 1–2 Jahren); ein ganzer schwacher Strich, ein Fuss (1 Kalb bis auf 12 Monate); ein halber schwacher Strich ½ Fuss (Klaue). Jeweilen am Tage der Alprechnung, vor der Alpfahrt, werden die Krapfen öffentlich kontrolliert (Zuzug eingekerbt, Verkauf abgezogen) – Krapfen und Beitessel mit gleicher Nummer müssen aufeinander passen und die Striche genau übereinstimmen.

Der vielschichtige Hintergrund zu den Objekten, die seit Ende des 19. Jahrhunderts nicht mehr in Gebrauch sind, erschliesst sich heute nur noch aus der Literatur. Der folgende Beitrag soll einige Geheimnisse um diese erratischen Objekte lüften. Sie sollen aber nicht als «archaische Relikte» oder «Reste archaischer Ethnologie»[2] behandelt werden, sondern als Schlüssel zum Verständnis der heutigen alpinen Milch(trink-)Kultur der Schweiz.

Die ersten Älpler waren in vielen Gebieten der Schweiz nicht die Helvetier selbst. Im Falle des Toggenburgs und der Appenzeller Region etwa waren es romanische und keltische Viehzüchter. Diese nutzten bereits im 9. und 10.

1 Gmür 1917: 3.
2 Vgl. Niederer 1996: 117; Rütimeyer 1916, 1918.

Jahrhundert die grossen Weideflächen oberhalb der Waldgrenze. Erst zwei Jahrhunderte später, im Zuge der Klostergründung St. Johann und der allmählichen Besiedelung der höher gelegenen Täler, bekamen die ausländischen Hirten Konkurrenz: Die sesshaft werdenden Bauern verspürten auf einmal auch «Lust auf die baumfreien Alpen»:[3] Das Roden im Tal zur Gewinnung von Weidefläche war eine endlose und strenge Arbeit. So wurden die romanischen und keltischen Hirten vertrieben – «teils auf gütlichem Wege, teils mit Waffengewalt».[4]

> Als im 14. Jahrhundert zur Versorgung der wachsenden Städte im Flachland der Getreideanbau intensiviert wurde, gaben rund um den Säntis immer mehr Bauern die traditionelle Selbstversorgerlandwirtschaft auf und konzentrierten sich ganz auf die Viehzucht [...]. Die ausgedehnten, gutgrasigen Alpen ermöglichten grosse Viehbestände.[5]

Als Folge dieser historischen Entwicklung fand die Milchverarbeitung vom Mittelalter bis in die frühe Neuzeit fast ausschliesslich auf den Alpbetrieben statt – eine Tatsache, die heute, da Milch zu den Grundnahrungsmitteln gehört, meist vergessen geht – und es entwickelten sich unterschiedliche, den jeweiligen lokalen Gegebenheiten angepasste Formen der Alpwirtschaft. Deren definitorisches Kennzeichen ist die in den Sommermonaten durchgeführte systematische Bewirtschaftung von hochgelegenem Weideland durch Viehherden – meistens Kuhherden – und die Verarbeitung der Milch an Ort und Stelle.[6]

Diese alpine Wirtschaftsform hat eine ‹typische Hirtennahrung› aus Milchprodukten hervorgebracht. Der Glarner Romanist Christoph Luchsinger, der Anfang des vorigen Jahrhunderts akribisch die Terminologie der (alpinen) Molkereigeräte zusammengetragen hat, hielt nach einer Feldbegehung im Berner Oberland lakonisch fest: «Am Morgen gab's: Rahm, Käse und Milch, am Mittag: Milch, Käse und Rahm, am Abend: Käse, Milch und Rahm».[7] Nebst den regionalen sennischen Milchgerichten wie *Fenz* oder *Rohmzonne* wurde als Beilage zum Fettkäse kein Brot, sondern Magerkäse gegessen – vom Prinzip her das gleiche Produkt wie der ‹Trockenquark› tibetischer Nomaden.[8]

Anders als für die Älpler war Frischmilch für grosse Teile der Bevölkerung bis ins 20. Jahrhundert ein Luxus. Erst durch die Entwicklung und Verbreitung von Kühltechnologien (und der dazu benötigten Energieversorgung) wandelte sich die Milch allmählich zu einem Grundnahrungsmittel, das auch in Talgebieten in grösseren Mengen verfügbar war,[9] wobei sich mit den neuen Herstellungs- und Lagerungstechnologien die Vorstellungen von Milchqualität und -geschmack allmählich veränderten:

> Da in den Ställen schlechtere hygienische Bedingungen herrschten als heute, hatten die nahrhaften und begehrten Kuherzeugnisse in der Regel

3 Ammann 2011: 182.

4 Ebd. Besiedelt war der Alpenraum vermutlich bereits in der Frühzeit (Bürgi et al. 2013: 38). Ab wann von eigentlicher alpwirtschaftlicher Nutzung der Weiden gesprochen wird, ist umstritten und wird von verschiedenen Autoren entsprechend unterschiedlich datiert. Für detailliertere Ausführungen, die auch andere Regionen der Schweiz berücksichtigen, siehe Bürgi et al. 2013 und Tschanz 2012.

5 Ammann 2011: 182; vgl. auch Bürgi et al. 2013: 37–53.

6 Die Verarbeitung der Milch an Ort und Stelle erlaubt die Verwendung des Labels ‹Alpmilch› (oder -käse), im Gegensatz zum Prädikat ‹Bergmilch›, das auch für Milch verwendet werden darf, die auf der Alp gemolken, aber im Tal unten verarbeitet wurde.

7 Luchsinger 1915: 98.

8 Hermanns 1949: 241; Inauen 2004: 38.

9 Moser und Brodbeck 2007.

ein Aroma, das uns eher fremd wäre: Noch Anfang des 20. Jahrhunderts empfanden die Teilnehmer eines Kurses für angehende Molkereifachleute bei einem Blindversuch die ihnen vorgesetzte Milch erst als schmackhaft, nachdem eine Prise Kuhmist dazugerührt worden war.[10]

Vor der Einführung geeigneter Kühltechnologien wurde Milch vor allem in fermentierter Form genossen. Die einfachste Methode, Milch haltbar zu machen, war das Verkäsen der Magermilch zu Sauerkäse. Bis ins späte Mittelalter war das die vorherrschende Verwertung der Milch, und es entstand eine Vielzahl regionaler Spezialitäten (im Toggenburg beispielsweise der *Bloderchääs*[11]), die aber vom Herstellungsprinzip her alle Sauerkäse-Arten sind. Die bekannteste von ihnen ist der *Ziger*.[12] Beim *Zigern* wird die vom Käsen übrig bleibende *Sirte* (Molke) in einem ersten Schritt möglichst rasch auf über 70° C erhitzt. Anschliessend wird *Saures* (Sauerrahm-Buttermilch oder Essig) zugegeben. Beides zusammen, die Hitze und die Säure, führen dazu, dass sämtliche Eiweisse aus der Milch ausgefällt werden. Zurück bleibt ein Milchzuckerwasser, die *Zigerschotte*:

> Die gemolkene Milch wird direkt vom Melkplatz in den grossen, kupfernen Käsekessel geschüttet, bei kleinem Feuer aufgewärmt und dann durch Einschütten von Kalbs- oder Gitzimägentrank zum Sicken oder Scheiden gebracht. [Es folgt eine ausführliche Beschreibung des weiteren Käsvorgangs.] Die im Kessel verbleibende Dünnmilch, die Sirte, das heisst das Saure, wird nun mit starkem Feuer aufgekocht, bis die Blasen aufsteigen, die Schären, was im Vergleich mit den Maulwurfshaufen, den Schärmushüfen in den Wiesen so benannt wird. Kurz vor dem Sieden schüttet man frische Milch hinzu, auf hundert Liter Sirte ca. drei bis vier Liter Milch, die sofort scheidet und mit dem Tuch, dem Tropftuch, aufgenommen und über dem Kessel zum Austropfen aufgehängt wird. Es bildet sich der weisse Ziger [...]. Wo die Milch nicht sofort verkäst wird, da kommt sie im sog. Nidler in den Mutten, grossen, handtiefen Tellern, zur Aufstellung, damit sich die Nidel (Sahne) aufsetze. Der Nidler ist ein kühler Keller, direkt der Sennhütte angebaut, vielfach aber abseits derselben in kühler Steingand, oder im Schatten des Waldes oder einer Felswand. Während früher die Mutten, wie überhaupt das Geschirr der Alpküche durchwegs aus Holz bestand, wobei Arvenholz und feinjähriges Fichtenholz bevorzugt waren, so hat sich heute leider blechernes Geschirr schon stark eingelebt.[13]

Eine entscheidende Veränderung in den Verarbeitungsprozessen der alpinen Milch brachten die Talkäsereien, die im 19. Jahrhundert in den Voralpengebieten entstanden, und die Grossmolkereien, die nochmals hundert Jahre später, in der zweiten Hälfte des 20. Jahrhunderts aufkamen. Die Entwicklung der Milch zu einem Grundnahrungsmittel und der gleichzeitige Aufschwung der

---

10 Werner 2009: 137.
11 Kobelt 2011. Der Käse wird aus Blodermilch (*Bloder* = von selbst geronnene Milch) hergestellt.
12 Tschanz 2012: 434.
13 Oechslin 1934: 186.

Talkäsereien brachten auch findige geldgierige Bauern und Käser auf raffinierte Pansch-Ideen: Die grossen Milchfälschung-Skandale fallen in diese Zeit; die NZZ vom 21. März 1887 führt 36 von 111 Milchhändlern namentlich auf, die wegen Milchfälschung bestraft wurden.[14]

Heute ist Milch das wichtigste Erzeugnis der schweizerischen Landwirtschaft und bildet für viele Landwirte die primäre Einkommensquelle. Über 400'000 Kühe weiden jeden Sommer auf Schweizer Alpen. Die Weidefläche der Sömmerungsgebiete in den Alpen und im Jura umfassen rund 4'650 Quadratkilometer – das entspricht einem Drittel der landwirtschaftlichen genutzten Fläche der Schweiz (und insgesamt 11 % der Landesfläche). Rund 7'000 Alpbetriebe erwirtschaften 280 Millionen Franken pro Jahr, das entspricht etwa 11 % des gesamten landwirtschaftlichen Einkommens.[15] Pro Jahr werden in der Schweiz auf Alp- und Talbetrieben insgesamt mehr als 4 Millionen Tonnen Kuhmilch produziert, davon werden etwa 650'000 Tonnen als Frischmilch getrunken.[16] Über 80 % der Alpbetriebe sind durch befahrbare Strassen erschlossen, die Hälfte davon gar mit einem Milchtank-Lastwagen erreichbar.[17] Grossverteiler wie Migros oder Coop führen sieben verschiedene Sorten Kuh-Trinkmilch im Sortiment; daneben stehen im Kühlregal an die zwei Dutzend weitere Milchgetränke (die als *functional food* verkauft werden), jedes mit bis zu fünf verschiedenen Aromen.[18]

Im Folgenden geht es nicht um die bewegte Geschichte[19] der Milch. Pansch-Skandale, Milchkriege, Älperaufstände, hitzige Politdiskussionen um Milchpreise und Sömmerungsbeiträge sollen in den Hintergrund rücken, zugunsten einer Betrachtung ausgewählter Aspekte von Könnerschaft, die trotz Automatisierung und industrieller Milchwirtschaft nach wie vor mit ‹kuhschweizerischer›[20] Trinkkultur verbunden ist.[21]

GEISS-SCHNÄTZ UND MILCHMESS-STÄBE

Die intuitive Verortung der erratischen Objekte in eine aussereuropäische Region ist so falsch nicht:

> Die Russen haben auch Marken bei den Lappen, Kirgisen, Kalmücken und Mongolen konstatiert. Van Gennep weist ferner Marken bei den Mamelucken, bei den Arabern (für die Kamele), in Deutsch-Ostafrika [...] und in Japan nach [...].[22] Des geteilten Kerbstocks als eines gegenseitigen Kontrollmittels über geschlossene Verträge bedienen sich die Samojeden, die Veda in Südindien, die Katschin im nördlichen Birma und sicher noch manches andere Volk.[23]

Bei den vorliegenden schweizerischen Objekten handelt es sich um sogenannte Tesseln (*Tesslen* oder *Schiter* im Wallis; *Texlen*, *Tässlen* oder *Liischtä* im Bündnerland; seltener auch: *Däslen* oder *Esslen*). Der Begriff leitet sich aus dem

14 Anonymus 1878. Gängig (und weniger einfach aufzudecken) war nebst dem Zumischen von Wasser das Panschen mit Magermilch.

15 Herzog et al. 2013: 20.

16 Andrea et al. 2012: 497.

17 Vgl. Lauber et al. 2013: 96. Allerdings wird ein Grossteil der hochqualitativen Alpmilch heute auch zu wertschöpfungsschwachem Milchpulver verarbeitet, vgl. Meile 2011: 147.

18 Valance 2010: 8.

19 Siehe dazu die umfangreichen Publikationen von Moser und Brodbeck 2007 und Fink-Kessler 2013.

20 Zum Begriff ‹Kuhschweizer› siehe Valance 2010: 34.

21 Vgl. dazu Orland 2004.

22 Gmür 1917: 10f.

23 Weule 1915: 57ff.

Mess-Stab für Milch, Kanton Graubünden, vermutlich Engadin, Schweiz. Sammler: vermutlich Paul Scheuermeier, 1917. Länge 122 cm, Inv.-Nr. 3895.

Kehrtessel, Blatten (Lötschental, Wallis, Schweiz). Sammler: Siegrist. Länge 116 cm, Inv.-Nr. 9662. In Lötschen heissen diese Art Tesseln *Schnätz* (von: schnitzen). Dieser *Geiss-Schnätz* hat den Turnus festgelegt, in dem die einzelnen Familien die Ziegen hüten müssen.

Mess-Stab für Milch, Val di Dentro, Italien. Sammler: Paul Scheuermeier, 1920. Länge 24 cm, Inv.-Nr. 2970.

24 Stebler 1907a: 175; Durgiai und Raaflaub 2012: 8.
25 Etwas anders war es bei den sog. ‹Kehrtesseln›, s. u.
26 Vgl. Niederer 1996: 45f.
27 Vgl. Gmür 1917: 84; Niederer 1996: 209; Stebler 1907a: 176f., 181.
28 Gmür 1917: 63.

Lateinischen *tessera* (Marke, Ausweis) ab und bezeichnet im Wallis und Bündnerland «verschieden grosse Holzstücke, welche durch Hauszeichen und andere Einschnitte gewisse Verhältnisse normieren».[24] Auf den hölzernen Rechtsausweisen hielten codierte Einkerbungen Rechte, Pflichten und erbrachte Leistungen der einzelnen Ortsbürger präzise fest und schützten so vor Benachteiligung oder Übervorteilung. Sie waren überdies fälschungssicher, da meist beide Partner des vereinbarten Geschäfts je eine Hälfte des Stabes (mit jeweils identischen Kerbungen) verwahrten.[25]

Das Tessel-System war nicht auf die Milchwirtschaft beschränkt, zeigte sich dort aber in Form der Milchmess-Stäbe in seiner raffiniertesten Ausprägung. In der Gemeinde Ferden (Wallis) regelten neben den berühmten Wassertesseln[26] noch eine Vielzahl anderer Hölzer das Gemeinwerk der Dorfgemeinschaft: So gab es Bärenjagd-Tesseln, Schär-Tesseln für erlegte Maulwürfe (*Schären*) und einen *Sunntigs-Schnätz* für die reihum übernommene Beaufsichtigung der Dorfjugend während des Sonntagsgottesdienstes. Auch für das brave Abendgebet der Kinder wurde von den Eltern auf einem entsprechenden *Schiit* jedesmal ein *Hick* gemacht.[27] Der Berner Jurist Max Gmür, der Anfang des 20. Jahrhunderts zusammen mit ehemaligen Studenten in der ganzen Schweiz Holzmarken sammelte, zitiert ein italienisches Sprichwort, das zeigt, welche Rolle solche Kerbhölzer auch in Italien gespielt haben:

> Wie schön ist es, in diesem Reich zu leben
> Man isst, man trinkt
> Und unterschreibt für alles auf einem Stück Holz.[28]

Die Grösse und Form (zylindrisch oder brettchenartig) der Tesseln variiert je nach Typ: Während die Rechtstesseln in der Regel nur einige Zentimeter messen, sind die Kehrtesseln gelegentlich bis zu zwei Meter lange (und entsprechend schwere) Holzscheiter – was im Vergleich zu papierenen Dokumenten klare Vorteile hatte: «Vor den geschriebenen Listen hat die

Tessle den Vorzug der grösseren Handlichkeit und dass sie die ‹Müsch› (Mäuse) nicht zerfressen können».[29] Es lassen sich drei Tessel-Grundtypen unterscheiden:[30]

1. Kehrtesseln (auch: *Schnätz*), zur Regelung gewisser Pflichten (z. B. *Geiss-Schnätz*, Abb. oben)
2. Rechtstesseln (auch: ‹Rechtsamehölzer›), zur Dokumentierung gewisser Rechte (z. B. Kuhtesseln, Alptesseln, vgl. Abb. S. 29 und S. 37)
3. Abrechnungstesseln (auch: ‹Zählstöcke›), zur Kontrolle von erbrachten Leistungen (z. B. Milchtesseln, vgl. Abb. oben).

KEHRTESSELN: ALLES IST «VERKEHRT»

Bei ihnen im Dorf, so beschied einst ein Lötschentaler dem Walliser Volkskundler Arnold Niederer, sei «alles verkehrt». Damit, so Niederer «wollte er nicht etwa sagen, es sei alles falsch, sondern es sei alles durch Kehrordnungen festgelegt (verkehrt im Sinne von falsch heisst dort *verchort*)»,[31] wie sie in den Kehrtesseln sicht- und greifbaren Ausdruck finden.

Der *Geiss-Schnätz* (Abb. oben) ist ein Beispiel für die einfachste Form einer Kehrtessel: Die in den vierkantigen Stab eingeschnittenen Hauszeichen[32] bestimmen die Reihenfolge, die *Kehr*, in welcher die Familien das Vieh zu hüten hatten – in diesem Falle, laut Karteikarte, die *Geissen* (Ziegen); gleiche Kehrtesseln wurden auch für Kühe verwendet. Oft übernahm ein Hirte das Hüten der Tiere auch ganzjährig für eine ganze Dorfkorporation; auf der Kehrtessel eingeschnitzt wurde dann die Reihenfolge, in welcher die Eigentümer der Tiere dem Hirten Kost und Logis zu geben hatten. Die Anzahl dieser Tage bemass sich direkt nach der Anzahl der gehüteten Tiere: Das Hüten von zehn Schafen oder vier Ziegen oder zwei Rindern zum Beispiel wurde mit einem Tag Kost und Logis vergütet.[33]

Am Ende des Abrechnungsjahres wurden sämtliche Einkerbungen weggeschnitten und eine neue Rechnungsperiode mit neuer ‹Kehrordnung›

29 Stebler 1907b: 91.

30 Rütimeyer 1916: 289.

31 Niederer 1996: 355.

32 Die häufigsten Hauszeichen waren Gegenständen des täglichen Lebens nachempfunden und wurden entsprechend bezeichnet: ‹Hennenklaue›, ‹Schaftürli› oder ‹Halter für den Milchtrichter›, vgl. Stebler 1907a: 167, Fig. 121.

33 Stebler 1907b: 90.

begann.³⁴ Auch Hauszeichen von verstorbenen Familien wurden vom Holzstecken ausgehauen.³⁵

Die Kehrtesseln wurden nicht wie die Alptesseln von einem Verantwortlichen verwahrt, sondern im Turnus weitergereicht: Sobald der erste in die Kehrordnung eingebundene Ortsbürger seine Pflicht erfüllt hatte, klopfte er mit dem Tesselstab beim nächsten an die Tür, «und so fort; hat einer, dessen Hauszeichen an der Reihe ist, kein Tier bei der zu hütenden Herde, so kann er die Tessel dem folgenden weitergeben: ‹Wer nichts hat, braucht auch nichts zu schaffen.›»³⁶ Charakteristisch sei für dieses System, so Niederer, «dass bei dem Einzelnen keine besonderen Kenntnisse vorausgesetzt werden; von jedem wird angenommen, dass er die ihm zugefallene Aufgabe erfüllen könne».³⁷

Während der *Geiss-Schnätz* nicht direkt einem genossenschaftlichen (Alp-) System zuzurechnen ist, sondern einem Grundtyp kollektiver (bäuerlicher) Arbeitsorganisation mit viel Gemeinschaftsbesitz, sind die im Folgenden zu betrachtenden Tesseln und Milchmess-Stäbe expliziter Ausdruck der genossenschaftlich organisierten Alpwirtschaft. Die Rechtstesseln verkörpern ein mit Händen greifbares Rechtssystem: Sie regeln die Besitzverhältnisse zwischen Alpmeistern³⁸ und Sennen auf Genossenschaftsalpen.

KRAPFENTESSELN UND KUHTESSELN (RECHTSTESSELN)

In der Schweiz ist gesetzlich festgelegt, wie viel Vieh auf jede Alp aufgetrieben werden darf, d. h. mit wie vielen *Stössen* (auch: *Gräser, Alpladig, Stuälä, Burscht*) sie beweidet werden darf, wobei ein *Normalstoss* (heute: *Grossvieheinheit*) dem Futterbedarf einer Milchkuh während hundert Sömmerungstagen oder, je nach Terrain und Grasqualität einer Alp, einer halben bis zwei Hektaren Weideland entspricht.³⁹ Ein *Stoss* wird weiter in *Füsse* (auch: *Kloben*) und *Klauen* (auch: *Zehen*) unterteilt: Ein voller *Stoss* entspricht vier *Füssen*; ein einjähriges Rind wird beispielsweise als zwei *Fuss* gerechnet.

Auf Genossenschaftsalpen werden bis heute unter Berücksichtigung dieser Bestossungskapazität die Nutzungsrechte der einzelnen Genossenschafter mithilfe von sogenannten ‹Kuhrechten› (auch: *Kuhweid, -berg, -essen* und *-schwere*) verteilt: Aus dem Kuhrecht erwächst das Weiderecht, das Recht nämlich, auf der genossenschaftlich bestossenen Alp eine Milchkuh zu sömmern.⁴⁰ Das heisst: Jedes Mitglied der Genossenschaft darf so viel Vieh auftreiben, als es sein Besitz an Kuhrechten gestattet. Der Alpvogt wacht darüber, dass kein Genosse mehr Vieh sömmert, als ihm zukommt. Früher hatte man als Grundprotokoll für jede Alp ein grosses *Alpscheit* mit aufwendig geschnitzten Einlagetesseln.⁴¹ Weil es schwierig war, auf solchen Tesseln Eigentumsänderungen zu vermerken, wurden sie ab Mitte des 19. Jahrhunderts durch einzelne kleine Tesseln ersetzt.⁴² Der in der Einleitung zitierte Karteikartentext bezieht sich auf die Kuhrechtsmarken auf solchen Alptesseln (Abb. S. 29) neueren Systems: Ein grosser Bund etwa zehn Zentimeter langer vierkantiger

34 Niederer 1996: 209.
35 Vgl. Gmür 1917: 83. Auch zu erkennen am Objekt auf Abb. S. 34f., *Geiss-Schnätz*.
36 Gmür 1917: 84.
37 Niederer 1996: 209.
38 Alpmeister haben als Vorgesetzte des Alppersonals auf Genossenschaftsalpen die Aufgabe, die Arbeit zu organisieren und dabei die Interessen der Alp gegenüber den Angestellten sicherzustellen (Lauber et al. 2013: 180).
39 Durgiai und Raaflaub 2012: 8ff.; Herzog et al. 2013: 21; Inauen 2004: 25.
40 Dubler 2010.
41 Vgl. Gmür 1917: Tafel XXVIII.
42 Stebler 1907b: 91f. Ende des 19. Jh. wurden auch diese kleinen Tesseln durch schriftlich notierte Rechte ersetzt und die Auflistung der Kuhrechts-Besitzer erfolgt heute im Seybuch (auch: Satzung, Alpbuch, ‹Liischte› [Liste]), das vom Grundbuchamt der Verwaltungsregion geführt wird und in Papierform oder elektronisch geführt werden kann (Durgiai und Raaflaub 2012: 12).

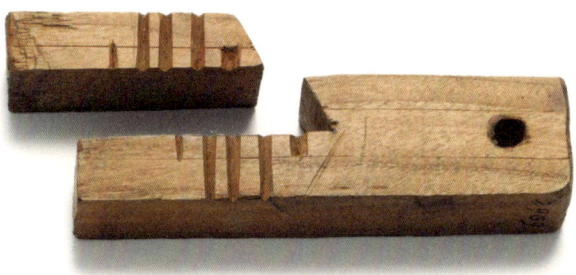

Krapfentesseln, Kippel (Lötschental, Schweiz), Sammler: Helmut Gams, 1920. Länge 9.5–17 cm, Inv.-Nr. 2969a–f.

Alprechnung mit Tesseln auf der Alp Kummen in Ferden (Lötschental, Schweiz), um 1920. Foto: Albert Nyfeler.

Hölzchen, die in winkligem Schnitt in zwei Teile zertrennt sind. Der spitzwinklige Ausschnitt des grösseren Holzstückes ist dabei namensgebend: Es wird als *Krapfen* (auch: *Anhängetessle*) bezeichnet, das kleinere Stück ist die *Einlagetessel* (auch: *Beitessel, Gegentessel, kleine Tessel*). Zwei zueinander gehörende Stücke sind auf der Schmalseite mit einer gleichlautenden, den Viehbesitzer identifizierenden Ziffer versehen und lassen sich passgenau aneinanderlegen.[43] Auf der Breitseite, über *Krapfen* und *Beitessel* laufend, sind die Kuhrechte eingekerbt; dabei bedeutet «ein tiefer ganzer Einschnitt ein[e] Kuh[recht], ein halber, tiefer Einschnitt ein[e] halbe[s] Kuh[recht] (Rind von 1–2 Jahren); ein ganzer schwacher Strich, ein Fuss (1 Kalb bis auf 12 Monate); ein halber schwacher Strich ½ Fuss (Klaue)».[44]

Die *Krapfen* wurden vom Alpvogt an einer Schnur oder einem Draht aufgereiht und verwahrt. Die Einlagetesseln waren Eigentum der Kuhrechtsbesitzer und konnten wie Aktien gehandelt werden.[45] Vor der Alpauffahrt trafen sich die Genossenschafter zur *Einrechnung*, das heisst zur Zuteilung der Tiere auf die Alpbetriebe.[46] Vor der Alpabfahrt im Herbst wurden die *Krapfen* öffentlich kontrolliert und die Viehbesitzer konnten gemäss der auf dem Milchmess-Stab ausgewiesenen Rechnung am Ende des Alpsommers den ihnen zustehenden Alpnutzen (auch: *Mulche, Molchä, Nutzo, Nutz*)[47] ins Tal hinunter tragen.

43 Stebler 1907b: 92.
44 Karteikarte VMZ Inv.-Nr. 2969.
45 Niederer 1996: 163; Stebler 1907b: 92.
46 Wagner 2011: 34, 38f. Die Einrechnung findet auch heute noch statt, allerdings nicht mit Tesseln, sondern auf grossen Schiefertafeln (ebd.).
47 Alpnutzen = Gesamtheit des während eines Sommers erzeugten Käses (Durgiai und Raaflaub 2012: 9).

Alppersonal auf dem Weg zum Melkplatz, Alp Torrent oberhalb von Grimentz (Kanton Wallis, Schweiz), um 1925. Foto: Charles Krebser.

MILCHRECHNUNG AUF GENOSSENSCHAFTSALPEN

Es sind die Eigentumsverhältnisse an den Alpbetrieben, die darüber entscheiden, wie kompliziert diese Milchrechnung im Einzelfall ausfällt: Im Gegensatz zur denkbar einfachen Buchhaltung einer Privatalp («was im Speicher lagert, gehört dem Senn») ist die genossenschaftliche Rechnung von Alpbetrieben, d. h. auf Alpen, auf denen mehrere Bauern ihre Kühe unter «einheitlicher Obhut auf der Alp haben und ihre Milch aus praktischen Gründen gemeinsam verwerten»,[48] organisatorisch und hinsichtlich der Milchabrechnung «eine komplizierte Rechnung für den, der noch nie eine *Teilete* mitmachte, einfach aber für diejenigen, die von Kindsbeinen an dabei waren».[49] Niederer führt aus:

> Beim eigentlichen Genossenschaftsbetrieb treibt der Besitzer des Viehs dasselbe im Frühjahr auf die Alp und holt es im Herbst samt dem Alpprodukt wieder ab. Um zu wissen, wieviel Käse, Butter und Ziger jeder Genosse am Ende der Alpsaison zu bekommen hat, d. h. welchen Anteil er am Alpnutzen hat, wird festgestellt, wieviel Milch seine Kühe ergeben. Heute wird nach jedem Melken die Milch jedes Alpgenossen gemessen und nach Kilogramm notiert, doch war das

48 Gmür 1917: 85.
49 Oechslin 1934: 189.

Milchwäger Josef Mock, Potersalp (Kanton Appenzell Innerrhoden, Schweiz), 2013. Alle Alpbetriebe der Schweiz werden während der Sömmerungszeit zweimal von einem Milchwäger besucht. Der kantonal angestellte Milch-Fachmann kommt unangemeldet, wägt abends und am darauffolgenden Morgen die Milchleistung jeder Kuh und nimmt von jedem Gemelk eine Milchprobe. Diese wird im kantonalen Labor auf Zellzahlen hin untersucht. Foto: Rebekka Sutter.

in früheren Zeiten nicht so. Es gab damals einen oder mehrere bestimmte Messtage, und die Milchmessung war eines der wichtigsten Geschäfte innerhalb des Älplerlebens.[50]

Ein hoher Milchertrag beim sogenannten ‹Probemelken› an diesen Messtagen[51] ergab einen grossen Anteil am Alpnutzen. Entsprechend konträr waren die Interessen der Beteiligten: Während die Sennen an einem möglichst niedrigen Ertrag interessiert waren («in der Meinung, dass die Viehbesitzer am Ende der Alpperiode über die Menge der Milchprodukte überrascht sein würden und die Sennen entsprechend gefeiert und geschätzt würden»[52]), versuchten die Bauern mit allen Mitteln und Tricks, möglichst viele Liter Milch von ihren Tieren zu ermelken. Die gemolkenen Gesamterträge jedes Viehbesitzers wurden nach dem Probemelken auf den Milchmess-Stäben eingekerbt; diese wiesen am Ende des Alpsommers aus, welchen Anteil an Milchprodukten dem jeweiligen Genossenschafter zustand. Vielerorts wurden die Milchmesstage mit einem eigentlichen ‹Milchmessfest› begangen.[53]

Die Milchmess-Stäbe waren nicht (wie die Bezeichnung ‹Milchmess-Stab› vermuten liesse) einfache Messlatten, mit denen die gemolkene Milch im Melkeimer gemessen wurde, sondern raffiniert konzipierte Abrechnungshölzer, mit deren Hilfe der gesamte Milchertrag einer Alpsaison eines genossenschaftlich geführten Betriebs übersichtlich abgerechnet werden konnte; materielle Ausformungen dessen, was bis heute im Zentrum der Alpwirtschaft steht: Die Milchrechnung.

MILCHMESS-STÄBE (ABRECHNUNGSHÖLZER)

Abrechnungshölzer lassen sich in drei Untertypen gliedern: einfache (ein einziges Scheit für alle Beteiligten) und mehrfache Hölzer (ein Scheit pro Person) sowie gespaltene Abrechnungshölzer, bei denen beide Parteien je eine Hälfte bei sich verwahren und die Einkerbungen immer auf beiden vorgenommen werden müssen, damit sie ihre Gültigkeit haben. Weit verbreitet war das einfache Abrechnungsholz, welches meist zur Milchabrechnung verwendet wurde. In die Hölzer wurden die einzelnen Leistungen zweier oder mehrerer Personen eingekerbt; «aus der Proportion der betreffenden Posten zueinander ergeben sich auch die gegenseitigen Ansprüche. In selteneren Fällen wird die Saldierung direkt auf dem Holze vorgenommen.»[54]

In der Sammlung des Völkerkundemuseums befinden sich zwei unterschiedliche Milchmess-Stäbe. Beim grossen, vierkantigen Stab (Abb. S. 34f.) handelt es sich um ein *Milchscheit* oder *Milchmass*.[55] Das Objekt stammt aus dem Bündnerland, die genaue Herkunft konnte nicht eruiert werden. Es ist ein knapp anderthalb Meter langer, leicht gekrümmter Stab, der vom Prinzip her gleich funktioniert haben dürfte (und vermutlich aus derselben Region stammt), wie die *baston di nachas*[56] aus dem Engadin:

50 Niederer 1996: 166f.
51 Eine tägliche Milchmessung hätte ohne Melkmaschinen, Federwaagen oder gar elektronische/automatische Waagen schlicht zu viel Arbeit verursacht (Stebler 1907a: 188).
52 Niederer 1996: 166.
53 Eine anschauliche und ausführliche Beschreibung eines solchen Festes findet sich in Anderegg 1898: 796f.
54 Gmür 1917: 85.
55 A. a. O.: 88.
56 *Nacha* war ein im Unterengadin gebräuchliches Hohlmass für Milch, das knapp drei Liter (sechs Pfund) fasste (Weiss 1941: 228). Auch die Einkerbungen auf dem Stab (*baston*) wurden *nachas* genannt.

Während des Sommers fanden nach altem Gemeindegesetz zwei Milchmessungen statt, die eine vor dem 12. Juli, die zweite am 12. August. Die Milch wurde an den Stichtagen im Beisein der Eigentümer vom Alpmeister gewogen; des Morgens bediente man sich eines provisorischen Stabes, den man dann am Abend, nachdem das ganze Tagesresultat festgestellt und auf dem Hauptstab eingekerbt worden war, vernichtete. Die Aufzeichnung wurde folgendermassen vorgenommen: Auf der einen Seite setzte man die Initialen der Alpgenossen in Felder ein, welche durch Querstriche gebildet wurden, die man auch auf den übrigen Seiten fortsetzte. Auf der gegenüberliegenden Längsseite notierte man sodann das Resultat des Melkens [...]. Die An- und Verkäufe sind ebenfalls auf dem Stab notiert, und zwar auf den beiden übrigbleibenden Längsseiten, von denen eine oben ein grosses C (= *comprat*, gekauft) und die andere ein grosses V (= *vendu*, verkauft) trägt; in diesen Feldern sind die ge- oder verkauften Löffel mit kleinen Strichlein notiert.[57]

Die Bedeutung der diversen Einkerbungen zur Angabe der gemolkenen Milchmasse unterschieden sich je nach Ort und Zeit,[58] und es liess sich für das vorliegende Objekt nicht exakt eruieren, wie viel die verschiedenen Kerbungen bedeuten. Für ein vergleichbares Exemplar nennt Gmür folgende Masseinheiten:[59]

Ganzer Kerbschnitt	= 1 *nachas* (= 6 Pfund)
Halber Kerbschnitt	= ½ *nachas* (= 3 Pfund)
Dreieckiger Kerbschnitt	= 1 *tschadun* (= 16 Löffel = 1 Pfund)
V-förmiger Kerbschnitt	= ⅓ *tschadun* (= 5 Löffel)
Haartupf	= ½ *tschadun*

Damit am Ende des Alpsommers die Rechnung möglichst einfach zu bewerkstelligen war und die Genossenschafter dennoch ohne Auf- und Abrundungen ihren Alpnutzen einfordern konnten, kauften die einzelnen Genossenschafter am Stichtag klein(st)e Milchmengen von der Genossenschaft oder verkauften ebensolche kleinen Anteile (in *Löffeln* gemessen) – so dass am Ende des Alpsommers nur noch mit halben Pfunden als kleinster Masseinheit gerechnet werden musste.[60]

Ein Hinweis, dass das Objekt aus der jüngeren Vergangenheit stammt, sind die mit Tinte geschriebenen Namen der Sennen, welche die früheren eingekerbten Hauszeichen seit dem ausgehenden 19. Jahrhundert vielerorts ersetzten.[61]

Der kleine Messstab (Abb. S. 34) ist ein Beispiel für die rudimentärste Form eines gespaltenen Abrechnungsholzes. Das dünne, gut 20 cm lange Ästchen ist in Faserrichtung in zwei Hälften gespalten; die eine Hälfte ist für den Kreditor, die andere für den Debitor bestimmt.[62] Hölzer dieser Art waren typisch für das Valmaggia im Tessin und «ausnahmsweise»[63] – wie das vorliegende Exemplar – für den südlichen Teil Graubündens. Weit weniger komplex als das zuvor beschriebene lange Milchscheit, aber von derselben Funktionsweise, diente es

57 Gmür 1917: 88f.
58 Weiss 1941: 225. Weit verbreitet war jedoch, dass die Referenz-Masseinheit (mit dem entsprechend zugehörigen Hohlmass) drei Liter fasste. Sowohl die Milchleistung der Kuh als auch der hochgerechnete Alpnutzen wurde mit dieser Masseinheit angegeben.
59 Gmür 1917: 90f.
60 A. a. O.: 89; Weiss 1941: 229.
61 Vgl. Gmür 1917: 91.
62 Stebler 1907a: 181.
63 Gmür 1917: 105.

wie jenes «zur Vorbereitung der Schlussabrechnung [...]; immer handelt es sich um die Vormerkung einer grössern Zahl gleichartiger Leistungen, die von der gleichen Partei an eine andere gemacht werden».[64] Nach gleichem System wurden in den erwähnten Regionen auch Brotlieferungen abgerechnet.

WEIDEPLANUNG UND HÜTEN

An den Sonntagen kommen die Bauern vom Tal und gelegentlich auch die Sennen der Nachbaralpen zu Besuch. Sie stehen in der kleinen, niederen, dunklen Küche, strahlen den Senn an und rufen polternd: «Jäää hend ee etz no e schös Gräässli …! Jjjäää helewie, allno e derigs Grääs. Hesch doch cheibe leiege do hobe.»[65] Als gälte es, Sonntag für Sonntag laut zu formulieren, was die Grundlage jeder, so auch der alpinen Milchwirtschaft ist: Gras.

Die alpine Milchproduktion beginnt lange vor dem Melken. Als erste, sehr zeitintensive Arbeit im Frühjahr – lange bevor die Tiere auf die Alp kommen – müssen Steine gelesen und Zäune errichtet werden. Die Zäune verringern den Hüteaufwand erheblich und ermöglichen eine gezielte Weideeinteilung, die von erfahrenen Hirten so angelegt wird, dass das Futter für den ganzen Alpsommer reicht und auch minderwertige Weideflächen abgegrast werden. Zusammen mit dem Wetter gibt die Entwicklung des Grases den gesamten Alpfahrplan vor: Den Zeitpunkt der Alpauf- und -abfahrt und dazwischen die tägliche Weideplanung.

Die Qualität des Grases[66] ist nicht nur von der Bodenqualität, der Topografie und der Witterung abhängig, sondern wird auch massgeblich von einer guten Weidenutzung beeinflusst. So ist beispielsweise ein rasches Abgrasenlassen der tieferen Weiden in der Nähe des *Alpzimmers*,[67] die nach dem Alpaufzug als Erstes genutzt werden, wichtig, damit das Gras auf der letzten Weide nicht *überständig* (überreif) und damit qualitativ minderwertig wird.[68]

Eine rechtzeitig abgeweidete Wiese fördert nicht nur die langfristige Nutzbarkeit der Weiden, sondern ist auch bekömmlicher für die Kuh und steigert dadurch Qualität und Quantität der Milch. Der Bedarf an sorgfältiger Weidepflege und -planung nimmt (wider intuitives Erwarten) tendenziell zu, da die heutigen, hochgezüchteten Milchkühe immer anspruchsvoller werden und nur mit hochwertigem Gras eine gute Milchleistung erbringen.[69] Noch unmittelbarer als in der litermässigen Euterleistung schlägt sich gern gefressenes Alpgras im Geschmack der Milch nieder: Willi Schmid, Käser im Toggenburg, riecht, wenn die Kühe, deren Milch er verkäst, die Weide gewechselt haben:

> Erst am Morgen, nachdem der die Milch gekostet hat, entscheidet er sich, welche Sorten er an diesem Tag produziert. «Die Milch ist alles, nur wenn der Rohstoff erstklassig ist, lässt sich Spitzenkäse produzieren», erklärt der Käser. «Am Geschmack der Milch erkenne ich das Futter. Wenn etwa die Kühe meines Bruders auf einer Alp mehr Ruchgras fressen, riecht sie immer etwas nach Karamell.»[70]

64 A. a. O.: 103.

65 Ausrufe des Erstaunens: «Habt ihr jetzt (immer) noch schönes Gras …! Schau an, immer noch so gutes Gras. Du hast es doch sehr gut hier oben.»

66 Bei Kühen sehr beliebt sind Milchkrautweiden, auf welchen man neben dem namensgebenden behaarten Milchkraut (Schaftlöwenzahn) typischerweise Alpenwegerich und Alpenrispengras findet. Es ist eine Pflanzengesellschaft, die nur auf nährstoffreichen Wiesen wächst (Pavlovic 2011: 57).

67 ‹Alpzimmer› (auch: *Sennten*, *Säss*) bezeichnet den alpwirtschaftlichen Gebäudekomplex (Lauber et al. 2013: 185).

68 Pavlovic 2011: 54.

69 Schneider et al. 2013.

70 Flammer 2009: 242.

Transport der frischgemolkenen Milch vom Kuhstall in die Alpküche, wo die Milch weiterverarbeitet wird: Ein kleiner Teil wird als Trinkmilch von der Älplerfamilie und Gästen verzehrt, der grosse Rest wird vor Ort entweder verbuttert oder verkäst. Die Tansen fassen 30 Liter. Altenalp (Kanton Appenzell Innerrhoden, Schweiz), 2013. Foto: Rebekka Sutter.

Und er erläutert weiter: Nebst der Grasqualität tragen vor allem auch die kurzen Transportwege (bzw. bei etlichen Alpen sogar der gänzliche Wegfall von solchen) zu einem erstklassigen Rohstoff bei. Wenn die Milch nach dem Melken erst durch «kilometerlange Pipelines» fliesst, verliert sie den Geschmack.[71]

Bei der Weideplanung werden Alpwiesen als Erstes in Tag- und Nachtweiden unterteilt: Die Nachtweiden befinden sich an geschützten, ungefährlichen Orten, möglichst in der Nähe des Melkstalls. Die Tagweiden liegen meist in grösserer Entfernung und müssen vielerorts gehütet werden, da nicht alles gezäunt und/oder das Gelände gefährlich ist. Für weitere räumliche Spezifizierungen innerhalb einer Weide verwenden die Hirten Ausdrücke, die sich auf das Weidestadium oder die Grasqualität beziehen: So wird eine flache Stelle, die vom Vieh oft als Liegeplatz aufgesucht wird, als *Läger, Liger, Suurplätz, Veeläger* bezeichnet. Da sich dort grössere Mengen an Kuhdung anhäufen, wachsen an solchen Stellen entsprechend düngerliebende Pflanzen.[72] *Lische, Nätsch, Riedplätz* oder *Sükä* bezeichnen Weidestellen mit minderwertigem Gras, meistens an Feuchtstandorten; auch Stellen mit Gras an nicht mehr genutzten Hängen werden so benannt. *Grotzenanflug, Einwachsen* weist auf aufwachsende Bäume (speziell Tannen) oder Sträucher in der Weide hin, und mit *Beschen, Geilstellen, Uufressigs* bezeichnen die Älpler «Stellen auf der Weide, die vom Vieh verschmäht wurden und wo das Gras deshalb alt und hoch gewachsen ist».[76]

Während Begriffe dieser Art Plätze, Stellen innerhalb einer einzelnen Weidefläche bezeichnen, benennen Flurnamen – auf der Altenalp etwa *Rigle, Böhleli, Schlipfhalde, Öhrli, Onderalp, Gruebe, Gässböhl, Wende, Äckerli* – grössere topografische Einheiten, die nur ausnahmsweise auf Kartenblättern verzeichnet, jedoch unverzichtbarer Teil des Wissens erfahrener Sennen und Hirten sind und sie befähigen, sich über Weideplanung und Einzelheiten des Hütens austauschen zu können: Wie ist das Gras auf einer bestimmten Weide? Wo werden die Kühe am darauffolgenden Tag gehütet? Wo muss der Zaun ausgemäht, wo ein neuer *Zaunkönig* (Batterie für den Elektrozaun) montiert werden?

«MÖLCHIGS GRAS»

Adrian Werder arbeitet als Hirte auf der grossen Milchkuh-Alp ‹Grüscher Älpli› im Bündnerland. Er ist jung, verfügt aber schon über viel Hüteerfahrung und erzählt, worauf er beim Einteilen der hochgelegenen und steilen Weiden achtet und inwiefern eine erfolgreiche Weideführung und -pflege die Milchqualität beeinflusst. Auf der obersten Hochweide des Tales stehend, registriert er:[74]

«Vor drüü Wuche woni do obe gsi bi, hets do immer no Schnee gha. Und etz isch alls ewäg. Und da isch natürlich sehr mölchigs Gras nachher nu dä … bis mir denn do obe sind.» Die Aussage illustriert schön, wie sich Könnerschaft auch in der Sprache niederschlägt: *mölchigs Gras* (wörtl. «gut zu melkendes Gras») als Begriff für Weidegras, das die Kühe besonders mögen. Ent-

71 Flammer 2009: 242.
72 Durgiai und Raaflaub 2012: 8.
73 Ebd.
74 Für ein Projekt, das sich für die Weitergabe von Hüte- und Weidepflege-Wissen an junge Älpler einsetzt, wurden erfahrene Hirten auf der Weide befragt, damit sie ihr schwer verbalisierbares Wissen direkt vor Ort in der Landschaft und nahe bei ihrem Vieh formulieren konnten. Die Ergebnisse wurden in einer Publikation mit beigelegter DVD veröffentlicht (Lauber et al. 2013).

Kontrollgang auf der gezäunten ‹Onderalp›-Weide. Altenalp (Kanton Appenzell Innerrhoden, Schweiz), 2011. Foto: Rebekka Sutter.

sprechend fressen sie viel und geben grosse Mengen hochwertiger Milch.[75] Ausserdem kommt im Zitat auch zum Ausdruck, dass der Hirte die Entwicklung der Vegetation kennt und in seiner Weideplanung berücksichtigt: er weiss, *wann* dieses *mölchige* Gras zum Abweiden hoch gewachsen sein wird.

Nebst der Weideplanung setzt auch das eigentliche Hüten viel Wissen und vor allem Erfahrung voraus: Ein Bergamasker Schafhirte, der früher Rinder hütete, meinte nachdenklich, das Hüten an und für sich, die Hundekommandos, das Gehen in schwierigem Gelände oder die Behandlung kranker Tiere seien nicht so schwierig, all das könne man lernen: «Nüd in eini Tag, ma poco a poco» (nicht in einem Tag, aber nach und nach). Aber: Zu wissen, wann die Tiere *Hunger* haben – *das* sei schwierig zu lernen, das könne man nicht in einem Jahr und auch nicht in zweien lernen: «Ci deve esperienza» (das braucht Erfahrung).[76]

«MAN HÖRT SIE AUCH FRESSEN»

Giorgio Hösli hat fünfzehn Sommer als Hirt und Senn auf Alpen gearbeitet und gibt im *Neuen Handbuch Alp* (2012) sein Wissen an angehende Hirten weiter:

> Beim Hüten schult man sich im Hören. In einem kleinen Hosensackbuch wird jedes Tier mit der entsprechenden Schelle notiert. Eine Gotthard tönt nicht wie eine Chamonix und nicht wie eine Froschmaul und nicht wie eine Tiroler. [...] Im Verlauf des Sommers lernt man viele Tiere an ihrem «Ton» kennen, was besonders an Nebeltagen im steilen Gelände nützlich ist. So kann man den scheuen Tieren frühzeitig ausweichen, um sie mit einem plötzlichen Auftauchen nicht zu erschrecken. Im Klang des Herden-

75 Auf Schweizerdeutsch scheint der Ausdruck in verschiedenen Dialekten gängig, schriftlich etwa in einer Glarner Sage zur Schmackhaftigkeit einer Hochweide: «Vor alte Zyte isch ä prächtigs melchs Gresli bis uf de höchste Gräät ufe gwachse.» (Zitiert ohne Quellenangabe in: Sulzer und Hösli 2012: 70).

76 Fiorenzo Zenoni, persönliche Mitteilung, 2003.

geläuts drückt sich zudem die Tätigkeit der Tiere aus. Beim Ruhen sind nur wenige Schellen zu hören, das Wiederkäuen bringt ein zartes Anschlagen des Klöppels im Takt mit sich; [...] die Heftigkeit der Schlagfrequenz zeigt beim Fressen den Hunger oder die Futterqualität an.[77]

Dieser wichtige Aspekt des Hörens findet sich in vielen Sagen wieder, wenn etwa vom Senn die Rede ist, der vor dem Schlafengehen noch einmal in die Nacht horcht, um zu wissen, wo die Herde ruht.[78] Auch der Bergheuer-Gehilfe auf der Altenalp erklärt, dass man die Kühe oft *hört*, bevor sie hinter einer Wegbiegung oder einer Felsnase ins Blickfeld kommen: «Me *khööts* au fresse.» Ist die Herde ausser Hör- und Sichtweite, hilft das Erfahrungswissen, zu welchen Tageszeiten und bei welchem Wetter die Tiere wo entlanggehen, um das Vieh wiederzufinden – «Ond wenns Grääs vom Nebel eso voll Tropfe vehanged ischt, isch no eefache. Siehsches? Ond wenn enn dei döri ischt, sönd denn au di andere i de Nöchi.»[79]

LOCKRUFE

Der Tag auf einer Kuhalp beginnt mit dem Holen der Kühe von der Nachtweide. Es ist halb fünf Uhr morgens. Senn, Sennerin und Handbub[80] schlüpfen im Dunkeln schlaftrunken in die Stallkleidung. Der Alptag beginnt lange vor dem ersten Schluck Kaffee. Er beginnt mit singenden Lockrufen:[81] «Hohohohohoooo, chomm Bobe, chomm wädli wädli. Chooooooom Bobe. Choom. Hohohohohoooo.» Die Kuhleiber und die Silhouetten der Alpstein-Kette zeichnen sich erst schemenhaft im allerersten Dämmerlicht am Horizont ab. Es ist Anfang Juli, aber die Morgenluft so frisch, dass man den eigenen Atem sieht. «Eins ... zwei ... drei ... vier ... fünf ... sechs ... sieben ... acht, chomm Bobe ... neun ... zehn ... elf ... zwölf ... dreizehn ... vierzehn. Chooom Babe. Choom wädli wädli. Chomm!»[82] Das Geräusch, das die schweren Kühe verursachen, wenn sie mit ihren Klauen taufeuchtes Gras in die weiche Bodenerde drücken, ist im sonst noch vollkommen geräuschlosen Morgen so laut, dass man meint, das Geräusch – ähnlich den tickenden Melkmaschinen – im ganzen Kopf zu spüren. Und der eigene Körper, eigentlich noch viel zu müde zum Arbeiten, ist so morgenluftgeflutet mit einem Schlag wach und mit allen Sinnen da. Gerlinde Neff, die schwäbische Sennerin, die sechsundzwanzig Alpsommer auf der Innerrhoder Altenalp hinter sich hat, sagt: «So früh am Morgen in diesem Licht Richtung Steckenberg zu laufen und die Kühe zu holen, ist für mich nach wie vor ein sehr bewusst wahrgenommener Moment. Zusammen mit dem Melken eigentlich die allerschönste Arbeit hier auf der Alp. Für mich. Manchmal erschlägt es dich fast ... so ... wach fühlst du dich – obwohl du viel zu wenig geschlafen hast.»

Auf dem Weg zum hintersten Liegeplatz registriert sie: Der obere *Hag* (Zaun) muss dringend ausgemäht werden, Jana hinkt, Gerdas Klaue scheint

77 Hösli 2012: 416.
78 Senti 1994: 110.
79 «Man hört sie auch fressen. Und wenn das Gras vom Nebel so voller Tropfen hängt, ist es noch einfacher. Siehst du es? Wenn einer [ein Büsch = Rind] dort lang gegangen ist, sind auch die Übrigen in der Nähe» (Walter Fässler, persönliche Kommunikation, 2013).
80 Je nach Region auch Statterbub, Laufbueb, Bazger, Hüttabueb, Züehirt genannt: eine früher minderjährige Aushilfskraft, die dem Senn zur Hand geht (Durgiai und Raaflaub 2012: 8).
81 Im Gegensatz zu anderen Formen alpiner Musikkultur (Jodeln, Alphorn, Talerschwingen usw.) sind Lockrufe leider kaum dokumentiert und erforscht: Die Hinweise beschränken sich bestenfalls auf einige kurze Passagen, siehe etwa Nussbaumer 2003: 12. Zäuerli und Rugguserli, die ausser- und innerrhodischen Naturjodelarten, sind ihrerseits vermutlich aus den Lockrufen entstanden (Hösli 2012: 418).
82 VMZ-Tondatei <20130829_schweizer-appenzell_altenalp_01>. Vgl. auch <20130725_schweizer-appenzell_altenalp_03>.

– soweit das an ihrem Gang zu beurteilen ist – über Nacht nicht schlimmer geworden. Die eine vom Böffli[83] ist *stierig* (brünstig).

Noch auf der Weide wird der Leitkuh die Glocke abgenommen, damit die Touristen im Heulager direkt über dem Kuhstall nicht geweckt werden, wenn die Kühe nachher zum Melken eingestallt werden – die Sennerin lacht, schlägt der Kuh vor ihr leicht mit dem Haselstecken auf den Rücken und ruft mit hoher Kopfstimme weiter ins Morgendunkel hinaus: «Chooomm Bobe, chooom. Choom wädli wädli, choooomm.» Hintereinander trotten die Kühe ruhig in den Stall, treten fast zentimetergenau an ihren *Hälslig*, die Anbindevorrichtung, heran – sie kennen ihren Platz und reihen sich eine nach der anderen auf dem *Läger*, der vom Stallgang (*Schlipflig*) erhöht abgesetzten Standfläche, ein: Afrika, Blüemli, Erna, Haiti, Lambada, Viola, Hagrösli, Laika ...

KUHREIHEN UND LÖCKLER

Die Lockrufe, im Appenzellischen *Heääle* oder *Löckler*[84] genannt, mit denen die Kühe in einer Reihe zum Melken von der Weide in den Stall getrieben werden, sind laut Forschungen verschiedener Autoren Überbleibsel der Kühreihen[85] (auch: Kuhreihen oder Kuhreigen; in der welschen Schweiz: *Ranz des vaches*) – Eintreibelieder, wie sie von den Hirten bis Anfang des 19. Jahrhunderts gesungen oder auf dem Alphorn, dem Büchel, der Tiba oder einer Schalmei geblasen wurden: «Langsame, lyrische Melodienfolgen auf die Worte ‹Lobe›, ‹lobela›, ‹Loba›, ‹liauba›, ‹Ave Maria›, oder andere Texte mit bewegteren zum Teil rezitativischen Teilen, die die Kühe beim Namen nennen.»[86] Als erste schriftliche Fassung eines solchen Kuhreihens gilt ein Manuskript von 1531 aus der Region Appenzell.[87] Während die ursprünglichen Kuhreihen textlos waren, enthalten spätere Versionen die Namen der gerufenen Kühe, und in den schwülstigsten Versionen – insbesondere bei Touristen des angehenden 19. Jahrhunderts beliebt – werden weiter auch allgemeine Freuden und Leiden des Älplerlebens besungen. Das in ganz Europa bekannte Kinderlied «Gang rüef de Gääle, gang rüef de Bruune» ist ein modernes Volkslied-Arrangement eines traditionellen Kuhreihens.

Ob textlos oder nicht: Die Erfahrung zeigte, «dass die Kühe durch die orphische Macht dieses einfachen Gesanges, an den sie gewöhnt sind, sich tatsächlich besser leiten lassen, als durch Flüche, Steinwürfe und Hiebe».[88] Die «orphische Macht» der Musik hatte allerdings auch auf das Gemüt der Hirten beziehungsweise der schweizerischen Alpenbevölkerung selbst einen Einfluss: Ein Basler Arzt berichtete 1710, dass Schweizer Soldaten, die im Ausland dienten, heimwehkrank wurden oder sogar desertierten, wenn sie eine Kuhreihen-Melodie hörten: «So zerflossen die Alpensöhne in Thränen und fielen, wie von einer Epidemie ergriffen, haufenweise plötzlich in solche Heimsehnsucht, dass sie desertirten, oder starben, wenn sie nicht ins Vaterland gehen konnten.»[89] Nach der Publikation besagter medizinischer Dissertation

[83] Böffli: Spitzname des Bauern, dem die Kuh gehört. Wo die Kühe (insbesondere in den ersten Wochen des Alpsommers) noch nicht mit Namen identifiziert werden können, weiss die Hirtin (ev. mit einem Blick auf die Ohrmarke oder eine Rückenmarkierung) zumindest, welchem Bauer die Kuh gehört.

[84] Mock 2007: 63.

[85] Eine längere Version der in der ganzen Schweiz verbreiteten Sage zur Entstehung des Kuhreihens ist in Lienerts Sagensammlung abgedruckt (2006: 91ff.).

[86] Niederer 1996: 252ff.

[87] Wyss 1979: 152.

[88] Richard Weiss, 1941, zitiert nach Niederer 1996: 252ff.

[89] Johann Gottfried Ebel, 1798; zitiert nach Werner 2009: 135.

wurde es den schweizerischen Truppen in französischen Diensten unter Androhung der Todesstrafe untersagt, solche *Ranz des vaches* zu pfeifen, zu singen oder zu spielen.[90] Die ‹Krankheit› (als Schweizerkrankheit oder *mal du Suisse* bezeichnet) wurde daraufhin auch bei Kühen diagnostiziert und es wurden entsprechende Massnahmen getroffen:

> Wenn die Kühe von Alpenzucht, aus dem Geburtslande entfernt, diesen Gesang hören, so scheinen ebenfalls alle Bilder ihres ehemaligen Zustandes plötzlich im Gehirn lebendig zu werden, und eine Art von Heimweh zu erregen; sie werfen augenblicklich den Schwanz krumm in die Höhe, fangen an zu laufen, zerbrechen alle Zäune und Gatter, und sind wild und rasend. Dies ist der Grund, warum es in der Gegend von St. Gallen, wo häufig gekaufte appenzellische Kühe auf Wiesen weiden, verboten ist, dort den Kuhreihen zu singen.[91]

LOCKRUFE, KÜHE UND TANNZAPFEN

Der Kühreihen wird aufgrund des oben erwähnten wiederkehrenden Textelementes ‹Lobe› auch als Lobe-Ruf bezeichnet.[92] Das Wort ‹Lobe› verweist bei näherer Betrachtung auf eine überraschende Verbindung zur materiellen Dimension der alpinen Milchkultur: aus Tannästen und -zapfen hergestellte Spielzeugkühe (im Appenzellischen Beinkühe, *Beechüè*, in der Innerschweiz Hornkühe, *Horechüeh* genannt).

Es ist die Etymologie dieser Zweigkühe, die eine «uralte Verbindung der Begriffe von Kuh, Tannzapfen und Kinderspielzeug» zutage fördert, die bis heute in den Lockrufen und im Alpsegen (siehe unten) in Form der Begriffe ‹loba›, ‹lioba› noch hörbar ist:

> Es erhellt dies, wenn man dem Gebrauch und der geographischen Verbreitung des uralten Alpenwortes *loba* (*lioba* im Ranz des Vaches) nachgeht, welches [...] einer alten vorrömischen Sprachschicht im Alpengebiet angehört. *Loba* bedeutet [...] an verschiedenen Orten der Schweiz, auch in Savoyen und dem Vorarlberg «Kuh» oder «Tannzapfen», an einigen Orten, wie in der Gruyère und im deutschen Oberwallis, beides, im Unterengadin und Heinzenberg nur «Fichten-» oder «Tannzapfen». Es ist bis Albanien in der Bedeutung «Kuh» nachweisbar. Die einfache Erklärung dieser Doppelbedeutung von «Kuh» und «Tannzapfen» ist die, dass eben die prähistorischen Kinder mit Tannzapfen als Spielzeugtieren genau so spielten, wie heute und für beide das gleiche Wort hatten. [...] *Loba* oder *lobe* ist vielerorts in der deutschen Schweiz Lockruf für Kühe und Kälber und auch Namen für einzelne Kühe. [...] Man sieht, es kommen verschiedene Kombinationen vor, aber der alte Ur-Begriff schimmert immer durch, dass Kuh und Tannzapfen das gleiche Wort zur Bezeichnung hat.[93]

90 Niederer 1996: 252ff.; Werner 2009: 134f.
91 Johann Gottfried Ebel, 1798; zitiert nach Werner 2009: 134f.
92 Bukofzer 1937: 51.
93 Rütimeyer 1918: 32.

Der sprachhistorische Ursprung der Wortwurzel Lobe für ‹Kuh›, die sich in allen alemannischen und romanischen Alpendialekten findet, wird im Illyrischen vermutet – «geht also bis in die Zeit der vorkeltischen Besiedelung der Alpenländer zurück».[94] Das Schweizer Idiotikon erwähnt unter dem Begriff verschiedene Varianten (‹Lobe›, ‹Loba›, ‹Lobi›, ‹Lobeli›, ‹Woobe›, ‹Loobe›) und hält fest, dass diese auch als Eigennamen für Kühe verwendet werden, allerdings nur für «friedliche oder stattliche Tiere». Bis heute werden in den meisten Regionen der Schweiz die Kühe mit diesem «prähistorischen linguistischen Relikt»,[95] den ‹Lioba-Rufen› gelockt – gemäss Sprachhistorikern ist auch das ‹Bobe› (‹bôpi›, ‹bôbe›), wie es auf der Altenalp gerufen wird, diesem Wortstamm zuzurechnen.[96]

Im Unterschied zu Kühen werden Rinder[97] von den Älplern meistens mit der Wortsilbe ‹büsch› (auch: ‹wüsch›), gerufen, und der Rinderhirt wurde entsprechend vielerorts in der Schweiz ‹Büscheler› genannt. Auf die Frage, was ‹büsch› bedeute, können heute die meisten Hirten keine Auskunft geben – ein Rind sei eben ein ‹Büsch›, deshalb werde es so gerufen und sie selber ‹Büscheler› genannt. Die Lockrufe («Chomm büsch büsch büsch, chooooom») werden von Kindern auch beim *Gädelen* (von *Gade*, Kuhstall), dem Spielen mit den geschnitzten Kühen, nachgeahmt.[98]

Beinkühe sind keine realistisch holzgeschnitzten und bemalten Kühe im Miniaturformat, sondern ‹primitive›, abstrakte Kuhfiguren, die in den Museumsdepots zuweilen gar nicht als solche erkannt werden:

> Meist berindete, unten flache zylindrische Zweigstückchen oder Holzklötzchen, an der vordern Seite bezeichnet eine Zweiggabelung den Kopf mit den Hörnern, die bei den Kühen lateral, etwas nach vorn abgehen, beim «Muni» meist kürzer und nach hinten. [...] Andere Differenzierungen der Tiere fehlen, nur zeigen manche kleine Exzisionen der Rinde in Form von Flecken oder Streifen an, dass es sich hier im Simmental um Fleckvieh handelt. [...] Andere Tiere weisen auch Sterne, das Schweizerkreuz, Spiralbänder etc. als Dekor auf.[99]

Selbst innerhalb einer Kuhrasse werden mit wenigen Schnitzen weitere Feinheiten angedeutet. Jedes Sennenkind unterscheidet den *Goort* (Braunviehkuh mit einer weissen Fellfärbung, die sich wie ein Gürtel um den Bauch zieht) vom *Wiisrogg* (Braunviehkuh mit weissem Rücken) und erkennt den Stier und die *Chälbli ond Gaaltlig* (Kälber).[100]

In der Ostschweiz sind die Beinkühe tendenziell abstrakter geschnitzt als in der alpinen Restschweiz und bestehen nur aus einem Aststück mit zwei die Vorderbeine darstellenden Astbeinen und zwei stilisierten Hörnern. Traditionsgemäss wurden solche *Beechüe* um die Weihnachtszeit herum vom Vater geschnitzt – die ganz ‹echten› aus dem abgeräumten Christbaum. Ein alter Appenzeller Bauer erzählt: «Eine Beinkuh gab es als Belohnung für einen besonders strengen Tag, fürs Holztragen oder fürs *Schnee-Schore* [Schneeschaufeln]».[101]

---

94 Bukofzer 1937: 50.

95 Rütimeyer 1918: 33.

96 Vgl. S. 47 bzw. VMZ-Tondatei <20130828_schweizer-appenzell_altenalp_03>.

97 In der Schweiz wird der Begriff ‹Rind›, der in der deutschen Sprache das Hausrind als Gattungsgruppe bezeichnet, umgangssprachlich auch für ein junges Rindvieh-Tier von 2–3 Jahren verwendet.

98 Eine 144 Objekte umfassende Sammlung von schweizerischen Spielzeugkühen findet sich im Musée d'ethnographie de Genève, vgl. dazu Tamarozzi und Gros (2013). In einer Ausstellung des Musée d'ethnographie de Neuchâtel wurden sie mit der dort beherbergten, weltweit wohl einzigartigen Sammlung von angolanischen Spielzeugkühen ausgestellt; auch das Basler Museum der Kulturen verfügt über eine Sammlung schöner Stücke (dokumentiert in Rütimeyer 1916).

99 Rütimeyer 1918: 24.

100 Hürlemann 2004: 22.

101 A. a. O.: 23.

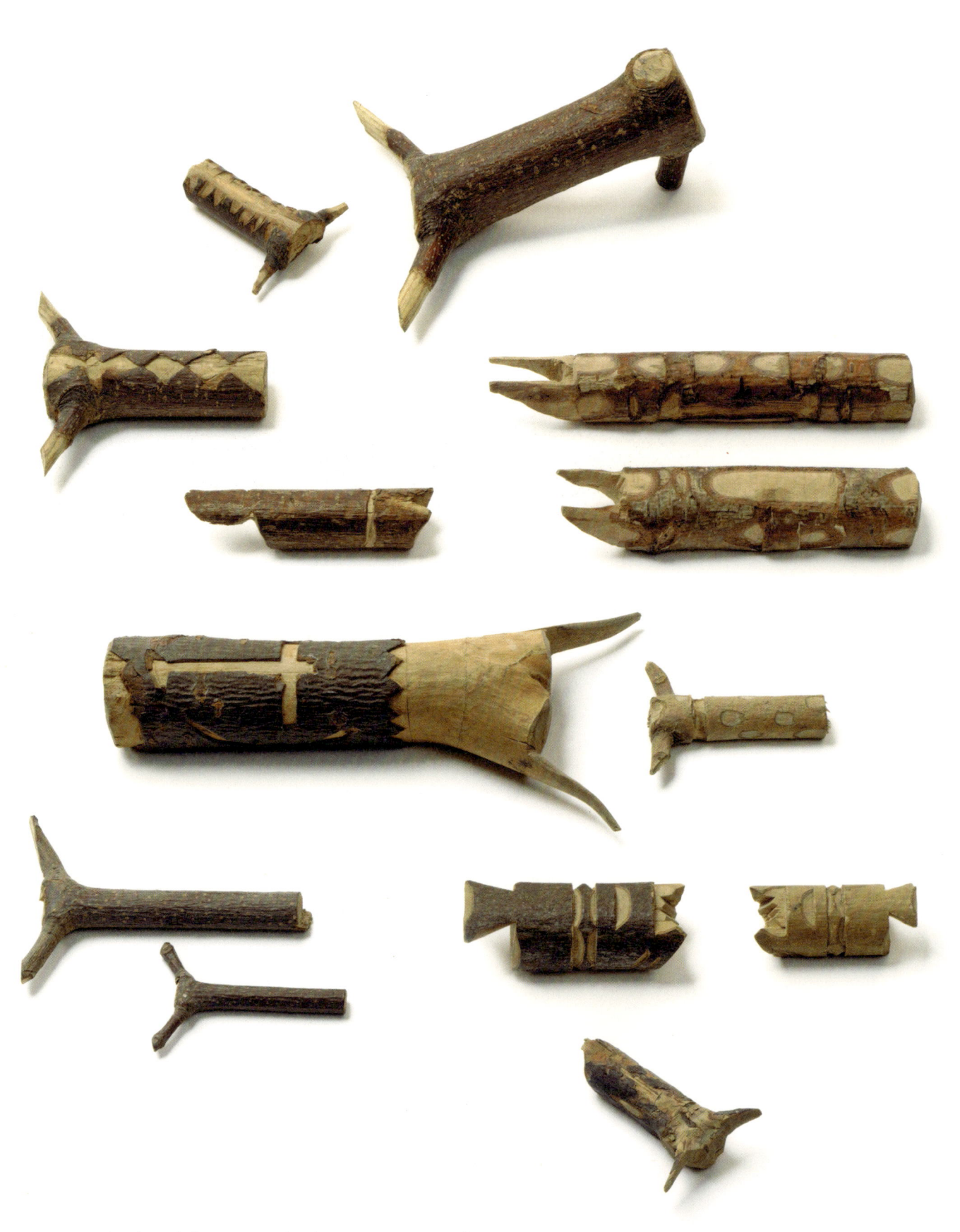

Spielzeugkühe aus verschiedenen Regionen im Alpenraum. Länge 4-14 cm, Inv.-Nrn. 29613-16, 29618, 29619, 29621-27. Auf der Unterseite der geschnitzten Tiere sind bei einzelnen Stücken mit Bleistift die Herkunftsorte der Objekte vermerkt: Amden, Disentis, Bergamo.

Eintreiben der Kühe.
Altenalp (Kanton Appenzell,
Schweiz), 2013.
Foto: Rebekka Sutter.

28. August 2013, Nebel, Nieselregen. Der Sohn des Sennen kommt atemlos von der unteren Rinderweide zurück – und wird gleich weiter kommandiert: «Etz hausch es, abe schnauzdirekt! Em vielond ischt dunklig!»[102] Bleibt also nur noch eine gute halbe Stunde. Die Rinder auf der oberen Nachtweide sind zu weit oben, viel zu nahe am Felsriegel. Vater und Sohn haben das bereits am frühen Abend nach dem Melken gesehen. Jetzt ist es plötzlich spät, Nacht, geworden, weil in der Stöss unten noch ein Zaun repariert werden musste. In den schweren Gummistiefeln den steilen Hang aufwärts Richtung Schäfler, zuerst im Gras, nachher in einer grasdurchwachsenen Geröllhalde. Bruno Neff junior ruft, wie schon 1890 von Tobler beschrieben, «indem er auf die Silben hö, hä, ä mit dem höchsten in Bruststimme zu erreichenden Ton einsetzte, und einen chromatisch abwärts gleitenden Kettentriller, durch die Zwischenrufe Chönd wädli, wädli, wädli, wädli! (‹Kommt schnell!›) unterbrochen, hören lasse».[103]

Sennerinnen, Hirten, Handbuben – sie alle wissen: Bevor nicht die *Galtlig* auf dem Liegplatz zu liegen gekommen sind, ist der Tag nicht zu Ende. Jetzt liegen sie ruhig. Bruno fällt die Tasse mit dem Kafi Lutz vor Müdigkeit fast aus den Händen. In sechs Stunden klingelt der Wecker. Aber die Frischkäsli müssen noch rasch gewendet werden. «Und Lab[104] für morgen hast du mir parat gestellt?»

ALPSEGEN: BETRUF DURCH DEN MILCHTRICHTER

Der Senn schreitet mit einem hölzernen Trichter unter dem Arm auf den kleinen Grasboden unterhalb des Kuhstalls und ruft den Alpsegen in die einbrechende Nacht hinein, einen litaneiähnlichen Sprechgesang in kräftigen, langgehaltenen Tönen.

---

102 «Jetzt geh, aber schnauzdirekt! Um viertel nach ist es dunkel!»

103 Tobler 1890: 172ff., VMZ-Tondatei <20130828_schweizer-appenzell_altenalp_03>.

104 Lab, auch Laab, Kälberlab oder Käsemagen genannt, ist ein Ferment aus den Enzymen Chymosin und Pepsin, das sich im Magen von Wiederkäuern findet, die noch im milchsaugenden Alter sind. Es wird zum Ausfällen des Milcheiweisses bei der Herstellung von Käse benötigt und bewirkt, dass die Milch eindickt, ohne sauer zu werden. Während früher zu diesem Zweck ein Stück Kälbermagen in das Käsekessi gehängt wurde, kann Lab heute mikrobiell oder gentechnisch hergestellt werden; der Senn fügt es der zu verkäsenden Milch in Pulverform zu. Zu den chemischen Prozessen im Detail und der historischen Verwendung von Lab siehe den umfassenden und detaillierten Beitrag von Bienerth (1999).

Ave Maria.	Ave Maria.
Es walti Gott und d'Maria.	Es walte Gott und Maria.
Bhüet's Gott ond ehalts Gott.	Behüte uns Gott und erhalte uns Gott.
Bhüet's Gott ond ösen lieb Herr Jesus Chrischt	Behüte uns Gott und unser lieber Herr Jesus Christus
Liib ond Seel,	Leib und Seele,
Hab ond Guet,	Hab und Gut,
wo uf em Beg ommen ischt.	die sich auf dem Berg befinden.
Bhüet's Gott ond de hälig Sant Moritz	Gott und der heilige Sankt Mauritius mögen
's gaaz Land ond schick sini Gschpaane	das ganze Land behüten und seine Gefährten
ommenand.	herumschicken.
Bhüet's Gott ond de hälig Sant Maati,	Behüte uns Gott und der heilige Sankt Martin,
de 's guet lieb Vech bewahr ond ehalti.	der das gute, liebe Vieh bewahre und erhalte.
Bhüet's Gott ond de hälig Sant Antoni,	Behüte uns Gott und der heilige Sankt Antonius,
de 's guet lieb Vech vo Ogföll veschoni.	der das gute, liebe Vieh von Unfällen verschone.
Bhüet's Gott ond de hälig Sant Sebaschtia,	Behüte uns Gott und der heilige Sankt Sebastian,
as ösem Vech ke Gsöcht	damit unserem Vieh keine Seuche
ond ke Chranked schade cha.	und keine Krankheit zu schaden vermag.
Bhüet's Gott on de hälig Sant Gall	Behüte uns Gott und der heilige Sankt Gallus
mit ösere liebe Hälege all.	mit all unseren lieben Heiligen.
Bhüet's Gott alsamme, seis	Behüte uns Gott allesamt, sei
Fründ ode Find, ond die lieb Muettegottes	es Freund oder Feind, und die liebe Muttergottes
mit erem Chind.	mit ihrem Kind.
Ave Maria.	Ave Maria.
Bhüet's Gott vo allem Öbel ond Oofall,	Behüte uns Gott vor allem Übel und Unfall,
alls em Lendli ond überall.	im ganzen Ländchen und überall.
Bhüet's Gott ond ehalts Gott ond	Behüte uns Gott und erhalte uns Gott und
's hälig Chrüz.	das heilige Kreuz.
Gelobt sei Jesus Chrischt	Gelobt sei Jesus Christus
I ali, ali Ebigkeit.	in alle, alle Ewigkeit.
Amen.	Amen.
Ave,	Ave,
Ave,	Ave,
Ave Maria.	Ave Maria.
[Juchzer][105]	

Der Wortlaut ist – da im jeweiligen Regionaldialekt gerufen (und ohne den gesungenen Text vor Augen zu haben) – für Aussenstehende kaum verständlich, doch der Ruf ist deswegen nicht minder ergreifend: So schlicht und innig, dass alle – vom Handbuben, der soeben verschwitzt vom letzten Kontrollgang von der Rinderweide zurückkommt, über die folklorehungrigen Touristen und den trotzigen Teenager bis hin zur Ethnologin – regungslos innehalten, aufhorchen und mit angehaltenem Atem zuhören.

[105] Bruno Neff, Altenalp 2013, VMZ-Tondatei <20130828_schweizer-appenzell_altenalp_01>.

Der vom Sennen als Schallverstärker genutzte hölzerne Trichter ist aus mehreren konisch gesägten Dauben gefertigt, wie sie früher auch für die Herstellung von Wein- oder Bierfässern verwendet wurden. Die einzelnen Dauben sind seitlich ineinander verspannt und werden durch einen Holz- oder Metallreifen zusammengehalten. Meist bildet eine verlängerte Daube mit einem darin eingesägten Loch eine Halte- und Aufhängemöglichkeit. Einige der Trichter sind zusätzlich mit Schnitzereien oder eingebrannten Sinnsprüchen verziert.

Heute wird dieses Objekt nur noch zur Schallverstärkung der Stimme beim Betruf verwendet,[106] seine frühere Funktion ist fast vergessen: In den meisten Regionen diente das Gerät als Milchtrichter, durch das früher die frisch gemolkene Milch geseiht wurde.

Während die Bezeichnung für das Objekt im Appenzeller Dialekt die Form beschreibt (*Beeche*, Becher), verweist die Innerschweizer Bezeichnung *Volle*[107] auf ein weiteres Detail: Der Begriff *Volle* ist eine Ableitung der Mundartsbezeichnung *Volleschübel* für den Kolbenbärlapp, dessen Wurzel früher als Sieb in den Trichter gestopft wurde. Das pflanzliche Material – je nach Region auch Tannreisig, Distelköpfe, Heidelbeerzweige, Nielenbast, Filz oder feiner reiner Sand – hielt beim Umgiessen der Milch vom Melkeimer durch die Volle in die grossen Tansen die gröbsten Schmutzpartikel zurück.[108] Bruno Neff, dem Senn auf der Altenalp, ist die vielzitierte Praktik mit den Distelköpfen zwar bekannt, er zweifelt jedoch an deren Zweckmässigkeit und meint lachend: «Jjäää … seb ischt me ebe eebe seltse. Isch doch ooleig ond get doch gad meh Dreck. Abe i has etz ebe au scho khööt.»[109] Als Milchfilter verwendet er – wie heute allerorts üblich – einen industriell gefertigten Metalltrichter mit einem herausnehmbaren, groblöchrigen Siebeinsatz, auf den mittels Klemmring ein Einweg-Vliesstoff aufgelegt wird. Der hölzerne Trichter, den er ausschliesslich für den Betruf verwendet, wurde eigens dafür gefertigt.

Das Seihen der Milch dient nicht nur dem Entfernen von sichtbaren Schmutzpartikeln: Das Umschütten durch den Milchtrichter wird nach Möglichkeit ausserhalb des Stalles an der Frischluft vorgenommen: «Die Milch fliesst in dünnen Strahlen durch den Filter. Dabei entweicht der tierische Geruch, es wird die stickige Stallluft durch gute Luft ersetzt und so kommt Sauerstoff in die Milch, welcher von manchen Bakterien nicht vertragen wird.»[110] Bei grossen Alpbetrieben, die Milch ins Tal liefern, muss eine vom Stall baulich abgetrennte Milchkammer einwandfreie Hygiene und optimale Milchlüftung gewährleisten.

Der fast ausschliesslich von Männern gesungene Alpsegen, auch Betruf genannt, wird nur zur Zeit der Vieh-Sömmerung auf den Alpbetrieben gesungen. Er ist nicht zu verwechseln mit der Alp-Segnung, die auch in katholischen Alpenregionen der Nachbarländer praktiziert wird. Beim Rufen des Alpsegens handelt es sich hingegen um einen vorwiegend deutschschweizerischen Brauch; in den rätoromanischen Landesteilen ist die Tradition

---

[106] Lokale Weissküfer fertigen heute noch Milchtrichter nach Vorbild der historischen Modelle – Einzelstücke in aufwendiger Handarbeit. Ein weiteres Milchgefäss, das in der Region Appenzell seit Jahrhunderten als Musikinstrument zweckentfremdet eingesetzt wird, ist die Tonschale, die früher zum Aufstellen der Milch (damit sich der Rahm oben absetzt) verwendet wurde: das *Talerbecki*. Ein im Beckenrand kreisender Fünfliber verursacht den unverkennbaren «singenden Klang», der als Begleitung zum Naturjodel eingesetzt wird (Roth 2011: 175).

[107] Weiter ist die Volle auch unter den Bezeichnungen *Folle, Vola, Trachter, Trichter, Lere, Seine* oder *Signapf* bekannt (Wyss-Meier 2007: 326).

[108] Bachmann-Geiser 2006: 28; Henkel 1950: 18; Niederhäuser 2008: 4f.; Tanner 2010: 56.

[109] «Ja … das scheint mir doch reichlich seltsam. Ist doch unpraktisch und gibt doch noch mehr Schmutz. Aber ich habe das tatsächlich auch schon gehört.»

[110] Henkel 1950: 13.

kaum verbreitet. In der Regel ist es der Senn (auf Gemeinschafts-Alpen der Obersenn), der den abendlichen Ruf über die Alp singt.[111] Auf genossenschaftlich organisierten Alpen kam es früher vor, dass einer der Hirten als ‹Rufer› angestellt wurde und diese allabendliche Arbeit, die es zuverlässig auszuführen galt, in Naturalien vergütet wurde: mit dem sogenannten ‹Rufkäse›.[112]

Melodie und Text unterscheiden sich von Region zu Region, ja sogar von Alp zu Alp. Inhaltlich handelt es sich aber immer um «eine Art Bitte an Gott, Christus, die Mutter Gottes, an die Dreieinigkeit und an einzelne, je nach Textfassung differierende Heilige, mit der die Bewahrung der Alp und all dessen, was dazugehört, vor den möglichen Gefahren der kommenden Nacht erfleht wird.»[113] Schliesslich hat der Betruf auch eine kommunikative Funktion: «Hört ein Älpler bis zum Bettgang seinen Nachbarn nicht rufen, befindet sich dieser möglicherweise in Not.»[114] Musikalisch ist der Betruf als einstimmiger, unbegleiteter Sprechgesang einzuordnen, wobei der Melodiecharakter sich regional stark unterscheidet.[115]

Schriftlich nachweisen lässt sich der Betruf seit rund 450 Jahren – er gilt damit als «älteste Form der Schweizer Volksmusik und stellt in der einmaligen Kontinuität einer ausschliesslich oralen Tradition einen Glücksfall dar.»[116] Die Ursprünge gehen vermutlich bis ins Spätmittelalter zurück, und verschiedene Autoren ziehen Vergleiche zu Litanei-Gesängen, gregorianischen Chorälen und biblischen Rezitationen.[117] Eine wesentliche Funktion des Alpsegens war der Schutz gegen alle möglichen natürlichen und übernatürlichen Gefahren, die Mensch und Tier im Gebirge drohen. In seinen *Ausführungen über den Pilatus* (1565) berichtet der Luzerner Stadtschreiber Renward Cysat:

> Jetzt ist es gewiss, dass die wilden Alpweiden unter dem Bann von fürchterlichen Gespenstern stehen. Ein langbärtiger Zwerg mit einer über die Schulter gehängten Salztasche und einer Rute in der Hand hebt das Vieh in die Lüfte empor, und die Sennen finden es erst nach drei Tagen wieder: mager, elend und ohne Milch, zum Leidwesen der Älpler.[118]

Dieses auch als Viehrücken bekannte Phänomen ist nur eine der Bedrohungen, welche die Sennen mithilfe des Alpsegens im Umkreis[119] der Alp zu bannen suchten: Nebst den Gespenstern, irrenden Seelen, *Schrättli*, *Toggeli*, *Tuntschi*, *Fenggen* und wilden Tieren[120] waren (und sind bis heute) Unwetter (mehrere Tage andauernde Föhnstürme, heftige Regenfälle, grosse Hitze, früher Schneeeinbruch) die allgegenwärtigste Bedrohung. Wie man die finsteren Mächte und Naturgewalten mit dem Alpsegen zu bannen sucht, kann man sie durch Fehlverhalten zu Angriffen provozieren, insbesondere durch fahrlässiges Verschütten der Milch.[121]

---

111 Senti 1994: 26.

112 A. a. O.: 113.

113 Staehelin 1982: 2f.

114 Hösli in Andrea et al. 2012: 413.

115 Für eine Übersicht (inkl. umfassender Textsammlungen und Notationen) siehe Senti 1994 und Wyss-Meier 2007. Eine Sammlung von Betruf-Aufnahmen aus verschiedenen Regionen der Schweiz mit einem ausführlichen Beschrieb im CD-Booklet inklusive Transkriptionen der Betrufe wurde von Bachmann-Geiser herausgegeben (2006).

116 Bachmann-Geiser 2006: 30.

117 Vgl. Staehelin 1982: 25. Imfeld (1992: 37) weist darauf hin, dass ein klösterlicher Ursprung nicht sehr abwegig sei: Im Mittelalter lagen die meisten Alpen im Grund- und Bewirtschaftungsbesitz der Klöster.

118 Frei übersetzt nach einem Zitat in Staehelin 1982: 5f.

119 Der Schutz des Alpsegens endet dort, wo der Ruf verhallt. Er reicht je nach topografischer Gegebenheit und den Wetterverhältnissen weit, mitunter bis ins Tal. Zum Motiv des Ringes (‹Ringsegen›) siehe Imfeld 1992.

120 Zu den wilden Tieren gehörten hierbei nicht nur Wolf, Luchs, Adler und Bartgeier, sondern auch Schlangen: «Auf den Alpen war die Schlangenplage früher sehr gefürchtet. Es bestand die Vorstellung, dass Schlangen sehr begierig auf Milch seien und dass sie Kühe melken könnten. Dies erscheint aber unmöglich, weil sie mit ihren kleinen Zähnen die Euter verletzt hätten, was die Kühe nicht geduldet hätten» (Niederer 1996: 228). Im Bündnerland ist die Kreuzotter weit verbreitet und kann tatsächlich zu einer Plage werden, weil sie mit ihrem Gift für die weidenden Kühe eine Gefahr darstellt.

121 Niederer 1996: 413. Das Motiv kommt auch in etlichen Sagen vor.

AUS LIOBA WIRD LOBET

Cysats Berichterstattungen zum ‹Rüeffen› solcher unglücksbannender Alpsegen war dem Rat der Stadt Luzern nicht geheuer – Ende des 16. Jahrhunderts verlangte dieser eine eingehendere Erläuterung, was es mit diesem Rufen auf sich habe – «damit kein Superstition mitlauffe». Die entsprechenden Nachforschungen bestätigten die Befürchtungen, worauf die Luzerner Obrigkeit 1609 das offizielle Verbot des ‹heidnischen› Viehsegens beschloss.[122]

Im Luzernischen wurde vom Stifter des Kollegiums von Sarnen, dem findigen Jesuitenpater Johann Baptist Dillier (1668–1745) eine raffinierte Lösung gefunden: Das Wort ‹Loba› (das in vielen Betruf-Versionen als Anrufung der Kuh vorkommt),[123] wurde kurzerhand zu ‹lobe(n)› umformuliert, um aus dem heidnischen Viehsegen einen christlichen Text zu schaffen: Aus «Her zuo Lobe» (Kommt her, Kühe) wurde «Herr zu loben».[124]

Die christliche Auffassung des Betrufs ist den Älplern wichtig, aber für viele von ihnen geht das Rufen weit über eine religiöse Dimension hinaus: «Die Älpler, die ihn rufen, sind vom Denken in Kategorien der Schriftlichkeit nicht unberührt, gerade wenn sie von dem Betruf sprechen; im Ausüben sind sie aber ganz einer mündlichen Tradition verpflichtet, in der Lernen und Erleben zusammenfallen und aus der sie ihren persönlichen Betruf haben.»[125] Im Schweizer Dokumentarfilm *Alpsegen*[126] antwortet ein junger Innerschweizer Älpler, der jeden Abend den Alpsegen ruft, auf die Frage nach dessen Nutzen sichtlich irritiert:

«Ä Nutzä? [Nachdenkliches Schweigen] Ä Nutzä isch für mich eppis Materiells ... also zum Biischpil, als Nutzä vo dä Chuuä han ich Milch. Sonä Nutze han ich vum Alpsägä nid. Also scho. [Schweigen] Är ... ghört eifach drzue. Ich würd sägä ..., die Frag isch ... sehr blöd».[127]

KLINGENDE KÖNNERSCHAFT

In den Schweizer Alpen verfügen Sennen, Hirten und Handbuben trotz zunehmender Mechanisierung und Automatisierung über ein intellektuelles und körperliches Wissen, das eine innige Verbindung zwischen Mensch, Tier und Natur offenbart. Dieses Wissen wird sichtbar im Handwerk der Älpler und äussert sich in einer präzisen Terminologie, in Erzählungen, Lockrufen und Segenssprüchen, in der differenzierten Wahrnehmung der Landschaft und der Sensibilität für Geräusche und Klänge.

Deshalb haben Ethnologen die Objekte der materiellen Kultur nicht nur zu betrachten, sondern, in Hinblick auf Könnerschaft, auch aufmerksam deren Stimmen zu lauschen:

Er mochte den Klang der ersten Strahlen. Mit metallenem Trommeln spritzten sie auf den Boden der Melchter. Er lauschte dem fetter werdenden Zischen im sich füllenden Gefäss. «Das ist Musik, oder nicht?»[128]

---

122 Zitiert nach Staehelin 1982: 6.

123 Vgl. S. 49ff. Wie im Luzernischen sprach das Appenzellische Landsmandat 1609 ein striktes Verbot des (heidnischen) Betrufens aus. Entsprechend findet sich das Wort ‹Loba› in der transkribierten Aufnahme (S. 53) nicht.

124 Staehelin 1982: 12.

125 Winkler 1981: 95.

126 Bruno Moll, PS Film, Zürich 2012.

127 «Einen Nutzen? [Nachdenkliches Schweigen] Ein Nutzen ist für mich etwas Materielles ... also z. B., als Nutzen von der Kuh habe ich Milch. So einen Nutzen habe ich vom Alpsegen nicht. Also schon. [Schweigen] Er ... gehört einfach dazu. Ich würde sagen ..., die Frage ist ... sehr blöd.»

128 Sterchi 1983: 37; vgl. dazu verschiedene VMZ-Tondateien unter: ‹20130725_schweizer-appenzell_altenalp_01/02›, ‹20130726_schweizer-appenzell_altenalp_01/02/03›.

Bruno Neff beim Rufen des Alpsegens (vgl. Transkription S. 53), Altenalp (Kanton Appenzell Innerrhoden, Schweiz), 2012. Foto: Thomas Rickenmann.

Die fermentierte afrikanische Sauermilch ist ein dichtes Getränk mit hoher Viskosität. Die Milch ist ein wenig geschieden und bildet kleinere und grössere feste Flocken. Der Duft ist von lockerer Natürlichkeit, bestimmt von einer käsig buttrigen, leicht säuerlichen Note mit etwas vergorenem Heu. Im Mund hat diese Milch eine sehr hohe und präsente Säure. Sie ist dick im Antrunk und wirkt dann knackig und erfrischend. Retronasal schwingen Aromen von Fruchtabrieb und Zitronen. Im Ausklang ist die Milch ausladend, frisch und langlebig; eine Charakteristik von Gruyère und Hüttenkäse schwingt nach.

- Yvo Magnusson und Jan Kübler

MILCH

IN AFRIKA

KALEBASSE UND TETRA PAK

Luciano Gagliardi, Thomas Laely, Raphael Schwere

Am Anfang war ein riesiger Tropfen Milch,
dann kam Doondari [Gott], und er erschuf den Stein.
Stein erschuf nun Eisen,
und Eisen erschuf Feuer,
und Feuer erschuf Wasser,
und Wasser erschuf Luft. […]
– *Aus dem Schöpfungsmythos der Peul, westliches Afrika*

Kalebassen aus West-Uganda.
Behältnis für Körperbutter-Lotion *icwende*. Sammler: Raphael Schwere, 2013. Höhe 14.5 cm, Ø 10.5 cm.
Im Hintergrund Milch-Trinkkalebasse für Kinder *ekiroro*. Sammler: Raphael Schwere, 2013. Höhe 19.5 cm, Ø 16 cm.

TRADITION UND INDUSTRIE
KONTUREN DER HISTORISCH GEWACHSENEN MILCHKULTUREN AFRIKAS

In Anbetracht der in weiten Teilen Afrikas herrschenden geografischen und klimatischen Verhältnisse mag man sich fragen, wie sich Milchwirtschaft in dem von Wüsten, Trockensavannen und Regenwäldern durchzogenen Kontinent schon lange vor der Verbreitung moderner Kühltechniken zu eigentlichen Milchkulturen entwickeln konnte. Seit jeher existieren im subsaharischen Afrika alternative Techniken, welche es dem Menschen erlauben, mithilfe der zur Verfügung stehenden Mittel Milch haltbar zu machen. Viele dieser historisch gewachsenen Milchverarbeitungstechniken findet man heute weiterhin bei den rinderhaltenden Gesellschaften der Sahelzone, im östlichen Afrika vom Horn bis zum Zwischenseengebiet sowie in vielen Teilen des südlichen Afrika.

Will man die heutigen Milchkulturen Afrikas ganzheitlich verstehen, muss man nebst der traditionellen und lokalen Milchproduktion zwei Phänomene der neueren Zeit in Betracht ziehen, die sich vorwiegend in den urbanen Zentren zeigen: Einerseits wird Afrika von Importmilch überschwemmt, die in Form von Milchpulver Eingang in den Markt findet und dort oftmals zu tieferen Preisen als die lokale Kuhmilch verkauft wird. Andererseits versuchen viele afrikanische Staaten, eine florierende Milchwirtschaft nach westlich-marktwirtschaftlichem Vorbild aufzubauen.

Moderne und traditionelle Formen der Milchwirtschaft berühren und überschneiden sich im afrikanischen Alltag heute an vielen Punkten. Diese Gleichzeitigkeit zweier unterschiedlicher Milchkulturen spiegelt sich im Umgang des Menschen mit der Milch, sei er Konsument oder Produzent. So ist der Konsum derer, die ihre ländliche Heimat verlassen haben, um beispielsweise in der Stadt zu arbeiten, irgendwo zwischen den industriell gefertigten Milchprodukten und der sozialen Symbolik der Milch, die sie aus ihrer ländlichen Heimat mitgebracht haben, zu verorten. Gleichzeitig ist zu beobachten, dass die moderne Milchindustrie Auswirkungen auf die Milchverarbeitung der lokalen Produzenten hat.

MILCH UND GESELLSCHAFT

In den historisch gewachsenen Milchkulturen Afrikas haben sich je nach Region verschiedene Spezialisierungen in der Viehhaltung herausgebildet. Obschon man auch Schaf- und Ziegenherden findet und in den besonders trockenen Wüstengebieten auf Gemeinschaften trifft, die sich im Laufe der Zeit auf die Kamelhaltung spezialisiert haben, überwiegt in den meisten Regionen Afrikas die Haltung von Rindern. Auch wenn in gewissen dieser

Vegetation Afrikas im März. Unterschiedliche Niederschläge im Jahresverlauf sorgen für eine sich wandelnde Vegetation. Für Rinderhalter bedeutet dies nicht nur einen schwankenden Milchertrag mit Überschüssen in der Regenzeit und Knappheit in den Trockenmonaten, sondern verlangt eine der Vegetation angepasste Mobilität bei der Suche nach Weideland.

Rinder haltenden Gemeinschaften die Milch und die daraus zu gewinnenden Produkte für die tägliche Ernährung wichtiger sind als in anderen, ist doch auffällig, dass in all diesen Gesellschaften Milch mehr ist als bloss ein Getränk oder Nahrungsmittel.

Schnell wird man feststellen, dass Milch – oftmals in Kombination mit dem Rind – ein immer wiederkehrendes Element in vielen Ursprungsmythen dieser Gesellschaften ist.[1] Ebenso lässt sich beobachten, dass der Umgang mit Milch geprägt ist von Praktiken, mittels derer eine Gemeinschaft nach innen wie nach aussen Zusammengehörigkeit repräsentiert und sich so organisiert und strukturiert. Die Peul beispielsweise – ein ursprünglich nomadisierendes Hirtenvolk, das heute überwiegend sesshaft ist und die westliche Sahelzone von Senegal bis Tschad bewohnt – definieren ihre Identität über den Besitz von Rindern und den Konsum von Milch. Diese ethnische Gruppe weist aufgrund ihrer grossen geografischen Verbreitung eine immense kulturelle Vielfalt auf, die sich auch in unterschiedlichen Wirtschaftsformen ihrer Untergruppen darstellt und verschiedene Grade des Nomadisierens bedingt. Diese Wirtschaftsformen sind es auch, welche die verschiedenen Gemeinschaften der Peul innerethnisch hierarchisieren: So geniessen die noch immer nomadisierenden und als Fulbe bezeichneten Rinderhirten das grösste Ansehen. Die inzwischen sesshafte bäuerliche Untergruppe der Rymaybe steht hingegen am unteren Ende der innerethnischen Rangfolge.[2] Der Konsum von Milch wiederum bestimmt interethnische Abgrenzungen. Im Südosten Malis beispielsweise, wo viele Gemeinschaften der Peul ihren Lebensraum mit den als Feldbauern tätigen Gruppen der Bamana teilen, definieren sich beide Gesellschaften über den Konsum von – beziehungsweise den Verzicht auf – Milch. So schreiben die Bamana – die selbst keine Milch trinken – die etwas hellere Haut der Peul ihrem Milchkonsum zu.[3]

Der Besitz von Rindern und der damit einhergehende Konsum von Milch definieren nicht nur ethnische Gemeinsamkeiten und Unterschiede; sie wirken auch als entscheidende Institution der sozialen Regulierung innerhalb der Gemeinschaft. In vielen autochthonen Gesellschaften Afrikas, die sich wesentlich von Kuhmilch ernähren, sind es die verheirateten Frauen, die über die Milch verfügen. Sie entscheiden über die Weiterverarbeitung und Verteilung dieses kostbaren Gutes. Das Hoheitsrecht über die Milch ist ein entscheidendes Element der Stellung der Frau in ihrer Gesellschaft. Der Status der Männer hingegen manifestiert sich über den Besitz der Rinder. Das Melken bildet so die Schnittstelle, an der sich die männliche und die weibliche Domäne berühren und wo das Verhältnis der beiden Geschlechter ausgehandelt wird. Durch die Zuteilung der gemolkenen Milch an die Frauen definiert der Mann seine Beziehung zu den weiblichen Mitgliedern seiner Familie. Verbindungen werden gestärkt oder geschwächt, je nachdem, wer von wem wieviel Milch zugesprochen erhält. Die Frau als Verwalterin der Milch formuliert ihre Verwandtschaftsverbindungen hingegen über die Verteilung der verarbeiteten Milch zum Verbrauch. So werden über das Zugangsrecht zur Milch innerhalb der Gesellschaft Kategorien

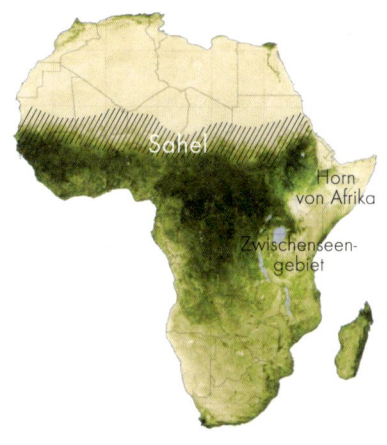

Vegetation Afrikas im September. Regionen und erwähnte Gruppen:
Westliche Sahelzone: Peul/Fulbe, Gurna, Massa
Horn von Afrika: Oromo, Borana, Somali
Zwischenseengebiet: Karamojong, Kalendjin-Kipsigis, Banyankole-Bahima, Banyarwanda, Barundi
Südliches Afrika: Zulu, Herero.

1 Siehe Ursprungsmythos der Fulbe/Peul (Beier 1974: 1) oder der Banyankole (Morris 2007: 6).
2 Guilhem 2006: 1.
3 Ba 2004.

geschaffen, die sowohl das Verhältnis von Frau und Mann definieren als auch innerhalb der weiblichen Domäne hierarchisierte Strukturen schaffen.

Der Milchgewinnung gegenüber steht der Konsum von Milch, der nicht trennend, sondern verbindend wirkt: Durch das Trinken von Milch präsentieren und zelebrieren sich Individuen als Angehörige einer Gemeinschaft.

Die mit der Milch verwobenen gesellschaftlichen Zusammenhänge manifestieren sich auch in der damit verbundenen materiellen Kultur, welche die soziale und die weltanschauliche Dimension der Milch im alltäglichen Leben der Gemeinschaft verkörpert. So wird in mancher der Milch verarbeitenden Gemeinschaften ein bestimmtes Ensemble an Milchbehältern der Frau als Brautgabe mitgegeben als für alle sichtbares Zeichen des Rechts der Frau, über einen Teil der Milch der Rinder ihres Mannes zu verfügen. Ausserdem impliziert der Besitz dieser Gegenstände, dass ihre Besitzerin über das notwendige technische Wissen verfügt, die Rohmilch weiterzuverarbeiten.

Da sich die Milch nach dem Melken bei den in Afrika vorherrschenden hohen Temperaturen nur wenige Stunden hält, ist dieses Wissen entscheidend, um einen wesentlichen Teil der täglichen Ernährung zu gewährleisten. Es existieren drei Strategien, Milch haltbar zu machen: Zum einen wird die Rohmilch zu Käse verarbeitet. Diese Art der Milchverarbeitung ist jedoch ein Phänomen der neueren Zeit und vor allem im Norden Afrikas zu beobachten. Weitverbreitet hingegen ist die Verarbeitung der Milch zu Butter. Diese findet nicht nur in der Küche Verwendung, sondern wird oft auch zur Pflege der Haut oder zur Politur von Gegenständen verwendet.

Seit Jahrhunderten praktiziert und in allen Milch produzierenden Regionen Afrikas üblich ist die Fermentierung von Milch zu Sauermilch. Bei der Fermentierung spalten die in der Milch natürlich vorhandenen Milchsäurebakterien die Laktose und wandeln sie in Milchsäure um. Die Milch wird dadurch sauer und beginnt zu gerinnen. In diesem eingedickten Zustand lässt sie sich wesentlich länger als Frischmilch lagern. Je nach Gesellschaft wurden im Lauf der Zeit verschiedene Strategien entwickelt, um die spontan ablaufende Fermentierung zu regulieren und so den Geschmack und die Konsistenz der Sauermilch zu beeinflussen.

TRANSFORMATIONEN DURCH TECHNISCHE UND INDUSTRIELLE ENTWICKLUNG

Viele afrikanische Regierungen bemühen sich heute, eine marktwirtschaftlich orientierte Milchindustrie zu etablieren. Wesentlicher Schritt dieses Modernisierungsprozesses ist die Entwicklung der Milchproduktion von der Subsistenzwirtschaft zu einer Grossindustrie.

Es ist schwierig, vorauszusagen, wie sich staatlich geführte Entwicklungsprogramme auf die traditionelle Milchverarbeitung in den ländlichen Gegenden auswirken werden. In der marktwirtschaftlich orientierten Sichtweise dieser Entwicklungsprogramme erscheinen die lokalen Formen der Milchproduktion als wenig produktiv. Doch wie wir sehen werden, ist die Bedeutung von Milch in autochthonen Gesellschaften nicht nur an ihrem ökonomischen Wert zu bemessen. Vielmehr ist Milch im Laufe der Zeit zu einem strukturierenden Teil der Lokalgesellschaften geworden, über welchen sowohl technische, soziale als auch weltanschauliche Anliegen ausgedrückt werden.

Betrachten wir die materielle Kultur autochthoner Viehhaltergesellschaften heute, fällt auf, dass viele der in neuerer Zeit hergestellten Milchbehälter genauso aussehen wie entsprechende Objekte in historischen Museumssammlungen, andere traditionell gefertigte Milchgefässe jedoch durch Plastik- oder Aluminiumbehälter ergänzt oder gar ersetzt wurden. Von aussen betrachtet, ist diese Gleichzeitigkeit der traditionellen und modernen materiellen Kultur nur schwierig zu verstehen – man mag sich fragen, ob man hier überhaupt von technischem Fortschritt sprechen will. Versucht man jedoch, diese Gleichzeitigkeit aus dem Blickwinkel der jeweiligen Gesellschaft heraus zu verstehen, stellt man fest, dass es falsch ist, Fortschritt anhand der Menge neuer Techniken und Materialien zu bemessen. Viel wichtiger erscheint die Frage, wie es autochthone Gesellschaften schaffen, trotz den Herausforderungen der Neuzeit – mögen diese technischer oder umweltbedingter Art sein – gewisse tradierte Lebensformen aufrechtzuerhalten. Wie Untersuchungen immer wieder gezeigt haben, sind lokale Gesellschaften durchaus in der Lage, Neuerungen aufzunehmen und diese mit ihrem schon bestehenden Wissen und Können zu verbinden. So lässt sich zum Beispiel beobachten, dass der Umgang mit den neueingeführten Plastik- oder Aluminiumbehältern oft mit denselben Verhaltensregeln belegt ist, die auch für die traditionell gefertigten Gegenstände gelten.

Der Fortschritt – wenn wir an dieser Stelle überhaupt davon sprechen wollen – zeigt sich hier in der Erfindungsgabe und Kreativität, mit welchen der Mensch in der Lage ist, Veränderungen aufzunehmen. Folglich ist die Ersetzung eines traditionellen Melkeimers durch einen Plastikbehälter nicht als Verlust von Tradition zu verstehen, sondern vielmehr als Resultat einer Entscheidung zwischen mehreren möglichen Lösungen.

Gewisse Veränderungen werden von einer Gesellschaft nicht bewusst und freiwillig angenommen, sondern ihr von aussen auferlegt. So ist festzustellen, dass sich im Zuge der Modernisierung der Milchindustrie auch komplett neue Formen des Umgangs mit der Milch in der afrikanischen Bevölkerung niederschlagen. Formalisierungen und Standardisierungen der Milchverarbeitung in Form von Qualitätsmessungen und Hygienevorschriften wirken sich auf die lokale Milchproduktion aus und stossen Prozesse gesellschaftlicher Veränderungen an. Beispielsweise verzichten die in West-Kenya lebenden Kalendjin nach Intervention der kenianischen Gesundheitsbehörden zur Verhinderung von Erkrankungen auf eine bis vor Kurzem praktizierte Form des Sauermilchkonsums, bei der sie der Milch frisches Rinderblut beimischten. Es bliebe zu untersuchen, welche konkreten Folgen diese Veränderung für die Gemeinschaft mit sich bringt.

Pascal Nahimana liefert eine Kanne Milch ins nächste Militärlager. Gemeinde Gishora, Gitega, Burundi, 2013. Foto: Thomas Laely.

DER MILCHKOMPLEX
DAS ZENTRALAFRIKANISCHE ZWISCHENSEENGEBIET

Milch von Kühen und daraus zu gewinnende Produkte sind im zentralafrikanischen Zwischenseengebiet, welches sich vom Tanganjika- und Kivu- über den Victoria-See zu den Seen des zentralafrikanischen Grabens erstreckt und Teile Tansanias, Burundis, Kongos, Rwandas und Ugandas umfasst, von zentraler Bedeutung. Sie kommen auf den verschiedensten kulturellen Ebenen – von der Wirtschaft über das Sozialgefüge und die Religion bis zur Sprache – zu so vielfältigem Ausdruck, dass sich von einem eigentlichen ‹Milch-Komplex›[4] sprechen lässt.

Was ist nun aber in Anlehnung an den vom amerikanischen Ethnologen Herskovits geprägten Begriff des *cattle complex*[5] unter besagtem Milch-Komplex zu verstehen? Herskovits verfasste seine in der ethnologischen Theoriebildung einflussreiche, aber inzwischen auch heftig kritisierte These eines ‹Vieh-Komplexes› als eines umfassenden gesellschaftlichen Phänomens anhand von Gesellschaften, die in den Gegenden des südlichen Horns Ostafrikas bis ganz in den Süden des Kontinents verstreut leben.[6] Gemeinsam ist ihnen, dass sie alle Rinder halten, deren Milch versauert trinken und ihr Blut nutzen.[7] Darüber hinaus finden auch Fleisch, Leder, Fell, Horn und Dung der Tiere Verwendung. Mit wenigen Ausnahmen ist die Viehhaltung dabei nicht die ausschliessliche Wirtschaftsweise, sondern existiert in Verbindung mit Feldbau, der in manchen Fällen von anderen, oftmals dominierten Bevölkerungsgruppen betrieben wird.[8]

Der *cattle complex* drückt sich ausserdem darin aus, dass Rindvieh bei allen wichtigen gesellschaftlichen Momenten und Anlässen – bei der Geburt und dem Tod wie bei der Heirat (als Brautgabe) – eine wichtige Rolle spielt. Bei allen Viehhaltergesellschaften stellt Vieh die Hauptform von Reichtum dar, es ist Teil aller wichtigen Zeremonien und Feste und Gegenstand von Tabus und gesellschaftlichen Vorschriften.[9] So charakterisieren denn Milch-Bräuche und -Objekte die Gesellschaften im östlichen Zentralafrika. Milch und die durch ihre Weiterverarbeitung entstehenden Getränke dienen nicht nur als Nahrung – sie sind auch Ausdruck jener gesellschaftlichen Beziehungen, die sie versinnbildlichen, ja mehr noch, strukturieren.

HORIZONTALE UND VERTIKALE GESELLSCHAFTSSTRUKTURIERUNG

Im zentralafrikanischen Zwischenseengebiet erfüllt nicht ein einziges Hauptgetränk alle sozialen und religiös-rituellen, medizinischen, ernährenden und wirtschaftlichen Funktionen. Wenn man hier von Getränken spricht, denkt man zuerst an Bier, in welcher Form und Zusammensetzung auch immer:

[4] So Bjerk 2006; Taylor 1992.
[5] Herskovits 1926.
[6] Herskovits argumentiere – so eine Kritik – aus der Perspektive eines männlichen, weissen Forschers zu Zeiten des Kolonialismus. Dabei vernachlässige er die Rolle der Frau und damit auch der Milch, welche in seinem Forschungsgebiet meist Teil der weiblichen Domäne war.
[7] Herskovits 1926: 655.
[8] A. a. O.: 651f.
[9] A. a. O.: 650, 653.

gebraut auf der Basis von Bananen, Hirse, Sorghum oder Honig. Im lokalen Rahmen gepflegte Netzwerke von Biertausch zwischen Nachbarn waren dazu da, entspannte Sozialbeziehungen zu bestätigen; demgegenüber steht die Milchverteilung, wie sie Teil und Ausdruck von Viehpachtabkommen war, die immer vertikal zwischen Höheren und Tieferstehenden und im Bestreben nach sozialer Mobilität angelegt waren. Wenn Bier als alkoholisches Getränk in den hier näher untersuchten Gesellschaften der gesellschaftlich ‹horizontale› (Um-)Trunk per se ist, steht die Milch für die vertikale Dimension. Während Bier das Öl gepflegter nachbarlicher Beziehungen unter Gleichen ist, stehen die Milch und deren Lieferantin, die Kuh, für Reichtum und Armut, für Aufstieg und Abhängigkeit, für Herrschaft und Unterordnung. Dass dabei die Milch Sinnbild für die damit eröffneten (Abhängigkeits-)Bande ist, zeigt sich in Redensarten wie «jemandem Milch aus den Händen trinken», was für die Besiegelung eines unverbrüchlichen Paktes steht.[10]

Wenn wir in den seit Langem stratifizierten und von Grossviehhaltung charakterisierten Gesellschaften überhaupt von einem ‹ikonischen› Getränk sprechen wollen, so ist dies die Milch. Es ist vor allem die Milch, welche die gesellschaftlichen Werte und Strukturen abbildet. Es ist die Milch, welche – nicht in allen gesellschaftlichen Gemeinschaften dieselbe – Identität mit formt und allgemein im ideologisch-symbolischen Feld wie auch im Rahmen religiöser Praktiken ihre Bedeutung hat. Dies heisst jedoch nicht, dass diese Gesellschaften und ihre Untergruppen dazu tendierten, alle ihre Praktiken um Milch herum zu organisieren. Nichtsdestoweniger lässt sich aus Analyse und Erforschung von Milch und derer kulturellen Bedeutung vieles über den Aufbau und Zusammenhalt dieser Viehhaltergesellschaften sagen.

‹MILCHKÖNIGE› – EINE HISTORISCHE PERSPEKTIVE

Milch ist ein Grundnahrungsmittel und zuerst einmal Erzeugnis und Ausdruck des höchst bewerteten kulturellen Gutes, der Kuh, die immer mehr oder weniger direkt mit der obersten Herrschaft und dem obersten Wesen in Zusammenhang gebracht werden kann und in diesem Sinn heilig und Ausdruck des Universums und der gesellschaftlichen Ordnung ist.

Es gab Erklärungsversuche, Milch nebst Regen, menschlichem Samen und Blut als Teil eines Systems von Flüssigkeiten zu sehen, welches metaphorisch dem traditionellen Wirtschaftssystem der zentralafrikanischen Hirtengesellschaften verbunden und durch eine ständige Zirkulation von Gaben, einschliesslich Bier und Brautgaben, gekennzeichnet war und mancherorts bis heute ist. Soziale Beziehungen werden durch Austausch von Flüssigkeiten hergestellt und unterhalten. Regen und Körperflüssigkeiten sind Ausdruck von Vitalität, Fruchtbarkeit und Reproduktion.[11] Die oberste weltliche Instanz, der (oft als Gott verehrte) König, steht für dieses Prinzip, er ist der symbolische Besitzer allen Viehs des Landes und damit die Personifizierung der Vitalität

10 «*Wampaye amáta ku biganza*» – «Sie haben mir aus Ihren Händen Milch zu trinken gegeben»: jemandem Milch direkt aus seinen Handflächen zu trinken, besiegelte ein unauflösbares Bündnis. Dies zeigte sich z. B. auch noch in den Krisen von 1972 und 1993 in Burundi, indem derart miteinander verbundene Tutsi und Hutu sich gegenseitig beistanden und versteckten. Damit einhergehend war der Glaube an die Konsequenzen des Bruchs eines durch Milch begründeten Paktes, was unweigerlich einen Fluch nach sich zöge (Feldforschung Burundi 2013: Thomas Laely, 5.–17. Oktober 2013, Bujumubura; Province Gitega: Commune Gishora; Province Bururi: Commune Buta, Collines Kabengera & Nyarwaga).

11 Taylor 1992: 9ff., 25ff., 32ff., 207f.

Hölzerne Milchgefässe aus Rwanda.
Hängend in Tragnetzen aus Pflanzenfasern *inkongoro*. Sammler: Paasche, 1922. Höhe 13.5-16 cm, Ø 8-10.5 cm, Inv.-Nr. 6043a-c. Liegend im Tragnetz *icàánsi*. Sammler: Eduardoff, 1947. Höhe 24.5 cm, Ø 17 cm, Inv.-Nr. 11049a/b. Stehend *icàánsi*. Sammler: unbekannt, 1916. Höhe 30 cm, Breite 15.7 cm, Inv.-Nr. 4061.

seiner ganzen Gesellschaft. In Rwandas und Burundis königlichen Ritualen wurde der Monarch als Quelle des Wohlergehens seines Volkes dargestellt, der den richtigen Lauf der Flüssigkeiten mittels seines Körpers garantierte. Der befruchtende Fluss von Milch, Blut, Wasser und Honig ist eine nicht nur in den aristokratischen Ritualen, sondern in allen Aspekten des rwandischen Lebens geläufige Metapher. In der symbolischen Ordnung des vorkolonialen Rwanda wurden sowohl die Ordnung des menschlichen Körpers als auch die der Gesellschaft und des Kosmos durch Bilder des Fliessens bzw. der Blockade von Flüssigkeiten symbolisiert. Der König und seine Ritualisten steuerten den Strom und das Fliessen von Milch, Honig, Blut und Regen, um Gesundheit und Fruchtbarkeit von Bevölkerung, Vieh und Land sicherzustellen.

Die rwandischen und burundischen Könige wurden wie viele andere Herrscher in der Region der Grossen Seen auch als *umukáma* bezeichnet, im wörtlichen Sinn ‹Melker›, im übertragenen Sinn ‹Herr› oder ‹Monarch›.[12] Beim Tod des rwandischen Königs stieg ein Mann eine Leiter hoch und goss Milch auf den Boden, während er deklarierte: «Die Milch ist verschüttet, der König wurde fortgenommen.»[13]

MITTELS MILCH VERSINNBILDLICHTE ABHÄNGIGKEIT

Im Rahmen der Untersuchung der Bedeutung von Milch in Zentralafrika ist das sogenannte *bugabíre*-Viehpachtabkommen von besonderem Interesse.

Im monarchischen Burundi wie in den benachbarten frühstaatlichen Gesellschaften bildeten die Kühe den wichtigsten Reichtum, ein Vermögen, das durchaus auch die Funktion von Kapital in einem modernen Sinne annehmen konnte, da es sich mehren sollte und deshalb recht eigentlich angelegt wurde. Es existierten zu dem Zweck verschiedene Formen der Gabe, Leihe, Pacht und Deponierung von Kühen.[14] Die Viehpachtabkommen begründeten vertikale Abhängigkeitsbeziehungen, die gesamtgesellschaftlich eine erhebliche politische Rolle spielten; das heisst, dass sie nicht nur als Klientelbeziehungen zwischen zwei Individuen bzw. den lokalen Kernen von Verwandtschaftsverbänden zu verstehen sind. Ein Geber stellte einem Bittsteller, nennen wir ihn ‹Nehmer›, für gewisse Gegenleistungen eine Kuh zur Nutzniessung zur Verfügung. Die Vereinbarung beinhaltete die Gesamtheit aller Tauschhandlungen zwischen einem Höhergestellten und einem Untergebenen, bezog jedoch über die direkt gebundenen Individuen deren Verwandtschaftsverbände mit ein. Vereinbart wurden Schutz und Unterstützung im Tausch für allgemeine Gefolgschaft, die auch gewisse Arbeitsleistungen und Abgaben umfasste. Zu Letzteren gehörte der ‹Rückfluss› etwa des dritten Teiles der Nachkommenschaft des erhaltenen Viehs. Dafür wiederum erhielt der Nehmer von Zeit zu Zeit von seinem Geber weitere Kühe – gleichsam zur Bekräftigung des Abhängigkeitsverhältnisses. Diese Kühe aber erlaubten es mit der Zeit dem Nehmer, sich selbst ein Gefolge von ihm verpflichteten Nehmern aufzubauen.

---

12 Alles gehört dem König – das gilt besonders für das Vieh: Derjenige, der das Recht zu melken hat, der seine Herrschaft über das gesamte Vieh ausdehnt, trägt den Titel *umukáma* (Rodegem 1970: 209; Bjerk 2006: 18). Dasselbe gilt für das östlich benachbarte Bunyoro-Kitara (Beattie 1960; Taylor 1992: 25).

13 Ebenso im Königreich Bunyoro-Kitara (Beattie 1960: 28).

14 Czekanowski berichtete von seiner Forschungsreise zu Beginn des letzten Jahrhunderts: «Die Kuhtransaktionen spielen eine sehr grosse Rolle im ökonomischen Leben und in der Gerichtspraxis von Ruanda» (1911: 143).

Die Viehpachtabkommen konnten so zu einem umfassenden Netzwerk von Patrons und Klienten werden. ‹Klient› war in diesem Rahmen keine soziale Position, sondern eine Rolle. Die soziale Position jeder Person wurde in erster Linie bestimmt aufgrund der Kühe, die sie (nicht) besass oder über die sie im Rahmen eines *bugabíre*-Abkommens verfügen konnte. Der Kuhgeber aber behielt ein Aufsichts- und Kontrollrecht über das abgegebene Vieh. Da er jedes dritte oder vierte Kalb zurückfordern konnte, hatte er ein anhaltendes Interesse am Gesundheitszustand seiner Kühe, welcher sich in deren Nachkommenschaft, in ihren Kälbern und in ihrer Milch manifestierte – wobei es nicht um Quantität, sondern um Qualität ging. 1916 notierte der deutsche Forschungsreisende, Geograf und Kolonialpolitiker Hans Meyer:

> Die beinahe mystische Hochschätzung, die den Rindern zuteil wird, geht in gewissem Grad auch auf die zeitweiligen Inhaber, Pfleger und Züchter der Rinder über. Wer mit Vieh belehnt wird, ist in eine höhere Sphäre gehoben worden. [...] So hat der Viehbesitz eine soziale Bedeutung, die nicht minder gross ist als die wirtschaftliche. Es sind nicht nur religiöse, sondern auch sozial-politische Gründe, aus denen man in Urundi wie in Ruanda die alten und kranken Rinder so lange leben lässt, wie sie noch leben können, denn es kann immer noch jemand damit belehnt und durch solche Standeserhöhung enger an die Batussifürsten und den König gebunden werden.[15]

urugó-Gehöft.
Cibitoke, Burundi, 1989.
Foto: Thomas Laely.

15 Meyer 1916: 42.

Kühe und Milch sind so Sinnbild für Reichtum und das gesellschaftlich höchstgeschätzte Gut überhaupt; so äussert sich denn auch grösstmögliche Freude im ungläubigen Ruf: «*Yampay'inká!*» – «Er hat mir eine Kuh gegeben!». Daraus erklärt sich, dass Kühe als Mittel sozialer Mobilität nicht auf ihren wirtschaftlichen Ertrag, zum Beispiel auf die Menge gegebener Milch, reduziert, sondern vielmehr für ihre ästhetische Ausstrahlung, ihre wohlgeformten Hörner oder schön geschwungenen Rücken bewundert werden. Den Gang einer Frau oder ihre Augen mit denjenigen einer Kuh zu vergleichen, ist das denkbar grösste Kompliment überhaupt. Auch seit Langem in der Stadt ansässige Angehörige der gesellschaftlichen Eliten erachten es als eines ihrer grössten Vergnügen, in ihrer Freizeit aufs Land oder an den Stadtrand zu fahren, um sich in Kontemplation ihrer da weidenden Kühe zu versenken und sich an ihnen zu ergötzen.

VON MILCH DURCHDRUNGENE SPRACHE

Die zentrale Bedeutung der Milch zeigt sich neben der beschriebenen sozioökonomischen Ausdifferenzierung in den Gesellschaften des zentralafrikanischen Zwischenseengebietes auch in Symbolik, Sprache und Weltanschauung. Die kulturelle Bedeutung der Milch kommt in den verschiedensten sprachlichen Formen zum Ausdruck. Es gibt eine Vielzahl von Redensarten und Sprichwörtern, Sinnsprüchen und Weisheiten, Ausdrücken und Bezeichnungen sowie Erzählungen und Legenden rund um die Milch und die mit ihr verbundenen Tätigkeiten, Verarbeitungsformen und Produkte – einige Sprichwörter und Redensarten in den Sprachen Kirundi,[16] Runyankore und Sizulu seien hier beispielhaft angeführt.

Ahari abagabo, hagwa amáta ntihagwa amaraso: Da, wo die weisen Männer sind, fliesst Milch und nicht Blut.[17]

Iyinizwe n'amata nta wundi muti wayo: Für ein Kalb, das durch Milchtrinken nicht gesund wird, gibt es kein weiteres Heilmittel.[18]

Ahantu enfura etungyire nuho enywera omurara: Wo einer zu Reichtum gelangt, trinkt er *omurara*.[19]

Kwafa igula lamasi: Die Sauermilch-Kalebasse ist zerbrochen.[20]

---

16 Dazu gehören viele poetische Lieder, welche neben der Kuh die Milch besingen; vgl. Rodegem 1961, 1970.

17 Feldforschung Burundi 2013.

18 Das Sprichwort besagt, dass gar nichts mehr hilft, wenn Milch keine Abhilfe schafft, und kein Heil finden wird, wer von den Seinen im Stich gelassen wird. Feldforschung Burundi 2013; vgl. Rodegem 1961: 149, Nr. 1309; S. 200, Nr. 1850; S. 387, Nr. 3826.

19 *Omurara* ist die Milch, die von Reichen um etwa vier Uhr früh getrunken wird. Zum Trinken weckt die Frau ihren Mann auf, anschliessend schläft er weiter. Williams 1938: 114.

20 Zulu-Redensart aus dem südlichen Afrika im Sinn von: «Unsere letzten Hoffnungen haben sich zerschlagen / etwas sehr Wertvolles ging verloren» (Mitteilung Lindiwe Pearl September, 30. November 2013).

Die Kühe werden auf das Milchgeben eingestimmt: Melk-Feuer *igicâniro*. Cibitoke, Burundi, 1989. Foto: Thomas Laely.

VOM MELKEN ZUM KONSUM
LOKALE PRAKTIKEN UND OBJEKTWELT

Die hohe Wertschätzung von Milch in den Viehhaltergesellschaften Ostafrikas drückt sich neben der beschriebenen kulturellen und gesellschaftlichen Bedeutung auch in den Umgangsformen auf den Ebenen der Produktverarbeitung und der dazu geschaffenen Objektwelt aus. Ausformung und Ausdifferenzierung dieser objektivierten Kultur und Praktiken rund um die Milch legen davon Zeugnis ab. Im Folgenden werden Aktivitäten vom Melken bis zum Konsum – zwei davon in Form von Feldforschungsberichten – skizziert.

Melkszene mit Kalb. Kericho, Kenya, 2013. Foto: Moses Akol.

MELKEN

Ausser in wirtschaftlich spezialisierten Betrieben ist Stallhaltung bei den Rinderhaltern Burundis bis heute nicht verbreitet. Die Kühe werden am frühen Morgen vor dem Weidegang gemolken und ein zweites Mal, wenn sie in der abendlichen Dämmerung zurück ins Gehöft getrieben werden. Um den Kühen den Moment des Melkens anzuzeigen, ihr Wohlbefinden zu steigern und Mücken und Fliegen fernzuhalten, wird während des Melkens immer ein Vieh-Feuer entfacht. Dieses befindet sich an einer zentralen Stelle im Haupthof vor dem Wohnhaus der verstreut zwischen den Feldern liegenden Einzelgehöfte.

Um die Kuh anzumelken, lässt man zuerst kurz ein Kalb saugen. Sollte einmal ein solches nicht verfügbar sein, hält ein Kind der Kuh als Ersatz ein Kalbsfell zum Beschnuppern und Lecken vor, um sie in die gesuchte Stimmung zu versetzen. Dieses Vorgehen ist in vielen ostafrikanischen Gesellschaften verbreitet.

Insbesondere der Moment der Rückkehr der Kühe ins Familiengehöft in der abendlichen Dämmerung ist für die Bauern ein emotional stark geladener Moment, der für familiäre Geborgenheit und Aufgehobensein, wir würden sagen: für Heimat, steht. Es ist dieser Moment, den viele in den Städten oder im Ausland lebende Landsleute vermissen – die Erinnerung daran weckt Sehnsucht und Heimweh, er wird in vielen Liedern und Gedichten besungen und fand mannigfachen kulturellen Ausdruck. Früher wurde denn auch der Gehöftvorsteher und Familienvater in der Regel unter der Viehmelk-Stelle bestattet, um ihm weiterhin Nähe zu seinen Kühen zu ermöglichen und ihn darüber hinwegzutrösten, dass er sich nicht mehr um sie kümmern konnte.[21]

Die Kuhmilch wird bei den Barundi von den Männern in ein Gefäss gemolken, das ungefähr zwei Liter fasst und meist aus dem Holz eines Korallenbaumes[22] hergestellt wird. Um sie glatt und satiniert zu halten, werden diese Milchbehälter regelmässig mit einem Gemisch aus Butter und rötlicher Erde als einer Art Schutzlack eingerieben, wie es die Frauen früher aus kosmetischen Gründen auch für ihre Haut verwendeten. Die Holzbehälter werden in der Regel von Spezialisten hergestellt, oftmals der ethnischen Gruppe der Batwá zugehörig, die auch das Töpfern besorgen. Gemolken wird in Hockhaltung mit dem Gefäss zwischen den Beinen. Die gewonnene Milch wird entweder in solchen Gefässen oder aber in Kalebassen aufbewahrt.

BUTTERN

Feldforschungsbericht: Edith Rubagyema, eine Muhima (Singular-Bezeichnung für Angehörige der Bahima, einer Subgruppe der Banyankole), 49 Jahre alt, Ehefrau und Grossmutter, lebt mit ihrer Rinder haltenden Familie auf einem Hof in dem abgelegenen Weiler Keihiro im Ibanda-Distrikt, West-Uganda. Einmal pro Woche stellt sie Butter her.

Die eigentliche Prozedur der Butterherstellung, welche bei den Bahima Aufgabe der Frau ist, beginnt nach dem Melken frühmorgens um sechs. Edith füllt die frische Milch in ein Behältnis, heute ist das häufig ein henkelloser Topf aus Aluminium oder ein Plastikeimer (ein ehemaliger Kleiderwaschmittelbehälter), und lässt sie bis zum Abend stehen. Am Abend schöpft sie die obenauf schwimmende Rahmschicht ab. Diese Prozedur wiederholt sie drei Tage lang. Wenn immer möglich, benutzt sie zur Butterherstellung die fette Milch der lokalen Ankole-Rinder anstelle der dünneren ihrer mischrassigen Kühe. Dieses Mal entscheidet sie sich für die Herstellung von Butter aus bereits fermentierender Milch (fünf Liter Milch können zu einem Kilogramm Butter verarbeitet werden) und nicht aus dem abgeschöpften Rahm, obwohl sich aus Rahm mehr Butter gewinnen lässt (vier Tassen davon ergeben zwei Tassen Butter).

Zuerst hat sie jedoch ihre Gerätschaften zu reinigen. Zweien davon, dem grossbauchigen und langhalsigen Flaschenkürbis *ekishaabo* und dem kleineren, halslosen, kugeligen Flaschenkürbis *entsimbo*, schenkt sie dabei besondere Aufmerksamkeit. Die Aussenseiten beider Kalebassen werden traditionellerweise mit einer Mixtur aus fermentiertem[23], desinfizierendem Kuhurin und einem bestimmten Kraut gereinigt. Inwendig wird der Flaschenkürbis mit dem belaubten Zweig eines Langfadenbaumes ausge-

21 Rodegem 1970: 53; Trouwborst 1962: 123, 162f.

22 Dieses Erythrina-Holz wird auch oft im medizinischen und religiösen Zusammenhang verwendet (Rodegem 1970: 14).

23 Die Praxis der Verwendung von fermentiertem Kuhurin zur Reinigung von Milchgefässen findet sich bei verschiedenen ethnischen Gruppen Ostafrikas (Feldforschung Uganda und Kenya 2013: Raphael Schwere, Christoph Müller, Eunice Wangari Wambugu, Moses Akol, Ambrose Murangira, 10.–25. August 2013 (Uganda: Soroti, Katakwi, Napak, Moroto, Kotido, Kaabong, Mbarara, Ibanda; Kenya: Kisumu, Kericho).

Edith beim Buttern mit *ekishaabo*-Kalebasse, daneben ihr Enkel mit zwei *ebyanzi*-Holztrinkgefässen (zugedeckt von je einem *omuheiha*-Deckelchen) und zwischen den beiden das Räucher-Tongefäss *ekiicunga*. Ibanda, Uganda, 2013. Foto: Christoph Müller.

putzt. Die kleinere Kalebasse wird ausgeräuchert, indem sie über ein speziell dafür gefertigtes Tongefäss (*ekiicunga*) gehalten wird, in welchem durch das Verbrennen eines spezifischen Grases Rauch erzeugt wird, welcher durch den oben verengten Schlot in das Gefäss aufsteigt.

Am dritten Tag vor Sonnenaufgang füllt Edith die nun geronnene Milch in den grossen, bauchigen Flaschenkürbis. Wenn sie nicht in den frühen Morgenstunden arbeiten kann, muss sie im späteren, wärmeren Verlauf des Tages zur Kühlung kaltes Wasser beigeben. Der Flaschenkürbis wird mit einem flachen, aus Gräsern oder farbigen Plastikfasern kunstvoll geflochtenen Deckelchen (*omuheiha*) verschlossen. Übrigens: Wenn Edith kurzfristig Butter aus frischer Milch machen muss, bedient sie sich eines Tricks. Sie fügt der Milch ein wenig Zucker hinzu, was sie schneller gerinnen lässt.

Nun geht es ans Buttern. Edith, auf einer geflochtenen Matte sitzend, schüttelt die Masse schnell und wiegt und dreht die Kalebasse dann auf ihren Oberschenkeln langsam und regelmässig um ihre Längsachse. Während der zwei oder drei Stunden, die sie für diese Arbeit benötigt, hält sie den langen Hals und das Deckelchen mit der rechten und den Bauch der Kalebasse mit der linken Hand, doch gelegentlich wechselt sie die Hände. Von Zeit zu Zeit öffnet sie das Deckelchen, um den Druck, gebildet durch die entstehenden Gase, abzulassen und um den Fortschritt ihrer

Arbeit zu begutachten. Die kleinen Spritzer, welche in diesen Momenten die glatte, glänzende Oberfläche der Kalebasse verkleckern, wischt sie mit einem kleinen Tuch fort. Die Buttermilch (*amacunda*), der noch flüssige sauermilchige Teil, welcher sich bei diesem Vorgang von der festeren Masse, den Butterflocken, trennt, wird durch ein Tuch abgegossen und von Kindern und Frauen getrunken.

Einige Bahima-Frauen verschleiern sich während des Butterns. Die Verschleierung dient dazu, nicht von der Arbeit abgelenkt zu werden, denn die Bewegungen mit der Kalebasse müssen regelmässig und konstant ausgeführt werden. Begründung: Der Mann verbringt mit den Rindern den grössten Teil seiner Zeit, gelegentlich mehrere Tage, ausserhalb des Familiengehöfts. Befinden sich Mann und Frau einmal unter demselben Dach, sei die erotische Anziehung entsprechend hoch. Der Schleier schützt die Frau in ihrer Konzentration vor derlei Ablenkungen.

Ist Edith mit der Konsistenz zufrieden, giesst sie die Masse aus dem grossen Flaschenkürbis in einen Aluminiumtopf um. Die Flüssigkeit (*amaranga*) wird abgeschüttet und vielleicht von den Hunden aufgeleckt. Mit gewaschenen Händen wird der Butterklumpen nun gepresst und gewaschen. Auch dieses Waschwasser wird weggeschüttet und die Butter (*amashita*) in die kleine, kugelige Kalebasse mit dem Bananenblätterdeckel gegeben, wo sie für sieben Tage reifen gelassen wird, bevor sie für den Verzehr bereit ist.

Die fertige Butter verwendet Edith, um Speisen zu verfeinern; erhitzt als Bratfett, mit Salz und Wasser vermischt, wird sie zu *eshabwe*, einer lokalen Leibspeise, und weiterverarbeitet oder parfümiert wird sie als Körperlotion verwendet. Alternativ kann Edith die Butter gewinnbringend auf den Märkten verkaufen.[24]

FERMENTIEREN

Für Viehhalter ist Milch sowohl Nahrung als auch Getränk. Getrunken wird Milch meist abgekocht und gelegentlich unter Beigabe von Teeblättern, Zucker und Gewürzen als Milchtee. Rohmilch wird nur in wenigen Regionen getrunken. Die Gesundheitsbehörden raten heute vielerorts davon ab.

Die weitaus verbreitetste Form des Milchkonsums in den Vieh haltenden Gesellschaften der weiten Regionen von Afrikas Horn im Nordosten über Kenya und den zentralafrikanischen Grabenbruch bis an die Küste Südafrikas ist die Dick- oder Sauermilch. Bekannt unter zahlreichen unterschiedlichen Namen ist dieses fermentierte Milchprodukt in Haushalten und Kleinsiedlungen bis heute in traditioneller Herstellungsmethode Teil der Grundnahrung und wird von allen Bevölkerungsschichten konsumiert. Fermentierung ist eine der ältesten Technologien der Nahrungskonservierung und dient seit Jahrtausenden nebst der Brot-, Wein- und Käseherstellung auch der Haltbarmachung von Milch.[25]

24 Feldforschung Uganda und Kenya 2013.
25 Nzigamasabo 2009: 589.

In Afrika lässt man die Milch meist in der normalen Umgebungstemperatur fermentieren und trinkt sie nach zwei bis drei Tagen als Dick- oder Sauermilch. Um die erforderliche Qualität zu erreichen und sie nicht brechen oder verderben zu lassen, gibt es Verfahren, die, wenig erstaunlich in einem Gebiet von der Grösse eines Subkontinents, von Region zu Region variieren.

Die rohe Milch wird in einem Gefäss aufbewahrt, bis sie spontan fermentiert. Die dazu nötigen Mikroorganismen, die natürlichen ‹Starter›, befinden sich entweder bereits in der Milch, im Behälter selbst oder in der Luft der Umgebung; das Gefäss ist nie luftdicht abgeschlossen. Manchmal wird auch ein bisschen schon fermentierte Milch als Starter zur Neuansetzung benutzt; die angesetzte Milch, meist zum Siedepunkt erhitzt und anschliessend bei Raumtemperatur abgekühlt, wird 24–36 Stunden lang zur Eindickung stehen gelassen.[26]

Das mit der Milch verbundene Wissen ist hoch entwickelt und stark ausdifferenziert – es betrifft selbstverständlich die Lagerung und Aufbewahrung, aber auch die Konsistenz und den Geschmack, die Feinheit und Farbe nicht nur der Milch selbst, sondern der verschiedenen aus ihr zu gewinnenden Produkte. Wie einleitend erwähnt, sind es vor allem die Frauen der Viehhaltergesellschaften, die über dieses Wissen verfügen. Obwohl in den verschiedenen Ethnien zwischen Burundi und Ost-Kenya sehr ähnliche Praktiken zur Anwendung kommen, gibt es interethnische Unterschiede, und auch innerhalb einer Gruppe existieren unterschiedliche ‹Hausrezepte›.

Auch auf der westlichen Seite des kenianischen Rift Valley wird Sauermilch konsumiert. Dazu der Bericht einer Feldforschung zu Praktiken und materieller Kultur der nilotischen Kalendjin:

> Feldforschungsbericht: Gladys Kirui, Lehrerin, Mutter und Grossmutter, in ihren frühen Sechzigern, wohnhaft auf einer Farm in der Nähe der Kleinstadt Kericho, bereitet wöchentlich *mursik* zu. *Mursik* ist eine Sauermilch, die mit Holzkohlestaub vermischt in einer Kalebasse fermentiert.
>
> Kericho liegt im Südwesten des kenianischen Rift Valley und ist die Heimat der ethnischen Gruppe der Kalendjin und ihrer Subgruppe der Kipsigis. Wie auch die Pokot und Borana, mit denen die Kalendjin die Herkunft teilen, bedienen sie sich bei der Zubereitung von Sauermilch der Wirkung von Kohle eines bestimmten Strauches.
>
> Vor dem Eingiessen der Milch muss die längliche Kalebasse (*sotet*) präpariert werden. Dazu legt Gladys zunächst einen Zweig des Senna-Strauches in die Glut ihres Herdfeuers. Das Stück Ast, nicht mehr als daumendick, besorgte sie zuvor von einem Strauch, welcher, wie bei den Kalendjin der Region üblich, auf dem Gelände ihrer eigenen Farm wächst. Gut gepflegt, hält eine Pflanze ein Menschenleben lang. Glüht der vordere Teil des Ästchens – ca. 5–10 cm, der hintere Teil muss immer noch mit blossen Fingern greifbar sein –, steckt sie ihn durch die verengte Öffnung

[26] Karenzi et al. 2013: 384ff.

Herstellerin und Verkäuferin von *sotet*-Kalebassen. Kericho, Kenya, 2013. Foto: Raphael Schwere.

der Kalebasse und dreht ihn gegen die Innenwand, während sie gleichzeitig die Kalebasse um ihre vertikale Achse dreht. Dabei wird die sich nun abkühlende Glut vom Zweig abgerieben und sammelt sich als Kohlestückchen auf dem Boden der Kalebasse. Hat sich genug verbranntes Material angesammelt, legt Gladys den verkohlten Zweig zur späteren Verwendung beiseite. Nun bedient sie sich eines längeren, dünnen Stockes mit einem kleinen, breiteren Ende, um die Kohlestücke im Innern zu zermalmen und zu verteilen – natürlich ohne Brandlöcher zu verursachen. Auch dieses Instrument, ein entrippter Palmwedel, stammt von ihrer Farm. Sind die Kohlestücke in der Kalebasse bloss noch Staub und ausreichend an der Innenwand verteilt, schliesst Gladys das Gefäss mit seinem Lederdeckel, schüttelt es kurz und kippt die verbliebenen grösseren Kohlestückchen aus. Ist die Kohleschicht komplett abgekühlt, wird die Milch eingefüllt.

Gladys verwendet kalte Milch, gemolken am Nachmittag und abgekocht am Abend des Vortages. Die Milch kühlt über Nacht in der Küche in einer gesäuberten Metallkanne ab. Abgekocht werde die Milch noch nicht seit Langem, erzählt Gladys – erst seit Wissenschaftler Krankheitserreger in der Kuhmilch gefunden hätten. Heute kocht Gladys deshalb, wie vom kenianischen Gesundheits- und Landwirtschaftsministerium empfohlen, die Milch dreimal auf, bevor sie weiterverarbeitet oder konsumiert wird.

Gladys verwendet Milch ihrer Ayrshire-Kühe. Für die Herstellung von *mursik* eignet sich deren Milch ihrer Meinung nach am besten, da sie sehr fetthaltig sei. Ihr erwachsener Sohn widerspricht; er bevorzugt die Sauermilch der lokalen Kuhrasse. Ist die Milch eingefüllt, wird die Kalebasse in der Küche in einen Karton gestellt, damit sie aufgrund ihres runden Bodens nicht umkippt. Nach dreitägigem Warten kann die Milch getrunken werden.

Bevor *mursik* ‹nature› oder als Milch im Tee getrunken wird, muss die Kalebasse geschüttelt werden, damit das Getränk eine gleichmässige Konsistenz erhält. Es schmeckt säuerlich, und die Kohlepräparierung äussert sich sowohl in der Färbung als auch im Geschmack. Der Effekt dieses Zusatzes besteht gemäss Gladys darin, dass die Milch appetitlicher werde und den Magen ‹weich› mache, ihn entspanne und Magenproblemen vorbeuge. *Mursik* sei ausserdem gesund für Diabetiker – von denen es viele gäbe um Kericho –, da die Sauermilch wenig Zucker enthalte. Weiter helfe die Milch ihr selbst auch bei schlimmem Erkältungshusten. Neben diesen gesundheitlichen Vorzügen betont Gladys aber vor allem die soziale Funktion des Getränks. Die Kipsigis würden *mursik* aus der Kalebasse zu allen möglichen gesellschaftlichen Gelegenheiten trinken, um Dankbarkeit oder Fröhlichkeit auszudrücken oder um jemanden willkommen zu heissen. Im Familienhaushalt gehöre *mursik* aber auch sonst zum Speiseplan – roh oder gerne auch im Milchtee, den alle Kenianer am liebsten mit sehr viel Milch zu sich nehmen.

Die mit kleinen farbigen Perlen, manchmal Kauri-Schnecken und Brandzeichnungen fein dekorierte Kalebasse – dieser Schmuck trage

Gladys' Schwester bei der Reinigung der *sotet*-Kalebasse. Kericho, Kenya, 2013. Foto: Raphael Schwere.

zur Schmackhaftigkeit des *mursik* mit bei –, muss schliesslich sorgfältig gewaschen werden. Zunächst gibt Gladys die antiseptischen Blätter des Oscherstrauchs, ebenfalls aus ihrem Garten, in die Kalebasse und giesst abgekochtes, warmes Wasser nach. Das Ganze rührt sie in hockender Haltung mit einem sauber entrippten Palmwedel um. Nach einem letzten Ausspülen ist das Gefäss bereit für eine weitere Zubereitung von *mursik*.[27]

TRINKEN

Alle Milchbehälter werden im traditionellen Barundi-Haushalt auf einem speziellen, mit einer Matte abgedeckten Gestell aufbewahrt, das sich abseits der Regale für Lebensmittel entweder in der Nähe der zentralen Feuerstelle oder neben der Haupt-Bettstatt befindet und nicht allgemein zugänglich ist. Auf diesen aus Holz oder Schilf gefertigten und mit Erde gefärbten Regalen werden auch die Butterkalebassen, weitere Flechtwaren und Geschenkkörbe aufbewahrt.

Milch nimmt man nicht einfach so nebenbei oder gar im Stehen zu sich, es handelt sich dabei um einen Akt und Moment mit einem gewissen zeremoniellen Charakter: Man setzt sich dazu mit ausgestreckten Beinen auf eine Matte, oft im Kreis des engen Verwandtschaftsverbandes, fasst das Trinkgefäss mit

[27] Feldforschung Uganda und Kenya 2013.

Plattform im Bahima-Haushalt für Milchgefässe *oruggegye*. Ibanda, Uganda, 2013. Foto: Raphael Schwere.

beiden Händen und trinkt die Milch bewusst langsam und ohne abzusetzen, um seiner Wertschätzung Ausdruck zu verleihen.[28] Getrunken wird die Milch aus den Holzgefässen selbst oder aus Trinkbechern, die aus kleinen Flaschenkürbissen hergestellt werden, die man speziell dafür anbaut, da ihre Schalen bis auf die Kerne leer sind.

Bemerkenswert ist ausserdem, dass im vergleichbaren Bahima-Haushalt jedes Familienmitglied über sein eigenes Trinkgefäss verfügt – die hölzernen *ekyanzi* für Erwachsene, die Grösse dem Alter entsprechend, und ein kleiner Flaschenkürbis *ekiroro* für Kinder. Das Holzgefäss *ekyanzi* dient ausserdem dazu, die Milch kühl zu halten. Ein *ekyanzi* wird von einer Person oft jahrzehntelang benutzt.[29]

KUREN UND PFLEGEN

Milch ist Sinnbild für Reichtum und Überfluss – ganz entsprechend der Redensart, dass da, «wo Milch und Honig fliesst», es einem an nichts ermangeln kann.[30] Der Bauch des Königs wird denn in Rwanda und Burundi auch nicht einfach als *indá* (lit. Bauch) bezeichnet, sondern als *igisaabo*, als Milchkalebasse. Der zur Zeit der Anfänge der europäischen Kolonisation in Burundi herrschende König trug den Namen Mwezi Gisaabo (ca. 1852–1908), was so viel wie *vom Mond beschienene Milchkalebasse* heisst.[31]

In vielen pastoralen Gesellschaften Afrikas wird Milchkonsum nicht nur mit Wohlstand und Überfluss, sondern auch mit Gesundheit und Schönheit assoziiert.[32] Das Trinken von Milch ist auch eine Kur. Die spezifischen, dem Schönheitsideal der Bahima in Uganda entsprechenden weiblichen Rundungen sind angeblich nur durch ausreichenden Milchkonsum zu erlangen.[33] Die Zulu im südlichen Afrika behaupten von ihrer Sauermilch, sie mache einen Mann stark, gesund und begehrenswert. Die Massa oder Gurna Nord-Kameruns sind zwar als grosse Hirsebier-Trinker bekannt, daneben wird jedoch der Nährwert der Milch allgemein geschätzt, sodass Männer, die Zugang zu genügend Vieh haben, Milchkuren absolvieren, um sich der Gemeinschaft wohlaussehend, stark und beleibt präsentieren zu können. Solche Kuren werden entweder individuell gemacht, indem man sich während der arbeitsarmen Trockenzeit für ein oder zwei Monate bei einer Schwester oder anderen Verwandten einquartiert und sich zweimal am Tag die nötige Menge Milch bringen lässt. Oder aber es werden, wie bei den südlichen Massa Kameruns oder den Atuot im Süd-Sudan, ‹Milch-Lager› organisiert, zu denen sich ein bis drei Dutzend Männer zusammenfinden.[34]

Der Schönheit und Gesundheit zuträglich ist aber nicht nur der Konsum von Milch. Erhitzte Butter, bei den Bahima durch das Ausräuchern des Behältnisses haltbar gemacht und mit einer feingeschnittenen Wurzel oder speziellen Blättern parfümiert, dient besonders frisch verheirateten Frauen zu kosmetischen Zwecken (siehe *icwende* auf S. 85).[35]

28 «*Kunywa amáta urambije amaguru*» – die Milch mit ausgestreckten Beinen sitzend trinken, als Zeichen des Respektes vor der Kuh (Feldforschung Burundi 2013).

29 Feldforschung Uganda und Kenya 2013.

30 Siehe dazu z. B. den Refrain eines Liedes der königlichen Batimbo-Trommler Burundis: *Ur'inyambo Burundi, ur'inyambo Burundi / igihugu c'amáta n'ubuki / ur'inká n'imirima*: Du bist eine königliche, zärtlich gepflegte Kuh, oh Burundi, Land der Milch und des Honigs, du bist eine [junge, schöne] Kuh sowie Fülle und Überfluss.

31 Der Vergleich des Herrschers mit einer Butterkalebasse war im gesamten Zwischenseengebiet verbreitet (vgl. Beattie 1960; Taylor 1992: 32).

32 Huetz de Lemps 2001: 39.

33 Feldforschung Uganda und Kenya 2013.

34 Huetz de Lemps 2001: 49f.

35 Feldforschung Uganda und Kenya 2013.

Kalebassen aus Karamoja, Nordost-Uganda.
Sammler: Raphael Schwere, 2013. Hinten: Kalebasse mit Lederaufhängevorrichtung zum Buttern *ekeret*, Höhe 43 cm, Ø 30 cm, *ekeret*-Kalebasse mit Dreiecksverzierungen. Links: Kalebassenhälfte zum Melken *alepiet*, Kalebassenhälfte zur Trennung von Butter und Sauermilch *akituret*. Rechts: Buttercontainer *akurum*.

Banyankole-Bahima-Kalebassen, West-Uganda.
Sammler: Raphael Schwere, 2013. Hinten stehend: Kalebasse zum Buttern *ekishaabo*, Höhe 45 cm, Ø 43 cm.
Davor stehend: Kinder-Milchtrinkgefäss *ekiroro*. Rechts davor: Butteraufbewahrungsgefäss *entsimbo* mit Bananenblätterdeckel.
Vorne links: Butter-Körperlotionbehältnis *icwende*.

Kalendjin-Kipsigis-Kalebassen, West-Kenya.
Rechts liegend: Drei Sauermilchkalebassen *sotet* zur Herstellung und zum Konsum von *mursik*. Sammler: Raphael Schwere, 2013.
Helle *sotet* ohne Kaurischnecken-Verzierung hinten, Höhe 40 cm, Ø 18 cm.

Milchbehälter, der als *gorfa* bezeichnet wird, hergestellt von Jilo Holo, der Mutter der jungen Frau. Dololo Makala, Äthiopien, 1993. Foto: Neal Sobania / Raymond Silverman.

MILCH UND FRAUSEIN

EINE BESONDERE BEZIEHUNG?

In vielen Rinder haltenden Gesellschaften Afrikas geht die Milch nach dem Melkvorgang in den Besitz der Frauen über. Dieses Milchrecht erhalten die Frauen durch die Heirat, denn ab diesem Zeitpunkt haben sie Anspruch auf einen bestimmten Anteil der Milch der Kühe der Ehemänner.[36] Jede Frau hat die Kontrolle über die ihr zugeteilte Milch und trifft Entscheidungen betreffend der Verteilung und Weiterverarbeitung. Überschüssige Milch, die für die tägliche Ernährung nicht gebraucht wird, verkaufen die Frauen auf den

36 In gewissen Gesellschaften erwerben die Frauen dieses Anrecht erst mit der Geburt des ersten Kindes. Vgl. dazu Dupire 1963.

Aus Pflanzenfasern hergestelltes Milchgefäss, Oromo, Äthiopien.
Sammler: Novak, 1950. Höhe 35 cm, Ø 22.5 cm, Inv.-Nr. 11256b.

lokalen Märkten. Die dabei erzielten Einkünfte sind ebenfalls ausschliesslicher Besitz der Frauen und stehen zu ihrer freien Verfügung.[37] Neben gewissen Anschaffungen für den Haushalt investieren viele Frauen ihr durch den Milchverkauf erwirtschaftetes Geld in den Erwerb von Schafen, weil sich diese schnell vermehren und eine potenziell lukrative finanzielle Rücklage bedeuten.[38]

Mit dem Milchrecht verbunden ist ein spezifisches Wissen der Frauen, welches Praktiken und Techniken zur Aufbewahrung und Haltbarmachung der Milch beinhaltet. Nebst der Weiterverarbeitung der gemolkenen Milch und dem Verkauf der Überschussmilch ist jede Frau auch für die Herstellung der Milchgefässe ihres Haushaltes zuständig.

In den Oromo-Gesellschaften am Horn von Afrika[39] haben sich die Frauen auf die Herstellung von Milchbehältern aus Pflanzenfasern spezialisiert. Diese Art von Milchgefässen werden nur von den Frauen hergestellt und im Alltag auch nur von ihnen gebraucht. Die zur Herstellung der Gefässe verwendeten pflanzlichen Fasern werden je nach Art des Gefässes und der zur Verfügung stehenden Materialien entweder aus der Rinde junger Äste oder von Wurzeln verschiedener Baumarten gewonnen.

Jede Oromo-Frau erwirbt in jungen Jahren das Wissen zur Herstellung der Milchbehälter aus Pflanzenfasern, entweder direkt von der Mutter oder von einem anderen weiblichen Mitglied der Familie. Die dabei zu erlernenden Kenntnisse sind sehr umfassend; nebst der Beschaffung und Vorbereitung der Materialien sind auch die festgelegten Formen der Gefässe, Dekorationen sowie Techniken der Herstellung zu beherrschen. Obschon für jedes Milchgefäss vorgeschrieben ist, welche Materialien zu gebrauchen, welches Design und welche Herstellungstechniken anzuwenden sind, entwickelt jede Frau im Laufe der Zeit ihren eigenen Stil, der durch ihr bestimmtes Können geprägt ist und den Objekten eine individuelle Note gibt.

Die Herstellung von Gefässen zur Aufbewahrung von Flüssigkeiten aus Pflanzenfasern mag erst einmal erstaunen. Es existieren jedoch verschiedene Techniken, die Behälter wasserfest zu versiegeln. Eine besteht darin, dass ein noch glühendes Stück Holzkohle in den Behälter gegeben und dieser kontinuierlich geschüttelt wird. Die ununterbrochene Bewegung des Gefässes verhindert, dass sich das Kohlenstück durch die Fasern brennt, denn es soll nur die Innenfläche des Gefässes versengen. Dieser Vorgang wird so lange wiederholt, bis sich eine kompakte und dichte Innenbeschichtung aus verkohlten Fasern und Asche gebildet hat. Darüber hinaus wird diese Technik jedes Mal angewendet, bevor man den Behälter mit Milch füllt. Zum einen, um das Gefäss dadurch zu reinigen, und zum anderen, um – wie im vorangehenden Abschnitt erläutert – der Sauermilch einen rauchigen Geschmack zu verleihen. Diese Technik der Imprägnierung wurde z. B. bei dem mit Kauri-Schnecken besetzten Milchbehälter angewendet (Abb. S. 87).

Eine weitere Technik der Versiegelung von Gefässen aus Pflanzenfasern ist die Auftragung einer Imprägnierungsschicht. Dabei wird eine Masse –

37 Zur Wichtigkeit des Milchgeldes für die wirtschaftliche Position der Frau bei den Fulbe Nord-Benins siehe Bierschenk 1997: 175; Kuhn 1994.
38 Kuhn 1994: 62.
39 Die Oromo und ihre verschiedenen Untergruppen leben in Äthiopien, im Norden Kenyas sowie Teilen Somalias.

Aus Pflanzenfasern hergestellte Gefässe zur Aufbewahrung von Milch, Arsi-Oromo, Äthiopien.
Sammlerin: Ingrid Bolt, 1974. Höhe 28 cm, Ø 16.5 cm, Inv.-Nr. 15595; vorne: Höhe 32.5 cm, Ø 17.5 cm, Inv.-Nr. 15596a/b.

meist aus Milch, Blut oder Kuhdung – auf die Aussenseite der Gefässe aufgetragen. Diese Masse dringt in die kleinen Ritzen zwischen den einzelnen Fasersträngen und verschliesst diese. Sobald die Imprägnierungsschicht getrocknet ist, ist das Gefäss dicht. Höchstwahrscheinlich waren die beiden Milchbehälter der Arsi-Oromo (Abb. S. 89) für diese Art der Imprägnierung gedacht, denn ein Vergleich mit ähnlichen Milchbehältern aus der Region zeigt, dass diese beiden Behälter noch nicht fertig gearbeitet sind. Nebst der Imprägnierungsschicht fehlen auch die Lederriemen, die den ganzen Behälter umspannen und dazu dienen, ihn aufhängen oder transportieren zu können.

Neben den von den Frauen aus Pflanzenfasern hergestellten Milchbehältern werden in den Oromo-Gesellschaften auch Milchbehälter aus anderen Materialien verwendet. Abgesehen von Holzgefässen und Ledersäcken, die von den Männern produziert werden, findet man auch Milchgefässe aus Flaschenkürbissen, die ebenfalls von den Frauen verfertigt werden.

DER MILCHBEHÄLTER ALS ZEICHEN DER WEIBLICHEN DOMÄNE

In der Oromo-Kultur – wie auch in den meisten anderen Milch konsumierenden Gesellschaften – ist Milch eng verbunden mit Vorstellungen zur Fruchtbarkeit und Kontinuität der Gemeinschaft. Diese Vorstellungen schlagen sich in der Symbolik der von den Frauen aus Pflanzenfasern hergestellten Milchbehälter nieder und treten an verschiedenen Stellen in Erscheinung. Bei den Borana – einer Untergruppe der Oromo – wird ein bestimmtes Milchgefäss – *ciicoo* genannt – als Verkörperung von Mutterschaft gesehen. Beide stehen für das Fortbestehen der Gemeinschaft: der mit Milch gefüllte Behälter in Form von Nahrung und die schwangere Frau als Trägerin eines neuen Lebens.[40] Mit dieser Symbolik aufgeladen, kommt dem Milchbehälter eine wichtige Rolle bei der Vermählung von Frau und Mann zu. Sobald eine junge Frau im heiratsfähigen Alter ist, überreicht ihr ihre Mutter ein *ciicoo* als Zeichen nach aussen, dass mit dem Verlobungsprozess begonnen werden kann.[41] Verlässt die Braut ihr Dorf, um schliesslich bei ihrem Ehemann zu leben, bringt sie einen mit Milch gefüllten *ciicoo* in ihren neuen Haushalt mit. Nach der Hochzeit werden der Braut von der Familie des Mannes weitere Michbehälter übergeben, als Zeichen dafür, dass die Frau über einen Teil der Milch der Kühe ihres Mannes verfügen darf.[42] Stirbt eine verheiratete Frau, so werden ihre Milchbehälter zerstört, was auch das Ende ihres Milchrechts versinnbildlicht.

40 Dahl 1990: 132–33; Bassi 1999: 74–76.

41 Bassi 1999: 75.

42 Das Überreichen eines bestimmten Milchgefässes an die Braut als Zeichen ihres Milchrechts ist unter den Rinder haltenden Gesellschaften Afrikas eine weitverbreitete Praktik, beispielsweise bei den Fulbe in Nord-Benin (Kuhn 1994: 54).

Wandreklame für Nido-Milchpulver in Bujumbura, Burundi, 2013. Foto: Thomas Laely.

PHÄNOMENE DER MODERNISIERUNG

MILCHPULVER UND TETRA PAK

Obschon sowohl die materiell-technischen Erscheinungsformen als auch die sozialen, kulturellen und sprachlichen Ausdrucksformen und der wirtschaftliche Umgang mit Milch in zahlreichen afrikanischen Gesellschaften sehr alt sind, handelt es sich dabei mitnichten um überkommene historische Erscheinungen; die Milch-Kultur ist in ländlicher wie in urbaner Umgebung auch Teil des heutigen Alltags. Trotz der Technisierung und Standardisierung der Milchverarbeitung, die im Zuge der Modernisierung Teil einer marktwirtschaftlich orientierten und globalisierten Milchindustrie wurde, ist die historisch gewachsene soziale Dimension der Milchwirtschaft für die Strukturierung der heutigen Gesellschaft weiterhin bedeutsam, wenn auch in geringerem Masse und in veränderter Form. Die gegenwärtigen Milchkulturen Afrikas sind dadurch gekennzeichnet, dass stark unterschiedlich dem Wandel ausgesetzte ‹traditionelle› und ‹moderne› Phänomene gleichzeitig nebeneinander bestehen.

DIE MILCHPULVERFLUT

Viele Staaten in Afrika haben mit Problemen der Milchversorgung zu kämpfen. Die langen Trockenzeiten beispielsweise in den westafrikanischen Weidegebieten der Peul und die durch verschiedene Ursachen[43] ausgelösten grossen Viehverluste der letzten Jahrzehnte haben diese Problematik noch verstärkt. Gleichzeitig steigt die Bedeutung importierter Milchprodukte, was den traditionellen Milchhandel stark einschränkt und zu tiefgreifenden gesellschaftlichen Transformationen beiträgt. Das gilt nicht nur für die Peul, sondern zum Beispiel auch für die Mbororo Nord-Kameruns, die Wodaabe Nigers und andere westafrikanische Gesellschaften, bei denen Viehhaltung eine wichtige Rolle spielt.[44]

In vielen Teilen Westafrikas übersteigt heute die Nachfrage nach Milch das Angebot bei Weitem, vor allem in urbanen Gebieten. In Nigers Hauptstadt Niamey beispielsweise kann der Bedarf der knapp eine Million Einwohner, welcher auf zwischen 70'000 – 100'000 Liter pro Tag geschätzt wird, mit 7'000 – 20'000 Litern lokaler Milch höchstens zu einem Viertel gedeckt werden (Zahlen von 2006).[45] Im Gegensatz zu den meisten Gebieten Ostafrikas wird der westafrikanische Markt zum grössten Teil von importiertem Milchpulver dominiert. Senegal beispielsweise importierte im Jahr 2006 über 40'000 Tonnen Milchpulver, davon etwa 80 % aus dem EU-Raum, wo es aus den durch staatliche Agrarsubventionen verursachten Milchüberschüssen hergestellt wird.[46]

In Anbetracht dieser Situation befinden sich viele afrikanische Staaten in einer Zwickmühle. Der Import von Milchpulver stellt ein grosses Hindernis für die Entwicklung einer eigenen, industrialisierten Milchwirtschaft dar, welche zu einer autarkeren Lebensmittelversorgung beitrüge. Ein Einfuhrverbot können sich die Staaten aber aus mehreren Gründen nicht leisten. Einerseits muss der Bedarf der urbanen Gesellschaft gedeckt werden, was gegenwärtig nur mit niedrig besteuertem importiertem Pulver möglich ist. Gleichzeitig sind die Staaten gezwungen, oft als Bedingung internationaler Handelsabkommen, sich der Logik des liberalisierten internationalen Handels zu unterwerfen, konkret beispielsweise durch tief gehaltene Einfuhrzölle.[47] Die lokalen, nichtsubventionierten Milchbauern stehen dieser makroökonomischen Politik weitgehend machtlos gegenüber. Sie sind auf dem Markt nicht konkurrenzfähig und entsprechend erstaunt oder verärgert, wenn sie sich gleichzeitig mit konkreten Entwicklungshilfeprojekten auf der Mikroebene und der diesen entgegenwirkenden Handelspolitik derselben Geberländer konfrontiert sehen.

VISION MILCHINDUSTRIE

Milch war lange das Privileg wohlhabender Verwandtschaftsverbände, und der Besitz von Kühen trennte soziale Schichten. Im Sinne einer gerechteren Wohlstandsverteilung gibt es heute zum Beispiel in Rwanda Bestrebungen, die Viehhaltung auszubauen und insbesondere die Milchwirtschaft zu modernisie-

---

43 Viele der Ursachen sind nicht allein natur-, sondern auch menschenverschuldet – dazu gehören von Mali bis Burundi politische Unruhen und oft gewaltsame Vertreibungen, die zur Dezimierung des Viehbestands beigetragen haben.
44 Huetz de Lemps 2001: 49f.
45 Corniaux et al. 2012: 19.
46 Dia et al. 2011: 251ff.
47 Corniaux et al. 2012: 24.

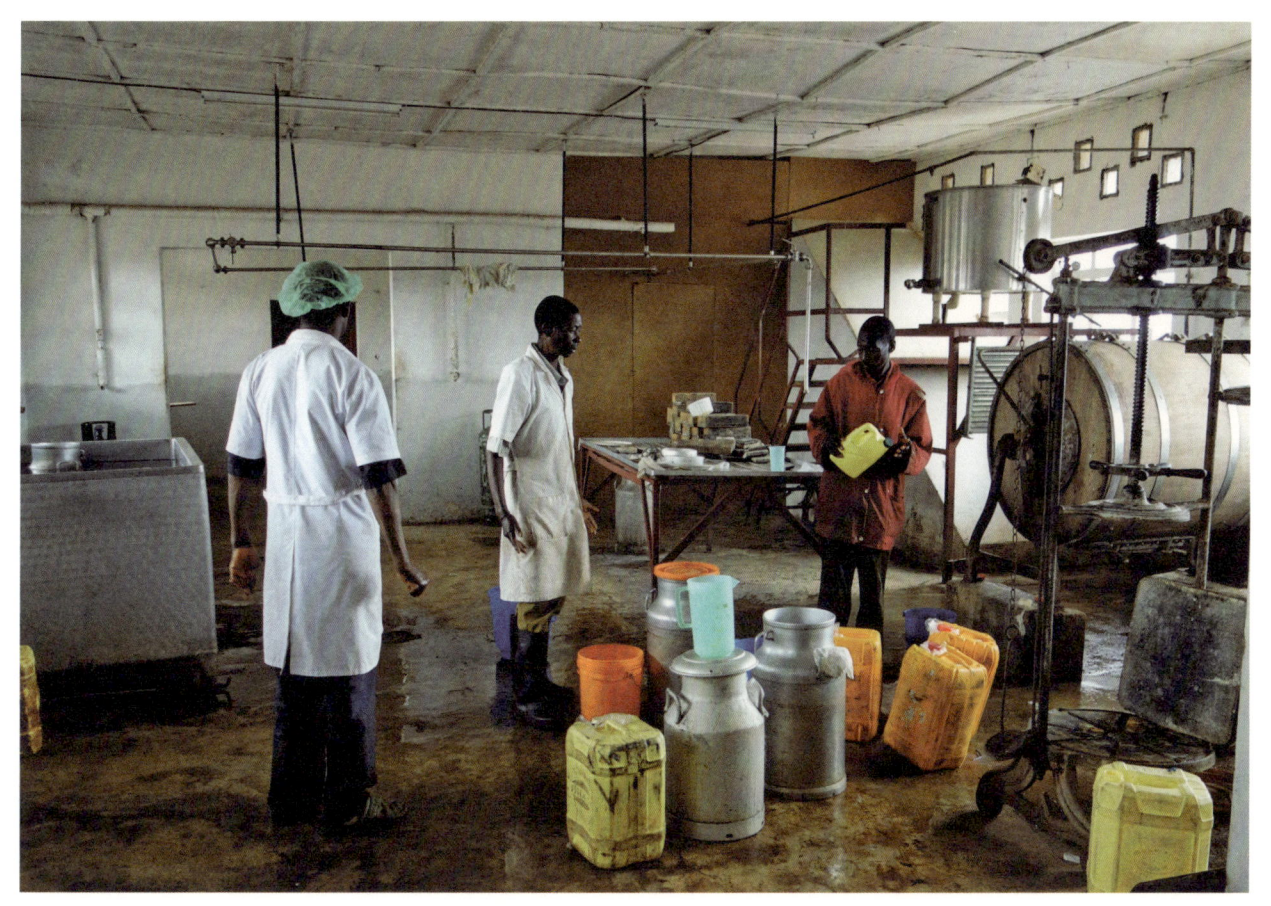

Molkerei in Kiryama (*Laiterie de Kiryama*), Kiryama, Burundi, 2013. Foto: Thomas Laely.

ren. Vom 40%-Anteil der Landwirtschaft am Bruttoinlandprodukt entfallen heute lediglich knapp 9% auf die Viehhaltung, mithin knapp 4% des Bruttosozialprodukts. Die 2005 produzierten 178'600 Tonnen Milch vermochten den lokalen Bedarf nicht zu decken; es bedurfte zusätzlicher Importe aus Uganda und Kenya. Knappheit besteht vor allem in urbanen Gebieten – 75% der Milch werden in ländlichen Gegenden konsumiert.[48]

Heute ist festzustellen, dass in vielen urbanisierten Regionen eine Milchwirtschaft existiert, die von Technisierung und industriellen Veränderungen geprägt ist: von maschineller Gewinnung und Ertragssteigerung durch Zucht, durch Standardisierung von Transport, Lagerung, Hygiene, Konsistenz, Geschmack, Haltbarkeitsverbesserung durch Kühlung oder Behandlung und Verpackung. Die Milch ist dort ein Konsumgut geworden, wie wir es in Europa und anderswo kennen.

Somit schwinden in urbaner Umgebung traditionelles Wissen und die entsprechenden Praktiken im Umgang mit Milch. Stadtkinder wissen oft nicht viel mehr, als dass die Milch vom Fahrrad herkommt, mit dem sie üblicherweise zur städtischen Sammelstelle transportiert wird. Wie eine Kuh zu melken ist, wissen Stadtmenschen in Afrika genauso wenig wie anderswo auf der Welt. Milch jedoch trinken sie häufig und in unterschiedlicher Form, wobei der Konsum heute in urbanem Kontext meistens vollständig von der Produktion getrennt ist. Milch, Joghurt oder Butter kommen, ob mit Erdbeer-

[48] Karenzi et al. 2013: 384.

oder Vanillegeschmack, abgepackt im Tetra Pak oder im Plastikbeutel zu den Endverbrauchern; Fertiggetränke sind heute genauso gefragt wie in anderen Gesellschaften, deren Alltag nach Flexibilität und Mobilität verlangt.

‹GOÛT LOCAL› – MURSIK ALS LIFESTYLE

Für Gladys Kirui, die porträtierte Kalendjin-Frau, steht die mit hausgemachtem *mursik* gefüllte *sotet*-Kalebasse sinnbildlich für ihre Lebensqualität und die ihres sozialen Umfeldes. Dies äussert sich in ihrem hingebungsvollen Umgang mit der Milch, ihrem Gesichtsausdruck beim Trinken und in der langen Liste sozialer Ereignisse, die ohne *mursik* nicht denkbar sind. So gehört Milch zu den meisten Übergangsriten: Eine Mutter trinkt *mursik* unmittelbar nach der Geburt ihres Kinds. Wird ein männliches Familienmitglied beschnitten, trinkt man *mursik*. Zur Schulabschlussfeier gehört die Kalebasse auch dazu. Holt man jemandem am Busbahnhof oder Flughafen von einer längeren Abwesenheit ab, wird der Heimkehrer mit *mursik* begrüsst – die Kalendjin haben viele auf höchstem Weltniveau wettkämpfende Langstreckenläufer hervorgebracht, die bei ihrer Rückkehr in die Heimat von jubelnden Mengen mit *mursik* begrüsst werden. Macht der Kipsigis-Mann der Familie seiner Angebeteten einen Heiratsantrag, überreicht seine Familie dem angefragten Verwandtschaftsverband *mursik*. Wird man sich einig, folgt der nächste Umtrunk an der Hochzeit, zu welcher die Familien *mursik* mitbringen. Wie andere mit Alkohol anstossen oder den Hochzeitskuchen anschneiden, erzählt Gladys, trinken in ihrer Gesellschaft Braut und Bräutigam vor versammelter Gesellschaft *mursik*. Auch unter ernsten Umständen erfüllt die Sauermilch ihre Funktion: Wird eine Person getötet, muss die Familie des Täters die Opferfamilie mit Kühen entschädigen. Kommt es zur Vergebung, wird diese mit Sauermilch begossen.

Auch in Gladys' Heimat ist industriell verarbeitete und verpackte Milch und Sauermilch im Tetra Pak in jedem Supermarkt erhältlich. Gladys entscheidet sich aber bewusst gegen diesen Aufwand sparenden Konsum von Tetra-Pak-Getränken und für den *goût local* ihrer hausgemachten Sauermilch. Ihr «immanenter Sinn für Qualität der Nahrung»,[49] der sie die Unterschiede zwischen frischer, alter, fettiger, dünner, roher, abgekochter, gewürzter, verwässerter, pasteurisierter, unterschiedlich verarbeiteter und aufbewahrter Milch schmecken lässt, bewirkt, dass sie – wie die anderen, auch jüngeren Mitglieder ihrer Familie – *mursik*, den sie selbst aus hofeigener Milch mit eigenem Instrumentarium und nach eigenem Rezept herstellt, jedem anderen Getränk vorzieht.

Vor dem Hintergrund dieser Modernisierungsphänomene wird deutlich: Der ‹Milch-Komplex› ist weiterhin Teil vieler afrikanischer Kulturen. Die regional weite Verbreitung von Milch, der intensive, gesamtgesellschaftliche Konsum und die dazu gehörenden sozialen Verhaltensweisen und -strukturen unterstreichen Gladys' Fazit: «Everything is milk.»[50]

49 Spittler 1996: 156.
50 Feldforschung Uganda und Kenya 2013.

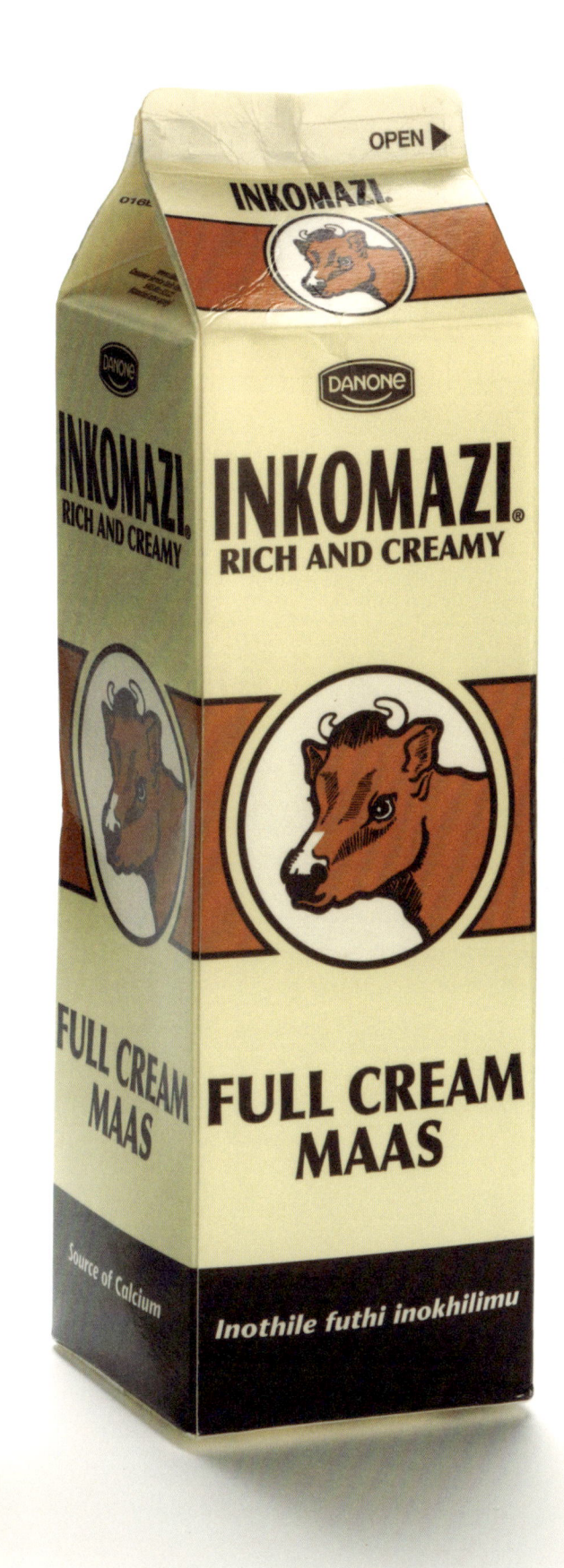

Tetra Pak – hergestellt in Kenya, mit Sauermilch *ikivúguto* abgefüllt in Burundi (links) bzw. hergestellt und abgefüllt mit Sauermilch *inkomazi* in Südafrika (rechts).

Maniokbier ist eine milchig trübe abgebundene Flüssigkeit mit schönem Glanz. Flockige Getreiderückstände sind in der Schwebe. Die dezente, fast zarte Aromatik wirkt erfrischend. In der Nase finden sich Noten von Kokosabrieb, Mais, Hefe und geschrotetem Getreide. Am Gaumen wirkt das Maniokbier leicht süsslich und wird von einer spürbaren joghurtartigen Säure getragen. Der Körper wirkt füllig und hat eine ausgeprägte Intensität. Der recht lange Abgang vermittelt Aromen von Butter, Rahm, Kartoffelstampf, Zesten, Limettenabrieb und Melasse.

– Yvo Magnusson und Jan Kübler

MANIOKBIER

IM TROPISCHEN SÜDAMERIKA

DAS LEBENSELIXIER AMAZONISCHER GESELLSCHAFTEN

Maike Powroznik, Renzo S. Duin, Sonia Duin

Trinkschalen *mokawas*.
Sarayaku Runa (Canelos Kichwa), Río Bobonaza, Ecuador. Sammlerin: Gioia Weber, ca. 1980, Ø 8-19.3 cm,
Inv.-Nrn. 25400-25401, 25404, 25407-25411, 25389. Die Schalen entstehen in Aufbaukeramik, werden dann getrocknet,
mit weissem geschlämmtem Ton grundiert, mit einem Stein poliert, mit Steinfarben mittels Pinsel aus dem Haar der Herstellerinnen
bemalt und schliesslich in einem Topf auf offenem Feuer gebrannt; noch heiss werden sie zuletzt mit Baumharz eingerieben;
die Klarheit und Leuchtkraft der Farben entfaltet sich nur, wenn die Herstellerin die verwendeten Materialien, die richtige
Hitze und den richtigen zeitlichen Ablauf kennt und einhält.

Kanu *curiara*, Modell.
Yekuana, Río Merewarí, Venezuela. Sammlerin: Barbara Brändli, Eingang 1965, Länge 102 cm, Inv.-Nr. 12807.
Die Yekuana sind überregional bekannt für ihre hervorragenden Kanus; ausgediente Exemplare finden oftmals einen neuen Verwendungszweck, z. B. als Biergefäss oder Bank.

ZUR BEGRÜSSUNG: MANIOKBIER

Maniok wird auch in Maniokbier verwandelt, den sozialen Schmierstoff der Aguaruna [und vieler anderer amazonischer] Kultur[en] und das herausragendste Symbol der Gastfreundschaft.[1]

Es sind auf den ersten Blick zwei Gründe, warum Maniokbier die Aufmerksamkeit so vieler Autoren, ob Reisender, Missionare oder Ethnologen, auf sich zog: Zum einen seine Omnipräsenz im Alltag, die es unmöglich macht, Maniokbier zu ignorieren, und zum anderen seine Zubereitungstechnik, die besonders für Europäer ein Kuriosum darstellt(e) – die Umwandlung der Stärke des Manioks mittels Einspeichelung, d. h. durch die Enzyme im menschlichen Speichel, zu Zucker. «Höchst unappetitlich wie sein Aussehen ist auch die Zubereitung dieses [...] so beliebten Getränks. [...] Stark angebrannte Mandiocafladen werden zerkleinert in einen Holztrog geworfen und mit frischem Wasser angesetzt. Um die Gärung zu beschleunigen, werden von den Weibern [...] Mandiocafladen gekaut und hinzugetan»,[2] beschreibt Theodor Koch-Grünberg eine Sorte Maniokbier, das als ein ‹Spuckebier› für das Amazonasgebiet und auch den Andenraum, wo statt Maniok Mais verwendet wird, typisch ist. Welcher Kulturfremde sieht angesichts dieser Herstellungsweise noch dessen schönen Glanz, schmeckt das zarte Aroma und den vielschichtigen Abgang? Für Koch-Grünberg schmeckte das «braune Zeug» säuerlich prickelnd; immerhin erinnerte

1 Brown und Van Bolt 1980: 170.
2 Koch-Grünberg 1909: 65.

Zeugen einer Trinkkultur.
Tikuna, Río Solimões, Brasilien. Sammler: Borys Malkin, 1970. Kalebassenfrucht, Ø ca. 17-21 cm,
Löffel: Länge 14 cm, Inv.-Nrn. 13910-13913 (Schalen), 13917 (Löffel). Die beiden grossen Schalen dienen für Getränke
und Speisen, die kleineren sind Trinkschalen. Zum Trinken einer bestimmten Sorte Maniokbier, die in der Herstellung aufwendig
ist, im Ergebnis jedoch nur wenig, dafür eine sehr kräftige Flüssigkeit liefert, wird ein kleiner Löffel verwendet.

es ihn noch entfernt an Weissbier.[3] Sicher ist, dass all jene, die einheimische Gesellschaften im Amazonasgebiet besuchten, Maniokbiere trinken mussten, wenn sie nicht ihre Gastgeber beleidigen wollten. Maniokbier wird – und wurde bereits in vorkolumbischer Zeit[4] – mit wenigen Ausnahmen wie etwa am oberen Xingu in all jenen südamerikanischen Gesellschaften getrunken, die Maniok kultivieren.[5] Die Autorinnen und Autoren zeigen sich beeindruckt von den imposanten Mengen des Gebräus, die anlässlich von Festlichkeiten hergestellt und konsumiert wurden. Bei den Yekuana erlebte Meinhard Schuster, dass als erster Schritt zur Vorbereitung des ‹Wildschweinfestes› «in einem ausgedienten Einbaum grosse Mengen von *yaráki*, Maniokbier, angesetzt» wurden.[6] Einbäume dieser Art vermögen bis zu zehn Personen zu schiffen (Abb. links). Der Zürcher Reisende und Ethnologe Franz Caspar berichtete seinerzeit von einem Gelage bei den Tuparí während seiner «Einmann-Expedition»:

Poanä? – Trink, es ist gute Chicha! drangen sie auf mich ein. Was, du kannst nicht mehr? fragten ihre erstaunten Mienen. So erbrich doch einfach, dann kannst du weitertrinken! – und sie demonstrierten mir

3   A. a. O.: 65.

4   Hans Staden etwa dokumentierte in seinem Werk von 1557 die Herstellung von Maniokbier mittels Einspeichelung bei den Tupinambá, ein Verfahren, das bereits zu jener Zeit so ausgefeilt war, dass es deutlich vor Kolumbus' Ankunft entwickelt und angewandt worden sein muss.

5   Zu den Ausnahmen siehe Hartmann 1958: 21.

6   Schuster 1976: 113; die Yekuana sind überregional bekannt als Spezialisten für die Herstellung von Kanus.

diesen Vorgang sehr anschaulich. Nun konnte ich unmöglich die Mengen trinken, die sie selbst dank lebenslanger Übung ohne Schwierigkeit bewältigten. Ein paar Schluck jedoch musste ich von allen annehmen. Und es waren viele, die mich bewirten kamen.[7]

Curt Nimuendajú erwähnt, dass er Anfang der 1940er-Jahre zu so vielen Festen der Tikuna eingeladen wurde, dass er nicht an allen teilnehmen konnte. Sehr häufig waren dies Arbeitsfeste: Nach einem gemeinsamen Arbeitstag – vielleicht wurde ein Garten angelegt oder ein Haus gebaut – tranken alle gemeinsam Bier, tanzten und sangen die ganze Nacht bis zum nächsten Morgen. Das Fest zum Übergangsritus war eine besonders grosse Zeremonie mit zuweilen mehr als 300 Gästen. Es dauerte drei Tage und drei Nächte.[8] Nimuendajú empfand dabei das Trinken von Maniokbier als elementar: «Die vayuri' [Arbeitsfeste] wie auch die dyẹịị' [Initiationsfeste] sind vor allem Saufgelage, keine Bankette.»[9] Im Verlaufe seiner Forschung bei den Tikuna stellte der Autor fest, dass während der Feste zu dieser Zeit bereits keine Sagen mehr rezitiert wurden und die Festgesellschaft nicht mehr zu sportlichen Spielen antrat, wie dies vormals Usus war.[10]

Ein grosses Maniokbierfest der Matsigenka wird am Ende jener Ausbildungsphase gefeiert, die die Mädchen abgesondert von der Gemeinschaft verbringen. Die Verarbeitung von Maniok sowie die Herstellung und Darreichung von Maniokbier sind wesentliche Lernziele während der rituellen Abgeschiedenheit. Ein zukünftiger Ehemann wird diese Fertigkeiten von seiner Frau erwarten. Für das Fest, bei welchem das zu initiierende Mädchen zum ersten Mal öffentlich in die Gesellschaft eingeführt wird, in der es fortan als heiratsfähig gilt, muss es ausreichend Maniokbier für alle Gäste herstellen.[11]

Diesen Berichten ist zu entnehmen, dass Maniokbier hauptsächlich in Gemeinschaft getrunken wird – ein Indiz für seine zentrale soziale Bedeutung: Es steht synonym für Begegnung, Gastfreundschaft, Festlichkeit, Gemeinsamkeit. Für Gerhard Baer ist *shi'tea*, ein Maniokbier der Matsigenka, «das soziale Getränk par excellence».[12] Ihr Schöpfergott Taso'rintsi selbst weist die Menschen an, *shi'tea* zu trinken und sich damit zu berauschen, zu singen, zu trommeln, zu tanzen – wie auch er selbst es tut, allerdings allein.[13] Andernorts wird es als sozialer Schmierstoff,[14] Lebensblut[15] und Grundnahrungsmittel[16] beschrieben. Nur in Zeiten des Mangels – wenn es kein Bier gibt, d. h. wenn nicht genügend Maniok zur Verfügung steht – wird Wasser getrunken, aber das kommt kaum vor.[17]

Doch was genau ist das für ein Getränk, welches als Lebenselixier von so vielen sehr unterschiedlichen und über ein riesiges Areal verteilten Gesellschaften wahrgenommen wird? Welche sozialen und weltanschaulichen Dimensionen verbinden sich mit der Grundsubstanz Maniok, mit den Herstellungstechniken und mit dem Trinken von Maniokbieren? Dieser Beitrag unternimmt den Versuch einer Annäherung an amazonische Gesellschaften

---

7 Caspar 1952: 94f. Das Hauptgetränk der Tuparí ist Maniokbier. Als *chicha* – eigentlich Maisbier – werden in Südamerika häufig alle fermentierten Getränke bezeichnet (Caspar 1975: 44f.) – etwa auch solche aus Palmfrüchten, Honig oder Bananen. Vermutlich wurde der Name von den Europäern einmal aufgegriffen und dann für alle vergorenen Getränke angewandt (Hartmann 1958: 12f.). Indigene Gesellschaften verwenden differenzierte Eigenbezeichnungen für einzelne (Maniok-) Biere.

8 Nimuendajú 1952: 53f.

9 A. a. O.: 54.

10 A. a. O.: 55.

11 Baer 1984: 255ff.

12 A. a. O.: 284.

13 A. a. O.: 283.

14 Brown und Van Bolt 1980: 170.

15 Whitten 1976: 82.

16 Descola 2011: 47.

17 Z. B. Brown und Van Bolt 1980: 185; Whitten 1976: 82.

aus der Perspektive des ikonischen Getränks Maniokbier anhand von Objekten sowie Ton- und Bilddokumenten, die in der Amazonas-Sammlung des Völkerkundemuseums der Universität Zürich (VMZ) aufbewahrt werden. Wie wird eine ‹Kultur des Maniokbiers› in der Sammlung sichtbar, welche Aspekte dieser Kultur lassen sich anhand der Objekte und mithilfe der wissenschaftlichen Literatur rekonstruieren, welche Aspekte blieben von den Sammlern unbeachtet, was gilt es womöglich noch zu entdecken?

VON DER WURZEL ...

Vor langer Zeit legten die Menschen ihre Gärten nicht so an, wie wir es heute tun. Statt zu warten, bis alle Büsche und Bäume abgeschlagen waren, begannen die Frauen, den Maniok zu pflanzen, sobald ein kleines Stück des Gartens bereit war. […] So war der Maniok in manchen Teilen des Gartens bereits herangewachsen, bevor die gesamte Gartenfläche abgeholzt war. Eines Tages sagte ein Mann, der gerade im Garten arbeitete, zu seiner Frau: «Wenn ich diesen grossen Baum fälle, könnte er auf den Maniok fallen, der bereits gewachsen ist. Soll ich ihn stehen lassen oder fällen?» Er entschied sich, ihn zu fällen, und hiess seine Frau Maniokbier zu brauen, damit er seine Verwandten einladen könnte, ihm zu helfen. Ein paar Tage später kamen die Männer, und nachdem sie Maniokbier

Süsskartoffeln, Maniok und Mais in einem Wayana-Garten, Französisch-Guyana, 1. Februar 2003. Foto: Renzo S. Duin.

Eine Wayana-Frau trägt eine schwere Last an Maniokknollen ins Dorf, Französisch-Guyana, 5. August 2003. Foto: Renzo S. Duin.

getrunken hatten, begannen sie, den grossen Baum zu fällen. Plötzlich erhoben sich die Seelen der Maniokpflanzen; es waren Leute, viele Leute. Die Maniok-Leute sagten: «Wir werden helfen, den Baum zu fällen, damit er nicht in unsere Richtung fällt.» Als die Maniok-Leute hervortraten, fielen die Männer in einen Schlaf. Einige Maniok-Leute fingen an, Kletterpflanzen, die an dem Baum wuchsen, abzureissen, während andere den Stamm mit Äxten bearbeiteten. Sie zogen den Baum, damit er nicht in ihre Richtung fiel. Während sie zogen, sangen die alten Maniok-Leute: «Söhne, zieht kräftig, damit der Baum unsere Kinder nicht zerdrückt. [...]» Als der Baum gefällt war, verschwanden die Maniok-Leute wieder. Unter den schlafenden Männern konnte der Mann, der die Arbeitsgruppe zusammengerufen hatte, die Lieder der Maniok-Leute im Schlaf hören ... Deshalb wissen wir, dass Maniok eine Seele hat, dass er Leute hat.[18]

Wie andernorts aus Weizen, Reis oder Hirse, wird das amazonische Hauptgetränk ebenfalls aus der regionalen Grundnahrungspflanze gebraut, dem Maniok (Abb. S. 103). Der kultivierte Maniok wird in zwei Hauptarten unterschieden: eine in zahlreichen Sorten vorhandene bittere, *Manihot utilissima*, und eine süsse, *Manihot esculenta*. Für die Bewohner Amazoniens hat der bittere Maniok Vorteile gegenüber dem süssen, da er aufgrund seiner tödlich giftigen Bitterstoffe (Blausäure) nicht von Schädlingen befallen wird. Er kann deshalb auch in ferner gelegenen Gärten kultiviert werden. Süsser Maniok wird häufig in der Nähe der Dörfer gepflanzt, da er mehr Pflege benötigt. Er ist allerdings kälteresistenter und wächst auch noch in den teilweise höheren Lagen am Ostrand der Anden.[19]

Bis zur Reife benötigt Maniok etwa acht Monate. Bei der Ernte werden die Stengel in Stücke geschnitten, die nach dem Herausziehen der Knollen am selben Ort wieder als Setzlinge in die Erde gepflanzt werden, was ganzjährig geschehen kann. Die Permakultur des Manioks beugt Problemen einer saisonalen Knappheit vor und erfordert keine aufwendige Vorratshaltung, da die Knollen in der Erde auch nach der Reife noch lange haltbar sind und deshalb nur bei Bedarf geerntet werden. Innerhalb von zwei Jahren kann Maniok an einer Stelle dreimal geerntet und neu gepflanzt werden. Danach wird der Garten aufgegeben, rechtzeitig aber ein neuer angelegt.

Die Kultivierung einer Urwaldfläche mittels Brandrodung ist eine aufwendige Arbeit und war es insbesondere zu Zeiten, als diese mit Steinwerkzeugen ausgeführt wurde; sie nimmt vom Roden des Buschwerks, dem anschliessenden Fällen der grossen Bäume, dem Trocknen und schliesslich dem Abbrennen bis zu fünf Monate in Anspruch. Entsprechend lokal unterschiedlicher Vorstellungen und Praktiken legen dann meist die Frauen einen neuen Garten auf dieser Fläche an.[21]

In der Vorstellung der Aguaruna ist die natürliche Umwelt belebt. Die Pflanzen pflegen soziale Beziehungen untereinander – es sind Männer, ihre

> Wir Europäer sind gewohnt, aus unseren Pflanzen jedes Gift aufwendig herauszuzüchten [...]. Dies hat offensichtlich Vorteile, doch auch den Nachteil, dass unsere Nutzpflanzen eben deshalb auch völlig wehrlos sind. Die pflanzeneigenen Gifte, die andere Nutzniesser, z. B. Insekten abhalten sollen, müssen *wir* auf die Pflanzen draufsprühen. Oder wir implantieren sie nachträglich über spezielle Gene.[20]

---

18 Brown und Van Bolt 1980: 172.
19 Eine kulturelle Übergangsregion zwischen dem andinen Hochland und dem Amazonas-Tiefland.
20 Soentgen und Hilbert 2012: 327, Hervorhebung im Original.
21 Zur Maniokpflanze und zum Maniokanbau siehe z. B. Carneiro 1983; Johnson 1983; Mowat 1989; Rival und McKey 2008; Soentgen und Hilbert 2012.

Gartenutensilien.
a: Machete, Venezuela. Ehemaliger Besitzer: Franz Zöchling. Länge 60 cm, Inv.-Nr. 29318. Zöchling trug diese Machete während seiner Expedition zu indigenen Gesellschaften 1957 im Süden Venezuelas mit sich. b: Drei Steinbeilklingen, vermutlich Cofán, Río Napo, Ecuador. Sammler: Karl Theodor Goldschmid, Eingang 1947. Länge 8.1-11 cm, Inv.-Nr. 10947.
c: Korb, Shuar oder Achuar, Ecuador. Sammler: Karl Theodor Goldschmid, Eingang 1947. Höhe 41 cm, Ø 39 cm, Inv.-Nr. 10940a. Der Korb wird u. a. zum Tragen der Maniokknollen vom Garten ins Dorf verwendet, auch lässt sich darin der bereits geschälte Maniok im Fluss waschen.

Zwei Aguaruna-Frauen und ein Kind im Garten, Río Marañón, Peru, 1965. Foto: Hansruedi Dörig.

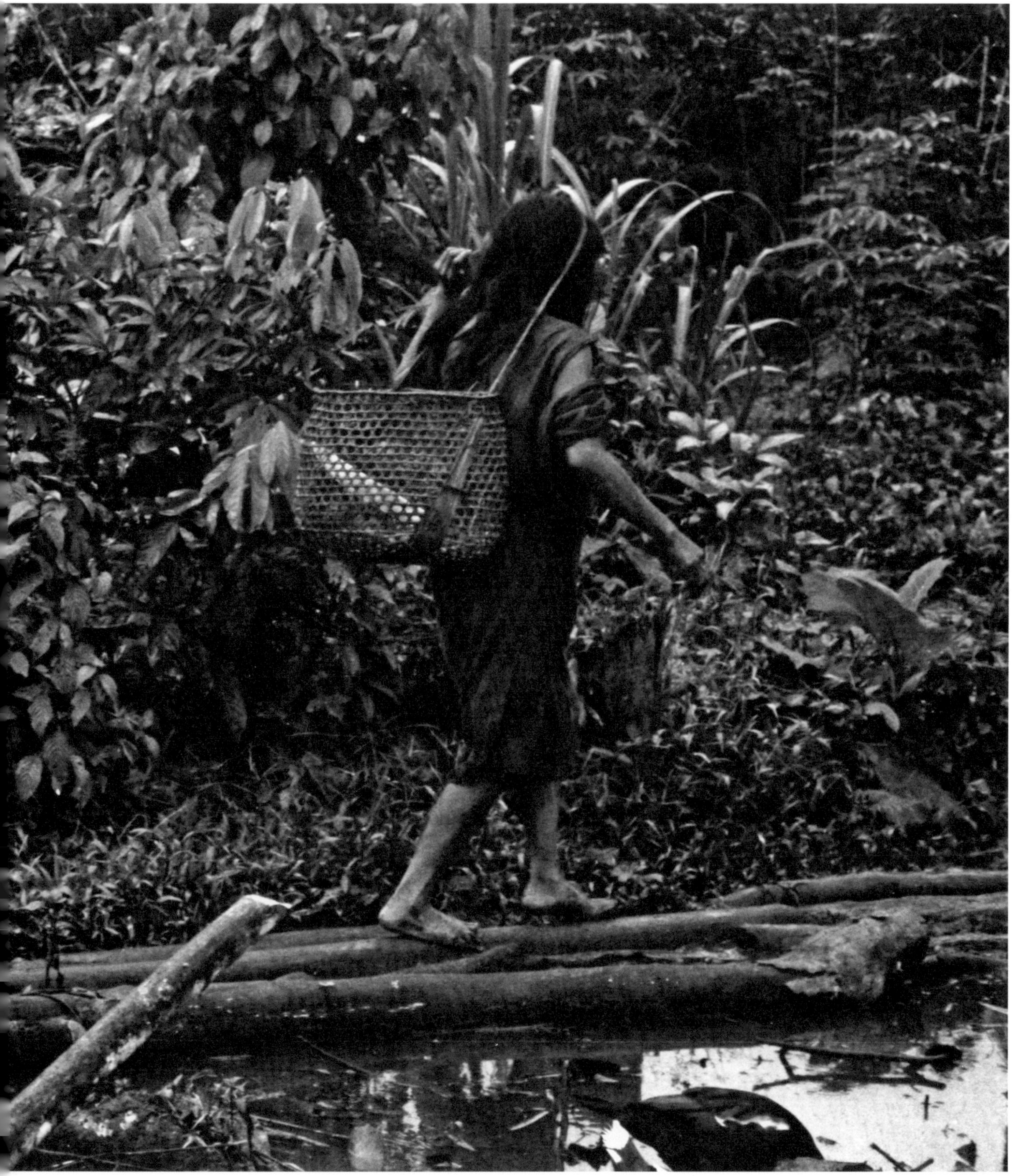

Frauen und Kinder, sie sprechen miteinander, helfen sich und können mit ihrer Gärtnerin kommunizieren. Die Gärtnerin sorgt als ihre ‹Mutter› für die Ordnung in ihren Beziehungen und eine harmonische Umgebung. Sie erntet z. B. nie alle Maniokpflanzen,[22] sondern lässt einen Ring aus ‹erwachsenen› Pflanzen stehen, die die kleinen ‹Babypflanzen› in ihrer Mitte beschützen. Die jungen Sprösslinge gelten als sehr gefährlich, da sie stets durstig sind und notfalls das Blut von Menschen trinken. Deshalb setzen die Frauen wasserspendende Pflanzen in direkter Nähe: Pfeilwurz trägt das Wasser zum Maniok. Cocoyam (Wasserbrotwurzel) bringt noch mehr Wasser, da er besonders grosse Blätter hat, die viel Wasser auffangen können. Achira hat gewundene Arme (gedrehte Blätter), in denen sie Wasser sammelt, das herausspritzt, sobald Äste sie streifen. Sie bringt allerdings immer nur wenig Wasser. Wenn eine Frau diese Pflanzen nicht in ihrem Garten hat, wird der Maniok dort nicht wachsen.[23]

Gartenlieder befördern das Gedeihen, helfen den Pflanzen zu wachsen, frei von Unkraut und gesund zu bleiben. Die Frauen lehren sich die Lieder untereinander – meist im Garten, der weiblichen Domäne. Die Lieder zeigen nur dann ihre Wirkung, wenn sie ‹richtig›, also ohne Variation in der *einen* richtigen Form laut gesungen oder still ‹gedacht› werden. Kennt eine Frau viele mächtige Lieder, kann sie sicher sein, dass ihr Garten grosse Mengen an Maniok produziert, und das stärkt wiederum ihr Ansehen im Haushalt und in der Gemeinschaft.[24]

> Ich gehe, ich gehe / Dein Vater [d. h. ihr Ehemann] hat einen wenig fruchtbaren Boden gesehen / Ich gehe dorthin / Ich nehme meine Machete, ich führe dich [d. h. die Manioksetzlinge] / Ich pflanze in jedem Garten / In welchem Garten kann ich nicht pflanzen? / Im Marañón-Land werde ich pflanzen / Im dichten Dornengebüsch, der Heimat des *chuchumpiú*-Vogels, werde ich pflanzen / Ich bin eine *Nugkui*-Frau, ich kann nicht versagen.[25]

Nantag, Gartensteine, sind die wertvollsten Besitztümer der Gärtnerinnen. Sie unterscheiden sich von herkömmlichen Steinen, weil sie eine Seele haben. Sie werden sorgfältig in Tücher eingewickelt oder in verschlossenen Schalen aufbewahrt, damit sie sich nicht fortbewegen. Sie können das Wachstum von Pflanzen, die in der Erde wachsen – von Maniok, Yams, Taro, Cocoyam, Süsskartoffeln, Achira, Erdnüssen – positiv beeinflussen und stehen folglich in Verbindung mit der Erdmutter Nugkui, die über sie wacht. Bevor Frauen einen Garten betreten, bemalen sie ihre Wangenknochen, um sich als Freunde zu kennzeichnen, da die *nantag*-Steine und bereits gepflanzter Maniok als potenziell gefährlich eingestuft werden.[26] In der Weltsicht der Aguaruna geschehen Dinge nicht einfach von selbst, sondern nur durch die Interaktion der Menschen mit spirituellen Kräften, die die Frauen mittels ihres Spezialwissens und ihrer

---

22 Bei den Aguaruna wächst nur der pflegeintensivere Süssmaniok.
23 Brown und Van Bolt 1980: 182.
24 A. a. O.: 174ff.
25 Gartenlied einer Aguaruna-Frau, A. a. O.: 174, Anmerkungen im Original.
26 A. a. O.: 176ff.

Fertigkeiten verstehen und bewusst beeinflussen. Sie zeichnen sich als hervorragende Gärtnerinnen aus und erzielen sehr hohe Erträge süssen Manioks.[27]

Die Makuxi legen besonderen Wert auf eine hohe Diversität von immer wieder neu gezüchteten bitteren Manioksorten. Diese gelten als die ‹richtigen›, während der Süssmaniok als völlig andere Pflanze wahrgenommen wird. Ein kleiner Teil des Gartens ist in nachhaltiger Planung jeweils für seltene Sorten mit geringen Erträgen reserviert, um diese nicht zu verlieren. In einem neuen Garten mit einem anderen Boden wachsen gerade diese Sorten vielleicht besonders gut. Es lässt sich dennoch nicht verhindern, dass manche von ihnen z. B. in Trockenzeiten oder durch Hochwasser verloren gehen. Diesem potenziellen Verlust wirken die Makuxi mit verschiedenen Pflanzstrategien entgegen. Sie pflanzen z. B. mehrere Stecklinge zusammen oder suchen für ihre besten Pflanzen während Trockenzeiten nach feuchten Böden, die weit entfernt liegen können, und setzen sie dorthin um. Ausserdem erhalten sie die Vielfalt, indem sie Stecklinge untereinander tauschen. Die Benennung der Sorten und ihre Herkunft bleiben ihren Besitzern selbstverständlich im Gedächtnis.[28] Intensive Kultivierung und Pflege von Maniok und der Besitz von ausreichend Stecklingen sind wichtige gesellschaftliche Faktoren: Wer Überschuss produziert und viele Stecklinge an die Gemeinschaft weitergeben kann, geniesst einen höheren Status.[29]

Amazonische Gesellschaften verfügen über viel Erfahrung mit und Wissen über das Funktionieren ökologischer Systeme. Die Aguaruna-Frauen tradieren dieses Wissen z. B. in ihren Liedern, einer mündlichen Tradition, die sie mit grosser Sorgfalt pflegen, damit die Informationen langfristig und richtig erhalten bleiben. Die Makuxi wissen, dass die genetische Vielfalt an Manioksorten unerlässlich ist, da jeder neue Garten und jede neue Umgebung wieder andere Anforderungen an die Pflanzen stellen wird. Viele unterschiedliche Sorten geben die Sicherheit, dass an jedem neuen Standort ein reicher Maniokgarten gedeiht.

Ein reicher Maniokgarten ist nicht nur für den alltäglichen Bedarf einer Familie wichtig, sondern auch für die regelmässig stattfindenden grossen Feste. Damit rückt der Aspekt einer vorausschauenden Planung weiter in den Fokus. Es muss sichergestellt sein, dass zu einem bestimmten Zeitpunkt ausreichend Maniokbier zur Verfügung steht – und es sind nicht etwa zufällige Überschussproduktionen an Maniok, die Anlass für Feste geben. Vielleicht unter dem Einfluss andiner Hochkulturen in der Montaña-Region, aber auch in anderen Teilen Amazoniens beherrschen die indigenen Gesellschaften diese Fertigkeit der vorausblickenden Planung. Die Notwendigkeit, grosse Mengen an Maniok für den täglichen Verzehr zu Brot und Bier zu verarbeiten und darüber hinaus einen Überschuss an Maniokbier für kleinere Zusammenkünfte oder grosse überregionale Tanzfeste zu produzieren, erfordert eine Langzeitplanung wie auch einen genauen landwirtschaftlichen Kalender, damit in den Gärten permanent ausreichend Maniok wächst.

27 A. a. O.: 183.
28 Rival 2001: 62f.
29 A. a. O.: 64f.

Für die *hista* [von span. *fiesta*]³⁰ der Canelos Kichwa etwa wird bereits ein Jahr im Voraus ein neuer Maniokgarten angelegt. Für anfallende Ausgaben, z. B. für teure Munition, muss im Vorfeld Geld verdient werden, denn die Versorgung mit Jagdwild während dieses Festes ist von gleichrangiger Bedeutung wie diejenige mit Maniokbier. Jedes Fest wird von einem zuvor ausgewählten Mann organisiert. Mit mehreren Assistenten geht er vor dem Fest auf eine sechstägige Jagd. Seine Frau braut unterdessen gemeinsam mit den Frauen der Jagdassistenten Maniokbier und stellt mit ihnen eigens für diesen Anlass Trinkschalen her (Abb. S. 99 und 120). Um alltägliche Arbeiten kümmern sich währenddessen diejenigen, die nicht mit den Vorbereitungen befasst sind.³¹

... ZUM BIER

> Jetzt bin ich also wieder im echten Indianerhaushalt mit seinem typischen säuerlichen Geruch nach gärender Maniok, nach Kaschirí, Pfeffer und allem möglichen anderen, mit seinem Wirrwarr an Körben, Töpfen und Geräten mannigfacher Art, [...] und ich muss gestehen, ich fühle mich viel wohler in dieser wilden Umgebung, als in der karikierten Zivilisation [...].³²

Maniokbier ist in Amazonien allgegenwärtig, aber das *eine*, überall gleiche Maniokbier gibt es nicht. Ausgehend vom Beispiel der Wayana-Biere wird nachfolgend die Vielfalt der Herstellungstechniken skizziert.³³ Die typischen Werkzeuge zur Maniokverarbeitung sind als beispielhafte Sets abgebildet. Sie stammen von unterschiedlichen Urhebern und stehen für einen Teil der am VMZ repräsentierten Maniokbier herstellenden Gesellschaften. Es ist zu bedenken, dass sich die Werkzeuge in ihrem Aussehen von Ort zu Ort unterscheiden und einige von ihnen multifunktional für mancherlei Zwecke eingesetzt werden können.³⁴

Für die Bierherstellung muss wiederum zwischen süssem und bitterem Maniok unterschieden werden, da die beiden Arten eine unterschiedliche Verarbeitung erfordern. Bier aus süssem Maniok, bei den Wayana das *tapakula*-Bier, ist ohne allzu grossen Aufwand herzustellen. Nach dem Schälen werden die Knollen gewaschen, in kleinere Stücke geschnitten und etwa 30 Minuten lang weichgekocht. Sobald die gekochte und schliesslich gestampfte Masse abgekühlt ist, kann sie eingespeichelt werden – d. h. Portion für Portion wird gekaut und dann zurück in den Topf gespuckt. Danach wird diese cremeweisse, leicht gelbliche Masse bis zur gewünschten Konsistenz mit ausreichend Wasser ergänzt. Nach einer Nacht der Fermentation wird sie mit der Hand durch ein feines Sieb (Abb. rechts: d) gerieben und ist dann trinkfertig.

Weitaus komplexer ist die Verarbeitung der bitteren Sorten. Im Prozess der Bierherstellung steht hier vor der Fermentation ein zwingender zusätzlicher Arbeitsschritt: die Entgiftung.

---

30 Die *hista* ist die bis heute zentrale Zeremonie der Canelos Kichwa, bei der durch Rituale die Verbindung zur mythischen Zeit hergestellt und mythische Ordnungsprinzipien wieder in Kraft gesetzt werden (Whitten 1976: 167).

31 Sirén 2012: 34f.; Whitten 1976: 167ff.

32 Koch-Grünberg 1917: 27.

33 Alle in diesem Aufsatz verwendeten Informationen zu den Wayana wurden, falls nicht anders gekennzeichnet, von Sonia und Renzo S. Duin während mehrerer Feldforschungsaufenthalte zusammengetragen; siehe auch Duin 2009 und 2012.

34 Zur Herstellung und Verwendung der Werkzeuge siehe z. B. Roth 1924.

Utensilien zur Maniokverarbeitung.
a, b: Maniokpresse und Maniokreibe, Yekuana, Río Merewarí, Venezuela. Sammlerin: Barbara Brändli, Eingang 1965. Presse: pflanzliche Materialien, diagonales Schlauchgeflecht, Köperbindung, mit Schnur angenähte Faserbündel zur Randverstärkung, Länge 195 cm, Inv.-Nr. 12798; Reibe: 71 x 33 cm, Inv.-Nr. 12799. c: Manioksieb, Wayana/Trio, Surinam/Brasilien. Sammler: Heinrich Harrer, 1966. 33 x 33 cm, Inv.-Nr. 29512. Harrer sammelte dieses Sieb bei den Maroons, dessen Herstellung weist jedoch auf eine Herkunft bei den Wayana oder Trio hin. Zwischen den indigenen Gesellschaften und jener der Maroons herrscht(e) ein reger Austausch an Handelswaren und Techniken. d: Sieb für Maniokbier, Asháninka, Peru. Sammlerin: Gerda Fritschi, ca. 1960–1980. Siebfläche ca. 32 x 32 cm, Inv.-Nr. 24692.

Staunend sehen wir, wie eine der giftigsten Pflanzen, die, in rohem Zustande genossen, unfehlbar den Tod herbeiführt, dem Menschen nutzbar gemacht wird und im Laufe der Zeit zu einem unentbehrlichen Nahrungsmittel geworden ist.[35]

Die grosse Vielfalt an Bittermanioksorten ermöglicht eine entsprechende Mannigfaltigkeit an Getränken. Zu unterscheiden sind zwei in ihrer Herstellung ganz unterschiedliche Hauptarten von Bier:

1. Wie für *tapakula*-Bier werden die Stücke gekocht; die Kochzeit beträgt hier sieben bis zwölf Stunden. Zuweilen werden zusätzlich Süsskartoffeln oder Yams hinzugefügt. Die Köchin muss ihren Maniok sehr gut kennen, um zu wissen, wie lange es dauert, die Bitterstoffe durch Erhitzung zu zerstören. Danach wird die Masse eingespeichelt, durch ein Sieb gerieben und in einem verschlossenen Gefäss etwa eine Woche lang fermentiert. Das Ergebnis dieses Rezeptes ist das für Amazonien typische, bei den Wayana tiefgelbe *cashiri* (Wayana: *kasïli*).

2. Die zweite Grundmethode der Bierherstellung, in Guyana bekannt als *paiwari* oder als *parikari*, basiert auf der Verwendung von Maniokbroten und bisweilen auch Maniokmehl.[36] Auch wenn hierzu verschiedene Sorten von bitterem Maniok verwendet werden, ist der Entgiftungsprozess immer der gleiche: Die Knolle wird zuerst geschält, gewaschen und gerieben. Früher geschah das Reiben auf Brettern, in die kleine abgeschlagene Steinsplitter eingesetzt waren. In Guyana waren insbesondere die Waiwai und die Yekuana bekannt für die hervorragende Qualität ihrer Reiben.[37] Nach der Verfügbarkeit von Metall wurden die Steinsplitter durch metallene Spitzen ersetzt (Abb. S. 111: b) oder Reiben gleich ganz aus Konservendosen gefertigt. Die sehr anstrengende, von Frauen verrichtete Handarbeit des Reibens wird heute vielerorts von mechanischen Raffeln ausgeführt. Obschon sie den Geschmack der in den Maschinen zerkleinerten Knollen bemängeln, möchten die Frauen doch nicht mehr auf Handreiben zurückgreifen.

Der geriebene feuchte Brei wird anschliessend mittels eines Pressschlauches, einem Meisterwerk der Flechttechnik (häufige Bezeichnungen sind *tipití*, *matapí* oder *sebuncán*, Wayana: *tïinkï*) (Abb. S. 111: a), entsaftet (Abb. S. 113). Die geflochtenen Maniokpressen werden auch heute weiterhin verwendet, obwohl es inzwischen weitere Presstechniken gibt – etwa die Beschwerung des in einen Sack gefüllten geriebenen Breis mit Gewichten. Wo sie vollständig ersetzt werden, gehen die komplexen Fertigkeiten für das Flechten einer Maniokpresse allerdings verloren.[38]

Der aufgefangene hochgiftige Saft wird in grossen Töpfen gekocht, wobei sich auf seiner Oberfläche Schaum entwickelt – gasförmige Blausäure, die abgeschöpft und entsorgt wird. Es dauert mehrere Stunden, bis sich kein Schaum mehr bildet – ein sichtbares Indiz dafür, dass die Flüssigkeit nunmehr entgiftet ist. Sie wird aufgehoben, um darin Fisch oder Fleisch mit Gewürzen zu einem scharfen ‹Pfeffertopf› zu kochen.

35 Koch-Grünberg 1910: 202.

36 In der Literatur werden unterschiedliche Bezeichnungen für Maniok synonym verwendet – z. B. auch ‹Cassava›. Indigene Gesellschaften unterscheiden indes klar zwischen Maniok – *mandioca* (Brasilien), *yuca* (spanischsprachige Länder) –, der rohen Knolle, und Cassava-Produkten aus der Knolle.

37 Siehe z. B. Koch-Grünberg 1923: 348.

38 Kathrin Kocher (Restauratorin am VMZ) studierte die Flechttechnik einer solchen Presse, und es gelang ihr, eine Presse nach einem kolumbianischen Vorbild aus der Museumssammlung nachzuflechten.

Die ausgepresste Masse wird nun durch ein gröberes Sieb gedrückt, sodass die grösseren, holzigen Stücke ausgelesen werden können (Abb. S. 111: c). Anschliessend wird sie entweder zu Mehl getrocknet, zu dünnen knusprigen Fladen geröstet oder zu dicken, innen klebrig-feucht bleibenden Fladen (Wayana: *ulalakan*) gebacken. Gut getrocknet halten sich Mehl und dünne Fladen sogar im tropischen Klima über Monate.[40] Die dicken Fladen werden frisch verzehrt und dienen etwa bei den Wayana auch der Bierherstellung. Ihnen können verschiedene Aromen zugefügt werden. Die Wayana streichen für das *hakula*-Bier geriebene Süsskartoffeln auf die Brote, bevor sie dann in Wasser eingelegt werden und über Nacht fermentieren. Die daraus entstandene dicke, aufgrund der roten Süsskartoffeln rosafarbene Flüssigkeit wird am nächsten Tag gesiebt. Als Festbier würde sie bis zu zehn Tage fermentieren und folglich einen höheren Alkoholgehalt entwickeln.

Eine allgemeine Vielfalt an Bieren und die Expertise der Herstellerinnen im gesamten ‹Maniokbier-Areal› geben selbstverständlich Anlass zu Gesprächen über den Geschmack, der alltäglich diskutiert und verhandelt wird. Die Wayana sind seit einigen Jahren bemüht, die alte, nur den älteren Gemeinschaftsmitgliedern vorbehaltene Biersorte *umani* wiederzubeleben, deren Geschmack jedoch nur noch erinnert wird. Ihre Zubereitungsmethode war schon fast in Vergessenheit geraten: Ein Tag alte ‹Bierbrote› werden in Bananenblätter eingewickelt und dem Häuptling übergeben. Er bewacht die Päckchen, in denen das Brot nun über mehrere Tage einen rötlich-braunen Pilz entwickelt. Ist es vollkommen mit dem Hefepilz überzogen, wird es in Wasser eingelegt und anschliessend gesiebt. Der ‹richtige› Geschmack von *umani* wird anhand der Versuchsergebnisse verschiedener Herstellerinnen leidenschaftlich

Anwendung einer Maniokpresse. «Der mit Masse gefüllte, aus zähen, aber sehr elastischen Rohrstreifen geflochtene Schlauch (tipití) hängt an einem vorstehenden Querbalken des Hauses und wird durch ein in den unteren Ring gehängtes Gewicht oder durch eine Pressstange, auf die sich bisweilen die halbe Familie setzt, beschwert. Dadurch wird der Schlauch in die Länge gezogen und presst den giftigen Saft aus, der in eine untergestellte Tonschale fliesst. Ist aller Saft ausgelaufen, so drückt die Frau den Schlauch wieder zusammen, verkürzt und erweitert ihn dadurch und schüttet die trockene Masse in den bereitstehenden flachen Korb [Abb. S. 115: c].»[39] Zeichnung: Daniel Müller nach einem Foto von Theodor Koch-Grünberg 1923, Tafel 53.4.

39 Koch-Grünberg 1910: 205/207, Hervorhebung im Original; siehe auch Feldhaus 1918: 132; Nordenskiöld 1929: 295.

40 Bittere Maniokknollen wurden von indigenen amazonischen Agrarwissenschaftlern auf die Qualität und die Menge der darin enthaltenen Stärke untersucht. Bei höherem Stärkegehalt und einer kristallinen Struktur sind die Knollen besser geeignet für die drei Hauptprodukte: Mehl, Brot und Bier (Goldman 1963: 60).

Utensilien zur Herstellung von Maniokfladen und Maniokmehl.
a: Feuerfächer, Trio, Surinam/Brasilien. Sammler: Heinrich Harrer 1966. 31 x 31.5 cm, Inv.-Nr. 27395. Fächer dieser Art werden auch zum Wenden der Maniokfladen benutzt. b: Feuerfächer, Shuar oder Achuar, Ecuador. Sammler: Karl Theodor Goldschmid, Eingang 1947. Inv.-Nr. 10942a. c: Feuerzeug, Matsigenka, Peru. Sammlerin: Gerda Fritschi, ca. 1959–1963. Kalebasse mit weichen Pflanzenfasern und Feuerstein, 5.5 cm, Inv.-Nr. 24759a/b. d: Zwei Backplatten, Bakairi, Brasilien. Sammler: Heinrich Hintermann, 1924. Ø 17 und 14 cm, Inv.-Nr. 6345a/b. Flache Tonschalen zum Backen kleiner Maniokfladen *beiju*. Die Bakairi stellen daraus jedoch kein fermentiertes Getränk her. Früher wurden auch die grossen Fladen auf tönernen Platten gebacken, bevor diese durch eiserne Exemplare abgelöst wurden. e: Maniokmehlwender, Tikuna, Río Solimões, Brasilien. Sammler: Borys Malkin, 1970. Palmholz, Länge 112.5 cm, Inv.-Nr. 13914.

Geflochtene Teller. Streifen aus pflanzlichem Material, geflochten, Köperbindung, z. T. einseitig gefärbt/bemalt, Pflanzenfaserschnüre gezwirnt, Rand in Diagonalgeflecht, verstärkt mit angenähten Pflanzenstengeln. Sie dienen u. a. zur Aufbewahrung von Maniokfladen.
a: Yekuana, Río Merewarí, Venezuela. Sammlerin: Barbara Brändli, Eingang 1965. Ø 19.7–36 cm, Inv.-Nr. 12793a–g. b: Vermutlich Yekuana, Venezuela. Sammler: Theodor Koch-Grünberg, vermutlich 1912. Ø 30 cm, Inv.-Nr. 5593.
c: Dearuwa, Venezuela. Sammler: Franz Zöchling, 1957. Ø 57 und 64 cm, Inv.-Nrn. 29297, 29298.

Kleine Maniokfladen.
d: Alto Xingu. Sammler: Heinrich Harrer, 1966. Ø 22 cm, Inv.-Nr. 27587a/b. Dünnes Fladenbrot kann, in Wasser aufgelöst, auch getrunken werden, am Alto Xingu wird Maniok jedoch nicht fermentiert.

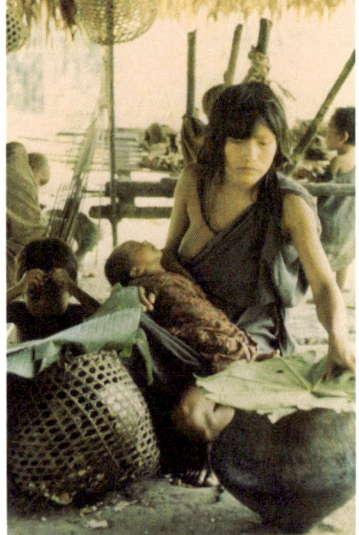

Fotoserie zur Herstellung eines Maniokbiers der Aguaruna, Peru, 1965. Fotos: Hansruedi Dörig.

Eine Frau schält süsse Maniokknollen und kocht sie anschliessend etwa eine halbe Stunde in Wasser. Die weich gekochten Knollen werden dann von einem Mädchen zu Brei gestampft. Ihr Haustier, der Papagei, schaut ihr dabei zu.

41 Aus einem persönlichen Gespräch mit Marianne Bissegger und Pascal Elsner 2013.
42 Bücheler 1934: 32.
43 Sie ist auch in anderen Erdteilen bekannt. Über «gekaute Biere in Japan» schreibt z. B. Antoni 1988: 54ff.
44 Z. B. Whitten 1976: 88 (Canelos Kichwa); Koch-Grünberg 1923: 333 (Pemón).
45 Siehe eine detailreiche Zusammenstellung von Maniokbieren, ihren Herstellungsmethoden und zusätzlichen Ingredienzien bei Hartmann 1958: 105ff.; siehe auch Schoepf 1979: 50ff. (Wayana-Biere); Erikson (Hrsg.) 2006 (Biere in Amazonien); Mowat 1989: 45ff. (Maniokbiere in Amazonien).

diskutiert. Achuar-Frauen erörtern indes die Geschmacksnote, die der individuelle Speichel einer Herstellerin den einzelnen Bieren verleiht, und es besteht durchaus eine Konkurrenz unter den Frauen um das beste Bier.[41] Die hohe Eigenständigkeit der Herstellerinnen lässt neben traditionsreichen Sorten Freiräume für individuelle Bierkreationen und sorgt so für eine grosse Palette an Maniokbieren über das ganze Amazonasgebiet hinweg.

Das zentrale Moment in der Bierherstellung – das Geheimnis des Getränks – ist seine Fermentation. Es ist dies das Stadium, in dem es sein Eigenleben entwickelt. Doch wie wird dieses Stadium erreicht?

Weltweit gibt es drei Techniken der Bierfermentation: die Insalivation, die Verwendung von Starterkulturen und das Mälzen.[42] Die Einspeichelung ist, wie eingangs erwähnt, eine für den südamerikanischen Subkontinent charakteristische Methode der Fermentation.[43] 1965 besuchten die beiden Zürcher Reisenden Liliane Ruff und Hansruedi Dörig eine Aguaruna-Familie, die einen Tagesmarsch von der Missionsstation Shaim in Nordperu entfernt lebte. Dörig hielt dort die Arbeitsschritte der Bierherstellung aus süssem Maniok vom Schälen, Kochen, Zerkleinern, Einspeicheln und Rühren bis zum Genuss des Getränks fotografisch fest (Abb. S. 116–118). Manche fügen einer unterschiedlich zubereiteten Grundmasse an Maniok einen pulverisierten Pilz zu, um die Fermentation in Gang zu setzen oder um das Bier stärker zu machen.[44] Das Zufügen von zuckerhaltigen Ingredienzien wie etwa Süsskartoffeln, Honig, Bananen, gekautem Mais, Zuckerrohrsaft oder Palmfrüchten befördert die Verzuckerung der angesetzten Flüssigkeit und beschleunigt so deren Fermentationsprozess durch in der Luft vorkommende Hefesporen.[45]

Sandor Ellix Katz stellt fest, dass in fast allen Küchen der Welt Lebensmittel und Getränke fermentiert werden. «Zu verstehen, wie Bedingungen zur Alkoholentstehung zu schaffen sind, und in der Lage zu sein, dieses

Wissen mitzuteilen, sind Meilensteine unserer kulturellen Entwicklung.»[46] Immigranten würden Kontinente und Ozeane mit wenigen Habseligkeiten überqueren, sicherlich aber trügen sie ihre Sauerteige und andere Fermente im Gepäck.[47] Steht erst einmal eine fermentierte Masse zur Verfügung, kann jeweils ein Rest der alten als Starter der neu vorbereiteten, noch nicht fermentierten Masse hinzugefügt werden. Vor diesem Hintergrund wird die zentrale Rolle des Biers im Arbeitsalltag und Bewusstsein der Frauen verständlich, die für den unausgesetzten Rhythmus der Fermentation verantwortlich sind. Das Bier muss sozusagen, wie die Maniokpflanzen der Makuxi, immerzu am Leben erhalten werden – und tatsächlich entwickelt es ein Eigenleben, es brodelt hörbar und schäumt: «Nachts rumort die fermentierende chicha [hier: Maniokbier der Shuar] (nijiamanch'chichawai: die chicha spricht).»[48] Die Gesellschaft trägt das Ihre zur Erhaltung des Biers bei, indem sie die im Fermentationsrhythmus hergestellten Mengen konsumiert.

Wir sind es gewohnt, naturwissenschaftlich erforschte und beschriebene Prozesse des Wirkens von Mikroorganismen als Erklärung heranzuziehen. Andernorts haben Menschen eigene, autochthone Vorstellungen von Fermentationsvorgängen.

> Im Gegensatz zum Kochen, das alle Landwirtschafts- und Gartenprodukte neutralisiert, ist die Fermentation direkt mit dem Leben verbunden. Sie verlängert und verändert es gemäss Vorgängen, die, auch heute noch, für viele Esswaren rund um die Welt willkürlich und geheimnisvoll bleiben, da sie auf dem Wirken von Mikroorganismen beruhen, die für das blosse Auge unsichtbar sind. Die Fermentation hat eine Sonderstellung zwischen dem Rohen und dem Gekochten, der Natur und der Kultur inne.[49]

Ein Teil des erkalteten Manioks wird gekaut und wieder in den Topf gespuckt. Die gesamte Masse wird sorgfältig verrührt. Über Nacht fermentiert sie und ist bereits am nächsten Tag als nicht oder nur wenig alkoholisches *masato* trinkbereit.

46 Katz 2012: 8.
47 A. a. O.: 7.
48 Bianchi 1982: 398.
49 Bérard und Marchenay 2005: 2.

Vor dem Trinken wird die Masse mit Verdünnungswasser durch ein grobes Sieb, etwa eine mit Löchern versehene Kalebassenhälfte, gesiebt, um grössere Stücke auszulesen. Es gehört zum Verhaltenskodex, dass die Frau ihren Mann nicht anschaut, während sie ihm das Bier reicht.

Das indigene Wissen über diese Fermentationsprozesse, die Transformation menschlicher Nahrungsmittel, ist noch nicht umfassend dokumentiert; in manchen Berichten scheint es jedoch durch. «Vom Speichel, der die natürliche magische Kraft des ganzen Körpers in sich trägt», nehmen die Achuar an, «dass er den im Getränk wirksamen Geist günstig beeinflussen kann.»[50] Die Aguaruna-Frauen sangen Lieder, damit das Bier beim Fermentieren süss, aber nicht berauschend würde.[51]

Ebenso besangen die Wayana-Frauen früher die geriebene Süsskartoffel als Fermentationshilfe für *sakula*-Bier: «*Ïwokï isusu pëk lele*» («Fledermaus, bitte hilf uns, dieses Getränk süss zu machen»; mit *isusu* ist die süsse Muttermilch gemeint, *lele* bedeutet Fledermaus und *okï* bezeichnet Getränke allgemein). Sie beschworen das Ferment, die Substanz, welche die angesetzte Flüssigkeit in ein Bier transformieren sollte, und wünschten Letzterem vor allem einen süssen Geschmack. Normalerweise müssen alle Biere vor Sonnenuntergang angesetzt werden, um dann während der Nacht zu fermentieren. Dem *sakula* wird die Süsskartoffel aber erst nach Sonnenuntergang hinzugefügt – vielleicht, da sie als nachtaktive Fledermaus bezeichnet wird.

Erlebten viele Reisende und Ethnologen die geselligen Maniokbier-Feste als Saufgelage, gibt es doch klare Hinweise darauf, dass eine berauschende Wirkung des Biers nicht allerorts beabsichtigt war und sich gegenteilige Interpretationen vielleicht zu sehr an europäischen Bierfesten orientierten. Bei Festlichkeiten der Wayana z. B. werden schier unglaubliche Mengen an Bier getrunken. Sind die Trinkenden jedoch berauscht, gilt dies (in einer Kultur des Entgiftens) als unerwünschter Nebeneffekt und Indiz für ein schlechtes Bier – eine durchaus reale Gefahr. Wurde ein Bier nämlich nicht fachgerecht zubereitet und enthält es deshalb noch Blausäure, kann sein Genuss nicht nur Übelkeit hervorrufen, sondern lebensgefährlich sein. Trunkenheit erhöht ausserdem Gewaltbereitschaft, Kontrollverlust und so auch die Gefahr einer Störung der geselligen

50 Karsten 1935: 110.
51 Brown und Van Bolt 1980: 174.

Stimmung, die das Maniokbier doch eigentlich schaffen soll. Mag sein, dass Einzelne betrunken werden, doch liegt dies etwa bei den Wayana nicht in der Absicht der Biertrinker. Ziel des Trinkens ist die Körperreinigung mittels jener durch Übung zu vervollkommnenden Körpertechnik der Regurgitation, des rhythmischen Erbrechens des Biers in möglichst schönem Bogen.

MANIOKBIER-OBJEKTE IN IHREM GESELLSCHAFTLICHEN KONTEXT

Schon auf den ersten Blick fanden sich zahlreiche gesellschaftliche Kontexte, in denen Maniokbier seine gesellige Wirkung entfaltet. Ob im Alltag als Grundnahrungsmittel oder zu festlichen Anlässen, ob für die Begrüssung von Gästen, während oder nach der Arbeit wird dieses nach allen kulturellen Regeln der Kunst zubereitete Getränk – und nicht etwa Wasser – gereicht. Zwei Objektgruppen vom Ostrand der Anden und aus der Guayana-Region sind nun Anlass für eine genauere Betrachtung der vielfältigen Aspekte des gesellschaftlichen Umgangs mit Maniokbier und seiner Funktion.

Das VMZ bewahrt ein Set von 27 Trinkschalen, *mokawas*, der Sarayaku Runa (Abb. S. 99) und fünf Schalen der Canelos Runa (Abb. S. 120) (der Gesellschaft der Canelos Kichwa angehörig), in denen sich ein Teil des ‹Bierwissens› ihrer Erschafferinnen manifestiert. Diese Keramikschalen sind in technischer Meisterschaft besonders dünnwandig geformt; Expertinnen zeichnen sich durch die Herstellung besonders grosser Schalen aus, deren feines Dekor vom klaren ästhetischen Empfinden und von der Abstraktionsfähigkeit der Künstlerinnen zeugt. Norman E. Whitten Jr. zufolge sind diese Schalen die exquisitesten Keramikerzeugnisse im ecuadorianischen Amazonasgebiet und von nicht minderer Qualität als die vom mittleren, nordwestlichen und oberen Amazonas – ein Grund dafür, dass die benachbarten Achuar oft um die Hand von Kichwa-Frauen anhalten.[52]

Aluminiumtöpfe und -pfannen verdrängen zunehmend Keramiktöpfe überall in Amazonien. Whitten fand den Tontopf zum Kochen 1976 praktisch nicht mehr, den *asua*-Topf hingegen schon,[53] vielleicht ein Zugeständnis an den Geschmack des Biers und die Aufbewahrungsqualitäten von Keramik und wahrscheinlich nicht zuletzt an eine komplexe Vorstellungswelt der Canelos Kichwa, die besonders in den ‹Bier-Keramiken› sichtbar wird.

Vorstellungen und Erfahrungen der Kichwa sind geprägt von einer auch in der Vergangenheit stets aufs Neue gefährdeten Existenz: Das Eindringen von Fremden in ihr Wohngebiet und interethnische Kriege stellten das Fortbestehen ihrer Kultur wiederholt in Frage und waren immer mit einem Verlust an kulturellem Wissen verbunden.[54] Ihre Lebensweise ist daher von dem Bestreben getragen, kulturelle Kontinuität zu wahren. Im Maniokbier, *asua*, vereinen sich zentrale Kenntnisse, Werte und Glaubensvorstellungen, an deren Basis Amasanga, der Herr des Waldes, Nunkui, seine Frau, die Herrin der Erde, sowie Yacu Supai Runa und Yacu Supai Huarmi, Herr und

52 Whitten 1976: 16f.; zur Herstellung aller Keramiken der Sarayaku Runa s. auch Kelley und Orr 1976.

53 Whitten 1976: 17. Heute finden über das gesamte Maniokbierareal hinweg überwiegend Plastikgefässe – Fässer, Eimer etc. – als Gär- und Aufbewahrungsgefässe Verwendung, teilweise immer noch neben Tontöpfen (siehe z. B. Bissegger und Elsner 2008).

54 Whitten 1976: 47f.

Trinkschalen *mokawas*. Canelos Runa (Canelos Kichwa), Río Bobonaza, Ecuador. Sammler: Karl Theodor Goldschmid, Eingang 1947. Die Herstellung ist vergleichbar mit derjenigen der Kichwa-Schalen in Abb. S. 99, Ø 13.4-19.5 cm, Inv.-Nr. 10931a-e.

Herrin der Wassergeister,[55] stehen. Sie wachen über die drei Bereiche, die die Lebensgrundlage der Canelos Kichwa darstellen – und sie übertragen ihr Wissen auf die Menschen.[56]

Den Frauen kommt die Aufgabe zu, mittels ihrer handwerklichen Fertigkeiten und ihres spirituellen Wissens rohen Maniok in gekochte Nahrung, gekochten Maniok in ein Getränk und Erde (Ton) in Schalen und Vorratsbehälter zu verwandeln. «Frauen sorgen für die Kontinuität des körperlichen Daseins, indem sie Essen kochen und chicha [hier: Maniokbier] machen, und sie sorgen für die Kontinuität von Seele und Geist, indem sie eine ausreichende Anzahl an Keramiken bereitstellen.»[57]

In den Töpfereierzeugnissen verkörpert sich Kontinuität, da diese Tradition von den älteren an die jüngeren Frauen weitergegeben wird. Solange die Bemalungen ihrer Gefässe und deren Bedeutung lebendig sind, so glauben die Kichwa-Frauen, wird ihre Kultur Bestand haben.[58]

Die Muster der Bemalung versinnbildlichen die familiäre Gemeinschaft eines Haushaltes als Mikrokosmos und als Grundlage für das Fortbestehen von Kultur und Gesellschaft. Die rote Linie steht für die Frau, die schwarze für ihren Mann; schmale schwarze Striche oder Punkte stellen Babys dar; Motive wie Boa, Leguan, Kaiman, Wasser- und Landschildkröte, Mäander, Schlangenhäute, Petroglyphen, Stechinsekten, Spinnen, Spinnweben, Raupen, Sterne, Blumen, Maden, Adlerklauen oder Baumzweige stammen aus der mythischen Vorstellungswelt der Kichwa und den individuellen Erfahrungen der Künstlerinnen, die für die inhaltliche und ästhetische Gestaltung ihrer Werke beträchtliche künstlerische Freiheiten geniessen und auch nutzen.[59]

55 Als Paar tragen sie den Namen ‹Sungui›.
56 Whitten 1976: 37f.
57 A. a. O.: 67.
58 A. a. O.: 11.
59 A. a. O.: 90f.

Beim Trinken von Maniokbier werden die drei grundlegenden Lebensbereiche vereint: Nunkui (Maniok und Keramik als Erzeugnisse der Erde), Sungui (Wasser) und Amasanga, denn sein Wald lieferte das Holz für die lange Bank, auf der die Besucher sitzen und trinken. Der Gastgeber sitzt auf seinem eigenen Hocker den Gästen zugewandt.[60] Der Ausschank von *asua* folgt einem genauen Protokoll, dessen Ablauf und Regeln stark an die Praktiken der Achuar erinnern, wie sie Philippe Descola festhielt. Ihm zufolge darf kein Mann das Maniokbier der Achuar berühren, denn

> die Frauen haben ihre Hand darauf, bis es die Kehle hinunter ist. Wenn also, was sehr oft geschieht, ein von der milchigen Lache angezogenes Insekt darin um sein Leben kämpft, gibt es keine andere Möglichkeit, als vorsichtig über die Oberfläche zu pusten, bis es den rettenden Rand der Schale erreicht oder die bewirtende Frau sich der verzweifelten Bemühungen des Trinkenden erbarmt, ihn von dem unerwünschten Tier befreit und erneut mit der Hand seinen *pininkia* [grosse weisse Trinkschale mit feinen rotschwarzen geometrischen Mustern] eintaucht, um die breiige Masse aufzurühren. Den Kopf ostentativ in die entgegengesetzte Richtung gewandt, hält der Gast ihr mit ausgestrecktem Arm seine Schale hin und überlässt den Inhalt ihrer Fürsorge. Mit derselben Geste und dem Ruf eines Namens, der den jeweiligen Verwandtschaftsgrad bezeichnet, bittet man um eine zusätzliche Ration. Hat man sich dreimal einschenken lassen, verlangen sowohl die Höflichkeit als auch ein exhibitionistischer Sinn für Genügsamkeit, dass man die nächste Runde mit schwachen Gesten ablehnt, genau wie die Regeln der Gastfreundschaft den Frauen vorschreiben, sich über diese Höflichkeitsbezeigungen hinwegzusetzen. [...] Im grossen und ganzen kann man wohl sagen, dass ein Mann nicht weniger als ein halbes Dutzend volle Schalen trinken kann, ohne seine Wirtin ernsthaft zu beleidigen [...]. Die Ehefrauen sind absolute Herrinnen dieses kleinen Spiels, das trotz der unstillbaren Vorliebe der Achuar für dieses Getränk zur quälenden Völlerei ausarten kann.[61]

Nach dem Reichen der ersten – einer grossen – Trinkschale holt die Kichwa-Gastgeberin eine zweite. Ist auch dies eine grosse Schale, trinkt der Gast sie halb leer und hält sie zum Nachfüllen hin. Bringt sie beim zweiten Mal eine kleine Schale, stellt sie sie neben den Trinkenden hin. Auf diese Weise können sich drei bis vier *mokawas* neben einem Gast aufreihen, besonders, wenn er von mehreren Frauen bewirtet wird. Das *asua*-Trinken bietet den Besuchern Gelegenheit, ihren Emotionen freien Lauf zu lassen. Die Gastgeber nehmen Stimmungen ihrer Gäste sensibel auf und zeigen Empathie. Egal, ob jemand glücklich, traurig oder wütend ist – sie fallen in seinen Ausdruck von Freude oder auch in seine Flüche und Tränen mit ein und tragen so dazu bei, Spannungen zu lösen.[62]

60 A. a. O.: 67.
61 Descola 2011: 48.
62 Whitten 1976: 85, 88.

Soziale Aspekte von Maniokbier werden im Schöpfungsmythos[63] der Wayana direkt thematisiert:

Hawele, mala aptau ko emna tukusipan nupsik ïjai. Tïhe ejahe tukusipan apsik kanupsik ehetamika top haponëken tokon malë.	An jenem Morgen bauen [die Schöpferzwillinge] routiniert einen kleinen *tukusipan* [gewölbtes, zentral gelegenes gemeinschaftliches Rundhaus]. [Mopo] baut einen sehr kleinen *tukusipan* mit seinem Bruder [Kujuli] [so wie Kinder gerne spielen].
«Kuni, okï tïkë emna okï?» tïkai.	«Grossmutter, kannst du unser Getränk machen?», sagt er.
Moloinë okï tïhe kunumusija. Moloinë Kujulija tïhe tukusipantak.	Also macht die Grossmutter Maniokbier. Kujuli stellt es dann in den *tukusipan*.
Hawele tëneimëi upak pepta tukusipan.	Am nächsten Morgen sehen sie einen riesigen *tukusipan*.
Moloinë, hawele, okï tïhe inot tïja. Tïhepsik apsikïpsik lëken, lome kole mëwihnë tukusipantau okï.	Dann, an jenem Morgen, machte ihre Grossmutter ihr Getränk. Sie machte nur ganz wenig, aber jetzt war dort eine grosse Menge Maniokbier im *tukusipan*.
Hawele momaimë tïtëi Mopo ituhtak Kaikui umïtïn pona.	An jenem Morgen geht Mopo als *momai* [Novize] in den Wald zum Anführer der Jaguare.
«Ëtawokta tëk ëtukta tëk», tïkai Kaikui umïtïn nuja.	«Ich lade dich zum Trinken und zum Essen ein», sagt [Mopo] zum Anführer der Jaguare.
«Ëë», tïkai Kaikui umïtïn, tïpeito towomikai eja ëhmelë.	«Okay», sagt der Anführer der Jaguare, und er verkündet seinem Gefolge, dass alle eingeladen seien.
Moloinë tëwemekhe Mopo patak, tukusipantak tëwehenmai tot. Ëhmelë tëwëtawokhe mëwihnë, tëwëhnameptëi tot.	Dann kommen [die Jaguare] im Dorf von Mopo an und betreten den *tukusipan*. Alle trinken viel und alle lachen viel.

Die Schöpferzwillinge Mopo und Kujuli bauen das Gemeinschaftshaus und bitten ihre Grossmutter, Maniokbier zu machen. Da es nun Bier gibt, können die beiden Jungen sich auf den Weg in das Dorf der Jaguare machen und diese in das neue Haus einladen, obwohl die Jaguare ihre Erzfeinde darstellen, denn sie haben zuvor die Mutter der Zwillinge gefressen.

In diesem Mythos zeigt sich u. a. die Arbeitsteilung der Geschlechter: Die Jungen bauen nicht nur das Gemeinschaftshaus, sie fertigen auch die

[63] Mopo Kujuli, erzählt von Pëlëka Makilu 1997 in Talhuwen, Lawa, Französisch-Guyana. Der Mythos wurde von Carème in die Wayana-Sprache transkribiert und von Ronnie Tïkaime ins Niederländische übersetzt. Renzo S. Duin edierte, kommentierte und übersetzte den Text ins Englische (2009: 471ff.).

Korbwaren, die ihre Grossmutter für die Bierherstellung braucht: den Tragkorb, um den Maniok aus dem Garten ins Dorf zu tragen, die Maniokpresse, das Mehlsieb, diverse Teller, Körbe, Pfannen, das Getränkesieb und die traditionellen grossen Körbe, in denen Maniokpaste vom eigenen Dorf zum Dorf der Gastgebenden getragen wird. Zu den Aufgaben der Männer gehört auch die Herstellung von Objekten aus Holz wie des Löffels zum Umrühren des Maniokbiers oder des kanuförmigen Biertrogs, dessen Inhalt mit geflochtenen Matten abgedeckt wird. Sobald die Männer Objekte, deren Herstellung die Frauen je nach Bedarf von ihnen verlangen, produziert haben, werden diese zeremoniell präsentiert und getauscht. Dieser Tausch hat nicht nur symbolischen Charakter, denn jede Gabe erfordert eine Gegengabe. Während der Tauschzeremonie wird deshalb ein Termin für ein Fest zur Rückvergütung der Gaben festgelegt, zu dem die Frauen, die neue Produkte erhalten haben, den Männern grosse Mengen Maniokbier, Reis und Fleisch zur Verfügung stellen müssen. Diese zeremoniellen Tauschhandlungen sind das Herz der rituellen Ökonomie der Wayana.

Der Mythos berichtet, dass Mopo als *momai* in das Dorf der Jaguare ging. Ein *momai* ist der Initiator des *grand maraké*, des grössten Tanzfestes der Wayana, bei dem die gesellschaftliche Ordnung von konkurrierenden Kräften herausgefordert wird. Er wird später zum *tëpijem*, einem Novizen, der ein Stechritual durch Ameisen- oder Wespenstiche zu ertragen hat. Als Novize verlässt der Junge sein Dorf, um im Dorf der Jaguare das Flechten und Schnitzen zu lernen. Es werden weitere Sänger eingeladen, die die *kalau*-Gesänge, Lieder über die Geschichte der Wayana, singen. Wie Mopo erwerben die Wayana-Jungen ausserhalb ihres Heimatdorfes das erforderliche Können eines Mannes, z. B. Sprechweisen, Rituale, Witze, Prahlerei oder das Rezitieren von Mythen und historischen Erzählungen, das bei den Wayana ebenfalls den Männern vorbehalten ist.

Während des *grand maraké* ausgeführte Rituale erfordern eine umfangreiche Vorbereitung. Schon im Vorfeld des Hauptanlasses finden mehrere jeweils dreitägige Tanzfeste statt, bei denen bereits beachtliche Quantitäten an Bier konsumiert werden. Das Maniokbier wird nicht nur von den Gastgeberinnen gebraut. Auch die geladenen Gäste, ob aus benachbarten Dörfern oder von weit her, bringen Maniokbiere mit. Die Biergaben werden im und um das Gemeinschaftshaus herum gesammelt und in grossen Schalen durch den Gastgeber wieder verteilt. Jede Trinkschale fasst ein oder zwei Liter und ist in einem Zug zu leeren, woraufhin sie erneut gefüllt wird. Zwar kann der Trinkende ihren Inhalt vorübergehend in sein persönliches Fass an seinem Sitzplatz giessen, doch auch dieses hat er bis zum Ende des Festes auszutrinken, um das Bier wie weiter oben beschrieben schliesslich wieder zu erbrechen.

Der Austausch von Bier bei diesem Fest wird in Liedern zu *kanawa* und *maipuli* versinnbildlicht. Obwohl *kanawa* das Kanu bezeichnet und *maipuli* den Tapir, besingen die Sänger nicht etwa das Fortbewegungsmittel oder das Tier,

Ein Apalai-Mann trägt den Schmuck eines Gast-Tänzers, der jenem der Wayana gleicht (Abb. rechts).
Brasilien, 1966. Foto: Heinrich Harrer.

Tanzschmuck Wayana-Apalai, Surinam/Brasilien. Sammler: Heinrich Harrer, 1966. a: Federkopfschmuck *hamile*, Federn (u. a. lange Hühnerfedern) an den Kielen geknüpft, zwischen zwei spiralförmig gewickelten und in Abständen mit Pflanzenfaserschnur geknoteten Reifen aus gespaltenen Pflanzenstengeln eingeklemmt, Stränge aus Rohbaumwolle, leicht gedreht, Inv.-Nr. 29381. b: Beinrasseln *kawai*, Fruchtkapseln, Baumwollzwirn, geknotet, Inv.-Nr. 27917a/b. c: Tanzpfeil *tukui upo*, Holz, Baumwolle in Flocken, gesponnen, gezwirnt und auf verschiedene Arten gewickelt, Pflanzenfaser, Feder (Stab nicht original), Inv.-Nr. 27403a.

sondern benutzen die Begriffe als Metaphern für die Maniokbierbehälter der jeweils anderen Gruppe. In früheren Zeiten stellten die Gastgebenden ein mit Maniokbier gefülltes *kanawa* in ihrem Dorf auf. Die Gäste brachten ihr Bier in wasserdichten Körben, sperrig wie Tapire, in das Gastgeber-Dorf mit.

Die *kanawa*- und *maipuli*-Tänze beginnen nach Sonnenuntergang und werden im Wechsel mit den *kalau*-Gesängen aufgeführt. Jeder *kanawa*-Tänzer trägt einen Federkopfschmuck, darunter Rindenbaststreifen, in seiner Linken einen gefiederten Tanzpfeil und Rasselbänder aus Schnüren mit getrockneten Fruchtkapseln unterhalb der Knie (Abb. S. 124 und 125). Die Tänzer bilden einen Halbkreis – jeder legt seine rechte Hand auf die Schulter des Vordermanns – und tanzen so entgegen dem Uhrzeigersinn. Eine zweite Linie von Tänzern bewegt sich um die singenden *kanawa*-Tänzer herum; sie singen dabei im selben Rhythmus das *maipuli*-Lied, mit welchem sie von den Gästen das von diesen mitgebrachte Bier fordern, während die Letzteren mit ihren *kanawa*-Gesängen nach dem Bier der Gastgeber verlangen.[64]

Tanz und Gesang drehen sich hier buchstäblich um das Bier; ein Geschehen, dessen Bedeutung Daniel Schoepf anhand des Kolibris zu interpretieren sucht: Seiner Meinung nach lassen die etymologische Verwandtschaft der Begriffe *tukui* (Kolibri) und *tukusipan* (das Rundhaus, in dem sich die Gäste versammeln, Abb. S. 129)[65] und Passagen von *kalau*-Gesängen, in denen Gäste und insbesondere die tanzenden Gäste[66] mit Kolibris verglichen werden, auf eine symbolische Gleichsetzung von Gast und Kolibri und weiterhin von Maniokbier und Blütennektar schliessen. Und so, wie der an der Blüte schwirrende Kolibri diese bestäubt, sorgen die tanzenden Gäste dafür, dass das von ihnen verkörperte Wissen im Dorf der Gastgeber fruchtet.[67] Schoepfs Interpretation lässt ahnen, wie tief die Bedeutungen und Funktionen von Maniokbier in die komplexen Vorstellungen und gesellschaftlichen Strukturen der amazonischen Gesellschaften eingewoben sein können.

ALT UND NEU: PASTE, FLASCHE, PLASTIKFASS

Gärende Kaschirimasse (sakura) wird, in Blättern wohl verpackt, auf die Reise mitgenommen, damit man am Rastplatz etwas davon in einer Kalabasse mit Wasser anrühren kann und auf diese Weise jederzeit ein erfrischendes Getränk zur Hand hat. Selbst bei den Fehdezügen schleppen die [Pemón-]Frauen die Sakura den Kriegern nach, damit diese sich vor dem Überfall auf die feindliche Niederlassung Mut antrinken können.[68]

Maniokpaste, die Instant-Version des Maniokbiers, ist eine von vielen genialen und schon sehr alten Erfindungen der Gesellschaften im Amazonasgebiet. Mit Wasser vermischt erhält der Durstige überall ein «nahrhaftes, erfrischendes, leicht säuerliches und leicht anregendes Getränk».[69] Fermentiert und in geschlossenen Behältern aufbewahrt, ist Maniokpaste bzw. -maische sehr lange haltbar,

---

64 Hurault 1968a: 89; ders. 1968b: Seite B, 2 (*kanawa*-Lied), 3 (*kalau*-Gesang), 4 (*maipuli*-Lied).

65 Schoepf 1998: 112.

66 A. a. O.: 109.

67 A. a. O.: 111; siehe zum Kolibritanz der Makuxi auch Farabee 1924: 67ff.

68 Koch-Grünberg 1923: 55.

69 Hartmann 1958: 94.

sodass sie bedenkenlos auch während längerer Ausflüge mitgeführt werden kann. Der Wassergehalt eines fertigen Getränks fällt somit nicht ins Gewicht; unterwegs wird sich ausreichend Wasser finden, um die Paste zu einem Getränk anzurühren.

Die Jäger der Quijos Kichwa etwa vergruben Päckchen von in Bananenblätter eingewickelter Maniokmaische auf ihrem Hinweg als Vorräte für den Rückweg entlang von Flussläufen. Sie hatten während einer Jagdexpedition immer nur einen gewissen Teil der Maische-Päckchen zu tragen, deren Gewicht sie bei der Arbeit nicht störte.[70] Die Wayana lösen während Jagdexpeditionen mangels Maniokbier z. B. Maniokmehl in Wasser auf. Diese Methoden erlauben es, dass jederzeit und überall auf sozial korrekte Weise getrunken werden kann. Wichtig dürfte hier auch der Nährgehalt der Maniokgetränke sein.

Als Spezialisten für die Herstellung von fermentierter Maniokpaste nennt Hartmann die Aguaruna:

> Geschälter und gewaschener [süsser] Maniok wird zusammen mit Wasser in einem verschlossenen Behälter gekocht. Das Wasser wird weggegossen. Nach dem Erkalten des Manioks wird ein Teil davon intensiv eingespeichelt und wieder in den Behälter gespuckt. Gekochte und gekaute Masse wird gut durchmischt und alles zu Mus gedrückt. Diese Masse stellt die Paste ‹Nijamantsi› dar. Um ein Getränk herzustellen wird eine Handvoll der Masse zusammen mit Verdünnungswasser über eine durchlöcherte Fruchtschale gegeben und mit der Hand umgerührt. Durch das Sieben bleiben evtl. Maniok-Fasern zurück.[71]

Die hier beschriebene Praxis ist in der Fotoserie von Dörig zu den Aguaruna (1965) (Abb. S. 116–118), und auch im Film über deren Nachbarn, die Achuar, von Marianne Bissegger und Pascal Elsner (2008), wiederzuerkennen. Am Beispiel der indigenen Instant-Version ihres wichtigsten Getränks wird hier der Blick für mobile Praktiken der amazonischen Gesellschaften geschärft. Anknüpfend an die gemeinschaftlichen und wohl z. T. interethnischen Feste, zu denen auch weiter entfernte Nachbarn eingeladen werden, stellen sich weiterführende Fragen zu mobilen Netzwerken und überregionalem Austausch über die in der Forschung so häufig als singulär betrachteten Lokalgruppen hinaus.

Durch den *Columbian exchange*,[72] den Austausch landwirtschaftlicher Produkte zwischen der Alten und der Neuen Welt nach der sogenannten ‹Entdeckung› Amerikas durch Christoph Kolumbus, hat sich der Maniok zwar bis Afrika und Asien verbreitet, wird dort aber kaum zu Maniokbier verarbeitet. In Afrika sind es v. a. Hirse-, Sorghum- und Bananenbiere, die vergleichbar zentrale Bedeutungen erlangen; in Asien ist es das Reisbier.

Traditionellerweise wird Maniokbier für den sofortigen Gebrauch angesetzt. Inzwischen jedoch gibt es gemälzte Maniokbiere auch aus der Flasche: *Impala* aus Mosambik (Afrika) besteht zu 70 % aus Maniok – die Brauerei

70 Holloway 1932: 411; siehe für die Canelos Kichwa auch Whitten 1976: 78f.

71 Hartmann 1958: 94f.

72 Crosby 1972.

verwendet dafür überschüssig produzierten Maniok, für den es bislang keine anderweitige Verwendung gab, zur Unterstützung von lokalen Kleinbauern.[73] *Cerveja Colorado Cauim* aus Brasilien enthält neben Hopfen und Gerste auch Maniok.[74] Bewusst angelehnt an das indianische Spuckebier gibt es zudem das *Xingu Black Beer* aus Brasilien auf der Basis von Gerstenmalz, Reis und Mais,[75] obschon gerade die indigenen Gesellschaften am oberen Xingu weniger Mais als vielmehr Maniok kultivieren und keine fermentierten Getränke herstellen.

Trotz eines rasanten Wandels in vielen Bereichen bleibt das Maniokbier integraler Bestandteil des Lebens und Feierns dieser Gesellschaften. Die Wayana-Biergefässe *kanawa* und *maipuli* etwa wurden mittlerweile durch einheitliche 200 Liter fassende Plastikfässer ersetzt; diese werden jedoch nach wie vor mit ihren alten Bezeichnungen belegt – je nachdem, welcher der beiden Parteien, den Gastgebern oder Gästen, sie gehören. Auch werden im *tukusipan* immer öfter Stereoanlagen aufgebaut, aus denen vorwiegend Reggae, auch in lokalen Interpretationen, erklingt; die alten Gesänge aber, die das Bier und immer mehr Bier der jeweils anderen Partei verlangen, existieren ebenfalls bis heute neben der modernen Musik (Abb. rechts).

Bei mehreren Besuchen von *histas* der Sarayaku Runa bemerkte denn Sirén, dass seit 2009 anstelle der früheren Trommelmusik CDs mit ecuadorianischer Tanzmusik gespielt werden. Es verbinden sich mit der *hista* in alter Tradition dennoch fortwährend zentrale soziale Werte: Man möchte Spass haben, soziale Beziehungen bestätigen und angesichts deutlich spürbarer äusserer Einflüsse die eigene, indigene Kultur stärken und ihre Kontinuität sichern; die Sarayaku Runa ersetzten deshalb auch den aus dem Spanischen entlehnten Begriff *hista* durch *uyantsa*, eine frühere, von ihren Vorfahren verwendete Bezeichnung, oder durch *raymi* aus dem Hochland-Kichwa. Um den lokalen Charakter des Festes zu bewahren, sind keine Touristen zugelassen; dennoch ist es den Organisatoren ein Anliegen, dass eine breite Öffentlichkeit auf nationaler Ebene ihre Feierlichkeiten und sie selbst als eigenständige Ethnie wahrnimmt. Das Fest findet aus ökologischen Erwägungen[76] heute nur noch alle zwei Jahre statt. Neuerungen, Änderungen und alte, teils revitalisierte Traditionen wirken gleichermassen zusammen und verleihen den Feierlichkeiten ihre aktuelle Bedeutung.

Neue Zeiten brachten auch neue Herausforderungen für die Zubereitung und den Genuss von Maniokbier. Das gemeinsame Trinken aus nur einer Schale etwa wie z. B. bei den Asháninka oder Wayana stellt in Zeiten der Globalisierung ein Risiko dar, da v. a. aus Europa eingeschleppte ansteckende Krankheiten so leicht übertragen werden und in Pandemien ausarten können. Kontakte mit nicht-indigenen Gesellschaften führten ausserdem dazu, dass die einst typische Fermentationstechnik der Einspeichelung entsprechend westlich geprägter Vorstellungen nunmehr auch vielerorts in Amazonien als unfein gilt. Als Fermentationshilfe wird stattdessen bereits seit mehreren Jahren

73 SABMiller.
74 Cervejaria Colorado. Bei Staden findet sich die Bezeichnung *kawi (=cauim)* für das Bier der Tupinambá (157: 96).
75 Cervejaria Sul Brasileira.
76 Insbesondere zur Schonung des Wildbestands, da dem Fest jeweils eine Jagd vorausgeht (Sirén 2012: 37).

Zucker eingesetzt. Erste Auswirkungen machen sich bemerkbar: Karies und Diabetes sind die Folge der ‹zivilisierten› Herstellungsmethode für ein Getränk, das nach wie vor in grossen Mengen genossen wird.

Eine weitere Veränderung, die sich besonders fatal auswirkt auf Gesellschaften, die ein Getränk und das gemeinsame Trinken derart ins Zentrum rücken, ist der Genuss harter Alkoholika. Während Maniok- und andere einheimische Biere einen kontrollierbaren, generell eher geringen Alkoholgehalt besitzen, einem Nahrungsmittel vergleichbar nahrhaft sind und das Gemeinschaftsgefühl der Feiernden bestärken, führen die industriell hergestellten, hochprozentigen Alkoholsorten wie Zuckerrohrschnaps, Whisky oder Rum nur zum Rausch. Trotzdem ist es keineswegs so, dass das Maniokbier generell durch andere Getränke ersetzt wird. Es bleibt eine Konstante, das Lebenselixier amazonischer Gesellschaften, ohne das soziale Zusammenkünfte nicht denkbar wären.

Ein Treffen der Wayana im gemeinschaftlichen Rundhaus *tukusipan*; im Vordergrund ist ein kleines Plastikfass für Maniokbier zu sehen, die grossen 200-Liter-Fässer werden in der Mitte des Rundhauses aufgestellt. Talhuwen, Französisch-Guyana, 21. Januar 2012. Foto: Renzo S. Duin.

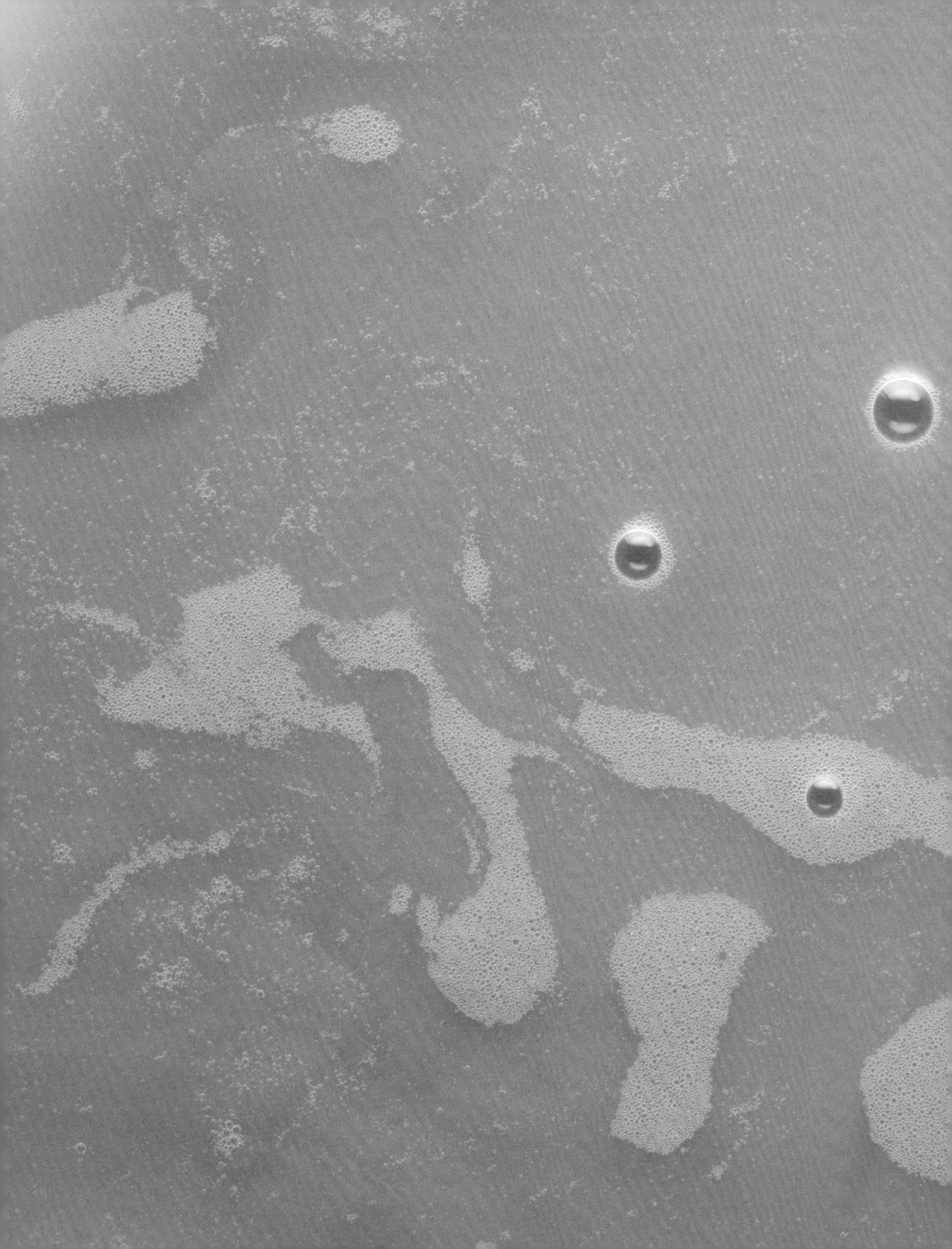

Kawa hat die Farbe von Karamell; die Flüssigkeit wirkt lehmig und dicht. Der Extrakt des trockenen Kawapulvers bildet jedoch schnell Depot und lässt den Rand wässrig scheinen. Die Aromatik ist ausgeprägt und wirkt fast parfümiert. Düfte von Vermouth, Absinth, Zimt, Nelke, Kardamon und Backgewürzen verbreiten sich. Etwas pfeffrig Würziges schwingt mit. Der Gaumen wirkt von der betörenden Bitterkeit sofort trocken. Eine ausgeprägte Gerbsäure und kräftige Tannine dominieren das Erlebnis beim ersten Schluck. Mund und Gaumen werden schnell leicht betäubt. Der Abgang ist lang und wird von Teein, etwas Eukalyptus und Würze getragen.

– Yvo Magnusson und Jan Kübler

KAWA

IN WEST-POLYNESIEN

DIE BERAUSCHENDE EHRENGABE AN GÖTTERGÄSTE

Katharina Haslwanter, Andreas Isler, Martina Zierhofer

Ausserdem gilt aber diese Wurzel, bey den Einwohnern aller dieser Inseln, auch für ein Sinnbild des Friedens.
– Georg Forster

Kawaschüssel, Fidschi-Inseln.
Sammler: Immanuel
Friedländer, 1907 auf
Viti Levu gekauft. Ø 62 cm,
Inv.-Nr. 10713.

KAWA – IN ALLER MUNDE

In seiner Beschreibung der zweiten Weltreise von Kapitän James Cook und seiner Mannschaft erwähnt Georg Forster ein berauschendes Getränk, 'Ava, bzw. Kawa, dessen Zubereitung aus den Wurzeln eines Pfefferstrauches er im September 1773 auf Raiatea, einer der Gesellschaftsinseln, beobachten[1] und das er einen Monat später auf einer der Freundschaftsinseln auch kosten konnte.[2] Forster führt die für ihn sehr unappetitliche Herstellung durch Kauen der Wurzelstücke an, das Vermengen der zerkleinerten Masse mit Flüssigkeit in einer grossen Schale und das Aussieben und Trinken des fertigen Aufgusses «von Milch-weisser Farbe».[3] Die Auswirkungen dieses Trankes schildert er als eine Betrunkenheit, deren moralische Verwerflichkeit bei übermässigem Konsum durch «schuppichte, schäbige Haut, rothe Augen und rothe Flecken über den ganzen Leib»[4] nicht ungestraft bleibe.

Vater und Sohn Forster gaben dem Pfefferstrauch, wovon sie Exemplare in europäische Herbare überführten und auch erstmals beschrieben,[5] den wissenschaftlichen Namen *Piper methysticum*, also Rauschpfeffer. Mithin war das Interesse an dieser Pflanze und dem daraus gezogenen eigentümlichen Getränk geweckt, und der Brauch des Kawatrinkens nimmt seither in fast allen Beschreibungen der Südsee und ihrer Inselbewohner eine prominente Stellung ein. Die ungewöhnliche Zubereitung, die Austeilung nach festgefügtem Zeremoniell und die den alkoholischen Getränken vergleichbare, aber doch etwas andere Wirkung werden dabei immer wieder erwähnt. Oft wird von einem milde beruhigenden und betäubenden Effekt gesprochen.[6] Schon im Jahr 1817 veröffentlichte John Martin in einem zweibändigen Werk die Reiseerzählungen von William Mariner über die «Freundschaftlichen oder Tonga-Inseln». Darin enthalten ist ein Kapitelteil von – im englischen Original – 25 Seiten über die «Ceremony of Drinking Ca'va»,[7] der an umfassender und präziser Information lange Zeit unübertroffen blieb. Mariners im vorliegenden Werk auf Seite 142ff. wiedergegebene Schilderung des kunstvoll ausgeführten Aussiebens der Faserbestandteile veranschaulicht die Detailtreue seiner Beobachtungen.

Der deutsche Botaniker Berthold Seemann (1825–1871) reiste 1860 in offizieller britischer Mission nach Fidschi. In seinem Bericht, dessen Kawa-Teil hier als ein Zitat eines in genauer Untersuchung geschulten Wissenschaftlers eingesetzt wird, gibt er einen prägnanten Überblick:

Kawa, das Nationalgetränk.
Eine Beschreibung von Berthold Seemann, 1862

Das Nationalgetränk ist Kawa oder, wie die Fidschianer es nennen, «Yaqona», hergestellt aus der Wurzel des *Piper methysticum*, Forst., oder wie seine moderne Bezeichnung ist, *Macropiper methysticum*, Miq., eine

---

1 Forster 1784: 42f.
2 A. a. O.: 106f. Die wohl früheste Erwähnung von Kawa in westlichen Druckwerken geht auf die Reisebeschreibung von Willem Schouten zurück, die in mehreren europäischen Sprachen ab 1618 erschien. Vgl. Schouten 1618: Dii v. und Bildlegende D, Bl. J3 r.
3 A. a. O.: 107.
4 A. a. O.: 43.
5 Forster 1786, Nr. 50: 76. Vgl. auch Nicolson und Fosberg 2004: 558f.
6 Vgl. Bott 1987: 183.
7 Mariner 1817, Vol. II: 182–206. Deutsche, gekürzte Ausgabe: Mariner 1819: 462–470.

Zeichnung von Sydney C. Parkinson, *Piper inebrians*, 1769, Natural History Museum, London.

Pfefferart, von der es sechs Sorten gibt, die durch die Gesamthöhe der Pflanze, die Länge und Dicke der Knoten und die mehr oder weniger purpurne oder grünliche Tönung des Stammes und der Blätter sich unterscheiden lassen. Der beste Yaqona, welche Bezeichnung sowohl für die Pflanze als auch für das daraus extrahierte Getränk verwendet wird, wächst zwischen 500 und 1000 Fuss Höhe über Meer [150 bis 300 m ü. M.] und auf den Inseln Kadavu und Viti Levu. Die Pflanze wird auf der ganzen Inselgruppe auf kleinen Landparzellen angebaut, und häufig finden sich einzelne Exemplare um öffentliche und private Häuser. Sie wird durch Ableger vermehrt. Die höchsten Sträucher sind etwa sechs Fuss [1.80 m] hoch, und ihr Stamm misst im Durchmesser einen bis anderthalb Zoll [2.5 bis 3.8 cm]; die Blätter sind herzförmig und entweder grün oder mehr oder weniger dunkellila getönt.

Wurzel und unterster Ansatz des Stammes bilden die Teile, woraus das Getränk bereitet wird; sie werden frisch bevorzugt, sind aber getrocknet fast genauso gut. Nachdem die Wurzeln ausgegraben wurden, werden sie an einen luftigen Ort gelegt, normalerweise auf ein Gerüst über der Feuerstelle. Um das Getränk herzustellen, müssen die Wurzeln in winzige Stücke zerkleinert werden, was nach üblichem polynesischem Gebrauch durch Kauen gemacht wird, eine Aufgabe, die in Fidschi Burschen übertragen wird, die kräftige Zähne haben und eine bestimmte gesellschaftliche Stellung in Bezug auf die Männer einnehmen, für welche sie dieses Amt ausführen. Auf anderen Inseln Polynesiens wird dies durch junge Frauen gemacht. Wenn eine ausreichende Menge gekaut ist, wird die zermalmte Masse in eine Schale gelegt, die aus Holz des Vesi-Baumes (*Afzelia bijuga*, A. Gray) gemacht ist, vier Beine aufweist und woran ein Stück Seil befestigt ist, welches, wenn die Schale hereingebracht wird, nach dem wichtigsten anwesenden Mann hin ausgeworfen wird und somit diejenigen unterweist, welchen es passiert, dass sie in Unwissenheit über dessen Stellung im Hinblick auf das von ihnen erwartete Beachten der Zeremonien hinzukommen. Einigen Fidschianern ist es wichtig, in einem Mund eine möglichst grosse Menge zu kauen; und es gibt einen solchen im ganzen Archipel bekannten Mann in Verata, der innerhalb dreier Stunden mit einem einzigen Mund voll genügend kauen kann, um fünfzig Leute zu vergiften.

Glücklicherweise macht Kawa, anders als destillierte Spirituosen, die Leute nicht streitsüchtig, und Fidschianer geben diese Beobachtung häufig zum Besten, wenn sie die Vorzüge ihres Nationalgetränkes herausstreichen. Bei öffentlichen Gelegenheiten oder geselligen Zusammenkünften, wenn die gekaute Wurzel in die Schale gelegt und Wasser darüber gegossen wird, beginnt die ganze Versammlung passende Lieder zu singen, was vom Schlagen von Stöckchen auf Bambus oder auf ein Holzscheit begleitet wird, und dies wird gehalten, bis der Wurzelsatz mit den Fasern des Vau (verschiedene Arten von *Hibiscus*) oder, wenn es dies nicht gibt, mit

Farnblättern ausgeseiht ist. Wenn das Getränk fertig ist, wird der Gesang unterbrochen, und der Priester oder irgendein anwesender Häuptling bringt einen Toast aus oder spricht ein Gebet darüber, wonach die erste Tasse, eine Kokosnussschale, der Person mit dem höchsten Rang in der Versammlung übergeben wird. Kawa wird aus der Schale mithilfe des Siebbündels geschöpft, welches in die Flüssigkeit eingetaucht und dann ausgepresst wird. Auch wenn beides, Schale und Tasse, nach Gebrauch immer sorgfältig getrocknet und gereinigt wird, bildet sich im Innern stets eine Kruste, welche diesen das Aussehen gibt, als ob sie emailliert worden seien. Diese Kruste wird nach drei oder vier Monaten sorgfältig ausgekratzt und erzeugt den allerstärksten Yaqona.

Das Getränk sieht wie Kaffee mit viel Milch darin aus und hat einen aromatischen, leicht scharfen Geschmack, der, ist man einmal daran gewöhnt, wie aller angewöhnte Geschmack, völlig unwiderstehlich sein muss. Massvoll getrunken hat es wahrscheinlich keine schlechte Auswirkung und übt auf das Befinden eine Betelnuss-ähnliche Wirkung aus; aber im Übermass eingenommen erzeugt es alle Arten von Hautkrankheiten und schwächt das Augenlicht. Fast alle niederen Klassen der Weissen auf Fidschi sind Kawatrinker, einige regelrechte Trunkenbolde; und es wird allgemein als ein Beweis dafür genommen, dass ein Mann zum respektablen Teil der Gesellschaft gehört, wenn er davon Abstand nimmt, mit dieser schmutzigen Zubereitung in Berührung zu kommen. Die meisten Weissen bevorzugen sie auf echt polynesische Art; nur wenige lassen die Wurzel auf einer Reibe raspeln, ein Prozess, der angeblich den Geschmack beträchtlich mindere. Yaqona-Wurzeln werden Besuchern als Zeichen guten Willens präsentiert und in die Tempel als Opfergaben gebracht.[8]

Die Gegenstände des Völkerkundemuseums der Universität Zürich, die mit dem Kawatrinken in Zusammenhang stehen, stammen aus den 1860er-Jahren (Cramer-Graeffe-Sammlung[9]) und von Anfang des 20. Jahrhunderts (Friedländer-Stücke[10]). Sie illustrieren ein westliches Wissen über Kawa, das sich seit Schoutens erster Erwähnung fortschrieb und als ein Südsee-Topos in Objekten, Beschreibungen, Bildern und Erzählungen sehr präsent war. Die hier unternommene Vorstellung des Kawagebrauchs versucht, den historischen Sammlungsstücken ebensolche Beschreibungen und Bilder beizugesellen, um dann über bestimmte, den ‹Kawakomplex› erhellende Themen wie Mythenerzählungen und gesellschaftliche Einbettung zu dem bis in unsere Zeit reichenden Gebrauch von Pflanze und Getränk zu kommen. Geografische Schwerpunkte bilden die westpolynesischen Inselgruppen Samoa, Tonga und Fidschi.

Aus früher Zeit erwähnenswert ist eine sehr persönlich gehaltene Reiseerzählung des Schiffsarztes, Naturforschers und späteren Direktors des Münchner Museums für Völkerkunde Max Buchner. Er lässt den Leser mit seiner sehr lebensnahen Schilderung staunend an seiner Ankunft im heruntergekom-

8 Seemann 1862: 324–326; vgl. auch Seemann 1865–73: 260f.

9 Inv.-Nrn. 2391, 2396–2398.

10 Inv.-Nrn. 11172–11174.

menen einzigen Hotel des Ortes Wailevu auf der südlichen Fidschi-Insel Kadavu im Juli 1876 teilnehmen. Der trunkenen Runde gestrandeter Glücksritter aus aller Herren Länder entflohen,[11] konnte er gleich an einem nächtlichen Kawatrinken bei Einheimischen teilnehmen. Er schreibt dazu einführend über «dieses vom Standpunkt europäischer Zimperlichkeit so ekelhafte, aber entschieden sehr erfrischende Getränk»[12]:

> Die Kawa ist das allen Polynesiern bis auf die Maoris und unter den Melanesiern auch den Vitis eigenthümliche Getränk, welches durch Kauen und Auslaugen der Wurzel einer Pfefferart, Piper methysticum, bereitet wird. Man liest oft, dass dabei ein Gährungsprozess eine wesentliche Rolle spiele. Dies ist unrichtig. Gährungsvorgänge bedürfen immer einer gewissen Zeit, die Kawa aber wird sofort getrunken sowie sie zubereitet ist. Die Piper methysticum-Wurzel wächst wild im Walde, und wird als Handelsartikel verkauft.[13]

Vom Schriftsteller Robert Louis Stevenson, der die letzten Jahre seines kurzen Lebens auf Samoa verbrachte, gibt es in einem Brief an seinen Freund Sidney Colvin vom August 1892 eine kurze, mit einer Skizze der Sitzordnung versehene Notiz einer selten abgehaltenen königlichen Kawazeremonie, an der er zusammen mit seinen Hausgenossen teilnehmen durfte.[14] An denselben Briefpartner gerichtet, lobt er die poetische Ausdrucksweise von Missionar George Pratt, dem Verfasser samoanischer Grammatik- und Wörterbücher, in dessen Wiedergabe lokaler Mythen auch Kawa eine Rolle spielt:

> Ich versichere Dir, wir haben in der [samoanischen] Sprache ein kapitales Werk, ein Buch mit Fabeln von einem alten Missionar mit dem wenig versprechenden Namen Pratt, das einfach die beste und die literarischste Fassung der mir bekannten Fabeln ist. […] Der Fluch [der Sprache] im Alltagsgebrauch ist eine unglaublich unbeholfene Wöteransammlung; aber unter der Hand eines Mannes wie Pratt ist es prägnant wie Latein, kompakt mit lang rollenden Silbenfolgen und kleinen und oft markigen Partikeln – und in klanglicher Schönheit ein Traum.[15]

Weniger dem Wohlklang polynesischer Verse denn einer fast schon phonographischen Wiedergabe der beim Kawaausschenken geäusserten Verlautbarungen verpflichtet, übersetzt in seinen *Notizen über Samoa* der deutsche Botaniker und Anarchist Benedict Friedländer die ihm auf Samoanisch diktierten Anmerkungen über ein Kawazeremoniell,[16] etwa:

> Zuerst wird die 'Ava ausgerufen von dem, der sie vertheilt, auswringt, oder der sie mischt; also ist sein Wort: «Unterhaltet Euch nur noch, Ihr Herren, die Ihr zu erscheinen geruhtet; es ist die 'Ava der Begrüssung dieser

---

11 «Was aber kümmerten mich jetzt diese Blassgesichter, mich, der ich jetzt zum ersten mal unter wirklichen Wilden wandeln durfte, und dem es wie ein Traum vorkam, die Figuren aus den Bilderbüchern der Kindheit verkörpert und leibhaftig vor sich zu sehen. Wie interessant war mir Alles, was sie taten und an sich trugen.» Buchner 1878: 199.

12 A. a. O.: 295.

13 A. a. O.: 208.

14 Stevenson 1912: 157ff.

15 Stevenson 1912: 36f.; vgl. unten, S. 144f.

16 Benedict Friedländer 1899: 23f. bzw. 50f.

«Kavabereitung auf Samoa».
Postkarte, ca. 1900.
Foto: Alfred John Tattersall.

(d. h. ansässigen) Familien mit den Tauaitu von Faleata (beispielsweise!) die soeben mit Wasser verdünnt wird.» [...] Wenn sie zu Ende ist, so heisst es: «Zu Ende (wörtlich: abgerissen) ist die 'Ava; trocken ist das Bastbündel» (das, wie ein Schwamm gebraucht, zum Einschenken dient: wörtlich: verarmt ist das Bastbündel.) (Der nächste kurze Satz ist mir nicht recht verständlich; er gehört noch zu dem Ausrufe. Wahrscheinlich: «Es können vertheilen die Herren vom Gefolge (agai cf. Pratt) die noch übrige 'Ava.»)[17]

Ein weiterer Name dieses Florilegiums zur Kawakultur sei mit dem seinerzeit berühmten Reiseschriftsteller Richard Katz genannt. Sein Bericht über seinen Besuch auf Fidschi im Jahr 1926 beinhaltet zwei Hauptthemen: den nicht mehr ausgeübten Kannibalismus der Inselbewohner und einen sehr privaten Kawaabend in einem kleinen Dorf im Innern Viti Levus. Sein Fazit nach dem Trinken einiger Becher Kawa lautet: «Ach, warum kann ich nicht immer hierbleiben?...»[18]

DIE SÜDSEE-SAMMLUNG VON CARL CRAMER UND EDUARD GRAEFFE

Eine der frühen Sammlungen des Völkerkundemuseums der Universität Zürich stammt vom Zürcher Zoologen Dr. Eduard Graeffe. 1833 geboren, reiste er nach dem Studium der Naturwissenschaften und der Medizin 1861 für das Hamburger Handelshaus Godeffroy nach Samoa, wo er während seines

17 A. a. O.: 50f.
18 Katz 1954: 113.

Kawaschüssel, Ø 39 cm, Hibiskusbastsieb, Kokostrinkschale, Kawawurzeln. Samoa,
Sammler: Eduard Graeffe, 1866, Godeffroy-Expedition. Inv.-Nrn. Historisches und Völkerkundemuseum
St. Gallen, HVM E 1018, VMZ 2391, 2398, 2396.

zehnjährigen Aufenthaltes mehrere Reisen mit den Handelsschiffen der Faktorei zu umliegenden Inseln unternahm.[19] Hauptziel seines Tuns war neben seiner zoologischen und botanischen Forschungstätigkeit vor allem das Sammeln von Ethnographika und naturwissenschaftlichen Spezimen für das firmeneigene Museum sowie die Suche nach merkantilen Naturprodukten.[20] Vor seiner Abreise ordnete Graeffe in Hamburg die durch die rege Handelstätigkeit der Reederei Godeffroy bereits zahlreich vorhandenen zoologischen, botanischen und ethnographischen Objekte, und 1861 konnte das natur- und völkerkundliche Museum Godeffroy eröffnet werden. In der Folge belieferte es zahlreiche europäische Museen mit Exponaten.[21]

Angesichts der erfolgreichen Zusammenarbeit mit Graeffe stellte Johan Cesar VI. Godeffroy zur Mehrung der Sammlungen weitere Wissenschaftler an, welche für das Handelshaus im Pazifik forschten und Sammlungen anlegten, die sie mit den Schiffen der Reederei nach Hamburg sandten. Unter diesen waren bekannte Persönlichkeiten wie Amalie Dietrich (Australien), Andrew Garrett (Fidschi, Cook-Inseln, Französisch Polynesien) und Johann Stanislaus Kubary (Mikronesien).[22] Max Buchner erwähnt einen für Godeffroy arbeitenden Herrn Theodor Kleinschmidt,[23] der ihn mit seiner langjährigen Erfahrung in Alltagsleben und Forschung auf der fidschianischen Insel Kadavu einführte.

Nach seiner Rückkehr nach Europa übernahm Graeffe ab 1872 die Redaktion des Journals des Museum Godeffroy.[24] Im selben Jahr besuchte er in Zürich neben seiner Familie auch seinen Jugendfreund Carl Cramer, Professor für allgemeine Botanik am Eidgenössischen Polytechnikum, der von Graeffe eine Sammlung von Gegenständen erwarb.[25] Die Erben Cramers schenkten 1902 diese ca. 80 Nummern umfassende ‹Südsee-Sammlung von Prof. C. Cramer und Dr. Ed. Gräffe› der Geographisch-Ethnographischen Gesellschaft Zürich, der Vorgängerinstitution des heutigen Völkerkundemuseums.[26]

Das im Bild links gezeigte Set mit Kawaobjekten ist unter der ursprünglichen Nummer 30 bis 30''' Teil dieser Sammlung. Ob Graeffe bei seinen Aufenthalten auf Samoa, Tonga oder Fidschi selbst Kawa getrunken hat, bleibt offen, Kontakt damit hatte er allemal. In seinem Werk *Reisen im Innern der Insel Viti-Levu* schreibt Graeffe nämlich:

> Nachdem uns der Häuptling des Dorfes, ein bejahrter Mann, willkommen geheissen und eine Musquete als Geschenk erhalten hatte, um uns seine Leute zum Wegbahnen auf den Berg mitzugeben, wurde in dem Bure der übliche Agona-Trank bereitet. Die Wurzel des *Macropiper methysticum* wird zu diesem Behufe gekaut und in einer grossen hölzernen Schale mit Wasser infundirt. Gesänge mit Händeklatschen nach der Weise dieser Eingeborenen begleiten dessen Zubereitung. Das grünliche trübe Getränk wird alsdann in polirten Cocosnussschalen verabreicht, wobei wieder allerlei Ceremonien beobachtet werden. Die Raravatu-Leute, welche noch keinen Weissen in ihrem Dorfe gesehen hatten, waren durch ihre über-

19 Keller 1916: 733f.; vgl. auch Graeffe 1916.
20 Graeffe 1886 zitiert nach Scheps 2005: 265.
21 Scheps 2005: 47 bzw. 75.
22 A. a. O.: 52.
23 Vgl. Buchner 1878: 197.
24 Scheps 2005: 184f.
25 Keller 1916: 735.
26 Haslwanter 2009: 15.

POULAHO, KING of the FRIENDLY ISLANDS, drinking KAVA.

Kupferstich «Poulaho, King of the Friendly Islands, drinking Kava», Zeichnung: John Webber, Stich: William Sharp, in: James Cook, *A Voyage to the Pacific Ocean*, London 1784, Tafelband.

grosse Neugierde sehr lästig, indem sie den Bure, der ohnediess nicht gross war, vollständig füllten. Um daher der erstickend heissen Luft im Hause zu entgehen, wanderte ich hinaus, dem Gebirgsbache entlang nach Thieren und Pflanzen suchend.[27]

Zur Kunst der Kawabereitung.
Eine Beschreibung von William Mariner, 1817

Ist alles soweit vorbereitet, sagt der Matabule «y he fow», «leg den Fow rein»: eine grosse Menge dieses faserigen Materials, genug um die ganze Oberfläche des Aufgusses zu bedecken, wird nun durch einen von denen, die neben der Schale sitzen, hineingelegt, und es schwimmt auf der Oberfläche. Dann beginnt der Mann, der die Schale betreut, seine schwierige Aufgabe. Zuerst streckt er seine linke Hand zur entfernten Seite der Schale aus, seine Finger zeigen dabei abwärts, die Handfläche ist ihm zugewendet. Er senkt diese Hand sorgfältig am Rand der Schale nach unten und hält damit das Ende des Fow. Gleichzeitig vollführt seine rechte Hand eine ähnliche Handlung an der ihm zugewendeten Seite, seine Finger zeigen dabei

27 Graeffe 1868: 15.

nach unten und seine Handfläche gegen aussen. Er macht dies langsam, von jeder Seite her, nach und nach tiefer eintauchend, bis seine Finger sich am Grund berühren, so dass fast alle Wurzelfasern dadurch im Fow eingeschlossen sind, das somit eine über zwei Fuss lange Rolle bildet, die am Grund von einer bis zur anderen Seite liegt und deren Ränder unten aufeinander treffen. Er dreht jetzt die Rolle sorgfältig um, so dass die sich gegenseitig überlappenden oder eher sich verbindenden Ränder nun zuoberst hinkommen. Als nächstes legt er die zwei Enden in der Mitte aneinander und dreht die Rolle nochmals sorgfältig um, dahingehend, sie zu einem engeren und festeren Kreis zu verkleinern.

Nun nimmt er sie vorsichtig aus der Flüssigkeit, sie fest an beiden Enden greifend, eines in jeder Hand (die Handrücken weisen nach oben) und, das Ganze auf Brusthöhe anhebend, seine Arme ziemlich ausgestreckt, nimmt er seine rechte Hand zu seiner Brust, sie kontinuierlich weiterbewegend. Und während seine linke Hand in runder Bewegung gegen seine rechte Schulter kommt, dreht seine rechte Hand ein Stück weit den Fow, legt das von ihr gehaltene Ende über den linken Ellbogen, dass der Fow so ausgestreckt auf diesem Arm liegt, ein Ende davon immer noch von der linken Hand gefasst. Die rechte Hand ist nun frei und wird unter den linken Vorderarm gebracht (der immer noch in derselben Stellung bleibt) und von aussen gegen den linken Ellbogen getragen, damit sie in dieser Stellung das Ende des Fow wieder greifen kann. Die rechte Hand beschreibt dann vom Brustkasten aus auswärts eine weite Kurve, während die linke über den Brustkorb kommt, eine Kurve näher bei diesem beschreibend. Und in entgegengesetzter Richtung, bis sie ausgestreckt ist, wird die linke Hand von ihm weggestreckt, und die rechte nähert sich der linken Schulter, den Fow fortschreitend durch die gegebene Drehung und Biegung dieses Handgelenkes verdrehend: diese doppelte Bewegung wird dann wiederholt, aber auf eine solche Art (das linke Handgelenk nun in Betätigung), dass der Fow, anstatt aufgedreht, noch mehr verdreht und in seiner Länge nun wieder auf den linken Arm gelegt wird, während er neu und weniger eingeschränkt greifen kann.

So vollführen Hände und Arme mannigfaltige Kurven von höchst graziösen Bewegungen: die Muskeln der Arme und des Brustkorbes sieht man sich heben, wenn sie betätigt werden, und zeigen, was einem Maler ein schönes und ungewöhnliches Studienmotiv abgäbe. Denn kein Ablauf tierischer Bewegung könnte das Schwellen und Spielen der Muskeln anmutiger oder effektvoller entwickeln. Das Ausmass der von ihm angewendeten Kraft ist, wenn es um eine grosse Menge geht, beträchtlich, und die Fertigkeit, womit er das Ganze vollbringt, verfehlt nie, die Aufmerksamkeit und Bewunderung aller Anwesenden hervorzurufen: Alles schweigt und aller Augen sind auf ihn gerichtet in der Beobachtung jeder seiner Armbewegungen, wie diese die zum Erfolg der Handlung nötigen verschiedenen kurvenförmigen Runden beschreiben. Manchmal hört man die Fasern des Fow bei wachsender Spannung knacken, die Masse sieht dennoch ganz und vollständig aus, dünner werdend, wenn sie mehr verdreht wird, während der Aufguss in gleichmässig abnehmender Menge davon abfliesst, bis zuletzt kein einziger Tropfen mehr fällt.[28]

MYTHEN ZUR ENTSTEHUNG VON KAWA

Menschenopfer an die Sonne, Samoa 1891

Ui war die Tochter eines Paares mit Namen Fiso und Ufi. Sie gehörten zum Atafu-Land und lebten auch da [...]. Es war Brauch bei den Menschen von Atafu, der Sonne jeden Tag ein Menschenopfer als Gabe zu überreichen (‹ua fai le aso ole La i tagata›). Jede Familie stellte reihum ein Opfer, männlich oder weiblich. Dadurch verschwanden die Familien nach und nach, und in der Familie von Ui blieben nur drei Überlebende, ihre alte Mutter, sie selbst und ihr Bruder Lua-ma'a. [...] Der Tag näherte sich, an welchem jemand von ihnen geopfert werden sollte. Sie weinten gemeinsam und wollten nicht, dass jemand der beiden anderen sterben sollte, alle wollten das Opfer sein. Dann sagte Ui, sie würde versuchen die Sonne zu überreden, einen Ersatz zu akzeptieren. Mit der Hilfe ihres Bruders bereitete sie also das Opfer vor, das aus Taro, etwas Fisch, einem Huhn und einigen Teilen einer Kawapflanze bestand, zusammen mit einer Schale, um das Getränk zu bereiten, einer Trinkschale, einem Siebbündel und etwas Gelbwurz; diese wurden sorgfältig in einen Korb gelegt. Am Morgen des Tages, an dem das Opfer gebracht werden sollte, sehr früh vor Tagesanbruch, begab sich Ui in Begleitung ihres Bruders zum Opferaltar, der auf einem Berg in einiger Distanz zum Dorf war und sich zwischen zwei Bäumen, einem Fetau und einem Fasa, befand. Kurz nachdem sie ihren Platz auf dem Altar eingenommen hatte, erhob sich die Sonne über den Fasa-Baum, und Ui sprach sie sogleich wie folgt an:

Le La e, maui mai,
E taumafa ola atu lau tagata,
Ua leai le aiga nai lou taumafa,
Le La fai atu;
Ui e, ta fia inu 'ava, &c.

Was heisst:
Oh Sonne, komm, um dein menschliches Wesen zu verspeisen;
doch von dieser Familie wird, wegen deines Festmahls, niemand überleben.
Darauf antwortet die Sonne:
Oh Ui, nach Kawa [nicht nach Blut] dürstet es mich.

28 Mariner 1817, Vol. II: 193–196. Diese Passage wird auch zitiert in Williams 1858: 142f.

Und die Jungfrau antwortet sogleich:
Hier ist Kawa, [gezogen] von einem fähigen Mann mit grosser Mühe;
sie stand [wuchs] auf felsigem Grund; sie stand dir geweiht;
ihre Wurzeln waren von reicher und verführerischer Färbung;
diese Kawa werde ich in Stücke teilen und mit einer Muschel gründlich schälen;
werde sie waschen und mit dem Siebbündel sauber reiben.
Ich werde den Mund gut spülen, und kauen!
In einer Kawa-Schale werd ich sie mischen;
und filtern, um sie gänzlich von Rückständen zu reinigen.
Diese Kawa werde ich nun verteilen!
Oh Sonne, wenn du essen magst,
hier ist dieser Fisch, der 'ata'ata [den Göttern heilig],
der Fisch, der nah dem Hafen wartet;
Hier ist das Geflügel, ein Geflügel mancher Zuchtauswahl, ausgewachsen und prall;
oh nun! Auf diese nun lege deine [sehnsüchtigen] Augen;
denn von dieser Familie überlebt durch dein Festmahl keiner.
Die Sonne näherte sich, erblickte ein Mädchen, schön gekleidet und von einnehmendem Wesen. Sie war hingerissen von ihrer Schönheit und liebte sie. Von da an unterblieben die Menschenopfer an die Sonne.

Als die Sonne Ui versprach, dass sie keine Menschenopfer mehr verlangen werde, ging diese glücklich nach Hause und berichtete von ihrem Erfolg. «Ich bin nicht verschlungen, wie ihr seht; die Sonne sagte zu mir: – Sau ia, o le a ola le nu'u; ua ifo le aso o le La; e le toe faia, – Komm her; dein Land soll leben; die Opfer an die Sonne sollen aufhören; es soll nicht wiederholt werden.»[29]

Der Ursprung von Kawa und Zuckerrohr, Tonga 1924

[Ein Paar] mit Namen Fefafa und Fevanga wohnte in Eueiki. Der Mann war ein Bediensteter des Tui Tonga [König von Tonga][...] und lud Chief Loau ein, im Zuge einer Vergnügungsfahrt auf die Insel zu segeln.

Und Tui Tonga reiste nach Eueiki zu einer Zeit der Lebensmittelknappheit auf der Insel. Nur eine grosse *kape*-Pflanze (eine Pflanze, deren Wurzeln gegessen werden, die aber sehr pfeffrig ist) stand auf dem Grundstück des Mannes, und als sie anlegten, wurde die Bootsausrüstung der Chiefs [...] gegen die *kape*-Pflanze gelehnt, und sie gingen, um den Mann zu sehen. Das Paar machte sich daran, den Erdofen herzurichten [...]. Loau war gekommen und sass sehr nahe an der grossen Pflanze, dann war es Zeit, das Essen in den Ofen [...] zu legen, und sie brauchten die grosse *kape*-Pflanze [...]. Daher baten sie Loau, ins Haus zu gehen, damit sie frei wären, die grosse *kape* zu fällen. Nach einiger Zeit ging er ins Haus, dann

29 Pratt et. al. 1891: 123f., Anmerkungen im Original.

fällten sie die grosse *kape* und garten das Essen. Aber sie hatten kein Fleisch, also töteten sie Kavaonau (ihre Tochter) als Fleisch für den Ofen.

Das Essen wurde [...] Chief Loau gebracht. Er dankte ihnen für die Zubereitung des Essens, aber er sagte: «Wusstet ihr nicht, dass es eine Kawapflanze war; warum habt ihr eure Tochter vernichtet?» Dann trug er ihnen auf, sie wegzutragen und zu begraben. [...] Die Eingeweide und der Kopf wurden getrennt begraben. [...] Nach fünf Nächten wuchs aus dem Kopf eine grosse Kawapflanze, während aus den Eingeweiden ein grosses Zuckerrohr wuchs. [...] Es wird gesagt, dass eine Ratte kam und die grosse Kawa kaute und teilweise gelähmt wurde, dann kaute sie das Zuckerrohr und erholte sich und rannte weiter. Die Ratte tat dies immer wieder, was zeigte, dass das Zuckerrohr gemeinsam mit der Kawa gegessen werden muss.

Und als die beiden Pflanzen gross waren, gruben Fefafa und Fevanga sie aus und brachten sie zu Loau. [...] [Loau sah die Pflanze,] lachte und sagte: «Kawa zu kauen, eine Leprakranke aus Faimata! Bringt etwas Kokosnussfaser, um sie zu filtern, eine Schüssel, um sie zu fassen, jemanden als Zeremonienmeister, einige junge Bananenblätter als Gefässe (oder Schalen) und jemanden, dem die Schüssel zugewandt werden soll.» [...]

Dies ist der Ursprung der Kawa. [...] Und jene, welche zu viel Kawa trinken, werden schuppig wie Leprakranke, denn die Kawa wuchs aus dem Körper einer leprakranken Frau.[30]

Vom Ursprung der Kawapflanze aus einer getöteten jungen Frau, Pentecost Island 1984

Vor langer Zeit lebten Waisenzwillinge, ein Bruder und eine Schwester, glücklich auf Maewo [einer Insel nördlich von Pentecost]. Eines Nachts musste der Bruder, der seine Schwester sehr liebte, diese vor einem Fremden schützen, der sie heiraten wollte, den sie jedoch abgewiesen hatte. Im Kampf schoss der enttäuschte Freier einen Pfeil, der das Mädchen traf und tötete. Verzweifelt brachte der Bruder den Leichnam seiner Schwester nach Hause, schaufelte ein Grab und beerdigte sie. Nach einer Woche, noch bevor Gras das Grab überwucherte, spross eine Pflanze von ungewöhnlicher Erscheinung, wie er sie noch nie gesehen hatte. Sie wuchs als Einzige auf dem Grab. Er beschloss, sie nicht auszureissen. Ein Jahr verging, und der gramerfüllte Junge hatte es noch nicht geschafft, sein Seelenleid über den Tod seiner Schwester zu bezwingen. Oft ging er an ihr Grab, um zu trauern. Eines Tages sah er eine Ratte an der Wurzel der Pflanze nagen und sterben. Sein unmittelbarer Gedanke war, sein eigenes Leben durch den Verzehr grosser Mengen dieser Wurzel zu beenden, aber als er dies versuchte, starb er nicht, sondern vergass seine Traurigkeit. Also kam er häufig zurück, um die magische Wurzel zu essen, und lehrte auch anderen ihren Gebrauch.[31]

30 Von Mrs. Rachel Tonga aufgenommen. Übersetzung ins Englische durch Miss Beatrice Shirley Bake; Gifford 1924: 71f.

31 Von Vincent Lebot in Loltong Village im Februar 1984 aufgenommen; Lebot et al. 1992: 122f., Anmerkung im Original.

EIN LANDESPRODUKT FÜR DIE EROBERER DER MEERE

Kawa ist, wie von Einheimischen wie Fremden immer wieder erwähnt wird, friedenstiftend. Diese Eigenschaft geht weit über die physiologischen Wirkungen ihrer Einnahme hinaus, die als spannungslösend und beruhigend beschrieben werden: Kawa wirkt, im Rahmen des traditionellen Kontextes betrachtet, wie ein Katalysator oder ein Schmiermittel in der Regelung der gesellschaftlichen Verhältnisse. Auf diese ausserordentliche Stellung der Kawapflanze und des daraus gemachten Getränkes geben die mythischen Erzählungen Hinweise. Diese lassen sich ansatzweise verstehen, wenn man sie in eine Struktur der Machtentfaltung im Zuge von Eroberungen einbettet, die in Mythologie, Geschichte und Schicksal ganz unterschiedlicher Zeiten und Völker aufscheint: die Etablierung eines mit Heirat und Übernahme göttlicher Ahnenreihen regulierten hierarchischen Systems zwischen von aussen übers Meer kommenden Eroberern und der landansässigen Bevölkerung.[32]

Wie der Sonne, der man alles schuldet und die als übers Meer kommender himmlischer Herrscher befriedigt werden muss, wird den aufs Land einfallenden Eroberern in der Not der Verpflichtung, sie mit Nahrung und Heiratspartnerinnen zu versorgen, die Kawapflanze als ein Ersatzopfer angeboten. Solche Opfergaben des Besten, was das Land zu bieten hat, gebühren eigentlich nur göttergleichen Wesen, in welche sich die Empfänger durch den Trank, der immobilisiert, gewissermassen vergiftet und wiederbelebt, gerne wandeln; sie werden zu Repräsentanten der lokalen Gottheiten und sind dadurch – im Gegenzug – verpflichtet, für das Wohl der sich ihnen unterordnenden Menschen zu sorgen. Ihre quasi göttliche Kraft findet im pazifischen Raum dadurch ihren Ausdruck, dass alles, was mit ihnen in Zusammenhang steht, mit einem Tabu belegt wird, d. h. gewöhnlichen Menschen nicht mehr zugänglich ist.

Dieses Aufgeladensein von Dingen, das eine hierarchische Richtung vorgibt, betrifft auch Nahrungsmittel und andere wertvolle Gaben wie kunstvoll geflochtene Matten, grosse, verzierte Rindenbaststoffe oder die aus dem Meer stammenden, zu Schmuck verarbeiteten Pottwalzähne. Diese Güter können immer nur an höhergestellte Personen übergeben werden. Einzig Kawa ist von dieser Tabu-Hierarchie ausgenommen: Sie wird zwar in einer Sitzordnung und Reihenfolge ausgeteilt, die keine Zweifel am Rang jedes Einzelnen aufkommen lassen, darf aber, selbst wenn Häuptlinge sie berührt oder davon getrunken haben, an alle Anwesenden verteilt werden. Kawa selbst steht demnach über allen Hierarchien, indem sie sie bewirkt und zelebriert. Sie ist die friedenstiftende Gabe, die löst und verbindet, das «pazifische Elixier», wie Vincent Lebot seine umfassende Arbeit über Kawa betitelt hat,[33] oder, wie Robert Stevenson es ausdrückt, «eine inszenierte Hieroglyphe».[34]

32 Vgl. hierzu und zum Folgenden den höchst bemerkenswerten Aufsatz von Sahlins 1981.

33 Lebot et al. 1992.

34 Stevenson 1912: 157.

Pottwalzahn *tabua*.
Fidschi-Inseln, Sammler: Immanuel Friedländer, 1907. Länge 15.5 cm, Inv.-Nr. 11172.
Als eine der prestigeträchtigsten Gaben auf Fidschi dient der polierte, gelegentlich mit Gravuren versehene Zahn des Pottwals. Im Rahmen einer Kawazeremonie erfolgt die von Ansprachen begleitete offizielle Übergabe, die jedes wichtige gesellschaftliche Ereignis festigt. Solche Zähne waren – besonders vor dem Einsetzen des Handels davon mit ausländischen Walfängern im frühen 19. Jahrhundert – ein überaus rares Gut, eine Oberhäuptern vorbehaltene Währung, wertvoller als Gold (vgl. Steven Hooper in Herle und Carreau 2013: 21f.). Immanuel Friedländer schreibt, dieser Pottwalzahn sei um 1820 graviert worden (Brief an Hans Wehrli, Direktor der Sammlung für Völkerkunde der Universität Zürich, vom 19. September 1934).

ORDNUNGSSYSTEM

Kawa als besondere Pflanze und als zeremoniell zubereitetes und eingenommenes Getränk steht ausserhalb der Rangordnung der Objekte und Personen: Kawa versöhnt und verbindet kraft ihrer ausserordentlichen Stellung unterschiedliche Positionen. Gerade durch die Kawazeremonie werden jedoch diese Positionen und ihre hierarchische Einordnung besonders augenfällig inszeniert, und Sitzordnung und Handlungsablauf während des Umtrunks folgen klar strukturierten und strengen Vorgaben.

Auf den westpolynesischen Inselgruppen Samoa, Tonga und Fidschi folgt das rituelle Kawatrinken lokal leicht unterschiedlich geprägten Abläufen, und grosse, hochoffizielle Trinkanlässe unterscheiden sich selbstverständlich von unbedeutenderen, kleineren Zusammenkünften.[35] Gleichzeitig lassen sich innerhalb dieser Varianten Prinzipien ausmachen, die dem formalen Kawatrinken gemeinsam sind: die Markierung einer Hierarchie in Raum und Zeit. Diese Einstufung zeigt sich räumlich durch die Sitzordnung und zeitlich durch die Reihenfolge des nacheinander vorgenommenen Trinkens. Zwei zusätzliche wichtige, mit Zeit in weiterem Sinne verknüpfte Aspekte sind das über die Generationen absteigende System der ererbten Titel von Vorfahren zu Nachkommen[36] sowie das Senioritätsprinzip, das ältere Anwesende (worunter zuweilen auch Gottheiten oder Ahnenteilnehmer fallen, die durch anwesende Menschen oder durch blosse Markierungen repräsentiert sein können[37]) den nachfolgenden Generationen überordnet. Diese beiden Hierarchieordnungen, des Raums sowie der dies- und jenseitigen Zeit, treffen in der Trinkrunde zusammen.

Zwei Pole bestimmen diese Runde: Am oberen Ende, zum privaten Hausinneren hin positioniert und gegen den Eingang und den öffentlichen Platz vor dem Haus gewendet, sitzt die Person mit dem höchsten Titel oder dem höchsten Ansehen. Neben ihr sitzen ihre Wortführer und anschliessend, immer im Wechsel mit den Sprechern, weitere Oberhäupter in absteigender Rangfolge. Genau gegenüber der höchsten Position sitzt, ihr zugewendet, jene Respektsperson, welcher die ehrenvolle Aufgabe der Zubereitung des Aufgusses obliegt, neben sich Assistenten und, als einziger, der im Innern des Kreises während

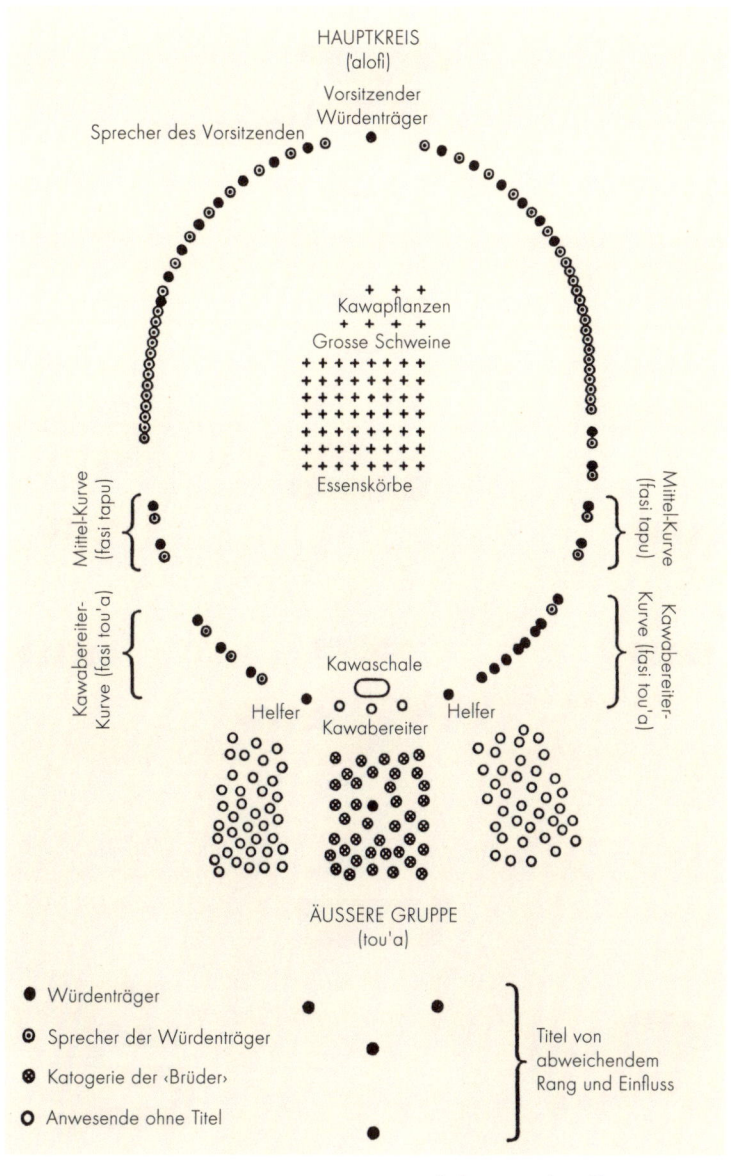

Schematisches Diagramm der Sitzordnung bei einer formellen königlichen Kawazeremonie auf Tonga. (Quelle: Bott 1987: 186).

35 Vgl. zu Samoa Deihl 1932; zu Tonga Mariner 1817 und Bott 1987; zu Fidschi Lester 1941, Mückler 2001, Tomlinson 2007.

36 Vgl. Turner 1986: 206; Lester 1941: 236; Mückler 2009: 191ff.

37 Vgl. Handy 1927: 138f., zitiert nach Turner 1986: 208; Stevenson 1912: 158.

Kawaschüssel, Apolima, Samoa. Sammler: Immanuel Friedländer, Anf. 20. Jh. Ø 44 cm, Inv.-Nr. 11174.

der Zeremonie stehen und gehen darf, der Austräger und Verteiler des Trankes. Vor dem Kawabereiter steht die Kawaschale, deren lange und dicke, zuweilen mit grossen Kaurischalen behängte Schnur in Richtung des Vorsitzenden ausgeworfen wird. Das Übertreten dieser Schnur wird als ein schlimmer Fauxpas und Tabubruch aufgefasst und geahndet.

Ausserhalb des Kreises, auf der niederen und öffentlichen Seite hinter der Kawaschale, sitzen weitere Personen, zuweilen in Gruppen von Titelverwandtschaften beisammen, zuweilen einfach etwas zurückversetzt als Zuschauer und Helfer, um Zutaten oder Speisen heranzuschaffen, deren Verzehr zum Kawatrinken gehört. Hier, ausserhalb, ist üblicherweise auch der Platz der Frauen, deren vornehmliche Aufgabe die des Kochens ist. Alle Handlungen und die ganze Aufmerksamkeit konzentrieren sich jedoch auf das Innere des Kreises, wo die kurzen Aufforderungen und Meldungen zur Kawabereitung hin und her gerufen werden,[38] wo während der Zubereitung zuweilen die Kawalieder zu rhythmisch geschlagenen Bambusstöckchen ertönen und wo bei der feierlichen und höchst kunstvoll ausgeführten Überreichung der gefüllten Schale ein einfaches, bzw. auf manchen Inseln hinterher ein dreifaches, Klatschen den Akt des Trinkens begleitet.

Die Rolle des Mannes an der höchsten Position ist insofern bemerkenswert, als er seine Souveränität oft durch grosse Zurückhaltung festigt.[39] Seine vornehmen Sprecher neben ihm handeln in seinem Sinne und wurden von Fremden wohl manchmal in Verkennung der Situation als die einflussreichsten Personen selbst aufgefasst. Viele Besucher aus Übersee berichten, dass der Vorsitzende in gönnerhafter Weise die ihm zugelegte Schnur der Kawaschale an die fremden Gäste weiterschob. Entsprechend verzichtete er auch auf den ihm zustehenden ersten Trunk und leitete den Träger mit der ersten vollen Schale an den Gast weiter. Eine solche Ehrerweisung kann darauf hindeuten, dass die weisshäutigen Kolonisatoren als die mächtigeren Partner empfunden wurden, kann aber auch eine Geste der Grosszügigkeit sein, die sich nur leisten kann, wer sich seiner Sache sehr gewiss ist.[40]

SAMMLUNGSSTÜCKE

Der Vulkanologe Immanuel Friedländer (1871–1948) reiste im Jahr 1893 erstmals nach Samoa, wo er sich einen Monat lang aufhielt, wohl mit seinem älteren Bruder Benedict zusammen, der zwei eigene Aufenthalte von insgesamt sieben Monaten auf dem Archipel erwähnt. Benedict Friedländer (1866–1908) setzte sich intensiv mit der politischen Situation und der materiellen Kultur in Samoa auseinander, kehrte aber vermutlich nach 1899, nachdem Samoa deutsche Kolonie wurde, nicht mehr in die Südsee zurück. Er hatte eine ethnografische Sammlung angelegt, deren einheimische Beschreibung der Stücke er in seinen *Notizen über Samoa* wiedergibt und die er, nach eigenen Angaben, dem Berliner Museum für Völkerkunde leihweise überliess.[41]

38 Vgl. für Samoa Benedict Friedländer 1899: 50.
39 Vgl. Turner 1986: 207.
40 Vgl. Mariner 1817: 199ff.; Mariner 1819: 468; Buchner 1878: 268.
41 Benedict Friedländer 1899: 5.

«Preparing for feast, Fiji», Fidschi, vor 1908. Fotosammlung Immanuel Friedländer.

«Fijian clubs and curios, Viti Levu», 1907. Fotosammlung Immanuel Friedländer.

42 Vgl. Benedict Friedländer 1899: 2 und Immanuel Friedländer 1910: 509.

43 Buchner 1878: 308f., der auch dies (a. a. O.: 199) ausführt: «Selbst auf die Herstellung richtiger ‹Exportartikel› waren die schlauen Insulaner schon gekommen. Man sah da Bogen, Pfeile und Lanzen, ganz deutlich eben erst flüchtig zurechtgeschnitzt und ohne jeglichen ethnographischen Werth, aber sie wurden gekauft. Nur an Keulen der verschiedensten Formen waren viele echte und alte zu haben.»

44 Vgl. Korrespondenz zwischen Immanuel Friedländer und der Sammlung für Völkerkunde der Universität Zürich aus den Jahren 1934 und 1944.

1907 unternahm sein Bruder Immanuel Friedländer eine weitere Südseereise, die ihn nach Hawaii, nach Samoa und auf zwei der Fidschi-Inseln führte.[42] Die Zürcher Sammlung erhielt in den 1940er-Jahren einige ethnographische Objekte von seinem Samoa-Aufenthalt. Er war ein leidenschaftlicher Fotograf, berühmt für seine geologischen Vulkanaufnahmen; nur wenige seiner Bilder zeigen Szenen aus dem kolonialen Leben auf Fidschi. Bemerkenswert ist eine Aufnahme, die eine Art Einkaufsladen für einheimisches Kunstschaffen zeigt. Schon Max Buchner erwähnt solche Einrichtungen:

> Bei jenem Kaufmann [...] machte ich noch einige Einkäufe. Er hatte seinen Laubhüttenladen mit allen möglichen Vitimerkwürdigkeiten für die von den Dampfern zu erwartenden Fremden komplettirt. Namentlich fiel mir eine Menge verschiedenst gestalteter Keulen auf. Die Eingeborenen müssen diesen Artikel ehemals in ungeheurer Anzahl produzirt haben, da es davon noch so viel giebt. Er hatte auch Photographien von Insulanern, die in Levuka gefertigt waren. Leider fand ich darunter nur wenige gute und typische.[43]

Immanuel Friedländers Fotografien gingen zusammen mit seiner umfangreichen Gesteinssammlung um 1935 an die Eidgenössische Technische Hochschule in Zürich. Im Jahr 1934 wurde eine Ausstellung seiner Objekte im Zürcher Kunstgewerbemuseum in Erwägung gezogen, und einige der Stücke blieben als Leihgaben in der universitären Sammlung für Völkerkunde in Zürich, bis sie zehn Jahre darauf teils erworben, teils als Geschenke des Sammlers in den Besitz der Universität übergingen.[44]

ZUR HERSTELLUNG DER KAWASCHALEN

Die auf den Inseln von Fidschi gebrauchten Kawaschalen stammen traditionellerweise von Kabara, einer südlichen Insel der Lau-Gruppe, wo der Vesi-Baum (*Intsia bijuga*) wächst. Aus ganzen Blöcken des Stammes dieser nur langsam wachsenden und für hochwertige Schnitzarbeiten sehr geeigneten Bäume werden die vielbeinigen Schalen hergestellt, indem nach dem Fällen und groben Bearbeiten der Schale noch am Ort des Holzschlags anschliessend im Dorf die Rundung mit einem Querbeil feiner ausgehauen wird. Die Bewohner haben das Vorrecht zu diesem Handwerk, insbesondere eine auf den Bootsbau und das Schnitzhandwerk spezialisierte Gruppe, die Lamaki, die im späten 18. Jahrhundert von Samoa über Tonga auf die Insel kamen.[45] In diese Zeit fällt wohl auch der Anfang der Verbreitung der für Fidschi charakteristisch geformten, flacheren Kawaschalen (vgl. Objekt S.133) über die ganze Inselgruppe.

Zur Herstellung der grossen Kawaschalen. Eine einheimische Beschreibung aus Samoa, 1899.

> 'O le tanoa ('Ava-Bowle.)
> Die Tanoa wird vom Handwerker aus dem Holze des Ifilele geschnitten. (Der Ifilele ist nach Pratt die Afzelia bijuga.) [...] Es ist Savaii, wo man an jene Arbeit gewöhnt ist (d.h. sie meist ausübt): Falealupo, Asau und Tufutafoi, sowie einige (andere) Ortschaften Savaii's. Das Holz wird mit der Axt geschnitten. Dies Holzstück wird von einem geschickten Handwerker gemacht. Es kann das nicht ein beliebiger Mensch machen, sondern nur die, so in jener Arbeit geschickt sind. Zuerst wird die Höhlung der Tanoa ausgeschnitten. Diese wird fertig gemacht. Wenn die Höhlung der Tanoa fertig ist, so wird die convexe Seite der Tanoa gemacht. Es werden Beine der Ava-Tanoa hergestellt, vier oder sechs (sind an Zahl) die Beine der Ava-Tanoa. (Das ist nicht genau, da es auch Tanoa mit viel mehr Beinen giebt.) Wenn alles dieses fertig ist, so wird die ganze Tanoa geschmückt (d.h. sauber hergerichtet). Wenn sie fertig gesäubert ist, so wird sie mit einem Flaschenscherben gekratzt (früher mit der 'ana, vgl. Pratt). Wenn die Tanoa mit einem Flaschenscherben fertig gekratzt ist, so holt man die 'Ana. Es ist dies ein Gegenstand, den man in dem Seewasser findet, um damit den Körper der Tanoa zu glätten. Dies ist die Kava-Tanoa. Wenn sie fertig mit der 'Ana behandelt ist, so wird sie mit einem Stück ungefärbter Tapa geschmückt (d.h. polirt), einem Stück, das bereits dünn ausgeschlagen ist. Man macht etwas 'Ava und stellt die neue Tanoa fort und wartet, bis ein Tag vorüber ist. Darauf schüttet man die 'Ava fort und reibt (die Tanoa) mit einem Stück unfertiger Tapa, auf dass man den Ueberzug («tane») der Tanoa erhält; es soll die 'Ava-Tanoa schön glänzen. [Der schöne grünliche, schmelzartige

45 Vgl. Steven Hooper in Herle und Carreau 2013: 52.

Inoke Valekuila bearbeitet mit einem Querbeil das Innere einer achtbeinigen *tanoa*. Im Dorf Naikeleyaga, Kabara Island, Lau, Fidschi, Februar 1977. Foto: Steven Hooper.

Ueberzug der gebrauchten Tanoa, «tăne» genannt, bildet sich erst nach längerem Gebrauch und wird sehr geschätzt; dasselbe gilt von den ipu (Cocosbechern)].[46]

KAWA HEUTE: HANDEL UND WANDEL

Auch wenn sich seit der Zeit der grossen Entdeckungsreisen das Leben auf den Inseln des Pazifiks in vielen Bereichen verändert hat, behielt Kawa ihren zentralen Stellenwert in vielen der Gesellschaften bei. Nach wie vor ist das Getränk wichtiger Bestandteil von Tauschbeziehungen und Zeremonien, bei denen soziale Beziehungen geknüpft, gefestigt und repräsentiert werden. Auch die Bedeutung des Getränks in der Kommunikation mit den Ahnen und Göttern blieb erhalten.[47] Dieser traditionelle Gebrauch von Kawa wird ergänzt durch urbane Kawabars, z. B. auf Vanuatu, in denen sich hauptsächlich Männer abendlich treffen und bei ein paar Schalen Kawa in gemütlicher Geselligkeit den Tag ausklingen lassen. Auch diese Form des Kawatrinkens unterliegt rituellen Regeln und Einschränkungen, die bestimmen, wer wo trinken darf und wie man sich dabei verhält, je nach Formalitätsgrad der Versammlung. Während bei formellen Zeremonien Kawa meist auf traditionelle Weise hergestellt wird durch Zerstampfen des Wurzelstocks, in einer Holzschale angerührt und mit Hibiskusfasern sorgfältig gefiltert, hat in alltäglicheren Zeremonien das Kawapulver aus der getrockneten und geriebenen Wurzel Einzug gehalten; es wird mit Wasser in Metalleimern gemischt und mit Baumwollstoff gefiltert. Ein neueres Phänomen stellen Instant-Getränke wie z. B. Vanuatu Kava Cola dar, die sich aber nicht breit etablieren konnten. Mit der politischen Unabhängigkeit nahm in den meisten Südpazifischen Inselstaaten der Konsum von Kawa zu; das Trinken von Kawa bietet eine Möglichkeit, die indigene Identität zu zelebrieren.[48]

Als Heilmittel wurde Kawa schon seit den ersten Kontakten mit Europäern nach Europa und in die USA exportiert.[49] Die steigende Nachfrage nach Beruhigungs- und Entspannungsmitteln in den Industriegesellschaften und die effizienteren Transportmittel beschleunigten den internationalen Handel mit Kawa in der zweiten Hälfte des 20. Jahrhunderts massiv. Einen Höhepunkt der Nachfrage erlebte der internationale Kawahandel in den 1990er-Jahren, als im Südpazifik schätzungsweise 10'000 Hektar Land mit Kawa bebaut waren. Die Pflanzen wachsen auf Grossplantagen in langen Reihen, geschützt durch den Schatten anderer Nutzpflanzen wie Kaffee oder Kokospalmen, aber auch in Familiengärten, denn ein eigener Kawagarten ist nach wie vor eine Quelle des Stolzes.[50] Auf Vanuatu beispielsweise beliefern viele Kleinbauern der Inseln lokale Vermittler, welche die Kawa an Kawabars oder an die Mittelsmänner in der Stadt weiterverkaufen. Diese wiederum beliefern Kawageschäfte oder verkaufen die Pflanzen über den internationalen Markt für den pharmazeutischen oder Freizeitgebrauch.[51] Der internationale und lokale

46 Übersetzt und kommentiert von Benedict Friedländer 1899: 32, 34; Anmerkungen im Original.

47 Vgl. Lebot et al. 1992: 120.

48 Vgl. Singh 2009.

49 Vgl. hierzu und zum Folgenden: Grünwald, Müller und Skrabal 2003.

50 Lebot et al. 1992: 176 und 184.

51 A. a. O.: 183.

Sake Sorovi hinter seinem Verkaufsstand in Savu, Fidschi, Dezember 2013. Foto: Katrina Talei Igglesden.

Handel mit Kawa schafft eine wichtige Einnahmequelle für die Pazifischen Inseln wie Fidschi, Hawaii, Samoa, Tonga und Vanuatu, denn Kawa liefert, ähnlich wie Gewürze, hohe Erträge pro Volumen.[52] 1998 belief sich der Gewinn aus der Kawaproduktion im Pazifik auf schätzungsweise 200 Millionen US-Dollar.[53] Im Juni 2002 sprach das Deutsche Bundesinstitut für Arzneimittel und Medizinprodukte ein Verbot von kavainhaltigen Produkten aus, da ein Zusammenhang mit tödlich verlaufenden Leberschädigungen bei Frauen angenommen wurde.[54]

Es folgten weitere Verbote in der Schweiz und den meisten EU-Staaten. Der International Kava Executive Council versucht seither mittels Verhandlungen und wissenschaftlichen Studien, die Handelsbeziehungen mit Europa wieder aufzunehmen, um die entstehenden grossen wirtschaftlichen Schäden einzudämmen.[55] In den USA, wo Kawa nach wie vor verkauft werden darf, sind mittlerweile nicht nur Medikamente mit Kawaextrakten erhältlich, sondern auch Entspannungsgetränke aus Kawa als Gegenspieler zu den bekannten Energydrinks und sogar Kawasüssigkeiten, welche allesamt die Stresssymptome des westlichen Arbeitslebens lindern sollen.

---

52 Lebot et. al. 1992: 175.

53 Vgl. hierzu und zum Folgenden: Grünwald, Müller und Skrabal 2003: 1ff.

54 Vgl. Melk-Koch 2003: 60f.

55 Lebot et al. 2012.

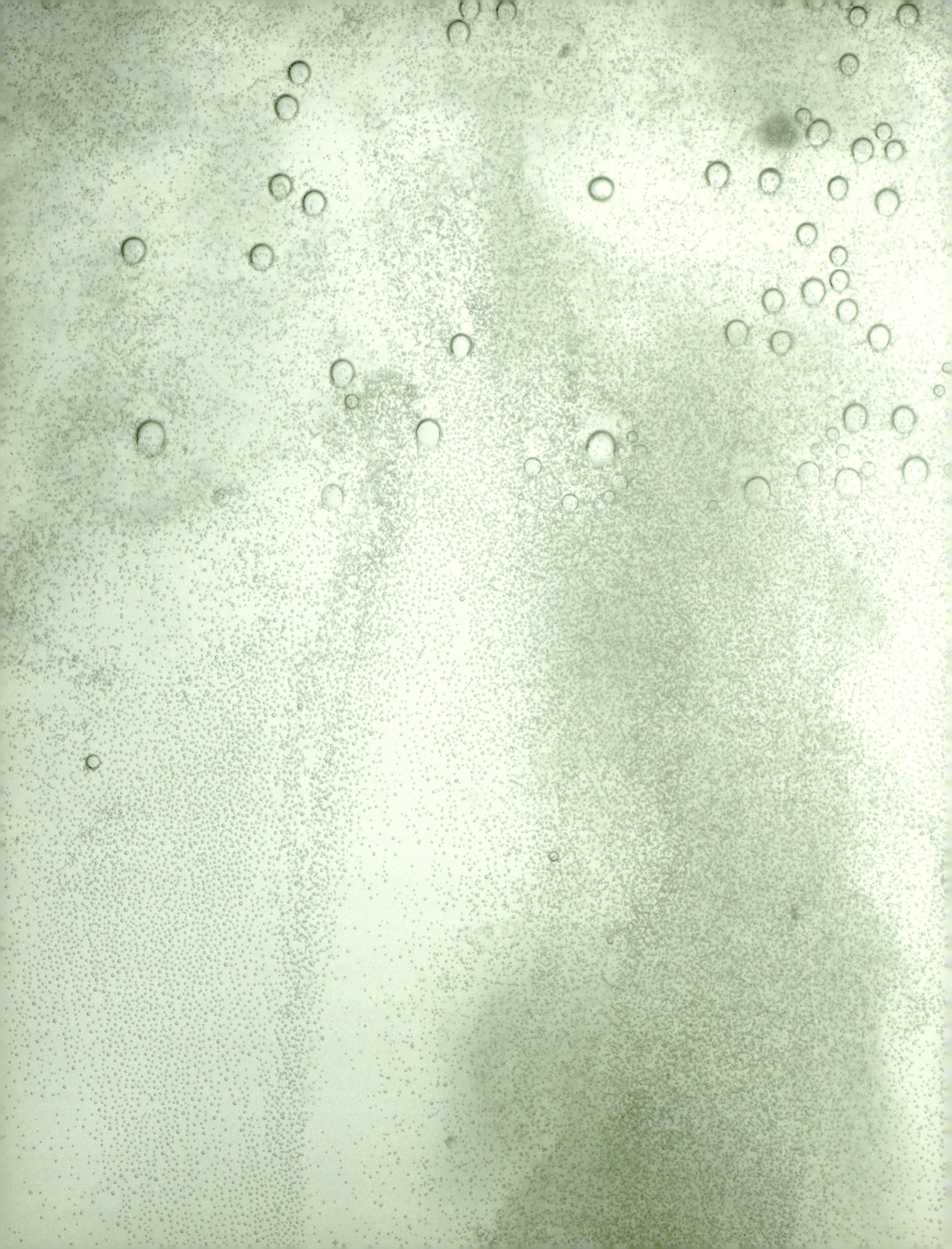

Der Palmwein bildet im Glas mit seiner niedrigen Viskosität auf verblüffende Weise ‹Kirchenfenster›, wie man sie von gewissen klassischen Weinen her kennt. Die Farbe ist gräulich mit gelben und grünen Reflexen. Das komplexe Duftbild ist sehr mineralisch und enthält Noten von Teer, eingelegtem Spargel, Kohl, Ingwer und Artischocken. Im Mund ist der Wein nährend und dank seiner zitrusartigen Säure zugleich erfrischend. Auch hier erkennt man eine leicht kohlige Note, zudem kommen Aromen von Weidekräutern und getrocknetem Dill zur Geltung. Im Ausklang hat der Palmwein eine mittlere Intensität und eine Nuance von Gummiaroma.

– Yvo Magnusson und Jan Kübler

PALMWEIN

IM TROPENGÜRTEL

VON PALMSAFTZAPFERN UND PALMWEINBECHERN

Mareile Flitsch, Lena Kaufmann, Karin von Niederhäusern

«Ich muss heim und meine Palmen für den Nachmittag zapfen», sagte er.
«Wer zapft dir die grossen?», fragte Obierka.
«Umezulike», antwortete Okonkwo.
«Manchmal wünschte ich, ich hätte den *ozo*-Titel gar nicht erst erworben», sagte Obierka. «Es tut mir im Herzen weh, junge Männer Palmen totzapfen zu sehen.»
– *Chinua Achebe, Alles zerfällt*

Das wichtigste Werkzeug des Palmsaftzapfers: sein Messer. Malabarküste, Indien. Länge 32 cm, Inv.-Nr. 12776b.

EINE GESTALT WIE AUS DEM MITTELALTER?

In der Sammlung des Völkerkundemuseums der Universität Zürich wird unter den Inventarnummern VMZ 12776 a–g das bescheidene Ensemble der Arbeitsgeräte eines Palmsaftzapfers aus Malabar im Südwesten Indiens verwahrt. Die Karteikarte verrät zunächst wenig: Ihr zufolge handelt es sich dabei um ein Geschenk des Botanischen Instituts der ETH Zürich an die Sammlung für Völkerkunde der Universität Zürich aus dem Jahr 1965, gesammelt von einem «Missionar Peter».

Wer das Messer des unbekannten Palmsaftzapfers (Abb. S. 161) in die Hand nimmt, erlebt eine kleine Überraschung: Der Griff, aus Leichtholz gefertigt und leicht konisch geformt, liegt in der Hand, als wenn diese selbst von der schweren Klinge geführt werden sollte. Ein solches Messer dient dem Kerngeschäft der Zapfer, der Gewinnung von Phloemsaft, des Wundsaftes einiger Palmenarten. Dieser wird in zahlreichen tropischen Regionen zu Palmwein verarbeitet, zu einem frisch gegoren süss, bei fortgeschrittener Gärung streng schmeckenden alkoholischen Getränk.

Zum Arbeitsgerät des Palmsaftzapfers gehörten sodann die Fussschlingen, ein als ‹Streichholz› bezeichnetes Holz für das Glätten der Klinge, Gefässe mit Salbe oder Kalk, ein Klopfer und ein Gefäss zum Auffangen des Saftes (Abb. S. 173). Nur schon dieses bescheidene Ensemble weist auf all die Aufgaben, die Palmsaftzapfer überall auf der Welt zu lösen haben: die Palmenpflege, das Ersteigen der hohen, astlosen Bäume, die Saftgewinnung, die Kontrolle des Gärprozesses, den Transport und die Verwahrung des Getränks.

Der erste Schritt zum Zapfen des Saftes von Palmen ist – sofern die Palme nicht einfach gefällt wird, um an den Saft zu kommen – das Erklettern des Baumes. Es folgt die Saftgewinnung mithilfe einer lokal üblichen Technik des Anschnitts des vorbereiteten Blütenstandes, damit der Saft austreten kann, gegebenenfalls verbunden mit einer Technik des Entlangklopfens am Blütenstand, um den Saftfluss zu fördern.

Die weitere Verarbeitung der stark zuckerhaltigen Flüssigkeit für den sozialen oder rituellen Konsum oder einfach für das Löschen des Durstes nimmt entsprechend einer lokalen Trinkkultur ganz verschiedene Formen an. Palmwein kann je nach Tageszeit des Zapfens, nach Palmart und Alter des Baumes, nach Grad und Technik des Fermentierens und nicht zuletzt auch nach dem sozialen Anlass, für den er bereitet wird, unterschiedlich schmecken.

> Das morgendliche Zapfen [der Öl-Palme] gibt mehr Saft, der allerdings für den Kennergaumen zu süss ist. Der Abendwein ist, da nur wenige Stunden für sein Austreten zur Verfügung standen, von der Quantität her geringer, aber er ist angenehm trocken. Es ist üblich, die beiden Zapferträge zu vermischen, um den erforderlichen Geschmack zu erhalten.[2]

Je nach Anlass wird Wein unterschiedlich behandelt, und kein europäischer Hersteller ist sorgsamer im Umgang mit den Geheimnissen seines Gewerbes als die Weinkenner aus Illa.[1]

1 MacRow und Ukeje 1956: 368.
2 Ebd.

Vom Palmsaft leben nicht nur die Zapfer und ihre Familien selbst, sondern auch die Tiere, mit denen sie ihre ökologische Nische teilen. Wie der Ethnologe James J. Fox, der eine Gemeinschaft von Palmsaftzapfern auf der Insel Roti in Indonesien erforscht hat, so treffend schreibt, überlässt man in Regionen «mit Tausenden und Abertausenden von Palmen, aus deren Kronen ein süsser Saft tropft» auch den Nutztieren etwas von dem mühsam erkletterten Getränk: Schweinen, Rindern, Ziegen, Enten. Man mästet dort die Tiere mit dem nährstoffreichen Saft, hält sie und alle Produkte, die sie produzieren, auf diese Weise nah beim Hof und spart somit Weiden – in kargen Ökosystemen eine interessante Strategie.[3] Anderswo können Palmsaftzapfer und Tiere bezüglich Palmen und Palmsaft sogar in Konkurrenz geraten. In Botswana fürchten die Zapfer Elefanten, Paviane und diverse Haustiere,[4] vor denen man die Bäume zu schützen sucht. Auf Roti gibt es nebst zahlreichen Palmen auch zahlreiche Bienenvölker, denen die Palmsaftzapfer einen Tag in der Woche ungestört die Zuckerernte überlassen.[5] Für Bienenhonig interessieren sich die Rotinesen übrigens weniger, sie bevorzugen den süssen Sirup ihrer sorgsam gehegten Lontar-Palmen.

Der Palmweinzapfer

> Feiner Regen schauert auf den Tempelbaum,
> poliert hell seine Zulu-Schilde;
> Papaya neigt seinen Straussenfächer,
> schmiegt grüne Bollen eng an die Astgabelungen;
> Banane senkt ihre geschlitzten, schweren Blätter,
> nimmt ihre Tropfen resigniert
> wie ein unwilliger Patient:
> Auf dem Wedel hat's Moos,
> und die Echse klammert sich starr
> auf der windgeschützten Seite des Hauses. Nichts rührt sich
> ausser Blätter und Regen – da plötzlich
> den Baum rauf laufend, der Palmweinmann,
> sich fest in seinen Ring lehnend,
> gekommen, seine tägliche Ernte zu klopfen:
> Eine Gestalt aus dem Mittelalter, mit Gurt
> und Wams, Kalebasse schwingend
> wie einen Schwanenhals-Dekanter,
> kastanienbraun; zehn Schritte,
> er kommt an, packt die schartige Rinde,
> auf Affenzehen, füllt ab, schneidet,
> reift sich wieder runter,
> lässt eine Flasche, den süssen Saft zu kosten –
> ein Zeichen von Geschäftigkeit im Regen.[6]

3 Dalibard 1999.
4 Babitseng und Teketay 2013: 22f.
5 Fox 1977: 29.
6 Thorpe 1967: 48; Übersetzung: Andreas Isler.

Gewinnung des Palmweins. Zu sehen ist ein Palmsaftzapfer mit Arbeitsgerät. Der um die Schultern gelegte solide Reifen, der im Moment des Kletterbeginns geschlossen wird, erlaubt nicht nur das Emporklettern, sondern auch das Verweilen am Stamm, indem sich der Zapfer, die Füsse gegen den Stamm gedrückt, mit dem Körper in den Reifen legt, um innezuhalten, sein Messer schleifen oder in der Krone arbeiten zu können. Südindien, ca. 1880.
Sammlung Hans Wehrli, Fotograf unbekannt.

«Eine Gestalt wie aus dem Mittelalter» – fremd muten Palmsaftzapfer vielen Betrachtern noch heute an. Barfuss auf Palmen zu steigen scheint nicht ins Bild der Moderne zu passen.

Zudem spiegelt sich die Wertschätzung des Palmweins lokal nicht unbedingt im Ansehen der Palmsaftzapfer wieder. Nur in einigen Gesellschaften, zum Beispiel bei den Igbo in Westafrika, geniessen die Zapfer einen hohen Status. Die im einleitenden Zitat erwähnten *ozo*-Titelträger der südostnigerianischen Igbo sind als politische und spirituelle Autoritäten u. a. für die Wahrung der Moral verantwortlich.[8] In der Gruppe der dort genannten Romanfigur Okonkwo dürfen Männer, sobald sie den Titel erworben haben, aus Statusgründen nicht mehr selbst auf die Palmen steigen. Das hält sie als Palmenkenner jedoch nicht davon ab, das Handwerk der jüngeren Zapfer kritisch zu verfolgen.

Anderenorts – in vielen Regionen Asiens etwa – war das Palmsaftzapfen Sklavenarbeit, war der Status der Palmsaftzapfer gering. Die Angehörigen der Shanar- oder Nadar-Kaste, der Kaste professioneller Palmsaftzapfer im südindischen Tamil Nadu (s. Abb. links und S. 172), standen in der indischen Gesellschaftshierarchie weit unten.[9] Die Borassus-Palme sicherte ihnen Nahrung und Überleben in einer Weise, wie es einst Kartoffeln für die verarmten Schichten Irlands und Schottlands taten.[10] Hart war die Arbeit der Palmsaftzapfer, die über sechs Monate im Jahr mehrmals täglich Dutzende von Palmen erkletterten, regelmässig, denn nur so geben die Palmen lange und reichlich Saft.

> In der Jahreszeit, in der der Saft fliesst, von März über die heissesten Monate des Jahres bis zum September, kann der Zapfer seine Bäume nie vernachlässigen, nicht einmal einen Tag lang. So wie eine Milchkuh nicht ungemolken bleiben kann, wird die Palmyra-Palme – die sprichwörtliche Kuh der Shanar – aufhören Saft zu geben, falls sie ungezapft bleibt.[11]

Beobachter schildern immer wieder die Gefahren, denen sich die Zapfer beim Besteigen der Bäume aussetzen oder wenn sie sich, wie in Sri Lanka, auf in grosser Höhe zwischen den Wipfeln gespannten Seilen bewegen.[12]

> Jedes Jahr stürzen viele der Kletterer, egal wie geschickt sie sind, von den Bäumen und sterben oder bleiben für das ganze Leben verkrüppelt.[13]

> Die Weinzapfer erklettern extrem hohe Bäume häufig mit notdürftiger Ernteausrüstung und riskieren bei einem Sturz schwere Verletzungen.[14]

Mancherorts bilden die Palmsaftzapfer heutzutage keinen Nachwuchs mehr aus, weil die Jungen sich in Anbetracht des geringen Lohns der Mühsal und Gefahr des Kletterns nicht mehr unterziehen. Ein erster Schritt zur Besserung

---

Palmenzapfer sind entweder reich oder sie gehören zu den Ärmsten: es liegt vor allem am Eigentum an Bäumen und an Land.[7]

---

7 Dalibard 1999.
8 Ilogu 1974: 30–33; Meek 1950.
9 Hardgrave 1969; Templeman 1996.
10 Ferguson 1850: 12; Fox 1977: 206.
11 Hardgrave 1969: 27.
12 Engelhard und Fenner 1996: 34f.
13 Hardgrave 1969: 27.
14 Mbuagbaw und Noorduyn 2012: 1.

Tuba, der vergorene Palmsaft, wird in der Nähe der Kokospalmplantagen an kleinen Ständen oder Läden (sari-sari stores) gläserweise bis in die Abendstunden verkauft. Am nächsten Morgen ist daraus schon Essig geworden. Mit ihm werden viele Speisen der Landbevölkerung schmackhaft zubereitet. Polomolok, South Cotabato, Mindanao, Philippinen, 2000. Foto: Bernd Schütze.

der wirtschaftlichen Situation von Palmsaftzapfern wäre, so Mbuagbaw und Noorduyn 2012, die offizielle Anerkennung ihres Berufs.

Das Leben der Palmsaftzapfer hat sich inzwischen überall ebenso verändert wie die materielle Kultur ihres Alltags. Ein wichtiges Vehikel der Moderne, mancherorts fast schon ihr Markenzeichen, ist für Palmsaftzapfer das Fahrrad. Der radelnde Zapfer findet sich als Motiv in der Kunst, in der Literatur, ja im Kinderspielzeug.

Ihre Fahrräder, die so gealtert sind, dass sie schon wie Skelette wirken, fügen sich nahtlos zu ihrer heruntergekommenen Kleidung, wenn sie langsam von einem Kunden zum nächsten die Pedalen treten, überall in der Stadt, um deren Appetit auf einen flüssigen Naturextrakt von einer Palme oder der Raffia-Palme zu stillen, während sie dabei Geld verdienen.[15]

Andere Wahrzeichen der Moderne sind Kühlgeräte oder Plastik- und Glasflaschen, welche die Haltbarkeit des Safts verlängern. Lokale Palmweinkulturen bedürfen heute, um bestehen zu können, technischer Anpassungen, neuer Formen von Eigentumsrechten an Palmen, veränderter Lizenzrechte für den Zugang zu lokalen Märkten.

15 Ushie 2013 über Palmsaftzapfer in Lagos.

Die Palmsaftzapfer der Inseln Roti und Savu in Ostindonesien präsentierten dem australischen Ethnologen James J. Fox in den 1970er-Jahren stolz ihr Können, wenn sie zweimal täglich routiniert ihre Lontar-Palmen erstiegen. Sie waren Mitglieder einer Gesellschaft, in der die Palme ein – wie von Marcel Mauss formuliert – «fait social total», eine alle Bereiche des Lebens durchziehende «allumfassende soziale Tatsache» ist. Jeder Mann erlernte von klein auf das Klettern und Zapfen. Jede Frau wurde schon als Mädchen mit dem Einkochen des Safts vertraut gemacht. Palmen bestimmten den gesamten Alltag. Auf Roti verdanke man – so berichteten die alten Zapfer dem Ethnologen dem allerersten Palmsaftzapfer das Wissen, in Notzeiten oder auf Reisen in ferne Gebiete einfach von in Wasser aufgelösten Stücken kristallisierten Palmsirups leben zu können. Je nach Bedarf und Anlass lassen diese sich mit etwas Hefe auch leicht zu Wein vergären: Eine ganze Trinkkultur im Zuckerstück für unterwegs.

PALMEN UND PALMSAFT – EIN ÜBERBLICK

Das 2008 publizierte Werk *Genera Palmarum*[16] nennt unter den Arecacea, den Palmengewächsen, fünf Unterfamilien mit 183 Genera und etwa 2600 Palmenarten, die vornehmlich in den Tropen und Subtropen vorkommen. Sie verteilen sich über weite Regionen Mittel- und Südamerikas, des tropischen Afrikas und über Süd- und Südostasien. Dabei ist die Vielfalt der auf den verschiedenen Kontinenten heimischen Palmenarten markant unterschiedlich. Während für den afrikanischen Kontinent nur etwa 50 Palmenarten verzeichnet sind, weisen Südamerika, Süd- und Südostasien die grösste Zahl unterschiedlicher Palmenarten auf. Madagaskar verfügt mit etwa 170 endemischen Arten über die weltweit reichste Palmenflora.

Heute sorgt man sich in vielen Regionen um den Fortbestand der Bäume. Klimawandel, Schädlinge und Epidemien, die Zerstörung von Ökosystemen, Plantagenanbau und eine zu intensive Nutzung haben in vielen Regionen dazu geführt, dass bereits etwa einhundert Palmenarten vom Aussterben bedroht sind. Mit dem Artensterben und der fehlenden beruflichen Perspektive für junge Palmsaftzapfer geht heute vielerorts das Wissen um spezifische Nutzverhältnisse zwischen Mensch und Palme verloren.

Dabei gehören Palmen zu den weltweit am intensivsten genutzten Pflanzen. In manchen Regionen erntet und verarbeitet man sämtliche Bestandteile heimischer Palmenarten; und das Wissen um deren Qualitäten und Nutzen ist intimer Bestandteil alltagspraktischen Umgangs mit Materialien.

Da sich Palmen nur bedingt in ökonomisch grossem Stil produzieren lassen, hat der aus ihrem Saft zu gewinnende Zucker nie die wirtschaftliche Bedeutung von aus Zuckerrüben und Zuckerrohr hergestelltem Zucker erlangt. Palmzucker blieb eher ein lokal genutztes Produkt. Einst wurde er von Mahatma Gandhi als Süssungsmittel für die Armen Indiens propagiert.[17]

16 Dransfield et al. 2008.
17 Dalibard 1999.

اللاقمي (Arabisch)

bandji (Bambara)   dɛha (Ewe)   toutou (Fang)

tuak nira (Bahasa Indonesia)   malafu ya ngasi (Kituba)

তাড়ি (Bengalisch)   vin de palme (Französisch)

bahal (Cebuano)   acibi (Hausa)   ताड़ी (Hindi)

ထန်းရည် (Birmanisch)   kosha (Swahili)

mmin efik (Efik)   uknot nsuñ (Ibibio)

Palmwein (Deutsch)

ヤシ酒 (Japanisch)

棕櫚酒 (Chinesisch)

kalou (Seselwa)

emu (Yoruba)   mimbo (Kamtok)   tuba (Wáray-Wáray)

palm wine (Englisch)   ಕಳ್ಳು (Kannada)

Eine kleine Auswahl regionaler Bezeichnungen für Palmwein.

PALMENWISSEN

Bereits die zahllosen Bezeichnungen für Palmwein vermitteln einen Eindruck von der Vielfalt der Nutzung des Palmsaftes in den Tropen. Denn jede dieser Bezeichnungen, derer es weit mehr gibt, als wir hier aufführen können, steht für lokal vorhandene genaue Kenntnis der Bäume und ihrer Eigenarten.[18]

Das Wissen der Menschen, die ihr Leben alltagsstrategisch entlang des Wachstums und der Besonderheiten von Palmen ausrichten, betrifft Umweltbedingungen, Klima und Windverhältnisse sowie den jahreszeitlichen Rhythmus mit seinen die Palmen tangierenden Eigenarten. Zapfer verfügen über geradezu intime Kenntnisse der Palmen. Jeder ihrer Bestandteile ist über alle Sinne wie selbstverständlich im gesamten Spektrum seiner Besonderheiten und Brauchbarkeiten einschliesslich Brennwerten, Materialhaltbarkeit, Geschmack etc. im Alltag bekannt. Man unterscheidet Palmensorten nach ihren Eigenheiten und den Besonderheiten ihres Wachstums, man unterscheidet weibliche von männlichen Palmen. Die Menschen kennen sich mit Blüte und Fruchtbildung aus und haben Erfahrung mit der Saftbildung und mit den Saftmengen, die die Palmen während der Erntezeit zu bestimmten Zeiten oder aufgrund der Anwendung spezifischer, allgemein bekannter oder individuell ausgeprägter Techniken zu erzeugen versprechen. Bezüglich des noch längst nicht ausreichend erforschten Bereichs lokaler Techniken des Fermentierens besitzen sie ein breites Wissen über Herstellungsmethoden mit oder ohne

18 Akamine (2005) hat dies am Beispiel der Philippinen eindrücklich gezeigt.

ඉට (Singhalesisch)

karawe (Kiribatisch)

uBusulu (Zulu)

poyo (Krio)

ទឹកត្នោតដូរ (Khmer)

nsamba (Kikongo)

tuba (Spanisch)

tuaka (Tetum)

tuba (Tagalog)

കള്ള് (Malayalam)

ତାଡ଼ି (Oriya)

tenjiyo (Mandinka)

mnazi (Mijikenda-Bantu)

omulunga (Oshivambo)

కల్లు (Telengu)

kaleve (Tuvaluisch)

கள்ளு (Tamilisch)

rượu dừa (Vietnamesisch)

vinho de palma (Portugiesisch)

น้ำตาลเมา (Thailändisch)

ޏުޖުރު (Dhivehi)

pflanzliche Zusatz- und Geschmacksstoffe und über die Fermentierung hemmende Pflanzen oder Stoffe. Hinzu kommt die Beherrschung von Techniken der Weiterverarbeitung des Getränks einschliesslich der Destillation, und schliesslich Techniken des Vertriebs von Saft und Wein und der Herstellung und des Gebrauchs von all den vielfältigen Behältern, die der allzu schnellen Gärung der Flüssigkeit Rechnung tragen: luftdicht schliessende oder mit kleinen Löchern versehene Kalebassen, Bambusgefässe, heute oft Plastikkanister, oder – wie in Abb. S. 166 zu sehen – einzelne Portionen in abgebundenen Plastiktütchen für den Verkauf am Strassenrand.

    Der Umstand, dass die Gewinnung von Palmsaft besonderer, über lange Zeiträume erworbener Fertigkeiten bedarf, dürfte vielerorts ein Grund für eine arbeitsteilige Nutzung der Palmen sein. Fast überall sind es Männer, die den Saft zapfen. In vielen Regionen Asiens und Afrikas sind es dagegen die Frauen, die den Saft verarbeiten und später vertreiben.

    Die Ethnologie hat sich erst zögerlich dem Metier des Palmsaftzapfers zugewandt. Es war der bereits erwähnte australische Ethnologe James J. Fox, der 1977 sein Werk *Harvest of the Palm* wie auch, gemeinsam mit Timothy Ash, dazu den Film *The Water of Words* publizierte.[19] Erstmals rückte er damit die Wirtschaft und die Kultur von Palmsaftzapfern in den Fokus der Ethnologie. Seine Studie handelt von ökologischem Wandel in Indonesien und ist eine Würdigung der Fertigkeit von Palmsaftzapfern.

[19] Royal Anthropological Institute, London 2006, Indonesia Series DVD 2: *Three Films from Eastern Indonesia*.

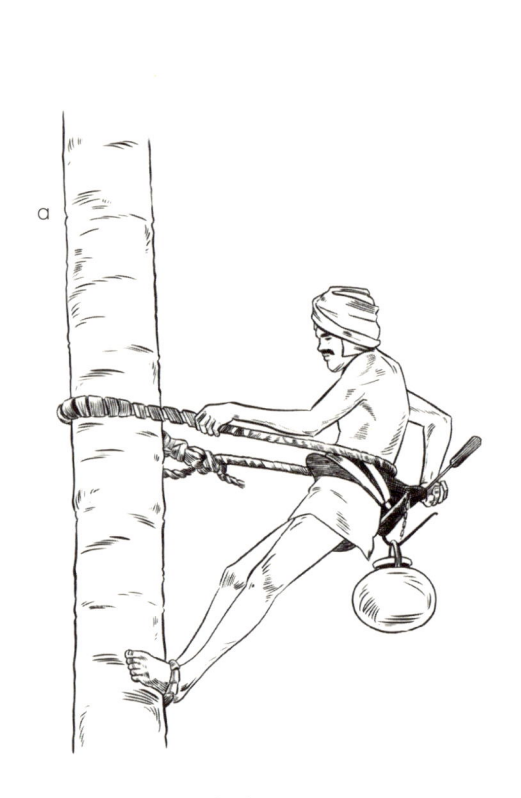

Gestützte Klettertechniken. Der weit verbreitete Klettergurt ermöglicht zusammen mit der Fussschlinge (a) das kurze Verweilen am Stamm. Stangen oder Leitern, die am Stamm für das griffsichere Hochklettern fixiert sind (b), weisen auf häufiges Klettern, ggf. auch, wie in Myanmar, auf staatliche Massnahmen zur Optimierung der Arbeitssicherheit der Zapfer. Eine Selbsthilfe sind hier in regelmässigen Abständen befestigte Vorrichtungen (c), die den Füssen Halt geben. Auf Abb. S. 171 ist eine Kerbe erkennbar, wie sie zu diesem Zweck früh in den Stamm geschnitten werden und mit der Palme mitwachsen.
Zeichnung: Daniel Müller.

20 Ushie 2013. Aus einem Interview mit einem Zapfer in Lagos.

DAS KÖNNEN DER PALMSAFTZAPFER: KLETTERTECHNIKEN

Zwei Objekte in der Sammlung des Völkerkundemuseums betreffen das Klettern: Die Fussschlinge (Abb. S. 173) und die Bambusleiter werden bis heute verwendet.

> Mit jedem Gewerbe ist irgendein Risiko verbunden. Es besteht also kein besonderes Risiko darin, auf die höchsten Palmen zu steigen, um Wein zu zapfen. Ich sorge mich nicht um die Gefahr, die damit verbunden ist, aber ich sehe mich vor bei allem, was ich tue.[20]

Die Kletterfertigkeiten der Palmsaftzapfer beeindruckten schon frühe europäische Reisende und faszinieren heute die Touristen. Die Literatur bietet noch keinen Überblick über das Spektrum weltweit praktizierter Klettertechniken, gerade an Palmen mit glattem Stamm. Geklettert wird für gewöhnlich mit nackten Füssen und Händen; das Klettern verlangt Konzentration, Sorgfalt, Beweglichkeit und ein bedachtes Vorgehen.

Die Arbeit des *panaiyeri*, des Kletterers, beginnt vor Tagesanbruch. Im Verlauf des Tages – er arbeitet bis Mittag und dann wieder vom späten Nachmittag bis in die Nacht hinein – besteigt er dreissig bis fünfzig Bäume, jeden davon zwei Mal – gelegentlich drei Mal – um den Saft zu gewinnen.[21]

Im Verlauf von Jahren des Kletterns wird der Körper des Zapfers krumm, seine kräftige Brust narbenbedeckt, und seine Hände und Füsse ähnen den riesigen Klauen gewisser Tiere.[22]

Bei der Borassus-Palme wird bevorzugt an ausgewachsenen Palmen, d. h. in einer Höhe von 15 bis 20 Metern, Saft gewonnen. Dabei wird offenbar eher selten das im Sport als Treesolo-Klettern bezeichnete ‹Palmenklettern› ohne weitere Hilfsmittel, ausschliesslich mit Händen und Füssen, angewendet. Diese Technik erfordert besondere Griff- und Tritttechniken. Allgemein üblich sind gestützte Klettertechniken; überall werden dazu Kletterhilfen verwendet.

Auf Fotos sind Palmsaftzapfer immer wieder mit Leitern zum Erklettern hoher Palmen zu sehen. Manche Kletterer benutzen zum Erklimmen der Palme aus Rattan hergestellte Leitern, andere befestigen am Stamm Vorrichtungen, an denen sie emporsteigen können.

Als Kletterhilfen können ferner abgebrochene, noch am Stamm der Palme befindliche alte Blattstiele dienen, aber auch Kerben oder Vorrichtungen vor allem an glattstämmigen Palmenarten. Dies können Stricke sein, die in regelmässigen Abständen um den Stamm gebunden werden und die – eventuell noch mit Rinde oder anderem festem Material unterstützt – den Füssen Halt geben. Es können aber auch in den Stamm eingeschlagene Kerben sein. Zu ihrer eigenen Sicherheit und zum Abstützen bei der Arbeit bedienen sich die Kletterer zusätzlich oft noch eines Gurtes.

Verbreitete Kletterhilfen sind verschiedene Arten von Fussschlingen, Kletterschlingen oder Klettergurte. Die Fuss- und Handschlinge verbindet jeweils nur die beiden Füsse oder Hände des Kletterers, sie reicht nicht um den Baumstamm herum. Der Grossteil der Kletterer an hohen Palmen bedient sich seit Langem – das belegen schon Reiseberichte früherer Jahrhunderte – eines soliden, oft mithilfe eines eingehakten Knotens zu schliessenden Gurtes, der entweder aus Rinde oder aus Lianen hergestellt wird.[23]

Der aus dem Blütenkolben gewonnene Saft wird über Nacht in kleinen Flaschen in der Palmkrone gesammelt und am frühen Morgen in grossen, auf den Rücken getragenen Bambusbehältern zusammengetragen. Danach wird der Saft vergoren, und nach wenigen Stunden ist der Palmwein (‹Toddy› oder auf den Philippinen auch ‹Tuba› – nach der Bambus-Tube – genannt) trinkreif. Brgy. Bato-Bato, Narra, Palawan, Philippinen, 1993. Foto: Bernd Schütze.

21 Hardgrave 1969: 26.
22 A. a. O.: 27.
23 Engelhard und Fenner 1996: 33f.

«Männer aus der Palmbauerkaste.» Malabarküste, Indien, zwischen 1896 und 1908.
Foto: Heinrich Kühner-Frohnmeyer (?).

Acht Utensilien für die Palmsaftgewinnung. Malabarküste, Indien.
Sammler: Missionar Peter, Eingang 1965. Inv.-Nr. 12776a-g. a: Schlingen aus Kokosfasern zum Erklettern der Palme.
Länge 33 cm. b: Messer zum Abschneiden der Spitzen der Blütenstände. Länge 32 cm. c: Holz für das Glätten der Klinge,
mit Schmirgel bestrichen. Länge 44.7 cm. d: Gefäss aus einer Kokosnuss-Schale für die Salbe zum Bestreichen der Schnittwunde.
Höhe 9.5 cm, Ø 8.7 cm. e: Knochen zum Klopfen der Blütenscheide, um den Saftfluss zu steigern. Länge 8.3 cm.
f: Gefäss aus Kokosschale für den Kalk, der die Gärung verhindern soll. Höhe 8.3 cm, Ø 5.5 cm. g: Wasserdichtes Palmblatt-
gefäss zur Saftgewinnung. Höhe 33 cm, Breite 22.5 cm, Tiefe 15.4 cm.

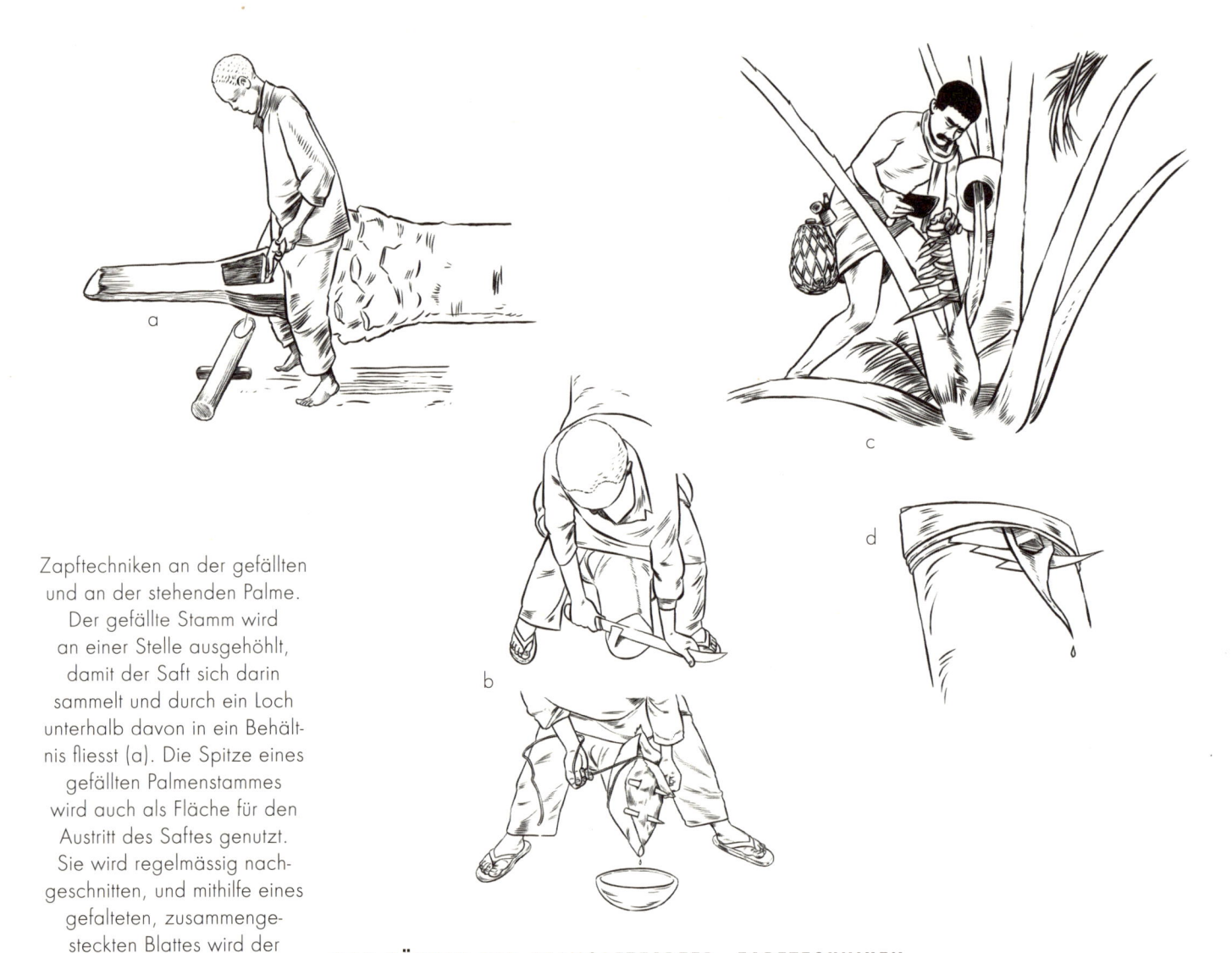

Zapftechniken an der gefällten und an der stehenden Palme. Der gefällte Stamm wird an einer Stelle ausgehöhlt, damit der Saft sich darin sammelt und durch ein Loch unterhalb davon in ein Behältnis fliesst (a). Die Spitze eines gefällten Palmenstammes wird auch als Fläche für den Austritt des Saftes genutzt. Sie wird regelmässig nachgeschnitten, und mithilfe eines gefalteten, zusammengesteckten Blattes wird der gezielte Fluss des austretenden Saftes in ein Behältnis gewährleistet (b). Oben in der Palmenkrone (c) schneidet der Zapfer zum guten Austritt des Saftes den Anschnitt nach. Dabei schiebt er Blätter zum Abbinden nach unten und bindet geschickt ein neues Blatt so um die Schnittfläche, dass der Saft genau in die Kalebasse geleitet wird (d).
Zeichnung: Daniel Müller.

DAS KÖNNEN DER PALMSAFTZAPFER: ZAPFTECHNIKEN

Je nach Region im Tropengürtel werden unterschiedliche Zapftechniken verwendet. Bestimmte Arbeitsschritte sind dabei meist erforderlich:

Vier Wochen nach dem Erscheinen des Blütenansatzes überprüft der Palmsaftzapfer das Wachstum der Blüte in der Spatha. Wenn der untere Teil des Blütenstandes deutlich anschwillt [...], wird die Spatha mit einem Band in Abständen von bis zu fünf Zentimetern fest abgebunden, wodurch das Aufbrechen der Blüte verhindert wird. Der Zapfer befreit den Blütenstand an seinem äusseren Ende von der Hülle und bindet auch ihn ab, um ihn sodann sorgfältig schräg anzuschneiden. In den folgenden drei Tagen wird die Spatha unter wiederholtem, sorgfältigem Abklopfen vorsichtig nach unten gebogen. Dies fördert den späteren Saftfluss. In den nächsten vier Tagen schneidet man vom freigelegten Blütenstand dreimal täglich nur millimeterdicke Scheibchen ab. Dabei wird die Blüte weiterhin regelmässig abgeklopft, bis schliesslich nach sechs bis zwölf Tagen der erste Saft austritt, der in einem Gefäss aufgefangen wird. Von diesem

Zeitpunkt an muss der Anschnitt alle zwölf Stunden, am besten frühmorgens und am späten Nachmittag, erneuert werden, wobei die Zapfer den Blütenstand immer ein Stück weiter freilegen.[24]

Lokal variieren die Techniken. In Afrika, z. B. in Nigeria, Benin und der Elfenbeinküste, wird die Terminalknospen-Methode angewandt, bei welcher der zentrale Wachstumspunkt der Palme, die sogenannte Terminalknospe, die sich zwischen den Blättern am oberen Ende des Stammes erhebt, eingeschnitten wird.[25] Bei der Stamm-Methode wird der obere Teil des Stammes eingeschnitten. Bei der Blütenstand-Methode wird meist der männliche, kurz vor der Blüte stehende Blütenstand ab- oder eingeschnitten.

In Afrika unterscheidet man grundsätzlich zwei recht verschiedene Zapftechniken: Es wird entweder die stehende Palme angezapft, oder der Baum wird vor dem Anzapfen gefällt. Die Technik des Anzapfens der stehenden Palme ist bei allen afrikanischen Weinpalmen möglich; Borassus-Palmen können einzig auf diese Weise angezapft werden.[26]

Die Fälltechnik ist in Afrika wie in Lateinamerika die Haupttechnik, mit deren Hilfe herkömmlicherweise der Saft der Afrikanischen Öl-Palme und der

Kokospalmen, die für die Palmweingewinnung genutzt werden, tragen natürlich keine Früchte. Auch suchen sich die Tubasammler möglichst junge und nicht sehr hochgewachsene Palmen dafür aus. Trotzdem schafft es kaum ein Fotograf, dem flinken Tubasammler bis in die Palmkrone zu folgen, um die Technik des Blütenkolbenbeschnitts zu dokumentieren. Brgy. Bato-Bato, Narra, Palawan, Philippinen, 1993. Foto: Bernd Schütze.

24 Engelhard und Fenner 1996: 45.

25 Die meisten Palmen besitzen einen einfachen Stamm, der durch die Terminalknospe fortwächst. Der zentrale Wachstumspunkt wird auch Apex, Vegetationskegel oder Spitzenknospe genannt.

26 Huetz de Lemps 2001: 169.

Raffia-Palme gewonnen wird. Eine Palme wird zu Fall gebracht, indem sie abgeschnitten wird oder indem die Wurzeln so gelockert werden, dass sie zu Boden gezogen werden kann. Nach dem Fällen wird die Palme zunächst etwa zwei Wochen lang liegen gelassen, damit sich der Saft konzentrieren kann; anschliessend wird die Spitze des Stammes eingeschnitten. Manchmal wird bei der Schnittfläche des liegenden Baums ein Feuer entzündet, da dies die Saftgewinnung fördert. Feuer wird ebenfalls am Loch an der Spitze des Stammes entfacht. Bei dieser Technik gibt die Palme bis zu acht Wochen Saft.

Die Wahl einer destruktiven Technik, die sehr schnell zum Absterben des Baumes führt, kann durch den Umstand begründet sein, dass Kinder oder Jugendliche, die das Handwerk eben erst lernen, oder alte Männer, die zum Klettern nicht mehr in der Lage sind, den Saft zapfen möchten.

Die Technik der Palmsaftzapfer entscheidet über die Lebensdauer der Palme, letztlich zerstört wird sie sowohl durch Anwendung der Terminalknospen- sowie auch der Stamm-Methoden. Denn auch wenn die Palme nicht gefällt wird, stirbt sie nach einigen Monaten ab, sobald nämlich der Einschnitt in die Terminalknospe eine bestimmte Tiefe erreicht. Lediglich die Blütenstand-Methode der Saftgewinnung ist in der Regel nicht-destruktiv. In Asien werden ausschliesslich Techniken praktiziert, die die Bäume schonen, indem kunstvoll nur der Kolben des Blütenstandes angeschnitten wird.[27] Solche Techniken ermöglichen eine geringere, jedoch konstantere Palmsaftgewinnung über einen längeren Zeitraum hinweg, der je nach Palmenart zwischen einigen Monaten bis zu einhundert Jahren umspannen kann![28]

Dass in vielen Regionen mehrere Techniken nebeneinander angewendet werden, ist Ausdruck des strategischen Planens der Palmsaftzapfer. Es werden immer verschiedene Faktoren kalkuliert: Ob die Palme beim Anzapfen absterben kann oder ob der Palmenbestand bewahrt werden sollte, ob vorübergehend, z. B. für einen wichtigen Anlass, viel Wein benötigt wird oder ob ein konstanterer, allenfalls geringerer, Weinfluss möglicherweise sogar bevorzugt wird. Auch wird abgewogen, welche der möglichen Palmprodukte vorrangig benötigt werden. Einige Zapfmethoden bewirken, dass zum Weben und Flechten benötigte Teile der Palme nicht mehr zur Verfügung stehen.[29] Dies alles kann dazu führen, dass lokal Regeln in Bezug auf die Eingriffe der Palmsaftzapfer aufgestellt werden, die bestimmen, an welchen Tagen im Jahresverlauf überhaupt gezapft werden darf.

PALMENWISSEN IN DER MÜNDLICHEN UND RITUELLEN ÜBERLIEFERUNG

Auf der kleinen Insel Roti im Osten Indonesiens erfordern die Ursprünge aller wichtigen Handlungen das Erzählen. Mit diesem Film beabsichtigten wir, Bilder des Lebens auf der Insel mit den Worten ihres rotinesischen Ursprungs zu verbinden, um so ein Gefühl für die Poesie zu vermitteln, die einfachen alltäglichen Handlungen zugrunde liegt.

27 Dalibard 1999.
28 Ebd.
29 Siehe Johnson 1998 für eine Übersicht der Produkte, die aus bestimmten Palmen gewonnen werden können.

Mit diesen Worten beginnt der Film *Water of Words* über die Palmsaftzapfer der Insel Roti. Ein bis in die 1970er-Jahre lebendiges Palmenwissen fand hier in reicher mündlicher Literatur seinen Ausdruck;[30] entsprechend liessen Timothy Ash und James J. Fox im Kommentar ihres Films Ethnografie und Poesie ineinanderfliessen.

Die Grundlage solch mündlich tradierten Wissens, mancherorts wahrer Wissenskompendien, die meist nur bruchstückhaft dokumentiert sind, ist die enge Verflechtung von Palmen und Menschen in allen Regionen der Tropen. Zusammengefügt werden deren Fragmente im Alltag und mithilfe von Sprache, Gestik und materieller Kultur, wenn sie zum Beispiel entlang der Jahreszyklen die Arbeit, Alltagsgesten oder Alltagsriten markieren. Von der Insel Flores in Indonesien wird berichtet, dass der im ersten Anstich des Jahres gewonnene Saft in Erinnerung an die Gottheit, die den Menschen den Palmwein brachte, gefeiert wird.[31] Nur schon der rituelle Beginn des Tages mit einem Becher Palmsaft bei Kastenangehörigen in Tamil Nadu[32] weist in die gleiche Richtung.

In ihren jeweiligen Sprachen verfügen Menschen über eigene Palmen-Terminologien. Sie sprechen über – wenn nicht sogar zu den – Palmen. Sie machen ihre Kinder über Laute, Reime, Lieder oder Mythen mit ihren Bäumen vertraut.

> Einer Sage zufolge stammen die Nadar von Adi ab, der Tochter einer Paraiyan-Frau, die sie lehrte, die Palmyra-Palme zu erklettern, und die eine Essenz herstellte, die die Kletterer davor bewahren sollte, von den Bäumen zu stürzen. (Die Palmenhörnchen assen ebenfalls etwas davon und genossen einen vergleichbaren Schutz.)[33]

Man überliefert mündlich ganze Technikgeschichten des Palmsaftzapfens, erzählt davon, wie man Palmen so zu pflegen und zu nutzen, Blütenstände so anzuschneiden lernte, dass die Bäume über Jahrzehnte im wahrsten Sinn gemolken werden können; und es wird erzählt, wie man mit regelmässigem Zapfen zweimal täglich die Gärung zu kontrollieren lernte, um sie zu beschleunigen, zu verlangsamen oder gar zu unterbinden. Immer schwingt dabei die Gefahr des Verspielens solcher Errungenschaften mit, wenn etwa der Protagonist einer Erzählung sich unehrenhaft verhalten hatte, in unbotmässigem Rausch von der Palme gestürzt oder zu gierig gewesen war und die Palmen ruiniert, sein Glück verschenkt hatte.

Der deutsche Ethnologe und Kulturmorphologe A. E. Jensen stellte in der ersten Hälfte des 20. Jahrhunderts die Theorie auf, dass sich ein von den neolithischen Pflanzerkulturen entwickeltes und auf der besonderen Verbindung von Mensch und Nutzpflanze beruhendes Weltbild in Vorstellungen und Mythen bis in die heutige Zeit erhalten habe. Am Beispiel des indonesischen Mythos der Hainuwele verfolgte er die Verehrung einer Dema-Gottheit, die er in all den Mythen zu finden glaubte, in denen die Herkunft einer Nutzpflanze auf den rituellen Tod eines Menschen zurückgeht.

30 Fox 1977, s. a. Appendix D: 256–261.
31 Arndt 1960: 201ff.
32 Hardgrave 1969: 26.
33 A. a. O.: 274.

Auch bei Palmsaftzapfern in Asien stossen wir auf die Vorstellung von solchen vermenschlicht gedachten Pflanzenwelten, in denen Palmen aus einem Selbstopfer von Menschen entstanden sein sollen. Man erzählt sich von der Herkunft der Bäume, darüber, wie eine Gottheit den Menschen den Nutzen der Palmen beibrachte oder über legendäre Urväter der Palmsaftzapfer und erinnerungswürdige Individuen, die der Beruf da und dort hervorbrachte. Thematisiert wird in diesen Erzählungen auch das Los der Zapfer, ihr Glück und Scheitern einschliesslich ihrer zahlreichen Verletzungen und Todesfälle durch Abstürze. Immer wieder geht es auch um den Geschmack von Palmwein, um seine legendären oder tatsächlich medizinischen Wirkweisen, um Mass und Trunkenheit.

In den Erzählungen, die ebenso in musikalischen oder theatralischen Aufführungen oder in Sprichwörtern der Alltagssprache ihren Ausdruck finden können, werden auch moralische Vorstellungen weitergegeben. Der korrekte Umgang mit Palmen ist dabei ebenso Thema wie Sanktionen für Fehlverhalten an ihnen, Geiz oder Habsucht. Palmen erscheinen in mündlichen Überlieferungen anthropomorph, ihr Saft als Tränen oder gar Muttermilch, ihre Bestandteile als Arme, Rumpf, Füsse, Haare; in den Geschichten sind Mensch und Palme vom selben Schlag.[34]

Besonders eindrücklich kommt all dies in den Sagen wie auch in den *andung paragat*, den Klageliedern der Palmsaftzapfer in Batakland, Sumatra, zum Ausdruck. Der Austronesist Uli Kozok dokumentierte 1990 solche Klagelieder.

> Der Hintergrund der Klagelieder ist die Sage eines Mädchens, das sich vor einer unglücklichen Heirat oder aber zur Tilgung der Schulden ihrer Brüder in die *bogot*-Palme verwandelt haben soll. Seitdem gilt die Zuckerpalme als Freund der Mittellosen, und man glaubt, dass nur arme Leute erfolgreiche Palmweinzapfer werden können. […] Durch den Vortrag eines Klagelieds versetzt man die Seele des Baumes in Rührung, so dass dadurch der Saft reicher fliesst. Später jedoch, so wurde mir erzählt, wurden auch Klagen über den Tod eines Verwandten und das eigene unglückliche Los gesungen.[35]

Im Sommer 1990 nahm Kozok die Rezitation der «Klage eines Palmweinzapfers» auf. Er beschreibt die Umstände wie folgt:

> Der etwa fünfzigjährige Ompu Hotma ist Ortsvorsteher […] der aus mehreren kleinen Dörfern bestehenden Gemeinde Silahi Sabungan, aber, wie seine Frau und die anderen Dorfbewohner auch, ist er Bauer im Hauptberuf, da das spärliche Beamtengehalt nicht für den Lebensunterhalt seiner Familie ausreicht. Neben einigen Nassreisfeldern gehören ihm auch eine Anzahl Zuckerpalmen in der etwa einen Kilometer vom Dorf gelegenen

34 Arndt 1960: 201–242; Hodges 2009: 257ff.

35 Kozok 2000: 39.

Zuckerpalmpflanzung. Zweimal am Tag, frühmorgens und spätnachmittags, geht Ompu Hotma dorthin, um den in einem Bambusbehälter aufgefangenen Palmwein zu sammeln. Nach eigenen Aussagen liegt es viele Jahre zurück, dass er das letzte Mal dort geklagt hat. Dies war als er nach dem Tod seiner Mutter von einem längeren Aufenthalt in Medan, der Hauptstadt Nordsumatras, in sein Dorf zurückkehrte. Der Schmerz über den Verlust seiner Mutter trieb ihn damals dazu, in der Zuckerpalmpflanzung eine Klage anzustimmen. Den folgenden Vortrag hat Ompu Hotma für mich inszeniert. Ich begleitete ihn am frühen Morgen in die Zuckerpalmpflanzung. An diesem Tag wollte er nur eine kleine Menge Palmsaft einholen, um mir am Abend *tuak* ‹Palmwein› anbieten zu können. Nachdem er […] den Saft in einen Teekessel umgefüllt, die Kolbenenden gesäubert, die Äste geschwungen und den Platz um die Palme von Unkraut befreit hatte, setzte er sich dort nieder, um seinen Vortrag zu beginnen […]. Der etwa sieben Minuten dauernde Vortrag wurde zunehmend emotionaler, und gegen Ende flossen die Tränen, und der Vortrag wurde, durch Schluchzen unterbrochen, immer schwerer verständlich. Unmittelbar nach Beendigung der Klage und nachdem er sich die Tränen abgewischt hatte, nickte er mir zu und bemerkte trocken: ‹Ich bin fertig›.

Andung Paragat:
Klagelied eines Palmweinzapfers über den Tod seiner Mutter

    Ich klage um dich, Mutter, sanft sprechende Mutter,
    die niemals mir, dem wie Spreu Seienden, zürnte.
    Voller Schmerz ist es, Mutter, und voller Leiden,
    was ich, dein Sohn, treibende taube Reisähre, zu ertragen habe.
    Des Hinaufsteigens bin ich nicht mächtig, Mutter, steige ich herab,
    stosse ich an,
    arbeite auf einem Reisfeld, das nicht das meine ist,
    muss Geld verdienen für meinen Lebensunterhalt.
    Ich sehe die Vielen, Mutter,
    fröhlich und lustig auf dem Dorfplatz.
    Wie ergeht es denn mir, Mutter, wie einem brütenden Huhn,
    wie einem Hund, der auf dem Feld kauert.
    Leidend bin ich, Mutter, wie Spreu,
    leidend, o weh Mutter, ist dein Sohn.
    Gestorben bist Du, Mutter, ohne dass ich dich gesehen habe,
    ich ging in die Ferne, in die unzählbaren Himmel.
    Wie hast Du mich geboren, Mutter, die mich gebar,
    wie hast Du mich gezeugt, Vater, der mich zeugte,
    so dass ich, Mutter, ein Unglücklicher bin.

Leidend bin ich, Mutter, wie Spreu,
voller Leiden und voller Elend
ist das, was ich, treibende taube Reisähre, zu ertragen habe.
Ich beklage Dich, Mutter, o Mutter, die sanft spricht,
wie Spreu bin ich, ein Vergessener,
der sich nicht an die Lehren seiner Mutter halten wollte,
ich taube Reisähre, o Mutter.
Elend bin ich, oh Mutter, wie Spreu.
Ich schaue auf die Vielen, o Mutter,
die fröhlich und lustig auf dem Dorfplatz sind.
Wie bin ich, Mutter, mit herabhängendem Kopf, gefalteten Händen,
weil ich kein Geld habe, ich taube Reisähre.
Wäre doch dein Grossvater mächtig gewesen, Mutter,
die Söhne meiner Vorfahren
und ihre Töchter, ich taube Reisähre,
dann könnte ich, o Mutter, den Kopf erheben,
die Hände frei hängen lassen,
mich zu den Vielen auf dem Dorfplatz gesellen.
Leidend bin ich, Mutter, wie Spreu,
elend bin ich, Mutter, wie eine taube Reisähre,
habe kein Geld und nichts zu essen,
deshalb fange ich Fische im Regen.
Leidend bin ich, Mutter, wie Spreu,
habe Leid zu ertragen, bin voller Elend,
dein Sohn, taube Reisähre.
Wohin soll ich gehen, Mutter, der wie Spreu ist,
werde flussauf und flussab getrieben,
versuche Geld zu verdienen, aber es gelingt mir nicht.[36]

Der US-amerikanische Musikethnologe William Robert Hodges erwähnt, dass solche Klagegesänge auf Flores mit rituellen Alltagshandlungen einhergehen, die dazu dienen sollen, die Palme gnädig zu stimmen, ihren Geist zu rühren und ihren Saftfluss günstig zu beeinflussen. In dieser Absicht legten, so Hodges, die Zapfer für ihre Arbeit ganz bewusst besonders abgetragene Kleidung an, die ihnen den Anschein erbärmlicher Armut verlieh, was die Palme zu Tränen rühren sollte. Umgekehrt wiederum scheut sich ein Zapfer davor, einem Bittsteller einen Schluck seines Getränks zu verweigern, aus Furcht, der Baum selbst könnte ihm seinen Geiz vergelten und seinen Saft vorenthalten.[37]

Es würde sich lohnen, den Topos der Saft gebenden Palme und des damit verknüpften Palmenwissens in den mündlichen Überlieferungen des Tropengürtels einmal umfassend zu erforschen. Schwach scheint in unserer Sammlung in einem einzigen Objekt, einer Schattenspielfigur, das Motiv eines clownesken Zapfers auf, der die Menschen aus der Höhe zum Narren hält,

---

36 Kozok 2000: 40f. Wir verzichten hier auf die Wiedergabe von Kozoks Transkription des Textes in der Batak-Sprache.
37 Hodges 2009: 257ff.

Schattenspielfigur
aus Kelantan, Malaysia.
61 x 43 cm, Inv.-Nr. 16666.

unterhaltsam zwar, aber ihnen auch nicht ganz geheuer. Laut Karteikarte stammt die Figur aus Kelantan, einem Grenzgebiet zwischen Thailand und Malaysia, und repräsentiert eine Stilmischung aus Thai und Java. Dargestellt sei «eine männliche Figur auf einem Baum. Die Figur ist von schwarzer Körperfarbe und trägt ein rotes Lendentuch und einen rot/grünen Kopfputz. Das Geschlechtsmerkmal ist sehr betont dargestellt. Nach Armand de Guémenée stellt die Szene eine Person dar, die Palmwein gewinnt und wegen ihres betonten Geschlechts für komische Intermezzos zu sorgen hat.»

MATERIELLE PALMWEINKULTUR IM MUSEUM: DIE BEHÄLTNISSE

Die Mehrzahl der Palmweinobjekte in der Sammlung des Völkerkundemuseums der Universität Zürich sind Behältnisse: Köcher, Becher, Trinkhörner, Kalebassen. Vor dem Hintergrund des bis hierher nur grob skizzierten, vielfältigen technischen, sozialen, weltanschaulichen Palmenwissens der Tropen stellt sich die Frage: Welche Materialkenntnis und Fertigkeit, welchen Aspekt der Arbeit der Zapfer, welche Könnerschaft hinsichtlich der Saftgewinnung, welchen Weingenuss und welche soziale Inszenierung, welchen Status, welches Trankopfer an Könige oder Götter repräsentieren sie eigentlich jeweils?

Es ist unmöglich, anhand der einschlägigen Literatur all diese Behältnisse in ihrer jeweiligen kulturellen Tragweite zu erfassen. Die Frage nach Trinkfertigkeit, nach all dem, dessen es bedurfte, um Palmwein kulturell zu produzieren und zu konsumieren, führt uns in eine chaotische Welt ungeordneter und unverbundener Fakten und Beobachtungen.

Im Fokus der Sammler für Museen standen vor allem eindrückliche, kunsthandwerklich anspruchsvolle Gefässe, weniger der Alltagsbecher. Sammler interessierten sich zum Beispiel für Trinkgefässe aus Westafrika, für kunstvoll geschnitzte Doppelbecher, Titelbecher in Form von Trinkhörnern oder Kopfbecher, aus denen je nach Status der Trinkenden oder nach Art des Trinkanlasses spezifische Sorten von Palmwein getrunken wurden. Der konkrete Gebrauch dieser Gefässe allerdings, die mit ihnen verbundene Gestik, in der sie ja auch verwahrt wurden, mit denen man das Trinken zelebrierte, hat die Sammler in der Regel wenig interessiert; ebenso wenig dokumentierten sie die Herkunftsgeschichten der von ihnen erworbenen Objekte.

Kaum beinhalten unsere Sammlungen deshalb bislang die eher ephemeren Objekte, die einfachen Bambusröhren etwa oder die rasch aus Blättern gefalteten vergänglichen Blatttrichter und Blattgefässe, in denen der Palmsaftzapfer, gerade von der Palme herabgestiegen, dem Wartenden den frischen, vielleicht schon leicht angegorenen Saft anbietet, für einen meist überaus geringen Betrag.

Porträt eines Karo-Batak-Mannes mit Stab, Haumesser und Palmweinköcher. Sumatra, Indonesien, 1913-1923. Foto: I. Asada, Grand Hotel Berastagi.

Ein Verkäufer von Palmwein.
Bali, Indonesien, 1920–1930.
Foto: Tosari Studio.

Unsere Sammlung birgt mehrere aus Bambus gefertigte Köcher mit geschwungen geformten Deckeln, die an die kunstvollen Dächer der Batak-Häuser erinnern (Abb. S. 184f.). Erhaben erscheinen auch die Palmweinbecher aus den komplex hierarchischen Gesellschaften Zentralafrikas. Wiewohl wir in unserer Sammlung drei unterschiedliche Formen solcher Becher verwahren – Doppelbecher, Titelbecher in Form von Trinkhörnern, geschnitzte Holzbecher –, ist doch die Vielfalt ihrer Ausprägungen beeindruckend. An der Gestalt des Trinkgefässes war sowohl der Status des Trinkenden als auch die Person des Schnitzers zu erkennen, der den Becher einst schuf.

PALMWEINKÖCHER AUS SÜDOSTASIEN

Wie in vielen Museumssammlungen sind auch in der Zürcher Sammlung einige *kitang* der Batak in Indonesien verwahrt, aus Bambus gefertigte erhabene Köcher, die mit einem prominent geformten Deckel versehen sind. Sie dienten dem Transport ebenso wie dem Genuss von Palmwein. Die Karteikarte zum Objekt Inv.-Nr. VMZ 911 enthält die folgende Beschreibung:

> Palmweingefäss «kitang» von Bambus, gerade abgeschnitten, ein Internodium bildet den Boden. Um das Unterende ein 6,5 cm breiter, um das Oberende ein 2 cm breiter Ring aus Leder, unter demselben eine Umwicklung von Aren-Fasern, woran eine Schlinge gleichen Materials, die durch ein Loch im unteren Ring gesteckt + hier mit einem Knoten befestigt ist.

Palmweinköcher *kitang* der Batak, Sumatra.
Palmweinköcher mit Deckel und feinen Ornamentbändern. Sammler: Hermann Näher, 1875–1880. 50.5 x 27 x 15.5 cm,
Inv.-Nr. 824a/b. Palmweinköcher mit Deckel. Bambus, Tragriemen umhüllt mit Tierschwanz. Batak, Sumatra. 47.5 x 30 x 11 cm,
Inv.-Nr. 10635a/b. Bambusköcher für Palmwein. Myanmar. Sammler: Georg Winterberger, 2014. 35.5 x 6.8 cm,
Inv.-Nr. 29594. Köcher aus einem dicken Bambusrohr mit natürlichem Boden. Indonesien. 45.5 x 23 x 14 cm, Inv.-Nr. 29511a/b.
Palmweinköcher. Bambus. Indonesien. 45.5 x 24 x 14.5 cm, Inv.-Nr. 29510a/b.

Palmweinköcher mit Deckel. Bambus, Horn, Schnur aus Pflanzenfasern, Tierhaut (Schwanz). 46 x 24 x 16 cm, Inv.-Nr. 29507a/b. Palmsaftbehälter aus Bejo, Mittelflores. Höhe 71.5 cm, Ø 12.2-14.4 cm. Erstbesitzer: Piet Nono. Geschenk an die Berner Ethnologinnen Romana Büchel, Susanne Loosli, Sue Thueler; 2001 Geschenk an Wolfgang Marschall, Zürich. Palmweingefäss *kitang*. Bambus. Gebiet der Karo Batak, Nord-Sumatra. Sammler: Fritz Ernst, 1891. 47 x 14 x 24.5 cm, Inv.-Nr. 911. Palmweinköcher. Bambus. Indonesien. 50.7 x 12 x 22 cm, Inv.-Nr. 29509a/b. Palmweinköcher. Bambus. Indonesien. 44 x 21 x 10 cm, Inv.-Nr. 29508a/b.

Der Bambus ist ganz bedeckt mit Schriftzeichen + symbolischen Figuren. Der Deckel ist aus braunem Holz, hohl, conisch verbreitert mit hervor tretendem Rand, an einer Seite mit cylindrisch, centrisch durchlochtem, aufwärts gerichtetem Ausguss, an der anderen mit einem im Durchschnitt quadratischen Fortsatz, an dessen Unterseite sich ein kleines Loch befindet. Dasselbe dient um die Zufuhr der Luft zu ermöglichen. Beim Trinken setzt keiner der Eingeborenen die Ränder des Kruges an die Lippen, sondern lässt den Wein im Bogen aus der Höhe, in den geöffneten Mund fliessen. Zur Gewinnung des Palmweines wird der Blütenkolben der Zuckerpflanze abgeschnitten + der Saft in einem Bambus aufgefangen. Dieser Wein wird in halbgegohrenem Zustande getrunken + ist nur leicht berauschend.

Eher selten sind auf solchen Bambusköchern Verzierungen. Der Text auf dem beschriebenen Gefäss ist in Karo-Batak-Schrift verfasst, mit einer Figur, die beidseits neben ihrem Körper siebenstrahlige Sterne aufweist. Aller Wahrscheinlichkeit nach handelt es sich bei der Figur um ein Modell für ein Proportionenorakel.[38]

Man misst bei einem mit geschlossenen Füssen dastehenden Menschen den Umriss seiner Füsse um die Zehenspitzen und die Fersen herum mit einem Faden, verdoppelt die so gefundene Länge und misst mit dem auf diese Weise gewonnenen Masse vom grossen Zehen aus zum Kopfe hin die Länge des Menschen. Reicht das Ende des Fadens bis zum Scheitel, dann wird der Betreffende ein Häuptling werden; reicht es nur bis zur Stirn, so wird er ein Redner; wenn nur bis zu den Augen, wird er ein «*pormata sitëuhon* – ein Hundeäugiger», d. h. ein armer Schlucker; wenn nur bis zur Nase, ein «*simanggoanggo* – ein Herumschnüffler», d. h. ein Bettler; wenn nur bis zum Munde, ein Schlecker; wenn gar nur bis zum Halse, ein Tölpel, der leicht zu betrügen ist.[39]

Als Leihgabe von Wolfgang Marschall wurde in die Ausstellung ein Palmsaftbehälter aufgenommen, wie ihn Palmsaftzapfer in Südostasien oft verwenden (siehe auch Abb. S. 185).

Dieser Palmsaftbehälter aus dem Ort Bejo (Nhadha-Gebiet) in Mittelflores, als *sobé* (auch *sobhé*) bezeichnet, ist aus der speziellen Bambussorte *bheto* hergestellt. Die Epidermis des Bambus ist weggeschnitten, ebenso ein Teil des äusseren Holzes, wobei zwei senkrecht verlaufende Stege belassen wurden, die jeweils einmal durchbohrt sind, um eine Trageschnur aufzunehmen. Der Boden des Gefässes wird von einem Nodium gebildet. Ein zweites Nodium in Höhe der Löcher ist durchstossen. Der obere Rand weist eine 3 cm hohe Verdickung auf. Als Verschluss wird ein dichtes Knäuel von Fasern der Areng-Palme (*Arenga pinnata*, Merr.), vor Ort

Proportionenorakel auf dem Palmweinköcher Inv.-Nr. 911. Zeichnung: Daniel Müller.

38 Für die Entschlüsselung der Zeichnungen auf diesem Palmweinköcher danken wir Prof. em. Dr. Wolfgang Marschall, ehemals Professor für Ethnologie in Bern. Das Sujet wurde für die Neujahrskarte 2014 des Völkerkundemuseums der Universität Zürich verwendet.

39 Winkler 1925: 187.

enau genannt, verwendet, das auch als Filter dient. Am oberen Rand findet sich, in den Bambus geschnitten, die Zeile *AN*RAS*BEJO. Die ersten beiden Teile sind vermutlich der Name eines früheren Besitzers; darauf folgt der Name des Ortes Bejo. In dem Behälter wird der Saft aufgefangen, der von der *enau*-Palme durch Anschneiden des Blütenstandes gewonnen wird. Im leicht fermentierten Zustand wird dieser ‹Palmwein› *moké* häufig im Alltag und bei allen Festen getrunken.[40]

PALMWEIN IN AFRIKA: KALEBASSEN, BECHER UND TRINKHÖRNER

Die Praxis des Palmweinzapfens und -trinkens findet auf dem gesamten afrikanischen Kontinent Verbreitung. Sie floriert vor allem in den feuchten tropischen und äquatorialen Waldregionen, in denen geografisch gesehen auch die meisten Palmen ihr Habitat haben.

Palmwein ist auf dem afrikanischen Kontinent von zentraler Bedeutung. Seine Bedeutsamkeit umfasst unter anderem wirtschaftliche, geschlechterspezifische, ethnische, zeremonielle, spirituelle sowie medizinische Aspekte.

Interessant wäre es, mehr über die Palmweinökonomien der frühen Königreiche zu erfahren, in denen der Wein für die Elite schon lange eine wichtige Rolle gespielt hat. Im Königreich Bamum wurde Palmwein offenbar von Sklaven gezapft oder von Nachbargruppen erhandelt.[41] Das Getränk hat bis heute für viele in das Gewerbe involvierte Personen wirtschaftliche Bedeutung: für Zapfer und ihre Angehörigen, Händler, Transporteure, Verkäufer und Verkäuferinnen und Palmenbesitzer. Die Zapfer sind heute häufig ältere Männer mit geringer Schulbildung, die über ein hochspezialisiertes Palmenwissen verfügen. Dieses Wissen wird, teilweise zusammen mit mündlichen Überlieferungen, entlang ethnischer und verwandtschaftlicher Linien weitergegeben.[42]

In vielen afrikanischen Gesellschaften spielte und spielt Palmwein eine Rolle im Bekräftigen und im Aushandeln von Geschlechterverhältnissen, aber auch in Bezug auf das Markieren von Unterschieden zwischen Jung und Alt, Herrschern und Untergebenen, sowie in der Abgrenzung zu benachbarten Gesellschaften. Dies gilt für die Wirtschaft (z. B. Zapfer und Verkäuferinnen), für die Orte der Konsumption (z. B. Frauen im privaten Raum, Männer im öffentlichen Raum, z. B. in Palmweinkneipen), für spezifische Trinkregeln und -manieren oder auch in rituellen Zusammenhängen.[43] Beispielsweise war der Besitz von kunstvollen Palmweinbechern, wie jenen aus dem Kubareich, das um 1600 unter Herrschaft der Bushong in der heutigen Demokratischen Republik Kongo entstand, nur der Elite vorbehalten. Künstler waren eigens für den Königshof und den Adel tätig, um die symbolträchtigen Becher herzustellen (Abb. S. 196f.).[44]

Als Zeremonial- und als Empfangsgetränk für Gäste durfte und darf Palmwein bei wichtigen Festen und Anlässen nicht fehlen. Darüber hinaus spielt das Getränk eine bedeutsame Rolle in der Kommunikation mit Ahnen

40 Beschreibung: Wolfgang Marschall.
41 Fomine 2009: 79 e. a.
42 Siehe z. B. Babitseng und Teketay 2013; Lebbie und Guries 2002.
43 Siehe z. B. Ngokwey 1987: 114, 117.
44 Szalay 1995: 166.

und Göttern.⁴⁵ An Palmwein wurde also soziales und weltanschauliches
Wissen festgemacht und tradiert.

Palmwein ist auch ein traditionelles Heilmittel. Zum einen ist der reine
Palmsaft nährstoffreich. Zum anderen wird Palmwein mit heilenden Kräutern,
Wurzeln oder Rinden versetzt und zu gesundheitsfördernden Zwecken konsumiert.⁴⁶ In den medizinischen Praktiken, in denen Palmwein verwendet wird,
spiegeln sich nicht nur das umfangreiche lokale Wissen über die Natur und
ihre Wirkstoffe wider, sondern auch lokale Konzepte von Krankheit und
Gesundheit.

Entgegen mancher Erwartungen ist der Konsum des Palmweins in Afrika
im neuen Jahrtausend wieder aufgelebt. Heute versucht man sich zudem darin,
Palmwein in Flaschen haltbar zu machen und sogar zu exportieren.

EINE PALMWEINKALEBASSE FÜR KÖNIGE UND HÄUPTLINGE

1921 gelangte ein mit Perlen bestickter, 68 cm hoher Flaschenkürbis in die
Sammlung des Völkerkundemuseums der Universität Zürich. Die Kalebasse
ist mit einem Verschluss in Form des Kopfes eines Elefanten mit zwei langen
Stosszähnen und grossen Ohren versehen. Die Angabe der Herkunftsregion
Königreich Bamum, des alten Königtums im Westen des heutigen Kamerun,
legt die Vermutung nahe, dass es sich um ein zeremonielles, wohlmöglich
aus königlichem Besitz stammendes, Reichtum und Macht symbolisierendes
Objekt handelt. Perlenüberzogene Kalebassen dieser Art dienten Königen resp.
Oberhäuptern als Palmweingefässe und wurden bei verschiedenen Zeremonien
und Tänzen getragen (s. Abb. rechts).⁴⁷ Über eine ähnliche Kalebasse aus dem
Kameruner Grasland, gesammelt für das Field Museum in Chicago, heisst es:

> Eine ganz mit Perlen überzogene Kalebasse wird als zeremonieller Weinbehälter verwendet, wo immer ein Oberhaupt thront. […] Geometrische
> Muster ranken sich den Hals entlang hoch. Die grossen Stosszähne des
> Verschlusszapfens beziehen sich auf das Eigentumsrecht der Könige an
> Elfenbein als Symbol von Reichtum und Rang sowie auf die Vorfahren,
> die berühmte Elefantenjäger gewesen sind.⁴⁸

Allgegenwärtig ist in den Palmweinregionen Afrikas im Alltag wie auch
zu Festen die einfache Palmwein-Kalebasse, oft mit einem Standring versehen, in der der Wein verwahrt, transportiert und bereitgestellt wird.
Dabei gehören zum Geschmack des Weines selbst oft auch andere Dinge,
zum Beispiel die bittere Kolanuss, wie die folgende kurze Beschreibung zeigt:

> Palmweinvorräte u. Tanzmasken. Brennend wird der Durst der Tänzer
> und Musikanten, deshalb lässt der König für Erfrischung sorgen. Viele
> Träger kommen schwerbeladen mit palmweingefüllten Kürbisflaschen.

45 Siehe u. a. Huetz de Lemps 2001: 197–203.

46 Siehe z. B. Ngokwey 1987: 116f., 119.

47 Goldwater 1968: 37; Foss 1976; Geary 1988: 17 e. a.

48 Stokes 1999: 25.

Palmweinkalebasse mit Verschlusszapfen. Bamum, Kamerun, Zentralafrika. Kauf von: Ida Becker, Ennenda, 1921. 66 x 22 x 22 cm, Inv.-Nr. 5394a/b.

Fünf Gelbguss-Figuren «Häuptlingsgruppe». Kupferlegierung, Guss in verlorener Form. Kauf von: P. Valentin, Basel, 1970. Höhe je etwa 9 cm, Inv.-Nr. 13751a–e.
a: Schirmträger. b: Frau mit einer Art flachem Korb, darin wahrscheinlich Kolanüsse. c: Mann mit Kalebasse in der linken Hand. d: Mann mit Kalebasse in der rechten Hand. e: Mann mit Trinkhorn.

«Kamerun, Grasland, die Reichsinsignien Schwert, Speerbündel, 3 Pfeifen u. eine Palmweinkalebasse.» Foumban, 1.1.1911. Foto: Anna Wuhrmann.

Andere schleppen schwer an Säcken, die Kolanüsse enthalten! Das säuerliche Getränk und die bittere Nuss schmecken, zusammengenossen, ausgezeichnet, und die Tänzer und Musikanten erwarten mit Ungeduld das Zeichen des Königs, das ihnen gestattet, für Augenblicke mit Tanzen und Musizieren auszusetzen und sich an den willkommenen Gaben des Königs zu erlaben![49]

TRINKBECHER DER SUKU

Im Jahr 1976 unternahm der US-amerikanische Kunsthistoriker und Afrikakenner Arthur P. Bourgeois im Auftrag des Institut des Musées Nationaux, Kinshasa, eine Feldforschung, während der er alte Männer interviewte und an Trinkritualen im Westen der heutigen Demokratischen Republik Kongo teilnahm. Er beschreibt kleine Becher mit zwei ‹Mündern›, die er als ‹Suku-Becher› bezeichnet, vor Ort *kopa* genannt.

Der in unserer Sammlung befindliche Becher dieser Art mit der Inventarnummer 10199b ist von ausgesprochener Leichtigkeit. Aus einem Stück Holz so geschnitzt, dass die beiden Ausgüsse mit einem Steg verbunden sind, schmiegt sich der Becher weich in die Hand. In der Mitte der Seitenflächen ist je ein stilisiertes Gesicht eingeschnitten, von je einem in Diagonalmusterung

49 Wuhrmann 1917.

eingeschnittenen halbkreisförmigen Ornamentband umgeben. Laut Bourgeois gehörten diese fein geschnitzten Becher bei den nördlichen Suku zu den Insignien des Klanoberhauptes einer Matrilinie, der diesen Becher meist in einer Linie von Vorfahren mehrerer Generationen vererbt bekommen hatte. Mit einem einzigen Becher, der immerhin eine ganze Verwandtschaftslinie repräsentierte, wurde, wenn die Namen der vorgängigen Besitzer immer wieder rezitiert wurden, diese Geschichte geradezu dinglich fortgeführt. Ein Klanoberhaupt gab diesen Becher an seinem Sterbebett, so Bourgeois, an seinen designierten Nachfolger weiter und installierte ihn durch diese Geste in seiner neuen Position.

Bourgeois verdanken wir eine eindrückliche Darstellung des Gebrauchs und mithin auch der körperlichen Verinnerlichung der Funktion dieser Becher, die stets sorgsam verwahrt und gereinigt wurden und deren Verwendung streng geregelt war:

> Zu bestimmten Anlässen wird der *kopa* in einem standardisierten Trinkritual verwendet. Wenn ein Oberhaupt oder ein Lineage-Oberhaupt sich formal mit seinen Mitarbeitern berät, wird eine langhalsige Kalebasse mit Palmwein in den Raum gebracht und kurz von einem servierenden Familienmitglied gekostet. Der Becher eines jeden anwesenden Mannes

Drei Doppelbecher.
Becher für Palmwein.
Dem. Republik Kongo, Suku,
19. Jh. / frühes 20. Jh.
9 × 14 cm, Tiefe 7.5 cm.
Museum Rietberg,
Becher für Palmwein.
Inv.-Nr. RAC 532.
Dem. Republik Kongo, Yaka,
Suku. Zweite Hälfte
19. Jh. / frühes 20. Jh.
7.5 × 9.4 cm, Tiefe 5 cm,
Museum Rietberg,
Inv.-Nr. RAC 531.
Becher für Palmwein.
Bambola, Dem. Republik
Kongo. Sammler: Han Coray.
14.4 × 9 × 8 cm,
Inv.-Nr. 10199b.

wird sodann gefüllt. Früher verwendete man ein doppelschnabeliges Keramikgefäss (*mbasa*) oder eine Kürbisschale (*ntibu*), heute wurden diese durch Becher aus Metall oder Plastik ersetzt. Die Männer trinken ihre Portion rasch, stellen den Becher auf den mit Matten belegten Boden oder auf den Tisch und klatschen unisono dreimal in die Hände. Der Häuptling oder das Oberhaupt weist mit einer Geste sodann an, dass ein zweites Gefäss, heute ein metallener Teetopf, gefüllt wird. Aus diesem Gefäss giesst er Palmwein in eine der Öffnungen der *kopa*. Während der Honoratior ausgiebige Schlucke aus seinem *kopa* nimmt, senken die anderen respektvoll ihre Augen oder schauen abwesend woandershin. Kein Wort fällt. Abermals füllt er sein *kopa*, doch diesmal giesst er ein paar Tropfen Palmwein auf sein *kazekele*-Knöchelarmband, wenn er ein Oberhaupt einer Region ist, oder er spuckt Palmwein auf den Lehmboden, wenn er ein Lineage-Oberhaupt ist. Dann wird der *kopa* in langen Schlürfen geleert, gefolgt von einem vernehmlichen Rülpser. Alle Teilnehmenden geben daraufhin in rascher Folge eine Reihe von fünf oder mehr Klicklauten von sich. Der vorstehende Würdenträger klatscht nun zweimal in die Hände als Zeichen, dass der Palmwein aus der Kalebasse oder dem Teetopf erneut an alle ausgeschenkt wird.[50]

TRINKHÖRNER IN KAMERUN

Hans Knöpfli, ein Schweizer Möbelschreiner, arbeitete von 1956 bis 1993 im Dienst der Basler Mission als Missionar in Kamerun, wo er zahlreiche Projekte zum Wiederaufbau des lokalen Handwerks initiierte. Ihm verdanken wir einen 1996 vom British Museum publizierten Beitrag über die Herstellung von Titelbechern in Form von Trinkhörnern in Kamerun.

Knöpfli vermittelt in seinem Beitrag einen detaillierten Eindruck davon, wie weit der Prozess der Herstellung dieser Gefässe auch im 20. Jahrhundert mit ihrer gesellschaftlichen Bedeutung verwoben war. Nicht nur war die Herstellung selbst ein langer Prozess, in dessen Verlauf ein Horn lange in Wasser eingeweicht, mithilfe von Wärme und Fett geformt und geschmeidig gemacht, zugeschnitten und geschnitzt wurde. Die Herstellung war insofern geheim, als nur der künftige Besitzer des Bechers der Herstellung beiwohnen durfte. Die gesellschaftliche Hierarchie bildete sich in vier Graden von Bechern ab, für die jeweils eine bestimmte Art von Horn reserviert war, den obersten Würdenträgern das Büffelhorn. Eine eigene Symbolsprache der Ornamente, die in das Horn geschnitzt wurden, ermöglichte es dem Schnitzer, für jeden Auftraggeber eine individuelle symbolische Konfiguration eines Horns zu schaffen.

In hierarchischen, ausgeprägte Ahnenkulte pflegenden Gesellschaften Kameruns kam dem Horn als wesentlichem Erbstück von Vater zu Sohn eine besondere Funktion zu. Das Mundstück des Horns wurde, so Knöpfli, als eine Art Mund der eigenen Ahnen und mithin Bindeglied zwischen den Generationen begriffen. Ein eigenes Regelwerk des Gebrauchs dieser Trinkhörner

50 Bourgeois 1978: 76.

Trinkhorn mit Relief-Ornamenten. Horn. Bakuba, Kongo. Sammler: Han Coray. 45 x 35 x 11.5 cm, Inv.-Nr. 10208.
Trinkhorn. Zweimal abgewinkeltes Horn. Holz, nur bis Becherhöhe ausgehöhlt; Kupfer; Kitt. Bakuba, Zentralafrika.
Sammler: Han Coray. 53 x 20 x 41 cm, Ø 5 cm, Inv.-Nr. 8898b. Büffelhorn als Trinkbecher. Bamum, Kamerun.
Kauf von: Ida Becker, Ennenda, 1921. Höhe 42 cm, Ø 14.5 cm, Inv.-Nr. 5391. Trinkhorn. Horn, Kupfer. 27 x 23 x 6.5 cm,
Museum Rietberg, Inv.-Nr. RAC 439. Trinkhorn. Büffelhorn. Alltagsbecher. Kamerun. Kauf von: Arthur Speyer, Berlin, 1923.
Höhe 20 cm, Ø 6 cm, Inv.-Nr. 6190.

Die korrekte Art des Trinkens aus einem Titeltrinkhorn. Das Bild zeigt Gwejui Bah, seinerzeit stellvertretender Herrscher von Babungo-Mbuakang, Kamerun, Januar 1992. Foto: Hans Knöpfli.

verknüpfte sie mit bestimmten Pflichten und Rechten. Der Besitzer bestimmte, wer aus dem Horn trinken durfte. Er konnte individuell die Gnade, ja sogar Heilung durch einen Schluck Palmwein gewähren oder aber das Trinken daraus ganz verweigern. Das Trinkhorn war Status- und Machtsymbol, Insignie der Amts- und Rollenübernahme schlechthin, ein Zeichen von Reichtum. Es war Prestigeobjekt, Mittel der Segnung von Familienmitgliedern und Freunden, Zeichen von und Mittel zum Erwerb von Respekt, Führungsinstrument, Objekt zum Bekräftigen eines Vertrags oder einer Rechtsprechung, Mittel der Wahrheitsfindung, der Reinigung oder der Vergebung. Am Trinkhorn hinterliessen die Ahnen, so glaubte man, Spuren als Zeichen ihres Willens, auch ihrer Wertschätzung oder aber Missachtung der Person des Titelträgers. Ehrfurcht und immer auch eine gewisse Angst waren mit den Trinkhörnern verbunden. Jede Handlung mit einem solchen wurde, folgt man Knöpfli, zum rituellen, für alle Anwesenden lesbaren Akt.

Denkt man die fundamentale Bedeutung solcher Trinkhörner zusammen mit den sie verwendenden Gesellschaften, so verschmelzen Horn und Wein zu einer Einheit, in der die Bedeutung des Weins vom Genussmittel bis zum Menschen und Ahnen verbindenden Fluidum reichte. Zweifelsohne rankt sich um solche Trinkhörner viel mündlich tradiertes allgemeines und auf das einzelne Objekt bezogenes Wissen; leider befindet sich über die Herkunft der einzelnen Trinkhörner unserer Sammlung in unseren Archiven keinerlei Dokumentation – die Artefakte wurden einst lediglich als Kunstobjekte gehandelt.

KUBA-BECHER

Die individuell unterschiedlich geschnitzten Trinkbecher der Kuba[51] sind heute teuer gehandelte Sammlerstücke. Sie werden hinsichtlich ihrer ästhetischen und stilistischen Besonderheiten sowie der Feinheit der Herstellung und Besonderheiten der Werksstätten und Hersteller besprochen. Es handelt sich dabei um Statusbecher, wie sie in hochgradig um Rangpositionen wettstreitenden Gesellschaften mit komplexen Machstrukturen verwendet wurden, die über Handwerker verfügten, deren Können man sich für die Herstellung der individuell auf den Besitzer zugeschnittenen Becher sicherte und bei denen das Leben der Männer untrennbar mit einer Kultur des Palmweins verbunden war.

Wie der niederländische Afrikanist Jan Vansina beschreibt, war bei den Bushoong im Südwesten der Demokratischen Republik Kongo Palmwein ein wichtiger Bestandteil des Initiationsrituals der Jünglinge, insbesondere während jener Monate, die die Initianden in einem Initiationslager im Wald verbringen mussten. Die Zeit im Lager begann mit der Einbindung in ein Raffia-Seil als Symbol der Initiation. Vansina zufolge war Raffia das wichtigste Material in der Bushoong-Kultur: Palmwein, die gesamte Kleidung sowie viele Baumaterialien stammen von der Raffia-Palme.[52] Die Zeit im Busch war für die Jungen vor allem eine Zeit des Lernens, in der sie die den Männern vorbehal-

51 Die matrilineal organisierten Bushoong, von ihren Nachbarn ‹Kuba› genannt, setzten sich aus 18 Gruppen zusammen, die insgesamt 70'000 Personen umfassten. Die Bushoong lebten auf den Höhen zwischen den drei Flüssen Kasai, Sankuru und Lula in der kongolesischen Provinz Kasai. In Form einer Stammesföderation bildeten sie ein eigenes Königtum (Vansina 1960: 257).

52 Vansina 1955: 145.

a: Becher mit feinen Ornamenten. Bakuba, Zentralafrika. Sammler: Han Coray. Höhe 19.8 cm, Ø 8.5 cm. Inv.-Nr. 10191. b: Becher mit Henkel. Bakuba, Zaire. Sammler: Han Coray. Höhe 19 cm, Ø 6.6 cm, Inv.-Nr. 10193. c: Becher mit Henkel. Holz. Bakuba, Zentralafrika. Kauf von: Galerie Khepri, Amsterdam, 1969. Höhe 13 cm, Ø 9.5 cm, Inv.-Nr. 13134. d: Trinkbecher. Kuba, Kongo. Höhe 14 cm, Ø 11 cm, Inv.-Nr. 21141. e: Hoher, leicht konvexer Becher, mit Kupferklammern. Sammler: Han Coray. Höhe 22.5 cm, Ø 9.5 cm, Inv.-Nr. 25174. f: Becher mit Henkel und Endlos-Flechtbandornament mit 17 Parallellinien je Band, einfacher, glatter Henkel. Bakuba, Kasai, Zentralafrika. Sammler: Han Coray. Höhe 13 cm, Ø 8.5 cm, Inv.-Nr. 10197b. g: Becher, beinahe schalenförmig. Henkel mit Diagonallinien verziert. Bapende, Zentralafrika. Sammler: Han Coray. Höhe 9.4 cm, Ø 16.3 cm, Inv.-Nr. 10198. h: Konischer Becher, ganze Aussenfläche ornamentiert. Henkel mit zwei parallelen Linien verziert. Bahaba (?), Bakuba, Zentralafrika. Sammler: Han Coray. Höhe 15 cm, Ø 9.5 cm, Inv.-Nr. 10320. i: Becher mit Endlos-Flechtbandornament und einfachem, glattem Henkel. Bakuba, Kasai, Zentralafrika. Sammler: Han Coray. Höhe 11.3 cm, Ø 8.6 cm, Inv.-Nr. 10197a.

j: Kopfbecher. Bakuba, Zentralafrika. Kauf von: Gottfried Hotz, Zürich, 1975(?). Höhe 19.5 cm, Ø 8 cm, Inv.-Nr. 15688.
k: Holzbecher, halbkugelig, Flechtbandmusterung. Bakuba, Zaire. Sammler: Han Coray. Höhe 8.5 cm, Ø 9 cm, Inv.-Nr. 10195.
l: Holzgefäss. Becher für Palmwein. Bakuba, Zentralafrika. Sammler: Leo Frobenius. Höhe: 18.3 cm, Ø 11 cm, Umfang 35 cm, Inv.-Nr. 5182. m: Gesichtsbecher für Palmwein. Bakuba, Zentralafrika. Sammler: Han Coray. 29.5 x 14.5 x 17.4 cm, Inv.-Nr. 10188. n: Tonnenförmiger Becher. Bahaba(?), Bakuba, Zentralafrika. Sammler: Han Coray. Höhe 13.5 cm, Ø 7.5 cm, Inv.-Nr. 10321. o: Doppelbecher für Palmwein mit zwei Gesichtern, eins mit, eins ohne Augenbrauen, mit Narben verziert; im Inneren beide Becher mit Loch verbunden. Bakuba (auch: Buschongo), Bashilele, Zentralafrika. Sammler: Han Coray. Höhe 16.3 cm, Inv.-Nr. 10186. p: Gesichtsbecher für Palmwein. Bakuba, Zentralafrika. Sammler: Han Coray. 19.3 x 12 x 12.7 cm, Inv.-Nr. 10190. q: Gesichtsbecher für Palmwein. Holz, Kaurischnecken. Bakuba, Zentralafrika. Sammler: Han Coray. 16.5 x 16 x 13.5 cm, Inv.-Nr. 10187. r: Gesichtsbecher für Palmwein. Bapende-Schnitzer in Bakuba-Land. Bakuba, Zentralafrika. Sammler: Han Coray. 13.5 x 6.5 x 9.3 cm, Inv.-Nr. 10189.

tenen Aktivitäten des Bauens, Palmweinzapfens und Jagens erlernten und über die soziale Organisation des Dorfes aufgeklärt wurden.[53] Einerseits stellte der im Buschlager täglich von den Jungen gezapfte Palmwein eine Ernährungsquelle dar. Andererseits wurde eine ‹Initiationsgebühr› in Form von Palmwein bezahlt, für die die Jungen im Gegenzug wichtige Informationen erhielten. Dabei wurden die Initianden mit einem zentralen Gründungsmythos vertraut gemacht, in dem Palmwein ebenfalls eine Rolle spielte.[54]

PALMWEINMUSIK UND PALMWEIN IN FLASCHEN

In Afrika und Asien waren und sind Palmweinkneipen in Dörfern und Städten, und sei es nur als Stände für den kurzen Trunk am Strassenrand, Orte der Geselligkeit. An der afrikanischen Westküste bildeten sie jenes Milieu, in welchem die Palmweinmusik als eigener Musikstil entstand. Am Völkerkundemuseum wurde im November 2002 mit der Veranstaltung «Palm Wine Music – Zu den Wurzeln des westafrikanischen Pop», damals mit Vorträgen und Musikbeiträgen von John Collins und Samuel Kwabena Nyama, über diese Musik informiert. Im Veranstaltungstext hiess es:

> Die sogenannte Palmweinmusik ist eine Urform der heutigen populären Musik Ghanas, des Highlife. Ihre Anfänge reichen bis ins 19. Jahrhundert zurück, als sich an der Küste Westafrikas afrikanische Musiker die Instrumente und Musikformen der Seeleute aneigneten und sie mit lokalen Formen, Rhythmen und Instrumenten fusionierten. Die Musik wurde so genannt, weil sie in den Hafenkneipen und Schenken gespielt wurde. Von da aus breitete sie sich über das ganze Land und auch Nigeria aus und beeinflusste moderne westafrikanische Musikformen über verschiedene Kanäle und Wege – etwa über die frühe afrikanische Schellack-Plattenindustrie (z. B. die Basler Handelsfirma UTC).

Längst hat das Zeitalter des pasteurisierten, in Flaschen verkäuflichen Palmweins im Tropengürtel Einzug gehalten, mit lokalen Marken wie *Emu* und *Unnab Palmwine* in Nigeria, *ANAG Palmwine* in Kamerun, *Nkulenu's Palmdrink* in Ghana, *Kirel Palmwine* oder *Mekong Palm Sparkling* in Kambodscha, und vielen mehr, die auch für den Export bestimmt sind und allmählich über die Afrika- und Asienläden auch in Europa vertrieben werden. Einen gekühlten Flaschenpalmwein der Marke *La Belle Africaine* aus Kamerun (Abb. rechts) haben im Völkerkundemuseum der Universität Zürich für die vorliegende Publikation Yvo Magnusson und Jan Kübler degustiert.

---

53 Vansina 1955: 148.

54 A. a. O.: 139, 142–145.

Palmwein, pasteurisiert und längere Zeit haltbar: La Belle Africaine.

Tibetischer Buttertee wirkt optisch wie ein klassischer, etwas trüber Milchkaffee. Auf der Oberfläche bildet sich ein öliger Film aus kleinen Fettbläschen, der am Rand leicht schäumt. Die Nase ist bestimmt von dichtem, frischem Karamell und duftet zart nach Schwarztee, dem etwas Milch beigegeben wurde. Am Gaumen sind wenige Gerbstoffe spürbar, welche dem Tee etwas Trocknendes verleihen. Eine angenehme leichte Säure stützt das Spiel von Rahm, frischem Ricotta und weissen Mandeln.

– Yvo Magnusson und Jan Kübler

TEE

IM HIMALAYA-RAUM UND IN JAPAN

EIN VIELSEITIGES GETRÄNK IN ERLESENER VARIATION

Martina Wernsdörfer

> Der Geschmack des Tees hat seinen verborgenen Reiz, der unwiderstehlich genug ist, um idealisiert zu werden. […] Er hat nichts von der Arroganz des Weins, der Selbstbewusstheit des Kaffees und auch nicht die zimperliche Unschuld des Kakaos.
> – *Kakuzo Okakura*

DIE MENSCHHEIT HAT SICH IN DER TEESCHALE GEFUNDEN[2]

«Die Schale der Menschheit»[3] – mit dieser Kapitelüberschrift eröffnet der japanische Gelehrte und Kunstwissenschaftler Kakuzo Okakura (1862–1913) sein Werk *Das Buch vom Tee*. Darin offenbart sich eine Haltung, die den Tee als etwas begreift, das viel mehr ist als ein durstlöschendes Getränk.

«Tee ist Kult»,[4] eine mehr oder weniger ritualisierte Handlung unter Menschen, die im Raum des Teetrinkens zusammenfinden und über alle Unterschiede und Grenzen hinweg Gemeinsamkeit erleben. Okakuras ‹Entdeckung›, die er als Teilnehmer zahlreicher Teerunden an seinem langjährigen Wohnort Boston machte, ist Metapher für die kulturübergreifende Bedeutung des Tees als ein vielschichtiges und variantenreiches Getränk, eingebunden in eine vielfältige materielle Kultur.[5] Zahlreich sind die Teesorten, die Anbau-, Zubereitungs-, Servier- und Trinktechniken, mannigfaltig die Gerätschaften und Trinkgefässe, komplex die Trinkanlässe und Trinksitten, aussagereich die Mythen, Erzählungen, Lieder und Gedichte zum Thema Tee.

Tee wird bei gesellschaftlichen Anlässen, religiösen Ritualen, geschäftlichen Treffen, zur Begrüssung oder zum Abschied gereicht; er wird stehend, sitzend oder liegend getrunken, gegessen, gerochen und genossen. Man zelebriert den Tee, sei es als *Five o'Clock Tea* in England oder im *Mint Tea Ritual* in Nordwest-Afrika; man trifft sich zum Tee, im Teehaus Chinas und Japans ähnlich wie in der südamerikanischen Mateteerunde; man ernährt sich vom Tee und bedient sich seiner Wirkstoffe, zum Beispiel in Form der Energiebombe Buttertee oder verschiedener beruhigender Arzneitees; man nutzt den Tee aber auch als Metaebene soziopolitischen Handelns und transkultureller Kommunikation, erwähnt seien hier die politisch motivierte *Tea-Party*-Bewegung in den USA sowie die diversen *Online Tea Communities*, *Chat*-Foren, in denen man sich in virtueller Gemeinschaft über Tee-Themen austauscht.[6] Die Popularität des Tees hat schliesslich dazu geführt, dass zahlreiche Sorten mittlerweile auch als warme oder kalte Sofortgetränke in Instantform konsumiert werden können.

TEEWISSEN

Der Tee wäre jedoch ohne die Fähigkeit des Menschen, das Potenzial der Teepflanze zu erkennen und auszuschöpfen, kaum zu seinem kulturübergreifenden ikonischen Status gelangt. In zahlreichen Mythen und Erzählungen ist überliefert, wie das Wissen um den Tee – manchmal zufallsbedingt – generiert, getestet, umgesetzt, verinnerlicht und weitergegeben wurde. Entkleidet man diese Geschichten ihres oft märchenhaften Übergewandes, offenbart sich jede einzelne von ihnen als Wissensspeicher, Informationsträger und Erkenntnispool über den Tee, seine Ressourcen, deren Aneignung durch den Menschen und deren schrittweise Verankerung in den Tee-Trinkkulturen der Welt. Eine populäre, in mehreren Variationen tradierte Erzählung aus

---

Die beiden Kontinente [Asien und Europa] mögen endlich aufhören, einander mit Aphorismen zu bombardieren, und sie werden gegenseitig eine halbe Erde gewonnen haben [...]. Wir haben uns nach verschiedenen Seiten hin entwickelt, aber es ist kein Grund einzusehen, warum wir uns nicht ergänzen sollten. Ihr habt an Macht gewonnen auf Kosten eurer Ruhe. Wir haben Harmonie geschaffen, die Angriffen vielleicht zu weich nachgibt. [...] Seltsam genug – die Menschheit beider [Kontinente] hat sich bisher immer nur in der Teeschale gefunden.[1]

---

1. Okakura 1922: 8. Abweichend vom englischen Originaltext ist in der deutschen Übersetzung von ‹Tee› statt ‹Teeschale› die Rede.
2. Okakura 1906: 13.
3. Okakura 1922: 3.
4. Okakura 2011: 32.
5. Tee ist – nach Wasser – das meist getrunkene Getränk weltweit und damit ein wichtiger Wirtschaftsfaktor auf dem globalen Tee-, Handels-, Werbe- und Lifestylemarkt. Eine Statistik des Deutschen Teeverbandes beziffert die Weltproduktion von Tee im Jahr 2012 mit rund 4.68 Mio. Tonnen (Deutscher Teeverband 2013: 5).
6. Die Webseiten *World of Tea* (www.worldoftea.org) und *Rate Tea* (ratetea.com) führen Links zu solchen *online tea communities* auf.

Tee-Trinkgefässe aus aller Welt.
a: Holz-Teeschale, Tibet. Gesammelt 1940er-Jahre. Höhe 5.7 cm, Ø 12 cm, Inv.-Nr. 15150. b: Ton-Teeschälchen, Indien. Gesammelt 2008. Höhe 4.3 cm, Ø 5.5 cm, Inv.-Nr. 28950. c: Tee-Kalebasse, Brasilien. Eingang 1919. Höhe 6.5 cm, Ø 6.6 cm, Inv.-Nr. 8444a. d: Keramik-Teeschale, China. Datierung 12./13. Jh. Höhe 6 cm, Ø 12.3 cm, Inv.-Nr. 9303. Dunkelbrauner Scherben mit der für die Song-Zeit (10.-13. Jh.) charakteristischen Hasenfell-Glasur.

e: Glas-Teeschälchen in Metallfassung, Indonesien (?). Höhe 3.9 cm, Ø 5 cm, Inv.-Nr. 29600b. f: Lack-Teeschale mit Deckel, Japan. Eingang 1927. Höhe 7.8 cm, Ø 12 cm, Inv.-Nr. 8300a/b. g: Teeglas, Süd-Algerien. Eingang 1910. Höhe 7 cm, Ø 4 cm, Museum der Kulturen Basel, Inv.-Nr. MKB III 3388. h: Porzellan-Teeschale, China. Eingang 2009. Höhe 5.7 cm, Ø 12.8 cm, Inv.-Nr. 26954. i: Kupfer-Teeschale mit Untersatz und Deckel, Thailand. Höhe 8 cm, Ø 11.2 cm, Inv.-Nr. 7332a–c.

China berichtet zum Beispiel, wie Shennong, der ‹göttliche Landmann›, auf der Suche nach heilsamen Medizinalkräutern die Teepflanze entdeckte:

> Eines Tages fielen in seinen mit siedendem Wasser gefüllten Kessel einige jadegrüne Blätter eines hohen Strauches. Sofort verbreitete sich ein zartwürziger Duft, und das Wasser nahm eine gelbgrüne Farbe an. Shennong kostete von diesem Sud – er schmeckte herb und bitter. Sein Durst liess nach, die Müdigkeit verflog, und sein Geist war klarer als zuvor. Fortan erforschte und testete er die medizinische Wirkung dieser Blätter, und endlich, nach langem Suchen, entdeckte er in einem abgelegenen Tal einige wild wachsende Sträucher mit genau diesen Blättern. Shennong freute sich und gab dieser Pflanzenart den Namen *tu* 荼 – Bitterkraut. Nachdem er das Getränk erneut probiert und festgestellt hatte, dass es auch harntreibend und entgiftend wirkte, erkannte er, dass diese Pflanze ein besonderes Wundermittel ist, das sich von den üblichen Heilkräutern abhob.[7]

Ob Shennong tatsächlich der Entdecker des Tees ist, der in China bis ins 8. Jahrhundert als Bitterkraut bezeichnet wurde, ist hier unwesentlich.[8] Interessant an der Erzählung ist, dass ihm die Fähigkeit zugeschrieben wird, durch eigene Erfahrung und systematische Erprobung die gesundheitsfördernden Qualitäten einer Pflanze erkannt zu haben, die insbesondere dem Grüntee bis heute zugesprochen werden. Da dieser im Unterschied zum Schwarztee nur gewelkt und getrocknet, jedoch keiner Oxidation ausgesetzt wird, erhöht sich der Tein-Gehalt nicht, und der hohe Anteil an Gerbstoffen bleibt erhalten. Der aufgegossene Tee wahrt seine gelbgrüne Farbe, schmeckt bitter und wirkt wohltuend ausgleichend. Lässt man ihn nur kurz ziehen, belebt das zuerst frei werdende Tein Körper und Geist, ohne Nervosität zu bewirken, bei längerer Ziehzeit kommt dagegen die beruhigende Wirkung der Gerbstoffe zum Tragen.[9]

Genau diese Eigenschaften prädestinierten den Grüntee, sich spätestens gegen Ende des 8. Jahrhunderts mit der Alltagspraxis buddhistischer Klostergemeinschaften zu verbinden und zum Kultgetränk insbesondere des die Meditation betonenden Zen-Buddhismus zu werden. Wie es dazu kam, davon berichtet eine bekannte Erzählung aus Japan:

> Einst begab sich der indische Mönch Bodhidharma [jap. Daruma] nach China, um dort seine Lehre des Meditations-Buddhismus weiterzugeben. Nach langen Jahren vergeblichen Bemühens beschloss er, sich selbst in Versenkung zu üben. Neun Jahre lang meditierte er in einer Felshöhle, bis ihn schliesslich doch die Müdigkeit übermannte und seine Augenlider zufielen. Erbost über diese Schwäche schnitt er beide Lider ab und warf sie zu Boden. Zu seinem Erstaunen schlugen diese Wurzeln, und aus jedem wuchs ein Strauch mit lidförmigen, zart duftenden Blättern. Bodhidharma kostete von diesen Blättern und fühlte sich auf wundersame Weise wach und gestärkt.[10]

7 Zwei Variationen dieser Erzählung geben Gruschke, Zimmermann und Schörner 2007: 20f. wieder.

8 Heute lautet die chinesische Bezeichnung für Tee *cha* 茶, wobei die Schriftzeichen für *cha* und *tu* sich einzig durch einen horizontalen Strich unterscheiden.

9 Völkerkundemuseum der Universität Zürich 1990: 18–20, 25.

10 Vgl. Gruschke, Zimmermann und Schörner 2007: 27f. Das Schriftzeichen *cha* 茶 bedeutet in Japan sowohl Tee als auch Augenlid.

Die beiden Erzählungen beantworten nicht die Frage nach der Urheimat des Tees, worüber in Gelehrtenkreisen bis heute diskutiert wird. Wohl aber machen sie, ausgehend von der wissenschaftlich erprobten belebend-beruhigenden Wirkung des Grüntees und dessen Stellenwert in Heilkunde und Buddhismus, eine beispielhafte Aussage über die Könnerschaft des Menschen, sich diese Eigenschaft zunutze zu machen und in seine kulturelle Praxis einzubinden.

TEEKÖNNEN

Der Weg vom Teeblatt zum Tee ist lang, das für Verarbeitung, Zubereitung und Genuss erforderliche technische und soziale *Know-how* komplex, die Vielfalt an Trinksitten und materiellem Zubehör gross. Als alle lokalen Variationen der Tee-Trinkkultur verbindender Gegenstand erweist sich das Trinkgefäss – die «Schale der Menschheit», das der Mensch immer und überall zur Verfügung haben muss, um den Tee in seinen Körper aufnehmen zu können. Die Abbildung auf Seite 204f. zeigt eine Auswahl solcher Tee-Trinkgefässe, in deren Formverschiedenheit, Materialvielfalt und Ästhetik die Hand, die sie einst erschuf, sichtbar wird. Allen gemeinsam ist, dass sie mit Tee gefüllt werden und dass aus ihnen getrunken wird. In diesem Akt verbindet sich das Objekt mit den Eigenschaften des Getränks und seinem soziokulturellen Umfeld, dem Raum des Teetrinkens und der Teetrinkenden. Über das Funktionieren dieser Verbindung entscheidet der Mensch mit seinem Vermögen, seine handwerkliche Fertigkeit und sein Wissen um die situativen Bedingungen und Erfordernisse geschickt einzusetzen.

Aus diesem Blickwinkel kommt dem scheinbar unscheinbaren indischen Miniaturschälchen aus getrocknetem, rot gebranntem Ton (Abb. S. 204: b) der gleiche Wert zu wie der in elaborierter Emaille-Technik gearbeiteten Kupferschale mit Deckel und Untersatz aus Thailand (Abb. S. 205: i). Der indische Töpfer ist dazu aufgefordert, mit wenigen Handgriffen ein billiges, hitzeresistentes Einweg-Trinkgefäss für den ephemeren Alltagsgebrauch zu drehen, aus dem der Tee schnell getrunken und das dann weggeworfen wird.[11] Der thailändische Metallschmied fertigt in ausgefeilter Technik ein stabiles Set aus Kupfer, bestimmt für einen Tee, der langsam ziehen, sein Aroma entfalten, mehrfach aufgegossen und in Musse genossen werden kann.

In jedem einzelnen der hier abgebildeten Tee-Trinkgefässe materialisiert sich die raum-, zeit-, gesellschafts-, alters-, geschlechts- und statusübergreifende Präsenz des ikonischen Getränks Tee, das aus den Beteiligten eine Gemeinschaft geteilten Wissens und geteilter Erfahrung macht.

Die Gleichzeitigkeit von Einfachheit und Vielschichtigkeit des Tees wird nun an zwei grünen, heiss getrunkenen Sorten aus dem asiatischen Raum vorgestellt – dem tibetischen Buttertee[12] und dem japanischen Matchatee. Die materielle Kultur beider Getränke ist dank der Sammlungen von Heinrich Harrer und Hans Spörry im Völkerkundemuseum der Universität Zürich gut vertreten und erweist sich als Wissensspeicher von grossem Erkenntniswert.[13]

[11] Maschinell produzierte Nachfolger dieser handgefertigten Tonschälchen sind die in Indien allgegenwärtigen kleinen Plastikbecher.

[12] Buttertee wird vor allem in neuerer Zeit auch aus Schwarztee bereitet, wodurch sich Geschmack und Konsistenz verändern.

[13] Die Sammlung von Heinrich Harrer (1912–2006) kam 1973 ins Museum (siehe u. a. Brauen 1974), diejenige von Hans Spörry (1858–1925) zählt zu den Gründungssammlungen (siehe Brauen 2003).

Trinkschale für Buttertee, Tibet. Holz, Silberblech. Sammler: Heinrich Harrer, 1940er-Jahre. Höhe 5.7 cm, Ø 12 cm, Inv.-Nr. 15151. Trinkschalen für Buttertee sind oft ein persönliches Gut, das aus Gründen der Hygiene, zur Einhaltung sozioreligiös bedingter Reinheitsgebote und bedingt durch die Notwendigkeit häufigen Trinkens mitgeführt wird.

DER TIBETISCHE BUTTERTEE

DURSTLÖSCHER, RITUALGETRÄNK, ENERGIELIEFERANT IM ALLTAG

*Eine Erklärung ohne Beispiel ist schwer zu verstehen,
Tee ohne Salz ist schwer zu geniessen.
– Tibetische Redewendung*

Berühmt und berüchtigt ist er, der gesalzene, im tibetischen Hochland
und in den angrenzenden Regionen verbreitete Buttertee, und seltsam sein
Geschmack für den ungeübten Gaumen. Früher wie heute berichten
Reisende von ihren Buttertee-Erfahrungen in Tibet, Ladakh, der Mongolei,
Nepal, Bhutan oder Nordindien.[14] Denn kaum jemand, der diese Gebiete
besucht, kommt umhin, mindestens einmal davon zu kosten, sei es in einem
Nomadenzelt, einem Bauernhaus, einem Kloster, einem Restaurant in der
Stadt oder unterwegs am Wegrand; sei es als Gast im Alltag oder als
beobachtender Teilnehmer eines religiösen Rituals, einer Hochzeitsfeier oder
eines Jahreszeitfestes. Der Buttertee ist in diesen Gegenden in allen sozialen
Schichten präsent, er ist Zeichen der Gastfreundschaft, Durstlöscher und
Nahrungsmittel zugleich.

Die Tibeter nennen ihn *cha* (Tee, in der Höflichkeitsform *sö-cha*), *bö-cha*
(tibetischer Tee) oder auch *cha suba* (gestampfter Tee). Während die ersten
beiden Begriffe den Buttertee als Getränk definieren und geografisch
verorten, verweist der letztgenannte auf die Technik der Zubereitung. Damit
sich Teesud, Butter und Salz organisch verbinden, müssen sie gemeinsam
bewegt werden.[15] Als Handmixer diente früher und teilweise auch heute noch
eine zylinderförmige, mit Messingbändern verstärkte, einseitig geschlossene
Röhre aus Holz mit Holzstössel, von der sich auch in der Sammlung des
Völkerkundemuseums einige Exemplare befinden (Abb. rechts). Während
sich Material, Form und Machart gleichen, variieren die Bezeichnungen
auf den Karteikarten erheblich. Sie reichen von ‹Butterfass› über ‹Teeröhre›
bis hin zu ‹Butterteestampfer›, ‹Teemischzylinder› oder ‹Holzzylinder›.
Die uneinheitliche Namensgebung offenbart einerseits Wissenslücken kultur-
fremder Personen in der Begegnung mit einem solchen zum Museumsobjekt
gewordenen Alltagsgegenstand und hebt diesen andererseits als multi-
funktionales Gerät, als materielle Verkörperung von indigenem Wissen
und Können hervor. Aussagen von Tibeterinnen und Tibetern sowie
vereinzelte Hinweise in der Literatur zeigen nämlich, dass derselbe Gegenstand sowohl für die Butterherstellung als auch für die Teezubereitung
verwendet werden kann. Zugleich existiert er in zwei verschiedenen
Grössen. Der grössere Typus ist für den Hausgebrauch, der kleinere für
den Gebrauch unterwegs bestimmt.

Der Tee-Mischzylinder (tib. *dongmo*) – so soll er hier seiner Form und
Funktion gemäss genannt werden – ist also Ausdruck eines bewusst eingesetzten ökonomischen und strategischen Denkens. In einer weitgehend nomadi-
schen Gesellschaft, die in einer kargen, holzarmen Hochlandsteppe lebt, und
in deren Alltag Mobilität bis in die jüngere Zeit eine Lebensnotwendigkeit
darstellte, sind der gewissenhafte Umgang mit den natürlichen Ressourcen
und die Geschicklichkeit in der Nutzung der Gebrauchsgegenstände unab-
dingbar. Als Kerngerät der Buttertee-Herstellung ist der *dongmo* aber auch
ein Schlüssel zur Annäherung an die vernetzt denkenden und handelnden

Buttertee-Mischzylinder
mit Stössel, Tibet oder Nepal.
Holz, Metalle, Leder.
Höhe 97.3 cm, Ø 13.4 cm,
Inv.-Nr. 29597a-c.
Stampfgefäss der Frau für die
Herstellung des tibetischen
Buttertees. Kleinere, leichtere
Mischzylinder dienen der
Teebereitung unterwegs.

14 Einen Überblick über historische chinesische und europäische Quellen gibt Mergenthaler 2013: 36f.

15 Manchmal wird zusätzlich Milch, seltener eine kleine Menge gerösteten Gerstenmehls (tib. *tsampa*), dazugegeben (Hermanns 1949: 61).

Menschen einer Trinkkultur, Menschen, deren Zusammenspiel seit einigen Jahrzehnten, bedingt durch sozio-ökonomische Verschiebungen, starken Veränderungen unterworfen ist. Gebrauchsutensilien und Techniken, die noch zur Entstehungszeit der Harrer-Sammlung in den 1940er-Jahren allgemein verbreitet waren, stehen heute Seite an Seite mit Gegenständen aus neuen Materialien und modernen Zubereitungsmethoden.

TEEHANDEL, BUTTERHERSTELLUNG, SALZGEWINNUNG, WASSERBESCHAFFUNG

Um den Buttertee ranken sich zahlreiche Erzählungen, er kommt in Liedern, Redewendungen und sprichwörtlichen Weisheiten vor. Einige nehmen Bezug auf seine Ingredienzen – Teeblätter, Salz, Butter, Wasser. Sie berichten, wo diese zu finden sind, weshalb sie dorthin gelangten und wie sie entdeckt wurden. Eine der beliebtesten und bekanntesten Erzählungen handelt von der unglücklichen Liebe zweier Nomadenkinder aus dem Changtang:

> Vor langer Zeit lebten beidseits eines Flusses, der durch die Steppenlandschaft des tibetischen Hochlandes führte, zwei verfeindete Nomadenstämme. Von Kindheit auf hütete auf der einen Seite Wendampa die Schafe seines Vaters, auf der anderen Seite Memetsog die Schafe ihrer Mutter. Wie die Jahre vergingen, entdeckten die beiden ihre Liebe füreinander und weideten ihr Vieh von nun an gemeinsam. Doch die Mutter des Mädchens geriet über die unerwünschte Verbindung in einen solchen Zorn, dass sie ihren drei Söhnen nacheinander auftrug, Wendampa mit einem vergifteten Pfeil zu töten. Die beiden älteren brachten es nicht übers Herz, diesen Auftrag auszuführen. Sie täuschten die Mutter mit einer List. Der dritte und jüngste aber war so verängstigt, dass er tat, was ihn die Mutter geheissen hatte. Aus Kummer über den Tod ihres Geliebten stürzte sich Memetsog in die Fluten des Flusses, um ihrem Leben ebenfalls ein Ende zu setzen. Die Götter aber verwandelten die Seelen der beiden Liebenden in zwei kleine Vögel, die sich von einem Ufer zum anderen die süssesten Liebeslieder vorsangen. Als die böse Mutter diese List bemerkte, liess sie die Vögel erschiessen. Daraufhin verwandelten sich die beiden Seelen in zwei Weidenbäume, deren blühende Äste und Zweige in der Mitte des Flusses zusammenwuchsen. Doch die Mutter liess die Bäume fällen.
>
> In Erkenntnis, dass ein ruhiges Zusammensein in der Heimat niemals möglich sein würde, beschlossen die beiden Seelen in die Ferne zu ziehen. Memetsog ging nach China und verwandelte sich dort in einen Teestrauch, Wendampa floh in den Norden Tibets, wo er zu Salz erstarrte. Jedesmal, wenn sich die Tibeter eine Schale ihres liebsten Getränks – des gesalzenen Buttertees – eingiessen, finden die beiden Liebenden wieder zueinander. Und da die Tibeter grosse Mengen Buttertee trinken, sind diese häufiger zusammen als jemals zuvor.[16]

Teekuchen, Indien. Teeblätter gewelkt, getrocknet und gepresst. Höhe 10 cm, Ø 8.5 cm, Inv.-Nr. 29598.

Teeziegel, Tibet oder China. Teeblätter gewelkt, getrocknet und gepresst. Länge 16-16.5 cm, Breite 9-10.5 cm, Höhe 5.5 cm, Inv.-Nrn. 14333a, 14333b. Teeziegel wurden auf den Teestrassen aus den südwestchinesischen Tee-Anbaugebieten ins tibetische Hochland gehandelt – dort verkauft oder gegen Pferde oder Salz eingetauscht. Für den Transport und/oder den Verkauf wurden sie häufig in Papier eingeschlagen.

16 Vgl. Gruschke, Zimmermann und Schörner 2007: 128–131; Schäfer 1949: 36, zitiert nach Mergenthaler 2013: 31, mit Hinweisen auf weitere Versionen dieser Erzählung.

Die Erzählung legt an Salz und Tee beispielhaft dar, dass in die Bereitung des Buttertees, schon bevor im Tee-Mischzylinder aus der Mixtur das Getränk gestampft wird, Menschen mit unterschiedlichem Wissen und Können involviert sind, die arbeitsteilig zusammenwirken.

Der Tee: Da Höhe und klimatische Bedingungen auf dem tibetischen Hochplateau, mit Ausnahme Süd- und Südosttibets, den Anbau von Tee nicht zulassen, musste er stets eingeführt werden. Der einst zur Herstellung des Buttertees bevorzugte grüne Tee stammt primär aus den südwestchinesischen Anbaugebieten der Provinzen Sichuan und Yunnan.

Während er heute auf dem Strassen- oder Luftweg zu den Verteilorten befördert wird, erfolgte der Transport bis in die 1950er-Jahre zu Fuss entlang der Handelsrouten, der sog. Teestrassen (chin. *chadao*, tib. *gyalam*). Die beiden wichtigsten waren die nördliche ‹Tee-Pferde-Route›, auf welcher der Sichuan-Tee in der Region des Kokonor-Sees (Nordost-Amdo, Provinz Qinghai)

Teeverkauf in Lhasa.
«Eine Tibeterin mit Buckelkorb kauft Teeziegel, die vorne aufgestapelt sind.»
Foto: Heinrich Harrer, 1948-1950.

Feuerschlagtaschen mit Schlageisen, Tibet.
Leder, Feuerstahl, verschiedene Metalle, Türkis, Koralle, Knochen, Bambus, Textil, Feuerstein, Zunder. Länge 8-12 cm, Breite 5-6.4 cm, Inv.-Nrn. a: 14957, b: 16554, c: 14955, d: 12672, e: 14961. Tibetische Feuerschlagtaschen werden am Gürtel befestigt. Sie enthalten Zunder und Feuerstein, der am Schlageisen gerieben wird. Metallene Zierbeschläge und Besätze aus kostbaren Steinen stabilisieren das Leder und zeigen den Status des Besitzers an.

gegen Pferde eingetauscht und von der Lokalbevölkerung entweder weiterverarbeitet oder weitergehandelt wurde, und die südliche Route über den Umschlagplatz Tatsienlu/Dartsedo (chin. Dajianlu, heute Kangding) und weiter nach Zentraltibet.[17]

Um den Tee transportfähig und haltbar zu machen, wurden die Blätter nach dem Pflücken, Welken, Trocknen und Aussortieren zu harten Kuchen oder Ziegeln gepresst (Abb. S. 210), in Bambuskörbe gepackt und diese Trägern auf den Rücken geladen. Waren längere Strecken zu bewältigen und extreme klimatische Verhältnisse zu erwarten, stapelte man die Teeziegel in Zwischenstationen wie Tatsienlu zu Packen und nähte diese in frische Yakhäute ein, die sich beim Trocknen zusammenzogen und steif wurden. In solch wetterfester Umhüllung erreichte der Tee, nun auf den Rücken von Yaks, nach Wochen oder gar Monaten seine Bestimmungsorte, die Märkte des tibetischen Hochlandes (Abb. S. 211).

Die Butter: Im Unterschied zum importierten Tee wird die Butter seit jeher in Tibet selbst hergestellt – in grossen Mengen und bis heute meistens von Hand. Als Milchlieferanten dienen Schafe, Ziegen und domestizierte Yaks (tib. *dri*),[18] die in Herden gehalten werden. Da die Hochlandbewohner kaum Rohmilch trinken und diese nur beschränkt haltbar und schwierig zu transpor-

Küche und Herdstelle in einem tibetischen Wohnhaus. Foto: Pietro Francesco Mele, April–Oktober 1948.

17 Mergenthaler 2013: 34–40.
18 Während die englische Bezeichnung ‹yak› Tiere beider Geschlechter umfasst, wird im Tibetischen zwischen männlichen Tieren (*yak*) und weiblichen Tieren (*dri*) unterschieden.

213

Tee zum Abschied. Heinrich Harrer am Tag seiner Abreise aus Lhasa mit der Beamtenfamilie Surkhang beim Teetrinken. Fotos: Heinrich Harrer, November 1950.

Tee im Alltag. «Lager Sub Larken, bei Salzsaecken: Pema.» «Im Lager mit dem Salzhaendler aus Namru Dzong.» (Ganz links der Anführer Drapa, ganz rechts Diener Pema, hinten [die Gipfel des] Jomo Gangkar.) «Mittagsrast in Shushub, Lhunling Nyerpa mit Pfeife.» Fotos: Peter Aufschnaiter, Juli und August 1951.

tieren ist, wird fast der gesamte Melkertrag weiterverarbeitet – zu Käse, Joghurt, Quark oder eben Butter. Aufgrund ihres hohen Fettanteils, der dem Körper die für die Nährstoffverbrennung in grosser Höhe notwendigen Kalorien zuführt, wird die Milch der *dri* besonders geschätzt. Da dieses Tier überdies ganzjährig Milch liefert, ist der Butterbedarf auch während der mageren Wintermonate gedeckt; Überschüsse können verkauft oder als Vorräte gelagert werden. Das Melken und Buttern ist im Allgemeinen Aufgabe der Frau. In den Nomadengebieten wird diese von den Haushalten eines Camps oft kollektiv und gleichzeitig ausgeführt. Die eigentliche Arbeit bekommt dadurch den Charakter eines sozialen Ereignisses, in das die Kinder durch Zuschauen und Mitmachen von klein auf spielerisch hineinwachsen. Arbeitsablauf und Arbeitsrhythmus richten sich nach dem Milchzyklus und nach dem Verhalten der Tiere.[19] Für das Buttern selbst kommen verschiedene Techniken und Gerätschaften zur Anwendung. Wird die Milch im Butterfass gestampft, dauert es etwa eine Stunde, bis das Milchfett zu Butterbrocken verklumpt. Diese werden anschliessend in Tierhäute eingenäht oder in Deckelbehältern aus Holz, Metall (Abb. S. 223: a, b, c), Keramik, heute auch Kunststoff aufbewahrt.[20]

Das Salz: Das dem Buttertee beigegebene sodahaltige Mineralsalz kommt in Tibet als natürlicher Rohstoff vor. Es stammt von den Salzseen der nordtibetischen Hochebene Changtang, dient einerseits der landeseigenen Versorgung und andererseits dem Export. Früher wurde das begehrte Handelsgut gegen Reis und Getreide aus den südlich angrenzenden Ländern Nepal, Bhutan und Indien eingetauscht, heute wirft es als sogenanntes Himalayasalz auf den globalen Märkten Gewinn ab. Eine Redensart besagt:

> Die Salzseen im Norden sind eine Schatzkammer wertvoller Juwelen;
> wessen Hand lang genug ist, kann sie erreichen und aufsammeln.[21]

Bis weit ins 20. Jahrhundert hinein lag die Verantwortung für Salzgewinnung und Salztransport in den Händen der Nomadenmänner. In einem durchstrukturierten, dem Zyklus der Jahreszeiten angepassten und von Gesängen begleiteten Arbeitsprozess wurde das Salz in Arbeitsteilung von Hand gewonnen und auf langen Trecks mit Yak-, Ziegen- oder Schafkarawanen in die zentraltibetischen Regionen transportiert. Aufgrund ihrer weiten Entfernung von diesen Salzgewinnungsstellen bezogen die Bewohner der osttibetischen Gebiete den Rohstoff aus den Seen der Kokonor- und Tsaidam-Region, aus den Seen im Quellgebiet des Gelben Flusses und aus Sichuan.[22]

In neuerer Zeit haben Industrialisierung und der Ausbau des Verkehrsnetzes dazu geführt, dass das Salz vermehrt maschinell abgebaut und per Lastwagen befördert wird. Damit hat sich die Notwendigkeit der Salztrecks zur Option gewandelt, die heute kaum mehr wahrgenommen und wie die alten Teerouten zur zunehmend verblassenden Erinnerung wird.

---

19 Goldstein und Beall (1989: 85–93) schildern aus eigener Beobachtung Vorbereitung und Ablauf des Melkens bei den Pala-Nomaden in Westtibet. Beim Melken der *dri* wird der Milchfluss durch die Jungtiere angeregt, die am Morgen kurz ans Euter ihrer Mütter gelassen werden, nachdem sie während der Nacht ferngehalten worden waren. Dong, Long und Kang (2003) informieren detailliert über Melk- und Milch-Verarbeitungstechniken in «yak farming systems» auf dem Qinghai-Tibet-Plateau.

20 Palmieri 2000: 610ff. Hermanns (1949: 63f.) nennt als älteste unter tibetischen Nomaden verbreitete Technik des Butterns das Hin- und Herrollen eines mit Milch gefüllten und mit Luft aufgeblasenen Schaffells.

21 Goldstein und Beall 1989: 119. Vgl. auch den Dokumentarfilm *Die Salzmänner von Tibet* von Ulrike Koch (1997).

22 Mergenthaler 2013: 57.

215

Drei Teeschalen mit Standfuss und Deckel, Tibet und Nepal.
Silberblech z. T. feuervergoldet, Jade (Nephrit oder Jadeit), Koralle, Glas. Höhe 15.5-18 cm, Ø 10.8-14.6 cm,
Inv.-Nrn. a: 13577a-c, b: 7286a-c, c: 14316a-c. Besitz und Verwendung solch kostbarer Ensembles waren hochrangigen
Mönchen und Adligen vorbehalten. Ehrengäste bekamen darin den Tee kredenzt. Deckel und Standfuss sind in exzellenter
Metallschmiedetechnik gearbeitet und tragen manchmal die Handschrift mehrerer Künstler oder Werkstätten.

Zwei Teetische, Tibet.
Sammler: Heinrich Harrer, 1940er-Jahre. Holz geschnitzt und bemalt. Länge 60.8-68 cm,
Breite 26.9-34.3 cm, Höhe 23.9-33.3 cm, Inv.-Nrn. d: 15185, e: 29599. Mobile, manchmal zusammenklappbare
Teetische wurden bei speziellen Anlässen, z. B. bei Gästeempfängen oder Audienzen aufgestellt.

Das Wasser: Ob ein Tee gut oder minderwertig ist, hängt auch von der Qualität des Wassers ab. Bereits der chinesische Gelehrte Lu Yu widmet dem Wasser in seinem *Klassischen Buch vom Tee* (chin. *Chajing*, verfasst zwischen 760 und 780), der frühesten einschlägigen Abhandlung zum Thema, ein eigenes Teilkapitel. Und auch in den über ihn erzählten Anekdoten ist die Wahl des besten Wassers ein immer wiederkehrendes Thema. In den berühmten Teewettbewerben des songzeitlichen China (10.–13. Jh.) galt es schliesslich als Zeichen der Kennerschaft, die Qualität des Tees auf Basis seines Wasseranteils zu beurteilen.

Auf dem tibetischen Hochplateau ist frisches, reines Wasser an sich keine Mangelware. Ausser in den weitläufigen Nomadengebieten steht es mittlerweile auch als Leitungswasser oder in Flaschen zur Verfügung. Das Wissen um das Wasser zeigt sich heute vor allem in der Bemessung von Menge und Temperatur. Beide Faktoren beeinflussen das Verhalten der Teeblätter, sowie die Art und Weise, wie sich Teesud, Butter und Salz mischen, und sind damit ausschlaggebend für das Endresultat.

Empfang zu Ehren des nepalischen Gesandten in Lhasa. «Der nep. Gesandte in Lhasa, geschnitztes Tischchen ist typisch.» Foto: Heinrich Harrer, 1950.

HANDGRIFFE, GERÄTSCHAFTEN UND SCHRITTE DER ZUBEREITUNG

Die Verantwortung für die Verarbeitung der Zutaten zum Buttertee liegt im häuslichen Alltag bei der Köchin, so besingt es dieses Lied:

> Erstens, der beste Tee aus China; zweitens, die reine *dri*-Butter aus Tibet; drittens das weisse Salz aus den nördlichen Ebenen. Alle drei stammen von verschiedenen Plätzen, alle treffen sich in einem Kupferkessel.[23] Wie der Tee jedoch zubereitet wird, das hängt von Dir, oh Teebereiterin, ab.[24]

Handgriffe, Körpereinsatz und Gerätschaften variieren regional leicht, die Kernhandlung bleibt jedoch überall gleich: Von den harten Teekuchen werden kleine Stücke abgebrochen, je nach Konsistenz mit der Hand oder in einem Mörser zerrieben und in einen Topf mit kaltem, warmem oder bereits kochendem Wasser gestreut. Im Kochen der Teeziegel-Krümel hat sich in Tibet eine alte Technik erhalten, die im China der Tang-Zeit (7.–10. Jh.) allgemein

23 Ein solcher Kessel wird in manchen Regionen des tibetischen Hochlandes anstelle des Mischzylinders verwendet (Hermanns 1949: 61).

24 Müller et. al. 1982: 135.

Trinkschalen für Buttertee, Tibet, Bhutan und China.
Holz, Silberblech, Porzellan. Höhe 4.3-7 cm, Ø 8.5-10.5 cm, Inv.-Nrn. a: 21302, b: 17121, c: 14172,
d: 17120, e: 15152. Die im tibetischen Kulturraum gebräuchlichen Teeschalen variieren leicht in ihrem Volumen.
Aus den kleineren wird situativ auch Gersten- oder Reisbier (tib. *chang*) getrunken. Besonders geschätzt
werden Schalen mit schöner Holzmaserung und solche mit verzierten Silberblechauflagen.

Kannen für Buttertee, Tibet und Nepal.
Silber, Kupfer, Messing, Aluminium, Ton, Türkis, Koralle, Glas, Textil. Höhe 23-28 cm, Ø 18-22.5 cm, Inv.-Nrn. a: 21075a/b, b: 25984, c: 15171. Die Kannen sind aus feuerfesten Werkstoffen gearbeitet, da sie, um den Tee warm zu halten, direkt auf oder neben das Feuer gestellt werden. Material und Ausarbeitung zeigen regionale Vorlieben, Verwendungskontexte, den gesellschaftlichen Status oder die spirituelle Reife des Besitzers an.

verbreitet war, dann aber zugunsten neuer Zubereitungsmethoden, die mit anderen Teeutensilien und veränderten Trinkgewohnheiten einhergingen, weitgehend verschwand.²⁵

Die Kochdauer richtet sich nach der Farbe des Suds, die den Stärkegrad anzeigt. Entweder bereits jetzt oder erst im Mischgefäss, zum Beispiel im Tee-Mischzylinder, wird Sodasalz dazu gegeben. Der Sud wird nun mithilfe eines Schöpflöffels aus Holz oder Metall durch ein Metall- oder Bambussieb in den Zylinder gegossen. Überschüssige Flüssigkeit kann zurückbehalten und später neu aufgewärmt werden. Als letzte Zutat fügt die Teebereiterin die Butter bei, wobei die Menge sowohl durch den Wohlstand des Haushaltes als auch nach Teemenge, Teequalität und Geschmacksvorliebe bemessen wird. Ausgelöst durch ihre dem Gefäss angepasste Körperbewegung – das regelmässige Heben und Senken des Stössels im Zylinder – vermischen sich die einzelnen Zutaten zur Butterteebrühe.²⁶

Ähnlich wie bei anderen körperlichen Tätigkeiten, die über längere Zeit einen regelmässigen Rhythmus verlangen – ein weiteres Beispiel aus Tibet ist das Feststampfen von Lehmdächern –, werden auch beim Stampfen des Buttertees gelegentlich Arbeitslieder²⁷ gesungen. Ein beliebtes Teelied stammt aus dem zentralasiatischen Epos vom König Gesar. Die letzten Zeilen davon lauten:

Teeblätter sollen reichlich verwendet werden, wie es Gesars Gattin tat;
Salz soll nur sparsam zugefügt werden, wie von einem geizigen Manne;
Tee muss kräftig geschlagen werden, wie von einem wütenden Manne;
Tee muss zierlich getrunken werden, wie von König Gesar persönlich.²⁸

Der gebutterte Tee wird sogleich in eine Teekanne abgegossen. Diese setzt man auf ein Glutbecken, auf einen mit Holz(kohle) oder Yakdung befeuerten Ofen oder zwischen die Steine einer Feuerstelle (Abb. S. 215: rechts), um den Tee nochmals kurz zu erhitzen. In einfacheren Haushalten waren die Teekannen früher aus Ton gefertigt (Abb. S. 219: a), einem Werkstoff, der isolierende Eigenschaften besitzt und das Aroma des Tees intensiviert. Heute sind fast ausschliesslich industriell produzierte Aluminiumkannen (Abb. S. 219: b) in Gebrauch. Wohlhabendere Familien und Klöster benutzten bei speziellen Anlässen oder für die Bewirtung von Ehrengästen fein gearbeitete, reich verzierte Kannen aus Silber, Kupfer, Messing oder einer Kombination dieser Metalle (Abb. S. 219: c). Während sich die Teekannen je nach Trinkkontext und sozialem Status von Gastgeber und Gast hinsichtlich der Wahl der Werkstoffe, des materiellen Werts und der Herstellungsverfahren stets unterschieden und sich im Laufe der Zeit zudem veränderten, blieb ihre Grundform dieselbe.

Buttertee muss immer warm bis heiss getrunken werden. Erkaltet er, gerinnt die Butter an der Oberfläche zu einer klebrig-schaumigen Schicht, die zuerst weggeblasen werden muss, bevor man den nächsten Schluck schlürfen kann. Die Veränderung des Teekonzentrats in der Schale bei Abkühlung

---

25 Gruschke, Zimmermann und Schörner 2007: 24f.

26 Vom Gebrauch eines Quirls, mit dem das Teegemisch in einem Topf oder direkt in der Schale aufgeschlagen oder verrührt wird, berichten Goldstein und Beall 1989: 22, 26.

27 Die Inhalte solcher Arbeitslieder entstammen häufig überlieferten Erzählungen. Das Weitergeben und Erlernen einer mit einem Lied verknüpften körperlichen Tätigkeit ist deshalb immer auch eine Lektion in kulturellem Kontextwissen. Vgl. auch: Grothmann, Kerstin, *Die Arshe. Arbeitslieder aus dem traditionellen tibetischen Bauhandwerk.* Wiesbaden 2011.

28 Brucker und Sohns 2003: 34.

bedingt, dass in relativ kurzen zeitlichen Abständen immer wieder nachgeschenkt wird. Im Einklang dazu steht die Etikette der tibetischen Gastfreundschaft, die verlangt, dass niemals ein Gast vor einer leeren Schale sitzen darf. «Es ist besser, drei Tage ohne Nahrung, als einen Tag ohne Tee zu sein», besagt ein Sprichwort.[29]

TRINKANLÄSSE UND TRINKSITTEN: TEESCHALEN ALS ORDNENDE ELEMENTE EINER TRINKKULTUR

Der mit Butter und Salz angereicherte tibetische Tee dürfte zuerst eine kluge Erfindung der Hochlandbewohner gewesen sein, welche mit diesem Getränk auf die extremen Umweltbedingungen, die grosse Höhe und die Trockenheit reagierten und den Körper vor Dehydrierung schützten. Von Anbeginn an war der Buttertee Getränk und Nahrung zugleich. Durch den Mineralgehalt des Salzes wurde die Verdauung angeregt, durch die Butter wurden die Lippen gefettet und der Körper mit Kalorien versorgt.

Das häufige Trinken verankerte den Buttertee in der Gesellschaft und liess ihn zum Mittelpunkt einer eigentlichen Trinkkultur werden, in der sich technische Fertigkeiten mit sozialen und weltanschaulichen Vorstellungen verbinden. Alle drei Komponenten spielen in einem Tee-Trinkritual zusammen, das sowohl im Alltag wie in Sondersituationen, im säkularen wie im religiösen Kontext, innerhalb der Familie wie beim Empfang von Gästen beobachtet werden kann: Als erstes wird Buttertee in die Trinkschale eingeschenkt, dann werden mit einem Finger ein paar Tropfen als Trankopfer für die Gottheiten verspritzt. Man entnimmt einem bereitstehenden Behälter eine Butterflocke und klebt diese so an den Innenrand der Schale, dass sie nicht sofort schmilzt. Nun erst trinkt man den Tee.

Das Bindeglied zwischen Flüssigkeit, Körper, sozialem Anlass und weltanschaulicher Vorstellung ist die Teeschale. Richtig kontextualisiert ist sie ein Anzeiger für die Verteilung der Rollen unter den Anwesenden: Wer trinkt Tee mit wem, wo, wann, wie und weshalb.

Wie die Kannen unterscheiden sich auch die Schalen bis heute kaum in ihrer Form – sie sind ausnahmslos ohne Griff und besitzen alle einen eingezogenen kreisrunden Standfuss. Vielfältig sind dagegen Material und Verwendungskontext. Das Spektrum reicht von schlichten, gedrechselten Holzschalen (Abb. S. 218: e), über Holzschalen mit Verkleidungen aus Weissoder Silberblech (Abb. S. 218: a, c, d),[30] Schalen aus chinesischem Porzellan (Abb. S. 218: b), bis hin zu Schalen aus kostbarer Jade mit Standfuss und Deckel aus fein ziseliertem oder getriebenem Metall (Abb. S. 216: a, b, c).[31]

In dieser Vielfalt zeigt sich die soziale Mobilität des Buttertees. Der materielle und ideelle Wert der einzelnen Schalen bemisst sich nach der Qualität und Rarität des Werkstoffs und nach der handwerklichen Ausführung. Eine schön gemaserte Holzschale geniesst zum Beispiel eine höhere

29 Mergenthaler 2013: 30.
30 Insbesondere aus diesen Schalen wird bisweilen auch Gersten- oder Reisbier (tib. *chang*) getrunken.
31 Zu Materialien, Herstellungstechniken und Stellung der Kunsthandwerker siehe Ronge 1982: 153–201; Rauber 1976: 203–209.

Wertschätzung als eine ohne Maserung, umso mehr, wenn sie aus einer seltenen Holzart gearbeitet ist. Ästhetik, Seltenheit und Wert lassen häufig, doch nicht immer, auf den Wohlstand und sozialen Status des Besitzers schliessen. Die schlichte Holzschale kann ein Zeichen für Armut sein, gehört sie aber einem Mönch, ist sie ein bewusst gewähltes materielles Sinnbild für Einfachheit. Umgekehrt kann eine Schale aus wertvollen Materialien einerseits weltlichen Wohlstand, andererseits spirituelle Reife zum Ausdruck bringen.

Im Unterschied zu den kostbaren dreiteiligen Sets, die am Ort des Trinkens auf kleinen Tischchen bereitstehen (Abb. S. 216), sind die Schalen ohne Deckel ein persönliches Gut, das stets mitgeführt wird, sei es in einer Gewandtasche, in der Falte eines textilen Gürtelanhängers oder in einem Behälter aus Metall oder Holz (Abb. rechts: d, e). Hygienische Gründe, sozioreligiöse Reinheitsgebote, aber auch der gesellschaftliche Hang zur Mobilität, das Bedürfnis und die Notwendigkeit, den Buttertee jederzeit trinken zu können, dürften für diese Angewohnheit gleichermassen verantwortlich sein.

In Gesellschaft trinkt man die Schale erst ganz am Schluss leer. Dadurch vermittelt man der Runde, dass man gerne aufbrechen möchte. Es ist ein oft beobachteter Brauch in Tibet, dass in diesem Augenblick des Abschiednehmens und Heraustretens aus dem gemeinsam erschaffenen Teeraum die Schale vom Gegenüber nochmals gefüllt wird und manchmal sogar über den Abschied hinaus stehen bleibt. Die volle Schale steht sinnbildlich für die Vorläufigkeit der Trennung und für die Hoffnung auf eine Wiedervereinigung irgendwann in der Zukunft – so wie sie auch von den beiden Nomadenkindern in der Erzählung gehegt wird.

Aufbewahrungsdosen für Butter, Tibet, Indien und Nepal.
Sammler: Martin Hürrlimann, 1927 und Heinrich Harrer, 1940er-Jahre. a: Holz, Knochen. Höhe 22 cm, Ø 12.3 cm, Inv.-Nr. 14320a. b: Kupfer, Messing. Höhe 22 cm, Ø 25 cm, Inv.-Nr. 7281a/b. c: Holz. Höhe 5.6 cm, Ø 14.5 cm, Inv.-Nr. 15156a/b. Die zur längerfristigen Lagerung in Tiermägen eingenähte Butter wurde für den täglichen Gebrauch in Behälter aus Holz oder Metall abgefüllt. Heute werden auch Kunststoffbehältnisse verwendet.

Behältnisse für Teeschalen, Tibet.
Sammler: Heinrich Harrer, 1940er-Jahre. d: Kupfer. Höhe 6.7 cm, Ø 10.5 cm, Inv.-Nr. 15155a/b. e: Brokat, gewebtes Band, Zotteln. Länge 195 cm, Breite 5 cm, Inv.-Nr. 14858. Transportable Behältnisse für Alltagsutensilien zeichnen die nomadisch geprägte Gesellschaft des tibetischen Hochlandes aus. Teeschalen wurden gerne in Falten von Kleidern oder Kleider-Accessoires, oder auch in verschliessbaren Dosen mitgeführt.

Trinkschale für Matchatee, Japan. Keramik mit Kaltbemalung und Glasur. Sammler: Hans Spörry, 1890–1896. Höhe 7 cm, Ø 12 cm, Inv.-Nr. Spörry 1000 / 1268. Trinkschalen für Matchatee sind bauchig und eher schwer. Sie bieten Raum für das Aufschlagen des Tees und für die kontemplative Betrachtung seiner schaumigen Oberfläche.

DER JAPANISCHE MATCHATEE

TRINKKULTUR UND KULTGETRÄNK IM TEERAUM

Die Kunst des Teeweges besteht darin, Wasser zu sieden,
Tee zu bereiten und ihn zu trinken.
– *Sen no Rikyû*

«Das kann ja jeder», fühlt man sich bemüssigt zu denken, und Sen no Rikyû, einer der bedeutenden Teemeister des 16. Jahrhunderts, würde darauf wie damals seinem Schüler antworten: «Wenn Du das wirklich kannst, werde ich gerne Dein Schüler sein.»[32]

Ob in Gestalt der formalisierten Teezeremonie oder als Mittelpunkt sozialer Anlässe, ob als Wirtschaftsfaktor oder als Modeprodukt in der Werbe-, Souvenir- und modernen Nahrungsmittelindustrie, – die japanische Art, den Tee zu erleben und zu vermarkten, durchdringt bis in die heutige Zeit weite Bereiche der japanischen Gesellschaft, ihres Alltags, ihrer Selbst- und Fremdwahrnehmung. Nicht nur Sen no Rikyû, sondern auch zahlreiche Menschen vor und nach ihm, der geistig geschulte Zen-Mönch wie der technisch versierte Kunsthandwerker, der Teepraktiker wie der Teetheoretiker, haben zur Ausformung der Tee-Trinkkultur Japans beigetragen.

Als *chadô* – Teeweg, oder *chanoyu* – Teezeremonie (wörtl. ‹heisses Wasser für Tee›) ist diese spätestens nach dem Erscheinen von Okakuras Werk *The Book of Tea* auch ausserhalb des Landes der aufgehenden Sonne bekannt und berühmt geworden.[33] Dabei geht manchmal fast vergessen, dass das Teetrinken einst aus China nach Japan überbracht wurde und dass einige zentrale Bräuche und Techniken auf chinesische Ursprünge zurückgehen. Ein Beispiel dafür ist die im Mittelpunkt verschiedenster *chanoyu*-Rituale stehende Zubereitung des zu Pulver gemahlenen Grüntees, des sogenannten *matcha* (wörtl. ‹gemahlener Tee›), dem dieses Kapitel gewidmet ist.

EINE OBERFLÄCHE AUS SCHAUM

Im Unterschied zur Wasserkoch- oder Aufgussmethode, die bei Ziegeltee- respektive Blätterteesorten zur Anwendung kommt, besteht die Könnerschaft beim *matcha* darin, das Gemisch aus Teepulver und siedendem Wasser direkt in der Trinkschale mithilfe eines kleinen Besens aus gespaltenem Bambus (jap. *chasen*, wörtl. ‹Tee-Bambusbesen›, Abb. S. 226f.)[34] schaumig aufzuschlagen.[35] Dieser Brauch erfreute sich in Gelehrtenkreisen und Klostergemeinschaften des songzeitlichen China (10.–13. Jh.) bereits grosser Beliebtheit. Form, Farbe und Struktur der meist aus Keramik oder Steinzeug gefertigten Trinkschalen (Abb. S. 204: d) waren Sorte, Qualität und gewünschter Stärke des Tees angepasst, sodass Gefäss und Getränk eine harmonische Einheit bildeten. Der Qualitätsbeweis für den Tee, den Teebesen und für das Handwerk des Aufschlagens lag in der Oberflächentextur des Getränks. Tee-Connaisseurs erfanden dafür poetische Namen wie ‹Tee-Oper› oder ‹Wasser-Malerei› und liessen sich in der Teerunde zu Dichtungen anregen.[36]

Das songzeitliche Teeritual in seiner ideellen wie materiellen Ausprägung wurde durch den Mönch Eisai (1141–1215) im späten 12. Jahrhundert in Japan eingeführt. Teekönner aus den Kreisen Zen-buddhistischer Mönche und des Schwertadels (Samurai) entwickelten nach und nach ein auf die eigenen

32 Völkerkundemuseum der Universität Zürich 1990: 69.

33 Vorausgegangen war der zunehmende Tee-Export im Zuge der wirtschaftlichen und politischen Öffnung Japans in der zweiten Hälfte des 19. Jahrhunderts.

34 Das Sinogramm -*sen* 筅 enthält den Radikal für Bambus und kommt meistens in Kombination mit *cha* 茶 vor.

35 Aussehen und Konsistenz des Schaums sind v. a. beim dickflüssigen, starken *matcha* (jap. *koicha*) relevant. Vor dem Trinken wird die mit Tee gefüllte Schale herumgereicht und beim Betrachten des Schaums über die Qualität des Tees philosophiert (vgl. Anderson 1991: 194).

36 Mergenthaler 2013: 16.

Bedürfnisse zugeschnittenes Regelwerk, welches den Rahmen für ihre zurückhaltend-schlichten bis repräsentativ-luxuriösen Teezusammenkünfte darstellte.

Darauf aufbauend, es zum Teil auch revidierend, formulierten die drei grossen Teemeister des 15. und 16. Jahrhunderts, unter ihnen Sen no Rikyû, weitere Richtlinien, welche für die Entwicklung des *chanoyu* bis zu seiner heutigen Ausprägung wegweisend sind.

CHANOYU ALS RITUELLE PERFORMANZ

Ähnlich wie in den songzeitlichen Teegesellschaften, stellen das Zubereiten, Darreichen, Betrachten und Trinken des *matcha* im Kontext des *chanoyu* keine voneinander isolierten Tätigkeiten dar. Sie sind eingebunden in einen Handlungs- und Kommunikationsraum, in dem sich Mensch und Ding vereinen, der durch festgelegte Bewegungs- und Gesprächsabläufe strukturiert und von Mal zu Mal neu gestaltet wird. Alle Elemente haben in dieser ritualisierten Choreografie ihren je eigenen und gleichwertigen Platz. Aber keines ist für sich allein genommen vollkommen, sondern Teil eines raumbildenden Ordnungsmusters, das erst durch den bewusst wahrnehmenden, sprechenden und handelnden Menschen zur Vollendung gebracht wird.[37] Die Anwesenheit im Teeraum wird so stets zu einem einmaligen Erlebnis, einer unwiederholbaren Erfahrung auf dem Teeweg.

Auf der Ebene der materiellen Kultur zählen Frischwassergefäss, Wasserschöpfer, Teedose (Abb. S. 230), Teeschale (Abb. S. 231), Teelöffel und Teebesen zu den zentralen Objekten für eine *chanoyu*-Zusammenkunft. Für den mit den Tee-Trinkgewohnheiten Japans unvertrauten Leser wirken diese Bezeichnungen trocken und funktional. Erst wenn man sich den Objekten hingibt, sich über sie erzählen lässt – in Mythen oder im Gespräch –, sie in die Hand

37 Die stille Freude an der scheinbaren Unvollkommenheit (jap. *wabi*), beispielsweise einer schlichten, unregelmässig geformten Teeschale im *chanoyu*, die Wahrnehmung der ihr innewohnenden Schönheit (jap. *sabi*) und die sinnliche Zusammenführung ihrer Form und Ästhetik wird im Japanischen mit dem Begriff *wabi-sabi* ausgedrückt.

nimmt und in Bewegung erlebt, eröffnet sich einem die gesamte Welt einer Trinkkultur, die im Teeraum zusammenfliesst, in den Teegerätschaften Form annimmt und durch das Trinken des Tees körperlich verinnerlicht wird. Jeder der genannten Gebrauchsgegenstände offenbart sich als kunstvoll, als sorgfältig und mit Hingabe gearbeitetes Unikat, das von einem spezialisierten, sein Handwerk beherrschenden Meister für die ihm vorbestimmte Rolle im *chanoyu* erschaffen wurde. Nicht das Endprodukt allein ist dabei Ausdruck seiner Könnerschaft, sondern die in langjähriger Ausbildung erlangte Fähigkeit, handwerkliches, technisches und kulturelles Wissen so im Körper zu verinnerlichen, dass es sich ‹wie von selbst› im Gegenstand materialisiert:

> In diesen sieben Jahren lernt man das, was der Meister macht, mitzuvollziehen, gleichsam sympathetisch, so dass man mehr und mehr in die Haltung findet, aus der heraus die Keramik des Meisters entsteht, dass man mehr und mehr lernt, die bestimmten Formen, die in seiner Werkstattfamilie seit Generationen, manchmal seit Jahrhunderten, gepflegt werden, aufzunehmen und nachzuvollziehen, wie es, so könnte man sagen, im Zen eben üblich ist. Man vollzieht etwas so lange, bis man sich des Vollzuges nicht mehr bewusst sein muss, sondern wenn man sich hinsetzt, eine Vase, eine Teeschale zu machen, dann macht sie sich selbst aus dem, was man eingeübt hat.[38]

DIE MATERIELLE KULTUR IM TEERAUM: KERAMIK UND BAMBUS

Keramik und Bambus sind die charakteristischen grobstofflichen Bausteine im Teeraum des *chanoyu*. In ihnen materialisieren sich Kulturgeschichte, technisches Können und Essenz dieser performativen Form des Teegenusses. Mit Ausnahme eines Unterbruchs zu Beginn der Meiji-Zeit (1868–1912) erfreute

Teebesen, Japan. Sammler: Martin Brauen, 2001. Bambus. Länge 11-11.8 cm, Ø 2.5-5.8 cm, Inv.-Nr. 22808a-e. Die Fünfergruppe zeigt die wichtigen Stadien in der Herstellung eines Teebesens (*chasen*). Mit diesem wird der Matchatee in der Trinkschale schaumig aufgeschlagen.

38 Harlan, Volker, *Jan Kollwitz – Japanische Keramik*. 2008. http://www.jankollwitz.de/deutsch/f_presse/f_4.html.

sich die japanische Teekeramik stets grosser Beliebtheit, und ihr Potenzial, kulturellen, religiösen, gesellschaftlichen, politischen und ökonomischen Interessen zu dienen, sicherte ihr Fortbestehen bis in die heutige Zeit. Eine Teeschale (jap. *chawan*), die im Kontext des Zen-Buddhismus lebendiger Gegenstand kontemplativer Betrachtung ist, galt in der Samuraigesellschaft der Tokugawa-Zeit (1603–1868) als Statussymbol in einem durchstrukturierten Patronatssystem zwischen Connaisseurs und Töpferfamilien. Im Zuge der Begegnung Japans mit der westlichen Moderne wandelte sie sich zu einem nationalistisch angehauchten Liebhaberobjekt mit einem (über)hohen ästhetischen und materiellen Wert auf dem globalen Kunstmarkt.

Massgebend für die kulturelle Bedeutsamkeit einer japanischen Teekeramik sind Materialwissen und handwerkliches Geschick ihres Herstellers. Zahlreiche Teeschalen tragen Stempelmarken und verkörpern den unverkennbaren Stil bestimmter Töpferfamilien, Keramikwerkstätten, Brennöfen oder Regionen. Ein repräsentatives Beispiel ist die eingangs dieses Kapitels abgebildete Schale des Töpfermeisters Shirai Zen'myu aus Imado, ein harter, dunkelbrauner Scherben mit dünn aufgetragener graubrauner Glasur, Aufglasurfarben und Gold (Abb. S. 224).[39] Das Objekt besticht durch die deutlich hervortretende Materialität des Scherbens, in der die bewusst arbeitende Hand sichtbar wird, und durch die äussere Erscheinung aus sich harmonisch ergänzenden und intensivierenden Farbkontrasten. Es dominieren beabsichtigte Unregelmässigkeit und scheinbare Unvollkommenheit – in Oberflächenstruktur, Form, Glasurauftrag, Motivverteilung –, die auf dem Wissen des Töpfers um das organische Verhalten der Werkstoffe zueinander und deren ästhetische Wirkung miteinander basieren. Erst die Kombination aller Komponenten führt zur angestrebten Balance, die im Einschenken und Austrinken des Tees immer wieder neu zum Erlebnis wird.

Keramik-Teeschalen wie diese wurden manchmal in anderen Materialien imitiert, allen voran in Bambus (Abb. S. 231: c, d). In den abgebildeten Beispielen suggeriert die durch dunkle Wurzelnarben und gelbe Aussenhaut entstehende Zweifarbigkeit einen Scherben mit Glasur und die Spirale im Boden die Abdrehtechnik.[40] Als Erzeugnis des ausgehenden 19. Jahrhunderts sind sie möglicherweise materieller Ausdruck der damals einsetzenden Tendenz, das Teetrinken in der japanischen Gesellschaft zu verbreiten und den Erwerb der erforderlichen Utensilien durch die Verarbeitung günstigerer Werkstoffe der allgemeinen Bevölkerung zu ermöglichen.

Die Sammlung Hans Spörry belegt die Verwendung von Bambus in den vielfältigsten Bereichen alltäglichen Lebens. Seine abwechslungsreiche natürliche Struktur aus ovalen und runden Querschnitten, glatten und knorrigen Partien, hellen und dunklen Flächen scheint die Bambusschnitzer immer wieder zu kreativen Leistungen animiert zu haben. Im Kontext des *chanoyu* zeigt sich die Könnerschaft darin, den schlichten Charakter des Bambus unter Anwendung einer ausgefeilten Schnitztechnik und mit einem Gefühl

39 Vgl. Brauen 2003: 131, 257.
40 A. a. O.: 63, 248f.

für die Beschaffenheit des Materials zu intensivieren und jedem Objekt, entsprechend seinem Platz in der Choreografie des einzelnen Teerituals, das passende Gesicht zu verleihen.

Faszinierende Hingucker sind die Dosen für das Matchapulver (jap. *usucha-ki* oder *natsume*)[41] in ihren feinen Variationen (Abb. S. 230). Die beiden nachfolgend beschriebenen, aus je einem Internodium geschnitzten Beispiele zeigen das breite gestalterische Spektrum (Abb. S. 230: a, c): Dem Rund steht das Oval gegenüber, der sich nach unten verjüngenden Form die ausladende; bei der ungeschälten Dose tritt die Maserung des Bambus hervor, glatt ist hingegen die Oberfläche der geschälten Dose; zur Herausarbeitung des Dekors wird einmal die Tiefrelief-Technik, das andere Mal eine Art Reservetechnik gewählt. Bei beiden Dosen spielt der Schnitzer mit beliebten Motiven aus dem Vokabular der chinesisch-japanischen Kunst – Bambus, Kiefernzweige, Pflaumenblüten, Fledermaus – und bekennt auf diese Weise seine Vertrautheit mit deren Symbolik.[42] Im Verlauf einer Teezeremonie steht die Teedose zweimal im Fokus der Aufmerksamkeit, einmal als Vorzeigeobjekt technischen Könnens und einmal als Massstab kulturellen Wissens. Zu Beginn, wenn der Deckel nach der Entnahme des Teepulvers in ruhig kreisenden Bewegungen passgenau über die Dosenwandung gesenkt wird, bis er den Tee luftdicht abgeschlossen hat, zeigt sich die Exaktheit in der handwerklichen Ausführung. Während der abschliessenden Betrachtung und Begutachtung der Teegerätschaften nimmt auch die Teedose ihren Platz in der japanischen Tee-Trinkkultur und Tee-Ästhetik ein und gereicht den Teilnehmenden – ob Mönche, Aristokraten, Gelehrte, Händler, Männer oder seit dem Ende des 19. Jahrhunderts auch Frauen – zur Ausbreitung ihrer Kennerschaft über den Tee.

So wie die Zusammensetzung einer *chanoyu*-Teerunde immer wieder eine andere war und ist, so veränderten und verändern sich mit dieser auch die Teeutensilien. Dies gilt für Schale und Dose ebenso wie für den bereits erwähnten kleinen Besen oder Quirl aus Bambus, dem Schlüsselobjekt für den zelebrierenden Vorgang der Zubereitung des Matchatees. Je nach Schultradition, Verwendungszweck und Qualität des Bambus, aber auch abhängig von der Meisterschaft des Bambusschnitzers, ist der Besen gröber oder feiner, besitzt er eine grössere oder kleinere Anzahl Halme, sind diese mehr oder weniger gebogen. Die Konstanz liegt in seiner Funktion, den Tee aufzuschlagen. Er verkörpert damit die Kernhandlung im *chanoyu* und komprimiert in sich die Komponenten der Matchatee-Trinkkultur, die den Raum darum herum konstituieren. Farbe und Form rufen den Herstellungsprozess in Erinnerung, der beim Auffinden der richtigen Bambussorte beginnt und beim letzten Zurechtbiegen der Besenhalme endet.[43] In der Hand des Teemeisters oder der Teemeisterin wird der *chasen* zum Gegenstand formalisierter Handlung und ästhetischer Betrachtung, zu einem Medium der Kommunikation über Geschichte und Kultur des Teetrinkens, zu einem Sinnbild geteilten Wissens und geteilter Erfahrung. Angelegt in der Herstellung und vollendet in der

41 Aus Keramik gefertigte Teedosen für das Matchapulver werden *chaire* genannt.

42 In China sind die kälteresistenten Pflanzen Bambus, Kiefer und Pflaume als die ‹Drei Freunde des Winters› bekannt. In Japan wurden sie zu einem Glück und langes Leben verheissenden Motiv.

43 Zu den einzelnen Schritten der Herstellung siehe: *Takayama chasen.* http://www.jcrafts.com/eg/shop/special.asp?id=taka_chasen und Robinson, Mark, *Making a bamboo whisk with Yamato Takayama.* 2013. http://the189.com/design/making-a-bamboo-whisk-with-yamato-takayama/. Vgl. auch den Dokumentarfilm *Der Teebesen* von Urs App (2003).

Teedosen für Matchapulver, Japan.
Sammler: Hans Spörry, 1890-1896. Bambus, Holz, Weidenrohr, Lack, Hirschhorn mit Einlagen.
Höhe 4.1-9 cm, Ø 3.4-6.1 cm, Inv.-Nrn. Spörry a: 248 / 334, b: 857 / 1485, c: 247 / 330, d: 250 / 327, e: 247a / 328.
Die sorgfältig geschnitzten zierlichen Dosen schliessen das fein gemahlene Matchapulver luftdicht ab. Von der Hand der Teemeisterin / des Teemeisters bewegt und in der Teerunde herumgereicht, dienen sie der Bewunderung handwerklicher Fertigkeit und dem Austausch über kulturelles Kontextwissen.

Trinkschalen für Matchatee, Japan.
Sammler: Hans Spörry, 1890-1896. Keramik mit Glasur und Kaltbemalung, Bambuswurzel, Porzellan mit Emaille-Cloisonné.
Höhe 5.5-9 cm, Ø 8.5-12 cm, Inv.-Nrn. Spörry a: 999 / 1267, b: 1002 / 1259, c: 278 / 373, d: 277 / 372, e: 1005 / 1242.
Im Teeritual wird zwischen schräg ausladenden Sommerschalen und zylinderförmigen Winterschalen unterschieden.
Teeschalen des Typs *chawan* aus Keramik oder Porzellan wurden manchmal auch in Bambus imitiert. Ab ca. 1875 wurde im Bereich der japanischen Teekeramik mit neuen Techniken experimentiert. Federführend im Brennen von Emaille-Cloisonné auf einen Porzellanscherben waren Kyôto und Nagoya. Viele der hier geschaffenen Stücke waren für den Export in den Westen bestimmt.

Teezeremonie.
«‹Koicha Demae›,
the thick tea ceremony.»
Mehrfarbendruck nach
Vorlage von Toshikata Mizuno
(1866-1903). Fukui Asahido
Co. Ltd., Kyoto, Japan.

Verwendung ist aber auch die Transformation des zunächst unspezifischen Gegenstandes aus Bambus hin zu einem ganz persönlichen Gut, das sorgfältig aufbewahrt, gepflegt und nicht selten sogar in einem delikat gearbeiteten, am Gürtel angehängten Behältnis mitgetragen wird (Abb. S. 233: b).

In der Kreativität bei der Erfindung, der Erschaffung und dem Gebrauch mobiler Teeutensilien – Behältnisse für Teebesen, Teepulver, Teelöffel und Teedose in Japan (Abb. S. 233), Reise-Mischzylinder, Teeziegel, Salzsäcklein, Teeschalenbehälter und Butterdose in Tibet (Abb. S. 210 und S. 223) – begegnen sich die beiden sonst so unterschiedlichen Trinkkulturen des Matchatees und des Buttertees. Dem im Himalaya-Raum wie auf dem Inselarchipel feststellbaren, wenn auch unterschiedlich gewichteten Bedürfnis respektive der Notwendigkeit einer räumlichen und zeitlichen Mobilität, der Möglichkeit des ortsunabhängigen Zubereitens und Trinkens von Tee, dem Wunsch nach Anpassung an die jeweils konkrete Trinksituation, aber auch dem Verlangen nach dem Eigenen, das stets mitgeführt wird, kann durch diese Objekte überhaupt erst entsprochen werden. Sie sind eindrückliche und erstaunliche Belege dafür, dass der uns heute so geläufige Gedanke an ‹Instant› in diesen beiden Trinkkulturen – im Sinne einer sofortigen Verfügbarkeit von Gerätschaften, Zutaten, Wissen und Können – bereits verankert war, bevor die eigentlichen Instantversionen der Getränke auf den Markt kamen.

Utensilien für die Zubereitung von Matchatee unterwegs, Japan.
Sammler: Hans Spörry, 1890–1896. a: Teelöffelfutteral mit Teelöffel und Teedosenhülle. Bambus, Textil,
Schnur, Glas. Futteral: Länge 17.8 cm, Ø 2.5 cm, Hülle: Länge 8.5 cm, Breite 6.5 cm, Tiefe 4 cm, Inv.-Nr. Spörry 265 / 357.
b: Doppelkammerbehälter für Teebesen und Teepulver mit *netsuke*-Gürtelknopf. Bambus, Silber, Holz, Schnur.
Behälter: Länge 11.8 cm, Breite 8.2 cm, Tiefe 4 cm, Inv.-Nr. Spörry 265a / 358. So wie der Weinkenner auf bestimmte
Weine schwört und dafür die passenden Gläser wählt, bevorzugt der Matchatee-Liebhaber bestimmte Teesorten
und Teequalitäten und führt die für Zubereitung und Genuss erforderlichen Behältnisse und Utensilien mit. Diese offenbaren
sich als kreativ gedachte, raffiniert ausgeführte und ästhetisch ansprechende Gebrauchsobjekte.

INSTANTTEE – SOFORTGETRÄNK FÜR DEN SCHNELLEN KONSUM

Tatsächlich ist eine ‹moderne› Gemeinsamkeit von tibetischem Buttertee und japanischem Matchatee, dass beide als Instantprodukt in Pulverform vertrieben werden – und zwar sowohl innerhalb als auch ausserhalb ihrer ursprünglichen Trinkregionen (Abb. rechts). Mit marktwirksamen Slogans wie «Yakbuttertee mit Originalgeschmack» oder «Lifestyle Matcha Latte» wird in Internet-Shops und auf Online-Plattformen tatkräftig Werbung für diese haltbaren Erzeugnisse gemacht.[44]

Instant Matchatee und Instant Buttertee sind wie viele andere Instantprodukte Ausdruck einer technisierten Moderne, die sich durch neue Methoden der Herstellung, Haltbarmachung und Aufbewahrung auszeichnet. Die Maschine ersetzt vielfach die Hand, handwerkliche Fertigkeiten werden im Zuge einer industriellen Revolution von technischen Kompetenzen überlagert, der Körper wird entlastet, die Anzahl der für Zubereitung und Genuss erforderlichen Utensilien verringert sich und ebenso die Zubereitungszeit.

Die Buttertee trinkenden Menschen inner- und ausserhalb des tibetischen Hochlandes sind heute weder auf Tee-Mischzylinder noch auf Teeziegel, Butterdose oder Salzsäcklein angewiesen. Zehn Gramm Instantpulver und ca. 200 ml heisses Wasser genügen, und schon ist das Getränk in wenigen Minuten bereit. Paradox und nostalgisch leer wirken auf den ersten Blick die Werbesujets auf den Verpackungen: Neben den bekannten ‹Tibet-Ikonen› Everest und Potala wird auch eine traditionell gekleidete Tibeterin mit Tee-Mischzylinder bei der Stampftätigkeit gezeigt. Bei näherer Betrachtung offenbart sie sich als bewusst in Szene gesetzte Trägerin mehrerer Botschaften: Als Erinnerungsbild vergegenwärtigt das Sujet den einst zentralen Arbeitsschritt und die geschlechterspezifische Rollenverteilung bei der Buttertee-Herstellung. Die Frau als Könnerin der Teebereitung verwandelt sich auf der Instantbox jedoch zu einem doppeldeutigen ikonischen Symbol der tibetischen Buttertee-Kultur insgesamt, sei es dass sie das Fortbestehen einer Tradition suggeriert, die heute nur noch in Fragmenten existiert, oder dass sie ähnlich wie der Tee-Mischzylinder, der in Haushalten von Auslandtibetern im Schrank steht, an eine vergangene kulturelle Praxis erinnert.

Gleichzeitig wirbt das Sujet als Vermarktungslogo für das Produkt selbst. Das Instantpulver wird angepriesen als eine Innovation, die dem Körper Erleichterung bringt und ihn von der Stampftätigkeit befreit – und dies nicht nur einmalig, sondern aufgrund der langen Haltbarkeit des Pulvers wiederholt. Die Verkürzung der Zubereitungszeit und die Entlastung des Körpers sind zusammen mit dem Aspekt der Erinnerung die Gründe dafür, weshalb Tibeter und Tibeterinnen in und ausserhalb Tibets laut eigener Aussage das Produkt kaufen.

Während das Butterteepulver vorerst ausschliesslich zu Tee angerührt und als Tee getrunken wird, hat sich das Matchapulver als Bestandteil einer Vielzahl von Getränken und Nahrungsmitteln etabliert. Am bekanntesten ist

44 Siehe z. B.: www.dragontea house.biz und www.yuneiko.de.

Fertigprodukte, Japan und Tibet.
a: Instant Matcha Latte. Kunststoff, Japan/Deutschland, 2013. Höhe 21 cm, Breite 12 cm, Inv.-Nr. 29669. «Matcha ist Kult», aber längst nicht mehr nur in der lokalen Trinkkultur Japans, sondern in einer globalen Konsumgesellschaft. Von New York bis Paris und von Moskau bis London – das grüne Teepulver aus Japan ist zu einem kosmopolitischen In-Produkt geworden, mit dem eine breite Kundschaft bedient werden kann. b: Instant Buttertee. Kunststoff, Tibet, 2013. Höhe 14 cm, Breite 7.1 cm, Tiefe 6.6 cm, Inv.-Nr. 29662a–k. «Wie der Tee zubereitet wird, hängt von Dir, oh Teebereiterin, ab.» Das in diesem Liedvers angesprochene Wissen der Frau um das Mischen und Stampfen der Zutaten zum Buttertee wird mit der Erfindung des Instantpulvers nichtig. *Ready made*, vermischt mit etwas Erinnerung an einen immer noch vertrauten Geschmack, lautet das neue Motto.

der mit Milch aufgeschäumte oder bereits als Fertigmischung verfügbare heisse Matcha Latte respektive die mit Eiswürfeln gekühlte kalte Variante im Glas oder Kunststoffbecher. Darüber hinaus ist das Matchapulver Zutat in Rezepten für Eis, süsse Kuchen oder salzige Speisen.[45] Gastrounternehmen, Nahrungsmittelketten und Online-Vertriebsfirmen werben ‹traditionsbewusst› mit seiner gesundheitsfördernden und belebenden Wirkung. Mit Slogans wie «auch Veganer kommen zum Zug» verweisen sie auf die zahlreichen Zubereitungsmöglichkeiten, und sie versuchen mit Aussagen von Bühnenstars zum *Anti-Aging*- oder *Energy-Booster*-Effekt den Kreis der Matchatee-Trinkgemeinschaft zu vergrössern. Aus dem einst in den *chanoyu*-Teeraum sozial eingebundenen Exklusivgetränk ist längst ein international bekanntes, weltweit begehrtes und ökonomisch gewinnbringendes *Lifestyle*-Produkt geworden, das weniger zelebriert als vielmehr konsumiert wird.

Der Umstand, dass sowohl der gestampfte Buttertee als auch der aufgeschlagene Matchatee heute als Instantpulver erhältlich sind, ist Beleg dafür, dass für beide Getränke ein ‹moderner› Markt entdeckt respektive geschaffen wurde, der dank der technischen Errungenschaft der Instantisierung bedient werden kann. Beim Buttertee liegt der Fokus auf der Reduzierung und Vereinfachung der Arbeitsschritte bei der Zubereitung des herkömmlichen Getränks. Mit dem Instantpulver werden in erster Linie Menschen angesprochen, die bereits früher Buttertee zubereitet und getrunken haben. Die Teetrink-Gemeinschaft teilt sich nun in Personen, welche die technische Neuerung begrüssen, und in solche, welche der Teebereitung von Hand treu bleiben müssen oder wollen. Im Bereich des Matchatees wurde eine Produkterweiterung auf Basis des fein gemahlenen Teepulvers angestrebt. Die Verarbeitung des Matchapulvers zu Instant Matcha Latte, Instant Matcha Frappe, Instant Matcha Smoothie und weiteren Mixgetränken machte aus dem bereits früher international beliebten und vermarkteten Tee einen modischen globalen In-Drink. Durch die Beimischung von *matcha* in Süssspeisen wie Schokolade oder Kuchen oder in Salzspeisen wie Pizza oder Pasta konnte der Kreis der Matcha-Liebhaber zusätzlich ausgedehnt werden.

Bedeutete Instant früher, die für Herstellung und Genuss von Tee geeigneten Utensilien, die für deren Verwendung erforderliche Könnerschaft und das kontextbezogene weltanschauliche und soziale Wissen so bereit zu haben, dass jederzeit ein ‹Teeraum› erschaffen werden konnte, impliziert der Begriff heute ökonomische Schnelligkeit in Gesellschaften, die zwar global gesehen immer mobiler werden, gleichzeitig aber Wissen und Fertigkeit um die einst gesellschaftsstrukturierende Mobilität ihrer Tee-Ikonen einbüssen.

---

45 Siehe z. B. die Rezeptseite von www.kochbar.de.

Teeladen in Lhasa. Foto: David Holler, 2013, tibetbook.net.

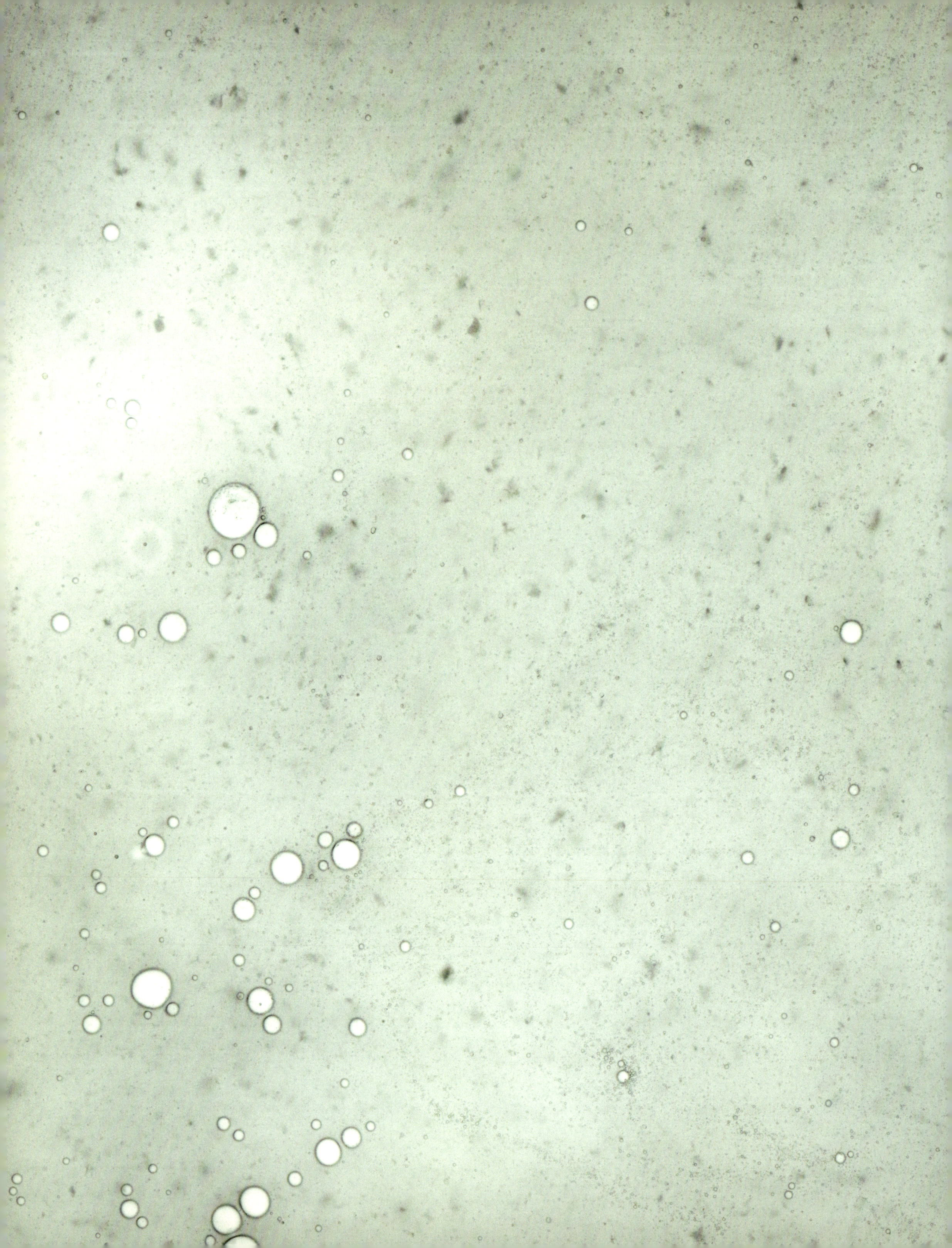

Das Reisbier ist sehr dicht mit komplexer Struktur. Kleine Kohlensäurebläschen von der alkoholischen Vergärung steigen an die Oberfläche. Das Bier ist sehr undurchsichtig und weisslich trüb, am Glasrand und am Boden bildet es nach einiger Zeit Depot. Die Nase ist kompakt und vielschichtig und hat eine gewisse Ähnlichkeit mit japanischem Sake. Zudem hat sie florale Noten, welche vom Duft von eingelegtem Ingwer, Bittermandeln und jungen Baumnüssen begleitet werden. Sogar ein leicht jodiger, medizinischer Geruch ist spürbar.
Die Substanz ist am Gaumen körnig grob. Das Reisbier wirkt halbtrocken mit einer hohen Säure und wenig Gerbstoffen, was zu einem langen, kernigen Abgang mit Nussschalen, Bananen und Madeira beiträgt.
– Yvo Magnusson und Jan Kübler

REISBIER

DER NAGA NORDOSTINDIENS

DINGE, LIEDER UND LEGENDEN

Thomas Kaiser

An den Feiertagen sitzen die Männer vor den Junggesellenschlafhäusern und reden und erzählen sich Geschichten. Die alten Männer werden mit Reisbier versorgt und erhalten mit ihren Ausführungen die Dorftraditionen am Leben.
— *James Philip Mills, The Rengma Nagas*

Trinkbecher der Ao-Naga,
Gegend um Longjang.
Sammler: Marion Wettstein,
Alban von Stockhausen,
2006. Höhe 27 cm,
Inv.-Nr. 24863b

Nagaland ist ein stilles Land, grün, doch auf dem bröckelnden Gestein der Steilhänge wächst nur Gestrüpp, dünner Bambuswald. Die Bevölkerung nimmt zu, die Zyklen des Brandrodungsfeldbaus schrumpfen, die Wälder erholen sich nicht mehr, die Böden sind ausgelaugt. Weit sind die Entfernungen zwischen den Dörfern, die Strassen selbst für indische Verhältnisse unsäglich, Begegnungen selten, einziges Geräusch über lange Strecken ist der Motor des Mietwagens, und steht der still, das Sirren von Myriaden unsichtbarer Zikaden. Keine Vögel zwitschern in Nagaland, wo einer auffliegt, duckt er sich gleich wieder weg hinter einer Krete, einem Strauch – die Vögel kennen die Steinschleudern und die Treffsicherheit der Jungen.

Die köcherförmigen Objekte waren uns schon früher aufgefallen, wie sie mancherorts an den Strassenböschungen steckten. Wir hielten sie für Öllampen oder Fackelhalter, fragten uns einmal gar, ob es sich dabei um Indizien für das Weiterbestehen heidnischer Rituale im Baptistenland der Naga handeln könnte.

Die Antwort fanden wir in einem Waldstück der Ao unweit des Dorfes Longjang, wo im Staub einer kalten Feuerstelle mehrere dieser Becher lagen. Sie waren von jemandem mit wenigen Hieben seines Haumessers aus Bambus geschnitten, von seiner Arbeitsgruppe als Trinkgefässe benutzt und anschliessend in der Feuerstelle zurückgelassen worden, wo sie uns ins Auge und in die Hände fielen.

Wir packten sie ein, packten sie in der Schweiz wieder aus und übergaben sie der Sammlung des Völkerkundemuseums der Universität Zürich. Hier erhielten sie die Inventarnummern 24863a–c und 24864a–b und waren fortan ethnografische Objekte.

Mit ornamentalen Brandschnitzereien verzierte oder mit Fassungen von Grasflechtwerk versehene Naga-Trinkbecher finden sich in allen Sammlungen zur materiellen Kultur der Naga und zuweilen in Monografien und Katalogen; die Objektlegende lautet dann «Trinkgefäss»[1] oder «Bambustasse»[2] oder «Becher für Reisbier»[3] oder «Verzierte Tasse aus Lahe»[4].

Etwas mehr gibt's dazu schon zu sagen.

1 Elwin 1997: 74.
2 Jacobs et al. 1990: 108.
3 Kunz 2008: 143f.
4 Saul 2005: 116.

GRUNDWASSER

In den Indizes der fünf Naga-Monografien von John Henry Hutton und James Philip Mills finden sich rund 130 Einträge zu Reisbier und Reisferment – zahlreiche Belege also für die grundlegende Bedeutung von Reisbier für die verschiedenen Naga-Gesellschaften: «Kein Ao trinkt Wasser, wenn er Reisbier bekommen kann»;[5] «das Getränk der Angami ist Reisbier. Tatsächlich ist es mehr als ein Getränk, es ist fast Hauptnahrungsmittel, Hauptlebensmittel, und wäre eher als Nahrung denn als Getränk zu betrachten, nur bliebe dann nichts, was als Getränk zu bezeichnen wäre, denn der Angami trinkt Wasser nur zur Not»;[6] «einem Lhota sein ‹madhu› [Reisbier] vorzuenthalten, wäre, als entzöge man einem britischen Arbeiter Bier und Tee zugleich. Der Lhota trinkt Wasser nur, wenn er gar nichts anderes bekommen kann»;[7] «der Rengma unterscheidet sich insofern keinen Deut von der grossen Mehrheit der Menschheit, als er Wasser als Getränk verabscheut. Obwohl er sich ärgert, wenn er aus irgendeinem Grund einen Tag lang ohne Alkohol auskommen muss, kann man ihn doch nicht als schweren Trinker bezeichnen. [...] Schnaps trinken nur jene, die ihn sich im Bazar von Kohima besorgen, und Reisbier ist das Nationalgetränk des Stammes».[8]

Reisbier jedoch war weit mehr als Getränk und Nahrungsmittel: Es war das Grundwasser einer Gesellschaft, aus dem diese schöpfte.[9] Ohne die aus Reis, Hirse oder Hiobstränen gebrauten Biere[10] hätten sich bei den Naga weder Alltag noch gesellschaftliches Leben, Ritual und künstlerischer Ausdruck so unverwechselbar ausgeformt, wie sie das taten – zu einer einzigartigen Kultur.

DIE NAGA

‹Naga› ist die etymologisch ungeklärte Sammelbezeichnung für mehrere Dutzend Lokalgesellschaften im indo-birmanischen Grenzgebiet, die sich sprachlich oft schon von Dorf zu Dorf unterscheiden, während sich die meisten anderen Ausdrucksformen ihrer Kultur ähneln, ohne sich deswegen zu entsprechen.[11] Was die westlichen Autoren und Sammler an den Naga vor allem faszinierte, war deren Kopfjagd, die sich, vom blutigen Spektakel abgesehen, in einer Fülle von Artefakten manifestierte: Erfolgreiche Kopfjäger besassen das Recht, an ihren Häusern bestimmte Schnitzereien anzubringen, vor den Häusern Denkmäler zu errichten, ausserdem bestimmte Formen von Körperschmuck sowie Hüft- und Schultertücher mit spezifischen Webmustern zu tragen.[12] All diese Dinge sind ästhetisch ansprechend und lassen sich in Ausstellungen vorzüglich präsentieren, doch sie vermitteln ein verzerrtes, bis heute kolportiertes Bild von den Naga als einer ‹Kopfjäger-Gesellschaft›. Was immer die Kopfjagd für die Naga bedeutete – sie war Ausnahmezeit, ein Fest, «wie Weihnachten!».[13]

Alltag und Fundament der Naga-Kultur war das bäuerliche Leben: die Romanzen der unverheirateten Jugendlichen, das soziale Leben in ihren Schlaf-

---

5 Mills 1926: 146.

6 Hutton 1921: 97. Vgl. Bücheler (1934: 31): «Während es [das Bier] im mittleren und westlichen Europa seiner Beschaffenheit nach mehr ein Erfrischungsgetränk ist – in Wirklichkeit auch da, wo es wie in Bayern als flüssiges Brot gilt –, stellt es für die Eingeborenen Afrikas und Südamerikas durch seine chemische Zusammensetzung (unvollkommene Vergärung, infolgedessen reicher Gehalt an Stärke und Zucker; keinerlei oder mangelhafte Filtrierung, daher mehlbreiartige Konsistenz) ein ausgesprochenes Nahrungsmittel dar.»

7 Mills 1922: 78.

8 Mills 1937: 111f.

9 Die Gegenwartsform wird hier und im Weiteren für die Beschreibung von Verhältnissen verwendet, die heute noch so existieren, die Vergangenheitsform dort, wo das heute nicht mehr der Fall ist.

10 Die Art des vergorenen Getreides steht kaum in Zusammenhang mit der Funktion des Bieres; im Text wird deshalb vereinfachend nur von ‹Reisbier› die Rede sein.

11 Bereits in den frühesten Berichten von Kolonialoffizieren und Missionaren werden die Bewohner der nordostindischen Bergregionen als *tribes* – ‹Stämme› – bezeichnet und mit Namen versehen, obschon die Unterschiede zwischen einzelnen Gruppen für eine Definition klar umrissener Ethnien oft zu fliessend waren. Je nach Definition werden den Naga heute mehrere Dutzend Stämme zugerechnet – darunter die Angami, Ao, Khiamniungan, Lotha, Maram, Rengma, Tikhir und Yimchungrü, von denen im Folgenden die Rede sein wird. Für eine Einführung in die Geschichte und Gegenwart der Naga siehe Oppitz et al. 2008.

12 Siehe Wettstein 2008: 129ff.

13 Oppitz et al. 2008: 20.

häusern, die tägliche Feldarbeit und die religiösen, mit dem Agrarzyklus verbundenen Feiertage und Feste.

Die Ethnografie der Naga wurzelt in den Berichten britischer Kolonialoffiziere und amerikanisch-baptistischer Missionare aus dem frühen 19. Jahrhundert und fand ihre Fortsetzung in den ebenfalls von Kolonialbeamten und Missionaren verfassten Monografien und Aufsätzen des frühen 20. Jahrhunderts. Beide Gruppen agierten aus einer Position europäischer Arroganz und militärisch gesicherter Macht – niemals auf Augenhöhe mit den Naga. Sie trugen mit Fleiss und Hingabe grosse Mengen von Einzelinformationen zusammen wie Teile eines Puzzles und legten sich selbst daraus das Bild unter sich zerstrittener Kriegergesellschaften zurecht, die man vor sich selbst zu schützen und deshalb zu zivilisieren hatte.

Dabei entging ihnen gründlich, was die Naga-Gesellschaft einte und in ihrem Kern zusammenhielt: ein komplexes Geflecht weiträumiger Klanverwandtschaften, Migrationshistorien, das Reisbier in der Gesamtheit seiner gesellschaftlichen Funktionen und die zentrale Bedeutung von Gesang als Bildungsmittel und Archiv kollektiven Wissens.

MUSEUM UND ARTEFAKT

Ausgangspunkt für diesen Text und für den entsprechenden Teil der Ausstellung TRINKKULTUR – KULTGETRÄNK sind die eingangs erwähnten Bambusbecher, einfache Dinge des täglichen Gebrauchs, wie sie sich zahlreich in völkerkundlichen Sammlungen befinden, doch trotz ihrer Schlüsselfunktion für ein Verständnis ihrer Herkunftsgesellschaften die Depots nur selten verlassen. In ihrer Schlichtheit sind sie wenig publikumswirksam, und vor einer angemessenen Kontextualisierung, die ihnen erst ihre ganz eigene Attraktivität verleihen würde, schrecken die Verantwortlichen oft zurück, da eine solche ohne die Mittel von Sprache und Schrift nicht zu schaffen ist. Deren freizügige Verwendung jedoch widerspricht jener Prämisse des Ausstellungsmachens, der zufolge dem Betrachter das Lesen möglichst zu ersparen sei.

Eine Konvention westlicher Kunstbetrachtung besagt, ein Werk habe für sich selbst zu sprechen; ein ethnografisches Objekt tut das sicherlich nicht.[14] Es ist nur die eine sichtbare und mit Händen greifbare Dimension eines Systems, welches sich ausserdem in Worten, Handlungen und Methoden der Wissensvermittlung manifestiert und erst in (oder eingedenk) seiner Gesamtheit etwas über das Funktionieren seiner – uns fremden – Gesellschaft zu erkennen gibt: etwa im Rahmen einer ethnografischen Ausstellung.

Ausstellungen von entsprechender Qualität lassen sich aus den Depots heraus bislang kaum entwickeln, da sich deren Bestände noch hauptsächlich dem historischen Auftrag der Museen verdanken, Dinge, greifbare Artefakte, zu sammeln und der Nachwelt zu erhalten. Doch selbstverständlich war

14 «Das Problem mit Dingen ist, dass sie stumm (*dumb*) sind. Sie sind nicht beredt, wie manche Denker in den Kunstmuseen behaupten. Sie sind stumm. Und wenn sie mittels Ventriloquismus zu sprechen scheinen, lügen sie» (Crew und Sims 1991: 159).

auch den Gründern und den frühen Verantwortlichen ethnografischer Museen klar, dass an ihren Sammlungen mehr dran war als Knochen, Perlen und Federn.

Adolf Bastian, der Gründungsdirektor des Berliner Völkerkundemuseums, verstand die Objekte der Sammlung als Träger von ‹Elementargedanken› oder ‹Völkergedanken›, aus denen sich zu gegebener Zeit Schlüsse auf die Evolution menschlicher Gesellschaften ziehen liessen.[15] G. Brown Goode, Verantwortlicher des National Museum (Smithsonian Institution), verlangte 1891 in einem Vortrag über die «Museen der Zukunft», dass diese mehr sein müssten als Häuser «voller Dinge in Glasvitrinen»: «Ein effizientes, informatives Museum liesse sich beschreiben als Sammlung aufschlussreicher Beschriftungen, jede davon illustriert mit einem wohl gewählten Anschauungsstück.»[16] Mit diesem Zitat eröffnete sieben Jahre später der Armee-Chirurg Washington Matthews einen Vortrag über eine kleine Sammlung von Ritualobjekten der Navajo und fährt fort: «Ein Korb, ein Büschel Pflanzenfasern, ein paar grob bemalte Stäbe, einige Perlen und Federn, wie von absichtslos spielenden Kindern zusammengesteckt, bilden die ganze Sammlung. Sie würden sich kaum nach solchen Dingen bücken, wenn Sie sie in der Gosse fänden, aber ich bin sicher, dass Sie sie mit ganz anderen Augen betrachten werden, wenn ich Ihnen erzählt habe, was ich darüber zu erzählen habe.»[17] Und Franz Boas schliesslich betonte 1907 in einem Aufsatz, dass die Bedeutung ethnografischer Objekte in den damit verknüpften Gedanken und Vorstellungen zu suchen sei. Die Repräsentation von Gesellschaften einzig aufgrund ihrer materiellen Kultur führte notwendigerweise zu verzerrten Wahrnehmungen und Darstellungen, da materielle Objekte für sich genommen auf die Qualität und Intensität der dahinterstehenden Vorstellungen und Praktiken keine Rückschlüsse erlaubten.[18]

Zur Gründerzeit der grossen ethnografischen Museen in der zweiten Hälfte des 19. Jahrhunderts konzentrierten sich die Sammler aussereuropäischer Kulturgüter auf materielle Objekte, da sie zum einen auf das, was ‹die Eingeborenen› und ‹Wilden› zu sagen hatten, wenig gaben, und weil andererseits die Technologien der Fotografie, des Films und der Tonaufnahme noch jung und entsprechende Apparate unhandlich waren. Als einige Jahrzehnte später mit Kleinbildkameras und Tonbandgeräten feldtaugliches Equipment auf den Markt kam, waren die Prioritäten der ethnografischen Museen auch begrifflich längst gefestigt, und bis heute wird unterschieden zwischen der ‹Sammlung› von materiellen Objekten als unverzichtbarem Grundbestand eines Museums und den ‹Archiven› für alles andere.

Im Folgenden soll anschaulich gemacht werden, weshalb der Begriff des ‹ethnografischen Artefakts› um eine immaterielle Dimension erweitert und Archive als integrale Bestandteile ethnografischer Sammlungen betrachtet werden sollten: Die hier zu sehenden Bierbecher der Naga sind ästhetisch spröde und pekuniär wertlos: Für sich genommen sind sie uninteressant. Werden sie um eine immaterielle Dimension erweitert – um Liedtexte, in

15 Bastian 1881: 89ff.
16 Goode 1891: 433.
17 Matthews 1898: 227. Der Vortrag wurde im Rahmen des *International Folk-Lore Congress* anlässlich der *World's Columbian Exposition* in Chicago gehalten.
18 Boas 1907: 928.

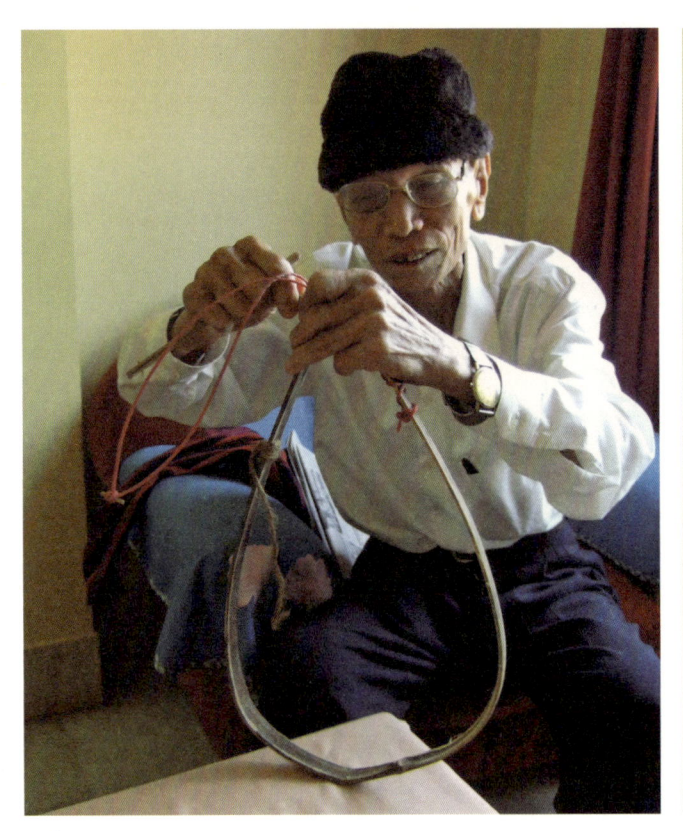

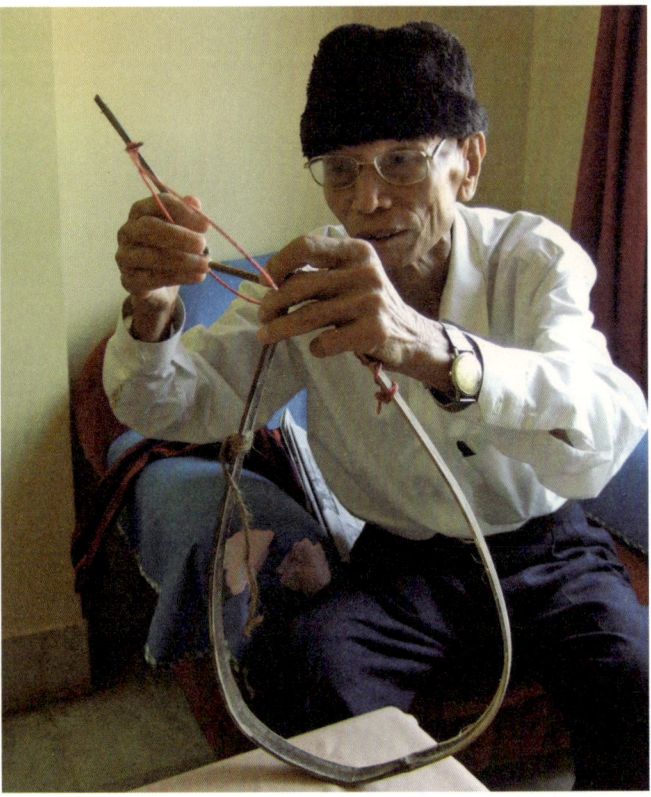

welchen sie selbst und die aus Sicht der Sänger mit ihnen verknüpften Themen zur Sprache kommen – eröffnen sie eine ganze Welt, nämlich die der Naga, über die eine Beschriftung «Verzierte Tasse aus Lahe» rein gar nichts verrät.[19]

GESANG ...

Schlüssel für ein Verständnis der Naga-Kultur und -Gesellschaft ist der Gesang.[20] Die Lieder enthalten in konzentrierter Form das in der Vergangenheit erworbene Wissen und Können der Gesellschaft – keine abstrakten ‹Elementargedanken›, sondern konkretes, historisches, faktisches und praktisches Wissen.

Liedwissen entsprach der heutigen Schulbildung; ein Meistersänger, einer, der über ein umfassendes Repertoire von Liedern verfügte und deren tieferen Bedeutungsebenen zu erläutern vermochte, genoss das Ansehen eines Gelehrten. Jungen und Mädchen hingegen, die nicht singen konnten, galten als faul und nutzlos, sie wurden gesellschaftlich geschnitten.[21]

Der Erwerb von Liedwissen war keine geringe Sache und erforderte vom Lernwilligen Initiative. Der unlängst verstorbene Reverend Giren Sebü – selbst ein Meistersänger der Westlichen Rengma – erzählte, wie er als Kind von den alten Männern und Frauen lernte, wie er die älteren Jungs belauschte, wenn sie die Mädchen in ihren Schlafhäusern besuchten, wo er selbst als kleiner Junge noch nicht zugelassen war, wie er den Frauen zuhörte, wenn sie zu Festlichkeiten gemeinsam den Reis für die Bierherstellung stampften und dazu Reisstampflieder sangen, und wie er tagtäglich hinzulernte beim Gang

19 Siehe auch Baxandall 1991: 40f.
20 Siehe auch Kaiser 2008, 2013.
21 Tonarchiv VMZ: <20080723_naga-westernrengma_diphu_28>. Erzählung: Reverend Giren Sebü.

auf die Felder und bei der Feldarbeit, denn jede Jahreszeit, jede Form von Arbeit und oft auch die spezifische Umgebung hatte ihre eigenen Lieder.[22]

Deren Texte bestehen aus Aneinanderreihungen von Einzelbegriffen, deren Ordnung und Sinnzusammenhang nicht durch grammatikalische Formen offenbart werden. Erschwerend für ein Verständnis kommt dazu, dass die Begriffe der Liedsprachen – bei denen es sich vermutlich um altertümliche Formen der heute gesprochenen Sprachen handelt – dem Uneingeweihten nicht verständlich sind. Hinter jedem der archaischen Begriffe verbirgt sich ein Gedanke, ein Sachverhalt oder ein Konzept, deren Verständnis der Unterweisung durch einen Lehrer bedarf, und dasselbe gilt für das Lied insgesamt, welches oft dem Kontext einer Erzählung oder eines Mythos entstammt, ohne dessen Kenntnis das Lied nur eine musikalische Form ist. Das Erlernen eines Liedes beinhaltete also mehr als das Auswendiglernen von Textzeilen und Melodie, nämlich eine dichte Lektion. Da die Lehre nicht festgeschrieben war, sondern von Generation zu Generation weitergegeben wurde und dabei der Auslegung und dem Dialog unterlag, behielt ein Lied seine Aktualität und Relevanz über grosse Zeiträume.

Dass sich am Gesang trotzdem jeder beteiligen konnte, lag daran, dass in der Gruppe gesungene Lieder meist Wechselgesänge waren, bei denen ein Chor die Strophen des Vorsängers wiederholte – und nur von diesem wurde erwartet, dass er mit dem Lied wirklich vertraut war.

Dass die Arbeitsgesänge nicht nur intellektuelles, sondern auch körperliches Wissen bewahren, zeigte sich eines Abends, als wir in einem Haus im

Während eines Übersetzungsgesprächs demonstriert Reverend Giren Sebü die Funktionsweise einer im Liedtext erwähnten Vogelfalle. Diphu, Assam, Indien, 2006. Fotos: Thomas Kaiser.

22 Tonarchiv VMZ: Ebd.

Ao-Dorf Ungma die wortlosen, mehrstimmigen Arbeitsgesänge einer Frauengruppe aufnehmen wollten, mit denen sie früher die Feldarbeit begleiteten. Jetzt, abends im Haus, bekamen sie den Rhythmus nicht hin. Wiederholt setzten sie an, brachen ab, amüsierten sich über ihr eigenes Unvermögen, bis sie sich schliesslich verlegen im Kreis aufstellten und mit ihrem Gesang das rhythmische Schwingen imaginärer Hacken begleiteten – da klappte es dann.

... UND LIED

Heute Morgen / dieser / Pfad / dort / ging / wessen / Feldarbeitsgruppe-Leute / heute Morgen / dieser / Pfad / dort / ging / mein-Schwager / Feldarbeitsgruppe-Leute / angekommen / gehen / *güshü*[-Bambus] / Becher / schneiden / Schweiss / tropfen / Mutter-Klan-Mädchen / *khinzang* / Schwester / rein / in / ihr-Korb / stapeln / nehmen / gehen / ruhen / deine-Feldarbeitsgruppe / Rastplatz / Menge / damit / Reisbier/ Becher / Feldarbeitsgruppe-Leute / kommen / erwarten / nehmen / Feldarbeitsgruppe / geben / nehmen / verteilen / ankommen / hier / als / dann / Schweisstropfen / spritzen / deine-Gedanken / in / was / wie / denken / annehmen / können-nicht / Hand / eine / mit / mein-Schild / halten / haben / Hand / eine / mein-Speer / aufrecht halten / haben / annehmen / können-nicht / du-lassen / verstohlen / Gefühl / haben.[23]

Dieses Lied der Westlichen Rengma beginnt mit einer Eröffnungsformel, die identisch auch bei anderen Liedern verwendet wird, einer rhetorischen Frage und Antwort: «Welche Feldarbeitsgruppe war heute Morgen auf dem Pfad zu sehen?» – «Es war die Gruppe meines Schwagers.»

Im mittleren Liedteil erzählt ein neutraler Betrachter, wie ein Mädchen eines bestimmten Klans im Wald aus Bambusrohren Reisbierbecher schneidet, in seinem Korb stapelt, zum Rastplatz der Gruppe trägt und wartet, bis sich die Gefährten dort zur Mittagspause einfinden.

Es folgt abermals ein kurzer Dialog. Besagtes Mädchen selbst spricht einen der Jungen direkt an: «Ich verteilte die Becher, doch da wurde mir ganz heiss – warum nahmst du den Becher nicht an?» Der junge Mann beschwichtigt: «Das war nicht persönlich gemeint. In einer Hand hielt ich den Schild, in der anderen den Speer, deshalb konnte ich den Becher nicht annehmen. Es tut mir leid, dass ich dich in Verlegenheit brachte!»

In dem Lied klingt alles an, was die vorkoloniale und vorchristliche Lebensweise der Naga ausmachte: Landwirtschaft, das Verhältnis der Geschlechter, Reisbier, materielle Kultur, Geschichte, Kopfjagd, auch Umwelt und schwerer zu fassende Themen wie Charaktere, Emotionen, Atmosphären.

Feldarbeitsgruppe verweist auf die gemeinsame Bewirtschaftung der oft weit von den Dörfern entfernt liegenden Brandrodungsfelder durch Arbeitsgruppen, die sich bei den Ao aus Angehörigen derselben Altersgruppen

23 Tonarchiv VMZ: <20060916_naga-westernrengma_jongpha_12>. Transkription und Übersetzung: Kanti Jishing Rengma; Liederklärung: Reverend Giren Sebü.

rekrutierten, bei den Westlichen Rengma aufgrund persönlicher Freundschaft und Sympathie. *Mutter-Klan-Mädchen* ist die in den Liedern der Westlichen Rengma oft verwendete Formel für ein Mädchen, welches zum Sänger oder zur männlichen Hauptperson eines Liedes in einem möglichen Heiratsverhältnis steht, d. h. weder seinem noch einem mit ihm verwandten Klan angehört. Der *Becher* steht für das Reisbier, welches bei der Feldarbeit gleichzeitig als Erfrischungsgetränk und Nahrung dient; zusammen mit *Korb*, *Schild* und *Speer* repräsentiert er im Lied die materielle Kultur der Naga. Das Mädchen wird mit dem Attribut *khinzang* belegt; *nzang* ist die Selbstbezeichnung der Westlichen Rengma, Kurzform von *khinzangnyu*, den Bewohnern des Dorfes Khezakenoma im südlichsten Nagaland, wo die Migration und Geschichte der Angami-, Chakhesang-, Lotha-, Rengma- und Sümi-Naga ihren Ausgang nahm. Die Kopfjagd ist Grund für die Wachsamkeit des jungen Mannes, der selbst in der Arbeitspause, während seine Freunde essen und trinken, die Waffen nicht aus den Händen legt. Die Umwelt manifestiert sich im *Pfad* und im *Bambus* einer dünnwandigen Art, die sich besonders für die Herstellung von Trinkgefässen eignet.

Doch das Lied ist weit mehr als ein gesungenes Genrebild, Momentaufnahme einer alltäglichen Situation; es lebt von seinen poetischen Kontrasten: Der kühle *Schweiss* – der Saft des frisch geschlagenen Bambusrohrs – kontrastiert mit dem heissen Schweiss des verlegenen Mädchens. Die morgendliche Stille im Bambushain, wo das einsame Mädchen die Becher schneidet und sorgfältig in seinem Korb stapelt – anders, so Reverend Sebü im Übersetzungsgespräch, passten nicht genügend Becher in einen solchen Korb –, steht dem Lärm der Arbeitsgruppe gegenüber, die sich erhitzt und fröhlich zusammenfindet zur Mittagsrast.

Auch dass sich das Mädchen alleine im Wald befindet, ist eher poetischer Kunstgriff als realistische Schilderung. Mädchen und Frauen bewegten sich ausserhalb der Dorfbefestigungen stets in Begleitung von bewaffneten Wachen. Auch der junge Krieger befindet sich nicht an der von ihm zu erwartenden Position: Gewöhnlich steht der Feldwächter fern der Gruppe an jener Stelle des Hangs, wo er den besten Überblick hatte und wo ein feindlicher Angriff am ehesten zu erwarten war, doch hier sitzt er umringt von seinen Gefährten. An ihren Ausnahmepositionen wiederum bewahren beide Ruhe und Konzentration auf ihre eigentliche Aufgabe: Das Mädchen stapelt trotz der latenten Gefahr sorgfältig die Becher in den Korb, der Junge legt auch in der Geborgenheit der Gruppe seine Waffen nicht aus den Händen.

Diese vielleicht übermässige Achtsamkeit führt zu jenem Missverständnis, welches dem Lied seine atmosphärische Dichte verleiht: Das Mädchen reicht dem Jungen den Becher, er nimmt ihn nicht an; das Mädchen fühlt sich zurückgewiesen und wird so verlegen, dass ihm der Schweiss ausbricht. Die Heftigkeit der Reaktion wäre übertrieben, schwänge bei der einfachen Geste des Bier-Reichens nicht eine weitere Assoziationsebene mit: Wie im tibetisch geprägten Himalaya-Raum und bei zahlreichen anderen Lokalgesellschaften Nord- und Nordostindiens spielt auch bei den Naga der förmliche Austausch von Bier-Geschenken eine Schlüsselrolle im Hochzeitszeremoniell. So betrachtet, reicht das Mädchen dem Jungen nicht nur einen Becher Bier; es ist in ihn verliebt und bietet ihm gleichsam seine Zukunft dar.

Auf diese Weise besteht jedes Naga-Lied aus zahlreichen thematischen Einheiten und unterschiedlichen Bedeutungsebenen, die einst im Schlafhaus, heute im Übersetzungsgespräch und ein kleines Stück weit – nah am Thema *Reisbier* – im Folgenden erkundet sein wollen.

REISBIER: LEGENDEN UND HERSTELLUNG

Die grosse Mehrheit der Lokalgesellschaften Nordostindiens gehört heute christlichen, meist evangelikalen Kirchen an, die von ihren Mitgliedern Abstinenz verlangen. Eine gewisse Ambivalenz dieser Gesellschaften hinsichtlich ihres Lieblingsgetränks äussert sich allerdings schon in Erzählungen zum Ursprung von Reisbier und von der Erfindung der Braukunst.

Bevor das Reisbier erfunden wurde, erzählen die Hill Miri in dem Nagaland benachbarten Bundesstaat Arunachal Pradesh, war das Leben ohne Freude. Die Menschen sassen herum und langweilten sich, da es ihnen an Geschichten und Unterhaltungsstoff fehlte. Aus dem Dung eines Wildrindes wurde der erste Hund geboren. Eine Zeitlang lebte er bei den Menschen, doch weil auch er sich dort langweilte, lief er fort in den Wald, wo er dem Geist Kane-Timme begegnete und sich bei ihr über die menschlichen Langweiler beklagte. «Und was soll ich dagegen tun?», fragte Kane-Timme. «Braue Reisbier für sie!», bat der Hund. Kane-Timme stampfte Reis und Hirse; sie sammelte die Zutaten für jene Kekse, mit deren Hilfe gekochtes Getreide zum Gären gebracht wird, und braute Bier. Doch es schmeckte nicht. «Irgendetwas stimmt noch nicht», bemerkte die Alte. «Nimm ein paar von deinen Haaren und etwas Schmutz und mische es in das Bier, dann wird es süss», sagte der Hund. Die Alte befolgte seinen Rat, und das Bier bekam seinen richtigen Geschmack.[24]

Einer Legende der Lakher zufolge – der heutigen Mara im nordostindischen Bundesstaat Mizoram – war es die Ausscheidung einer Python, die dem Gebräu den richtigen Dreh gab,[25] und die Rengma-Naga erzählen von einem Mann, der eine Geisterfrau heiratete, die Tag für Tag Reisbier für ihn braute. Doch sie war ihm zu schmutzig, deshalb trennte er sich von ihr und heiratete eine menschliche Frau. Da er auf sein Reisbier trotzdem nicht verzichten wollte, brachte er ihr das Braurezept seiner Geisterfrau bei, so gut er sich daran zu erinnern vermochte.[26]

Das Element der Verunreinigung des Brauguts erscheint zu häufig und an zu unterschiedlichen Orten, als dass es sich dabei um einen spontanen Einfall handeln könnte.[27] Mag sein, dass sich in dem ‹Schmutz› des Ferments eine

---

24 Elwin 1958: 238f. Siehe auch a. a. O.: 239f. Eine ganz ähnliche Legende, auch sie von den Hill Miri, endet damit, dass ein kleiner Vogel den Herstellungsprozess beobachtete. Er flog danach nach Assam und wurde dort der erste Brahmane. Weil er um die schmutzigen Zutaten des Reisbiers wusste, verzichteten er und seine Nachkommen bis heute auf dessen Genuss.

25 Parry 1932: 87.

26 Mills 1937: 113. Die spezifische Form von Reisbier, von deren Ursprung diese Legende erzählt, wurde nur zu Zeremonien getrunken, da es einen unangenehmen Rausch bewirkte, gegen den auch Erbrechen nicht half.

27 Als Kuriosum am Rande sei der ‹Hefestreit› im Frankreich des 17. Jahrhunderts erwähnt. Bierhefe ersetzte damals in der Backkunst allmählich den herkömmlichen Sauerteig, da sie die Herstellung eines weichen, luftigen Brotes erlaubte. Anhänger und Feinde der neuen Technik lieferten sich jedoch einen solchen Streit, dass sich schliesslich die Regierung einmischte und 1666 eine Kommission von Ärzten und schliesslich – da diese sich nicht einigen konnten – von Mitgliedern der Medizinischen Fakultät einberief, die zwei Jahre später zum Schluss kam, dass Bierhefe gesundheitsschädigend sei «wegen der Herbheit (*acrete*), entstanden bei der Fäulnis der Gerste und des Wassers» (Maurizio 1927: 374f.).

Tontopf zur Bierbereitung.
Angami-Naga, Visvema.
Sammler: Hans-Eberhard
Kauffmann, 1938.
Höhe 18 cm, Ø 20 cm,
Inv.-Nr. 9545.

Erinnerung an den tatsächlichen Ursprung der Alkoholherstellung verbirgt, denn historisch dürfte die durch natürliche, allgegenwärtige Hefepilzsporen – durch ‹Verschmutzung› – ausgelöste Spontangärung von Früchten, d. h. die Umwandlung von Fruchtzucker in Alkohol und Kohlensäure, der Vergärung von Getreide vorangegangen sein. Spontangärung ist bei Getreide ausgeschlossen, da die Getreidestärke zuerst durch menschliche Eingriffe in Saccharine verwandelt werden muss, die dann vergoren werden können. Bei den babylonischen und altägyptischen Brauverfahren, auf denen die heutigen europäischen Brautechniken basieren, war dieser Eingriff das Mälzen: Mithilfe von Feuchtigkeit und Wärme wird Getreide zum Keimen gebracht, wodurch sich ein Enzym bildet, welches die Getreidestärke in Zucker umwandelt.

Bei fernöstlichen Brautechniken hingegen wird die Verzuckerung und Vergärung des Getreides durch ein zuvor herzustellendes und dem Braugut beizumengendes Ferment ausgelöst. Das bis heute in der japanischen Sake-Herstellung verwendete Ferment *kôji* besteht aus geschältem und anschliessend gedämpftem Reis, der mit Sporen des Schimmelpilzes *Aspergillus oryzae* geimpft und ruhen gelassen wird, bis der Schimmel die Masse überzieht. Nach und nach wird das restliche Braugut hinzugegeben und mit dem Ferment vermischt, wobei die Prozesse der Verzuckerung und der Gärung nebeneinander und zeitgleich vonstattengehen.[28]

Verwandte Techniken werden schon in dem chinesischen Werk *Qimin yaoshu* des Jia Sixie beschrieben, einem landwirtschaftlichen Ratgeber aus dem 6. Jahrhundert. Die insgesamt zehn dort festgehaltenen Rezepturen unterscheiden sich im Detail, ähneln sich jedoch im Prinzip: Das geschälte Getreide wird gedämpft und zu Keksen geformt, welche in abgedunkelten Räumen bei möglichst konstanter Temperatur und Luftfeuchtigkeit ruhen gelassen und von Zeit zu Zeit gewendet werden. Das Fehlen von Licht begünstigt das Keimen von in der Luft natürlich vorkommenden Schimmel- und Hefeorganismen, deren Myzelien die Kekse im Verlauf von etwa drei Wochen nach und nach vollständig durchziehen. Diese werden nun in der Sonne getrocknet und behalten ihre Wirksamkeit bis zu drei Jahren. Für das Brauen von Reisbier wird eine angemessene Anzahl dieser Kekse zerrieben und unter das gekochte oder gedämpfte Getreide gemischt, welches, je nach Temperatur, im Verlauf von drei bis sieben Tagen zu Bier vergärt.[29]

Auf ähnliche Weise werden bei den nord- und nordostindischen Lokalgesellschaften bis heute Biere gebraut, deren Geschmack und Stärke zu einem grossen Teil von den eingesetzten Reisfermenten abhängen. Mills erwähnt von den verschiedenen Gruppen der Rengma-Naga verwendete unterschiedliche Fermente. Eines davon wird aus «sehr bitteren Beeren» hergestellt, die getrocknet, zermahlen, mit Reismehl, etwas altem Ferment und Wasser zu einem Teig vermengt werden. Daraus werden Kekse geformt, die auf einem Tablett ausgelegt und mit Reisspelzen bedeckt werden. Nach drei oder

---

28 Antoni 1988: 13ff.

29 Shih 1962: 80f. Die vermutlich älteste fernöstliche (und bis Anfang des 20. Jahrhunderts auf den südlichen Ryûkyû-Inseln erhaltene) Methode zur Auslösung des Gärungsprozesses war die Ptyalin-Verzuckerung durch Kauen des Brauguts, welches dann in ein Gefäss gespuckt und der Gärung überlassen wurde (Antoni a. a. O.: 54ff.). Walther Bücheler (1934: 71) weist darauf hin, dass der japanische Begriff *kamu* sowohl ‹kauen› als auch ‹brauen› bedeutet.

vier Tagen sind sie «reif» (*ready*) und werden zum Trocknen in die Sonne gelegt. Für ein zweites Ferment werden statt der Beeren Wurzel und Stengel eines Krautes «vergleichbar der Weissen Poinsettie» verwendet und für ein drittes die Rinde eines Baumes, «der auf den wärmeren Anhöhen wächst»; das weitere Herstellungsverfahren bleibt sich jeweils gleich. Das erste Ferment bewirke ein Bier, welches schnell betrunken mache, das zweite ein mildes und das dritte ein mildes und zugleich nahrhaftes Getränk.[30] Die südlichen Naga-Gruppen der Angami, Lotha und Rengma kennen ausserdem die Methode des Mälzens: Ungeschälter Reis wird durch Feuchtigkeit und Wärme zum Keimen gebracht, danach getrocknet und gestampft. Das Schrot wird dem Braugut beigemischt und löst den Gärprozess aus.[31]

Zum Zweck der Systematisierung unterschieden Hutton und Mills die Biersorten der von ihnen beschriebenen südlichen und westlichen Naga nach ihren nagamesischen Bezeichnungen *rohi madhu*, *saka madhu* und *pita madhu*:[32]

Zur Herstellung von *rohi madhu* wird das Getreide gekocht – nebst unterschiedlichen Reissorten verwenden die Naga für die Bierherstellung Kolbenhirse, Sorghumhirse, Hiobsträne und Mais, einzeln oder in Mischungen[33] – zum Kühlen auf Matten ausgelegt und mit zerriebenen Fermentkeksen vermengt, wobei die brauende Ao-Frau sagt: «Geh ein in die Platane, besteige das Zuckerrohr – sei süss!»[34] Die Masse wird dann in mit Blättern ausgeschlagene Körbe gelegt und mit Blättern bedeckt; die Körbe werden so lange stehen gelassen, bis der austretende Geruch nach einigen Tagen das Ende des Gärprozesses verrät. Die aus der Getreidemasse austretende Flüssigkeit hat die Stärke von Rotwein; sie ist das Lieblingsgetränk wohlhabender Ao (von ihnen *mejemtsü* geheissen) und wird von den Lotha bevorzugten Gästen kredenzt.[35]

Ist *rohi*, die dem vergorenen Braugut eigene Flüssigkeit, erschöpft, kann dieses noch ein- oder zweimal mit Wasser versetzt werden. Das so aufgegossene Bier, eine dünne, milchige Flüssigkeit – *saka madhu* (die Ao nennen es *püza*) –, hat einen sehr geringen Alkoholgehalt und war einst das Alltagsgetränk einer Naga-Familie.

Zur Herstellung von *pita madhu* wird ungekochter Reis im Mörser zu Mehl zerstampft, welches mit heissem Wasser vermengt und gut durchgeknetet wird, bis der Teig nicht mehr klumpt. Die Masse wird dann in kaltes Wasser gegeben, unter Beimischung von Reisferment oder Malzschrot gut durchgerührt und einige Tage lang stehen gelassen, bis die Gärung abgeschlossen ist. Die Ao kennen diese Art der Bierbereitung nicht, und die Lotha brauen *pita* nur zur Erntezeit.

Diese Angaben sind summarisch, und selbst in den Monografien unterscheiden sich die Rezepturen und Angaben zur Herstellungszeit und Haltbarkeit erheblich. Dass die Naga klare Vorlieben haben, was die unterschiedlichen Biersorten angeht, illustriert das folgende Lied der Ao:

30 Mills 1937: 114f. Zum Vergleich: Die Deori, eine zur Boro-Sprachgruppe gehörende Ethnie im Nordosten Assams, verwenden 32 pflanzliche Zutaten zur Herstellung ihres Reisferments; 20 davon betrachten sie als unerlässlich, die restlichen dienten dem Geschmack. In der Vergangenheit sollen sie dafür mehr als 100 Zutaten verwendet haben (Deori et al. 2007: 121ff.).

31 Teramoto et al. (2002: 813ff.) beschliessen ihren Aufsatz mit der Bemerkung (ohne Angabe einer Quelle), es werde vermutet, dass es sich bei den gemälzten Bieren der Naga um Übergangs- oder Mischformen europäischer Malzbiere und mittels mikrobieller Fermente hergestellter Alkoholika handelte (a. a. O.: 815). Siehe auch Hutton 1921: 98; Mills 1922: 79 und 1937: 112.

32 *Madhu* kommt aus dem Assamesischen und bedeutet ‹Honig›; umgangssprachlich ist es ein Sammelbegriff für alkoholische Getränke (mündliche Mitteilung Dharamsing Teron). Nagamesisch ist eine Mischform von Assamesisch, Hindi und Begriffen verschiedener Naga-Sprachen und neben Englisch die *lingua franca* der Naga.

33 Gerste, der Grundstoff des tibetischen Bieres *chang*, wird von den Naga nicht angebaut.

34 Mills 1926: 146f.

35 Mills a. a. O.: 147; 1922: 78.

253

[Männer:] *Püza* / nicht-trinken / oh / *mejemtsü* / nur / trinken / oh / ausschenken / oh / *mejem* / nicht-geben / Frauen / Schlafhaus / Steine-gross / werfen!

[Frauen:] Oh / unsere / Altersgruppe-Gefährten / Steine-gross / werft-nicht / Doppelhornvogel / männlich / bestes / *mejem* / trinkt![36]

Die jungen Männer singen: «*Püza* – den dünnen Bieraufguss – trinken wir nicht, gebt uns *mejemtsü*. Wenn ihr euch weigert, werfen wir grosse Steine in euer Schlafhaus!»

Worauf die jungen Frauen antworten: «Ach Freunde, werft keine Steine. Gut aussehend seid ihr, wie Doppelhornvögel, hier, trinkt unser bestes Bier!»

Auch zu diesem einfachen Tanzlied liesse sich vieles sagen: über die Schönheitsideale der Naga und über die Funktion des Doppelhornvogels in Schmuck und Bildhauerei, über die gesellschaftliche Organisationsform der Altersgruppen, zu den Schlafhäusern der unverheirateten Jugend und davon ausgehend zur Siedlungsgeschichte, Siedlungsform, zur Architektur und zum Hausbau der Naga:

SIEDLUNG UND HAUSBAU

Ahnen / Ahnen / geboren / Ahnen / Ahnen / geboren / Taimüphu / in / Taimüphu / geboren / Tükheakiu / von / Dorf / gegründet / Wungphung / Dorf / von / Sangmütung / Dorf / begonnen / Ahnen / Taimüphu / von / geboren / Ahnen / Ahnen / geboren / Reisbier / Reisbier / Sangmütung / Reisbier / Reisbier / Reisbier / Taimüphu / Reisbier.[37]

Dieses Tanzlied der Tikhir erzählt, dass die Vorfahren der Sängerinnen aus Taimüphu stammten – einem heute nicht mehr existierenden Dorf im Gebiet der Khiamniungan-Naga. Von dort aus wurde das ebenfalls nicht mehr existierende Dorf Tükheakiu gegründet, danach Wungphung (von *wung*: Berg, und *phung*: Mitte; das heutige Dorf Wapher) und schliesslich Sangmütung (von *sang*: Holz, und *mütung*: errichtet; das Dorf der Sängerinnen – Shamator Village). Die Verbindung von ‹Reisbier› und den Dorfnamen Taimüphu bzw. Sangmütung steht für die Feiern, die eine Dorfgründung begleiten, und indem am Ende des Liedes die erste und die letzte Dorfgründung erwähnt werden, drückt sich hier auch der Stolz der Gruppe auf ihre Geschichte aus. Erinnerungen dieser Art – an gemeinsame Migrationen und Dorfgründungen – bildeten, nebst Klanverwandtschaften, bei den Naga einst die Grundlagen dorfübergreifender, politischer Einheiten, nicht die erst von der britischen Kolonialverwaltung geschaffenen ‹Stämme›.

A. Kheamang Angh, der *angh* – ‹König› – des Konyak-Dorfes Wanching, erzählte uns die Migrationsgeschichte seines Dorfes:[38] Er begann mit der wohl

---

36 Tonarchiv VMZ: <20040501_naga-ao_ungma_32>. Gesang: Sangyusang Pongen und Freunde; Transkription und Übersetzung: Sangyusang und Alemla Pongen.

37 Tonarchiv VMZ: <20081201_naga-tikhir_shamatorvillage_01>. Die Sänger und Sängerinnen bezeichneten das Lied als *pa* (Frau) *liu* (Menschen) *tsen* (Tanz). Gesang: K. Sumungshi Lambailiu, Tsüpanshi, Nekhamshi Lambailiu, Yantüshi Tüvibailiu, Yiungpanshi Yiubailiu, Yansang Sangubailiu, Lungtsü Tüvibailiu, Tsülemshi Lambailiu, Kheansu Sangubailiu. Transkription und Übersetzung: Martin Chimjiba Janger.

38 Tonarchiv VMZ: <20110226_naga-konyak_wanching_10>; Dolmetscherin: P. Minang Vaamnok Konyak.

Kürbiskalebasse zum Transport von Reisbier. Angami-Naga, Kohima. Sammler: Hans-Eberhard Kauffmann, 1938. Höhe 22 cm, Ø 13 cm, Inv.-Nr. 9566.

angelesenen Vermutung, die Naga stammten ursprünglich aus China und erreichten nach Wanderungen durch Birma und Thailand ihr heutiges Gebiet. Nach der Überquerung des Chindwin-Flusses gründeten sie nacheinander die Dörfer Alamkahpham, Juleitanha und Anchinglang. Von den ersten beiden Dörfern existiert heute nur die Erinnerung an ihre Namen; Anchinglang lag einst zwischen den jetzigen Dörfern Chakpang und Chanlang. Der Boden dort war unfruchtbar, deshalb zog die Gruppe weiter, überquerte den Fluss Yeangmon und gründete Pukchongmenyu im heutigen Gebiet der Oberen Phom. Auch dort gab es zu wenig fruchtbares Land für die Siedler, deshalb spaltete sich die Gruppe. Ein Teil gründete das heutige Dorf Longching, eine zweite Gruppe gründete Anpang und die dritte – die Vorfahren der Wanching-Leute – gründete Ahlakphevem. Dieses Dorf wurde wiederholt von Stürmen zerstört, deshalb zog die Gruppe weiter und gründete Pongkungjempang, das heutige Aboi Town. Dort war es zu heiss. Die Menschen litten an Malaria und anderen Krankheiten, deshalb zogen sie weiter und gründeten Buchingkeang. Ganz in der Nähe jedoch siedelten auch die Vorfahren der Leute von Wakching, einem heutigen Nachbardorf Wanchings. Beiden Gruppen war an so viel Nähe wenig gelegen, und beide machten den Berg Ngip als idealen Ort für eine Dorfgründung aus. Um das Land für sich zu gewinnen, griffen die Wanching-Leute zu einer List. Als sie sich von Wakching-Spähern belauscht wussten, fabulierten sie von einem überaus fischreichen Gewässer namens Tamsham, welches sie am nächsten Tag in ihren Besitz bringen wollten. Nachdem die Wakching-Späher ihren Leuten diese Nachricht hinterbracht hatten, brachen die noch mitten in der Nacht auf, um Tamsham zu besetzen, nur um festzustellen, dass es dort gar keine Fische gab. Die Wanching-Gruppe zog derweilen zum Berg Ngip und gründete – wie bei vielen Naga aus strategischen Gründen üblich – auf dessen Gipfel ein Dorf. Doch dort wollten morgens die Hähne nicht krähen, was als schlechtes Omen aufgefasst wurde, und auch das Reisbier gelang nicht, es blieb zu schwach, eine dünne Plörre.

Eines Tages zogen die Frauen aus, um Platanenblätter zu sammeln, und erreichten den Ort, wo heute das älteste der Schlafhäuser Wanchings steht. Sie hatten in Blätter eingeschlagenen Reis dabei, den sie in einem Gebüsch vergassen. Als sie nach einigen Tagen wieder zu derselben Stelle kamen, bemerkten sie den starken Geruch des vergorenen Getreides, und das ausfliessende Bier war stark und schmackhaft. Deshalb verlegten die Leute ihr Dorf ein letztes Mal, vom Gipfel des Ngip in jene Senke, wo Wanching heute liegt und wo das Dorf so mächtig wurde, dass ihm sogar die Ahom-Könige Assams Tribut zollten. Mit Wakching ist Wanching bis heute in inniger Feindschaft verbunden.[39]

Das erste Gebäude, welches am Platz einer Dorfgründung errichtet wurde, war das Junggesellenschlafhaus – das wichtigste und meist grösste und prächtigste Gebäude eines Dorfes oder Dorfteils.[40] Die Schlafhäuser der Männer waren gleichzeitig Unterkunft, Klubhaus und Kaserne. Die Gebäude standen

---

39 Nachdem Wakching vor einigen Jahren Wanching die Stromleitung kappte – ganz grundlos, heisst es in Wanching –, revanchierte sich Wanching, indem es die in umgekehrter Richtung verlaufende Wasserleitung nach Wakching unterbrach.

40 Tonarchiv VMZ: <20110307_naga-tikhir_anatonger_01>.

gewöhnlich an strategisch bedeutenden Orten, bei den Westlichen Rengma etwa an den beiden Enden ihrer von Palisaden geschützten Strassendörfer, und die jungen Männer schliefen dort mit den Waffen zur Hand. In erster Linie jedoch waren die Schlafhäuser Schulen und Lehrwerkstätten. Die Jungen lernten hier von den Älteren alles, was sie als vollwertige Mitglieder ihrer Gesellschaft können und wissen mussten:

> Nicht nur das Singen, sondern alles, was ein Mann wissen muss. Wenn er heiraten will, gibt es eine Art von Examen. ‹Examen› meint nicht, dass er ausgefragt wird. Sagen wir, einer möchte heiraten. Wenn er im Feld eine Hütte baut oder im Dorf beim Bau eines Hauses hilft – keiner kritisiert ihn, keiner sagt, das macht er gut oder nicht gut – aber wenn die Leute sehen, dass er es kann, dann kann er heiraten. Solange er kein Haus bauen kann, ein kleines Haus oder ein grosses Haus oder eine Feldhütte oder einen Ruheplatz, wird man ihm nicht erlauben zu heiraten.[41]

War der junge Mann jedoch soweit, wählte er (sofern er zur Mongsen-Sprachgruppe der Ao-Naga gehörte) einen geeignet erscheinenden Bauplatz und beauftragte einen Seher, zu prüfen, ob es sich dabei um einen glücksverheissenden Ort handle. Durch die Betrachtung von Reisbier in einem Becher geriet der Seher in Trance und vermochte nun, mit den Geistern zu kommunizieren. Hatten diese gegen die Baupläne nichts einzuwenden, nannten sie dem Seher den Namen eines alten Mannes, von welchem sie die angemessenen Opfergaben entgegenzunehmen wünschten. Dieser Alte legte an der Baustelle sechs Blätter mit kleinen Reishäufchen aus, sechs Blätter mit Fleisch und Ingwer und sechs kleine Blätterschalen mit Reisbier, und der Hausbau konnte beginnen:[42]

> Ho / sammeln / Haus / errichtet / oh / Hauptpfosten / aufgerichtet / eh / gut / vermehrt / ho / sammeln / Firstbalken / gelegt / gut / gelegt / oh / Pfeiler / aufgerichtet / Träger / aufgerichtet / eh / gut / aufgerichtet / oh / Pfeiler / aufgerichtet / eh / Pfetten / gelegt / gut / vermehrt / oh / Dachsparren / angebracht / eh / gut / vermehrt / oh / Stroh / Haus / gedeckt / eh / gut / vermehrt / oh / Stroh / Haus / gedeckt / Trockenplattformen / hinunter / gehängt / wie / so-ohe / oh / Stroh / Haus / gedeckt / eh / Feuerstelle / errichtet / eh / gut / vermehrt / hu / Hausherr / erhöht / eh / Hausherrin / erhöht / hu / Hausherr / erhöht / eh / Hausherrin / erhöht / Reisbier / gebraut / eh / Fleisch / zubereitet / gut / gepriesen.[43]

Das Verb «sammeln» in diesem Lied der Yimchungrü bezieht sich auf das Sammeln der für den Hausbau benötigten Materialien: Holz für die tragenden Pfeiler, Bambus und Stroh für die Dachkonstruktion und Lianen für die Bindungen. Reisbier, Fleisch und Lobpreisungen stehen für das Ehrenmahl anläss-

41 Tonarchiv VMZ: <20080723_naga-westernrengma_diphu_08>. Erzählung: Reverend Giren Sebü.

42 Mills 1926: 86ff.

43 Tonarchiv VMZ: <20100519_naga-yimchungrue_zuerich_01>. Gesang: Ahu Yimchunger; Transkription und Übersetzung: Martin Chimjiba Janger.

lich des Hausbaus, und «gut vermehrt» sind die Segenswünsche für das junge Paar – möge seine Ehe mit Kindern gesegnet sein und der Haushalt gedeihen.

War das Haus vollendet, entfachten die Freunde des Bräutigams in der neuen Herdstelle ein Feuer, daneben legte der Bräutigam ein Paket mit gärendem Reis und einen Topf; an die Wand lehnte er ein Bambusrohr mit Wasser. Nun ging er, begleitet von Mitgliedern seines Klans, zum Haus der Braut, wo nach allerlei Opfern und Weissagungen Brautpreis und Biergeschenke ausgetauscht wurden. Begleitet von drei alten Frauen, doch nicht vom Bräutigam, ging die Braut dann zu dem neuen Haus, wo die Frauen aus den vorbereiteten Zutaten Reisbier herstellten und tranken, und schliesslich trafen auch der Bräutigam und seine Freunde ein, die das Brautbett trugen.[44]

Irgendwann später mochte es geschehen, dass der frisch getraute Gatte von einem Bierbecher in seiner Hand träumte; ein Traum, der ihm die bevorstehende Geburt eines Sohnes verhiess.[45]

Sechs Tage nach der Geburt eines Jungen (und fünf nach der eines Mädchens – entsprechend der Anzahl ihrer Seelen) fand bei den Lotha eine Feier statt, bei welcher das Neugeborene in die Dorfgemeinschaft aufgenommen wurde. Einem Jungen gab der Vater einen kleinen Bierbecher und das kleine, aus Holz geschnitzte Modell eines Haumessers in die Hände und sprach: «Wenn ich in den Krieg ziehe, wenn ich auf die Jagd gehe, wenn ich fischen gehe, nehme ich dich mit. Werde du ein grosser, starker, berühmter Mann!» Zu einer neugeborenen Tochter hingegen sagte er: «Wenn ich zu den Feldern gehe, wenn ich in den Wald gehe, um Blätter zu sammeln, nehme ich dich mit. Werde du schnell erwachsen und sei stark!»[46]

KRIEGSMUT UND REICHTUM

Zwei Wege gab es für die Naga, um innerhalb ihrer im Grossen und Ganzen egalitären Gesellschaften zu Ruhm und Ansehen zu kommen: Kampfesmut und Reichtum. Von der Rivalität zwischen einem Wohlhabenden und einem Krieger zeugt ein Lied der Ao:

[Der Reiche:] Unsere Freunde / Versammlung / sie / Mithan / Opfer / preisen / bleiben.

[Der Krieger:] Mithan / Opfer / preisen-stattdessen / Kopf[trophäe] / haben / ehren / bleiben / ich / Festung-Zerstörer / Absicht / nicht-haben / Kopf / Absicht / Flussufer / jedes / Feuersäge / tun / Hand / mit Blasen bedeckt / Feld-ist / unfähig / Arbeit / ich-auch / du / wie / Feind / nicht-gehen / Feld-nur / gearbeitet / Mithan-ist / geopfert / hätte.[47]

Der Reiche singt: «Unsere Freunde haben sich versammelt, sie ehren mich für mein Mithan-Opfer.» Der Krieger entgegnet: «Statt den Mithan-Opferer zu

44 Mills a. a. O.: 270ff.
45 Tonarchiv VMZ: <20040915_naga-angami_kohima_16>.
46 Mills 1922: 146.
47 Tonarchiv VMZ: <20100313_naga-ao_diphu_01>. Gesang: Sangyusang Pongen; Transkription und Übersetzung: Alemla und Sangyusang Pongen; das Lied stammt aus dem Dorf Ungma.

Links:
Verzierter Reisbierbecher;
emische Bezeichnung
tuobö-thuy: ‹Blumenbecher›.
Chang-Naga, Yaongyimti.
Sammler: Hans-Eberhard
Kauffmann, 1938.
Höhe 24 cm, Ø 7 cm,
Inv.-Nr. 9548.

Rechts:
Einfacher Trinkbecher.
Ao-Naga, Gegend um
Longjang. Sammler: Marion
Wettstein, Alban von
Stockhausen, 2006.
Höhe 18.5 cm, Ø 6 cm,
Inv.-Nr. 24863a.

preisen, sollten sie einen ehren, der Köpfe erbeutet. Ich bin der Zerstörer feindlicher Festungen. Feldarbeit liegt mir nicht; mein Verlangen gilt den Köpfen unserer Feinde. An jedem Flussufer ergründete ich das Orakel mit Hilfe der Feuersäge (um auf diese Weise zu erfahren, ob seinem Vorhaben ein glücklicher Ausgang bestimmt war), meine Hand ist von Blasen bedeckt, schon deshalb arbeite ich nicht auf dem Feld. Zöge ich nicht in den Kampf, sondern würde ich auf dem Acker schwitzen wie du, könnte auch ich Mithan opfern.»

Mithan, oder Gayal, eine Rinderart, sind die halbwegs domestizierten Verwandten der Gaure; sie leben frei in den Wäldern, haben jedoch ihre Besitzer, die ihnen regelmässig Salz auslegen und die sie an ihren Stimmen erkennen. Sie werden nur zu besonderen Gelegenheiten – heute etwa zu Hochzeiten und zu Weihnachten – geschlachtet; in vorchristlicher Zeit gehörten Mithan-Opfer zu den Verdienstfesten: Festmähler, bei denen die Wohlhabenden ihren Reichtum in Form von Speisen und Trank unter ihren Dorfgenossen verteilten und so ihr gesellschaftliches Ansehen erhöhten. Diese Feste «bilden eine Serie von Zeremonien, jede bedeutender [und kostspieliger] als die vorangehende, und sie finden ihren Höhepunkt im Mithan-Opfer».[48]

Durch die ersten beiden Verdienstfeste der vollständigen Serie erwarb sich das Gastgeberehepaar bei den Westlichen Rengma das Recht, vor seinem Haus gegabelte hölzerne Pfosten – *shenku* – zu errichten und ein besonderes, *judahphe* genanntes, Tuch zu tragen. Bei den nachfolgenden fünf Verdienstfesten stellte es Gedenksteine – *chonyu* – auf und erreichte so den höchstmöglichen Status. Gelang es jedoch einem Ehepaar, zehn solcher Feste auszurichten, durfte es sein Haus mitten auf der zentralen Dorfstrasse errichten, mit vollständig ausgearbeiteten Frontseiten in beide Richtungen. Jeder, der auf der anderen Dorfseite oder auf den dahinter liegenden Feldern zu tun hatte, musste dieses Ehrenhaus durchqueren. Die Hausbesitzer bewirteten ihn mit Reisbier, im Gegenzug hatte er ihnen etwas von dem, was er bei sich trug, abzugeben – Reis, Wild, Fisch, Feuerholz usw.

Die zweite Möglichkeit für einen Naga, gesellschaftliches Ansehen zu erlangen, war die Kopfjagd. Etliche Lieder unserer Sammlung[49] belegen, wie Männer von ihren Schwestern, Geliebten oder Gattinnen zur Kopfjagd genötigt wurden, da die Frauen Ruhm und Ansehen des Kriegers teilten. Einem Jüngling, der noch keinen Kopf (oder ein anderes Körperglied) eines ‹Feindes› erbeutet hatte, fiel es schwer, eine Partnerin zu finden. ‹Feinde› waren im Bedarfsfall die Bewohner jedes beliebigen Dorfes, mit dem das eigene Dorf kein Friedensabkommen hatte:

[Ehefrau:] Die jungen Männer von Longsa erwägen einen Kriegszug. Ich habe Reisbier gebraut; geselle du dich zu deinen Freunden. Geh mit ihnen, um Fleisch zu schneiden [d. h. Feinde zu töten]. Du bist nicht gegangen; deine Kriegerfreunde kehren mit Köpfen zurück. Mein Mann, geh du nicht

---

48 Mills 1926: 257.
49 Das Tonarchiv des Völkerkundemuseums der Universität Zürich enthält derzeit über 2'500 Tondokumente zu den Naga: Lied- und Gesprächsaufnahmen.

zum Schlafhaus. Wenn die Sonne im Zenit steht und deine Freunde die Köpfe an den Dorfbaum hängen, leg du, mein Mann, Jungfrauengewänder an.

[Ehemann:] Gehört es sich, dass die Frau ihren Mann verspottet? Wenn die Frau spottet, ergreift der Mann seinen Reisbierbecher, er fühlt sich elend und schmollt. Selbst wenn du mein älterer Bruder bist – geh du mir nicht voran. Selbst wenn du mein jüngerer Bruder bist – folge mir nicht nach. Ich ging zu den Feldern der Feinde und spähte sie aus. Das Glück war mir hold: mit einem Schlag erbeutete ich zwei Köpfe. Ich kehre wieder mit den Köpfen und erreiche den Pfad vor dem Dorf. Geliebte Frau, solltest du zu Hause geblieben und nicht aufs Feld gegangen sein, bring Reisbier und komm, trage du die Köpfe; bring Reisbier und trage die Köpfe der Feinde!

[Ehefrau:] Hat die Frau dich verspottet, um dich zu töten? Die Frau hat gespottet, um dich stark und mutig zu machen. Pflücke und trage die Blumen, wie deine Freunde, Kopfjäger, sie tragen. Trage wie deine Freunde die Federn des Doppelhornvogels. Wenn es Mittag wird, trage sie, wenn ihr die Köpfe an den Dorfbaum hängt. Schüttle den Staub aus deinem Kriegertuch und lege es dir um![50]

Nicht jeder Mann war zum Helden geboren – zum Leidwesen seiner Frau, wie dieses Lied der Ao zeigt:

Krieg / nicht-gegangen / Blume / fern / Feld / in / Baumwolle / Blume / blühen / oh / Krieg / gegangen / Blume-ist / Haumesser-Blume / haben / Krieg / gegangen / oh / Ziel / nicht-erreicht / zurückkehren / oh / deine-Frau / nur-denken-daran / mir / mit / Krieg / komm nicht!

«Der Frau [‹Blume›] von einem, der nicht in den Kampf zieht, bleibt nichts, als auf den fernen Feldern Baumwolle zu pflücken, während der Frau eines Kriegers die Kopftrophäe [wörtl. ‹Blume des Haumessers›, d. h. der damit verbundene Ruhm] zuteilwird. Zusammen zogen wir aus zum Kampf, doch auf halber Strecke kehrtest du um, du hattest wohl Sehnsucht nach deiner Frau. Mit mir brauchst du künftig in keine Schlacht mehr zu ziehen!»[51]

Doch war es womöglich nicht Feigheit, sondern gesunder Menschenverstand, der einen bewog, seine Beine in die Hand zu nehmen:

[1. Sänger:] Nicht-laufen / zu / beschlossen / oh / Feigling / Donner / donnern / gelaufen-weg!

[2. Sänger:] Ja / Haumesser / schneiden / Speer / treffen / verfolgen / nicht-laufen-weg?

50 Tonarchiv VMZ: <20100218_naga-lotha_longsa_01>. Rezitator: Tsapemo; beschreibende Übersetzung: Abraham Lotha und Gewährspersonen aus Longsa.

51 Tonarchiv VMZ: <20061031_naga-ao_ungma_21>. Gesang: Sangyusang Pongen; Transkription und Übersetzung: Alemla und Sangyusang Pongen.

«Wir hatten beschlossen, vor den Feinden nicht zu fliehen, aber du Feigling bist so schnell gelaufen wie Donnergrollen!» – «Ja, sie waren hinter mir her mit scharfen Haumessern und gut gezielten Speeren – wer wäre da nicht gerannt?!»[52]

Was es mit der Kopfjagd wirklich auf sich hatte, welche Bedeutung die Naga selbst den Trophäen beimassen, liess sich schon zu Kolonialzeiten nicht endgültig klären; die Ethnografen vermuteten, das Phänomen hätte mit Fruchtbarkeitsvorstellungen zu tun, was Reverend Sebü im Gespräch zu bestätigen schien, als er erzählte, dass Kopftrophäen zuweilen in den Reisspeichern aufbewahrt wurden. Doch während der landwirtschaftliche Zyklus klar strukturiert war – Arbeitsphasen wechselten sich ab mit rituellen Ruhetagen, die zum grössten Teil der Fruchtbarkeit der Felder dienten[53] –, erscheint die Kopfjagd in den Liedern als gesellschaftlich sanktioniertes Brechen der eigenen Ordnung.

TOD UND JENSEITS

Der Tod war für die Naga gegenwärtig und sichtbar. Bevor einer zum Trinken ansetzte, stippte er einen Finger der Rechten in das Bier und träufelte für die Ahnen ein paar Tropfen auf die Erde. Unterliess er es, drohte ihm – entsprechend der Vorstellungen der Maram-Naga – ein früher Tod. Ihre Trinksitten verlangten, dass die Ältesten der Anwesenden – die unsichtbaren Ahnen – vor allen anderen tranken; verweigerte ihnen einer das Trankopfer, bezahlte er seine Respektlosigkeit mit dem Leben.[54]

Hutton behauptete, der «durchschnittliche Angami» zerbreche sich über sein Schicksal nach dem Tod kaum den Kopf,[55] und heute, wo fast alle Naga christlichen Bekenntnissen anhängen, sind Angaben über die einstigen Vorstellungen von einer Weiterexistenz der Seele nur bruchstückhaft zu erhalten.[56]

Zwischen den Welten der Toten und der Lebenden bestand eine gewisse Verbindung. Die Angami pflegten ein mit Reisbier gefülltes Mithan-Horn an der Stelle bereitzuhalten, wo der Verstorbene sein Trinkhorn gewöhnlich aufbewahrt hatte, und Seher oder Seherinnen (die Angami nannten sie *terhope* – ‹Gottesbrücken›) begaben sich durch Bierbetrachtung in Trance, wodurch sie in der Lage waren, mit Verstorbenen zu kommunizieren.[57]

Eine Geschichte der Phenunger, einer Migrationsgruppe, die heute teils den Yimchungrü, teils den Südlichen Sangtam zugerechnet wird, lässt auf Vorstellungen von einer mit der Welt der Lebenden komplementär verschränkten Totenwelt schliessen:

Ein Phenunger heiratete einst einen Engel.[58] Eines Tages lud die Engelsfrau den Gatten ein, ihre Familie zu besuchen. Sie hiess ihn, seine Augen zu schliessen, und als er sie einen Moment später wieder öffnete, befanden sie sich auch schon in einer anderen, «oberen» Welt, im Haus der Schwiegereltern.

---

52 Tonarchiv VMZ: <20061101_naga-ao_salulamang_11>. Transkription und Übersetzung: Alemla Pongentsür mit Gewährsleuten aus Salulamang.

53 Mills (1937: 310ff.) listet 63 solcher ritueller Ruhetage auf, die 1931 im Rengma-Dorf Tseminyu eingehalten wurden.

54 Tiba 2013: 211.

55 Hutton 1921: 185.

56 Vgl. Sutter 2012: 87ff.

57 Hutton a. a. O.: 245f.; Mills 1926: 236ff.

58 Hinter den ‹Engeln› neuzeitlich-christlich umgedeuteter Naga-Erzählungen verbirgt sich oft – so auch hier – das Erzählmotiv der Schwanenjungfrau (siehe http://de.wikipedia.org/wiki/Schwanenjungfrau).

Trinkbecher; die beiden Becher mit Spickel lassen sich bei der Arbeit in die Erde stecken. Ao-Naga, Gegend um Longjang. Sammler: Marion Wettstein, Alban von Stockhausen, 2006. Höhe 26–45 cm, Ø 5–6 cm, Inv.-Nrn. 24863c (l), 24864b (m), 24864a (r).

Der Mann bekam dort niemanden zu Gesicht. Einmal hörte er den rhythmischen Gesang *helong helong* – so sangen die Männer der Phenunger, wenn sie einen erbeuteten Kopf durchs Dorf zogen – und er sah, wie ein Büffel herbeigebracht wurde. Danach hörte er nur noch das Klappern von Geschirr, und er bemerkte den Geruch von Speisen und von Reisbier. Einige Zeit später befahl ihm seine Frau von Neuem, die Augen zu schliessen, und als er sie wieder öffnete, befanden sich beide wieder auf der Erde. Er beklagte sich: «Deine Verwandten haben uns nicht einmal zu essen gegeben!» – «Hast du nicht den Ingwer gerochen? Das bedeutet, sie gaben dir Fleisch und Reis. Hast du nicht den Geruch von Reisbier bemerkt? Das bedeutet, sie gaben dir zu trinken!» Als er vernahm, dass zwischenzeitlich sein Nachbar gestorben war, begriff er, dass im Jenseits die Verstorbenen wie Büffel zur Opferstätte geführt werden.[59]

Vor diesem Hintergrund lässt sich auf die Bedeutung eines Ao-Liedes schliessen, welche die Sänger selbst uns nicht erläutern konnten; es handelt sich dabei um ein Lied der Kategorie *sü* (Mithan) *achibe* (töten) *ken* (Lied), sagten sie, und es würde beim Mithan-Opfer von den Frauen gesungen, die so «die Engel» (in der Liedsprache *kodaktsür* von *kodak*: Himmel, *tsür*: Mädchen) trösteten:

Mithan / dieses / töten / oh / Himmelmädchen / durch / trauern / nicht / oh / Himmelmädchen / durch / er / unausweichlich / wehklagt-nicht.

«Dieses Mithan wird nun geopfert, trauert nicht, ihr Engel, es ist sein unvermeidbares Schicksal – seid nicht traurig!»[60]

Der dem Tod geweihte Nachbar wird im Himmel als Büffel geopfert und als Büffel ein dem Tod geweihter Engel auf Erden.[61]

LANDWIRTSCHAFT

So gerne sich die Naga mit den Insignien ihres Ansehens, ihres Reichtums und ihrer Heldentaten schmückten: ihren Alltag bestimmen seit jeher die Zyklen der Jahreszeiten und der Landwirtschaft. Die am weitesten verbreitete Methode der Landwirtschaft ist der Brandrodungsfeldbau, nur einige der südwestlichen Gruppen bestellen nebst Brandrodungsflächen auch dauerhaft angelegte Terrassenfelder.

Jedes Jahr rodet ein Dorf ein zusammenhängendes Stück seines Landes, innerhalb dessen jede Grossfamilie wiederum ihr eigenes Grundstück besitzt und bestellt. Ein Teil des geschlagenen Holzes wird zerhackt und dient der Familie das Jahr hindurch als Feuerholz; das übrige Holz und Gestrüpp wird an Ort und Stelle verbrannt und düngt als Asche den Boden. Im ersten Jahr wird auf der gerodeten Fläche Trockenreis angepflanzt, im Jahr darauf Mais, Kürbis, Bohnen, Hirse und Hiobsträne, während für den Reis ein neuer Hang gerodet wird. So verschiebt sich die Anbaufläche von Jahr zu Jahr, und auf

59 Tonarchiv VMZ: <20110127_naga-phelunger_phelunger_16>. Erzähler: Murilo; Dolmetscher: S. K. James. Eine sehr ähnliche und in vielen Details identische Geschichte erzählte auch Bümetyanu aus Tuensang Village: <20110302_naga-chang_tuensangtown_13>.

60 Tonarchiv VMZ: <20061102_naga-ao_mokokchung_09>. Gesang: Ningsashiba Aier und Imnangangla Mongsentsüng; Transkription und Übersetzung: Ningsashiba Aier und Alemla Pongentsür.

61 Siehe Woodward 1989: 129f.

dem verlassenen Land wächst der Wald nach, bis der Zyklus vollendet ist und von Neuem beginnt.

Früher wurden die Felder gemeinschaftlich bestellt; Feldarbeitsgruppen bestellten im Turnus die Grundstücke der Familien ihrer Mitglieder. Den Weg zu den Feldern verkürzten sie sich mit Gesang, und Gesang liess sie auch die Monotonie und Härte der Arbeit vergessen.

[Mädchen:] Unsere / Arbeitsgruppe / Dorf / hin / schauen / *müri* / Sonne / untergehen / Altersgruppe-Jungen / Holz-auch / wann / schlagen?

[Jungen:] Oh / Feld / Altersgruppe-Mädchen / singen / reden / gut / Haarknoten / durch / passen / ihr / stehen / während / Mithan / gut / stehen / wie.

[Mädchen:] Altersgruppe-Jungen / *wadang* / leuchten / stehen.

[Jungen:] Oh / Feld / Altersgruppe-Mädchen / Altersgruppe / wadang / in / singen / reden / unfertig / wegen / Feldarbeit / gehen / Altersgruppe / *wadang* / in / singen / unterhalten / *wadang* / langsam / nicht-bedauern / Altersgruppe-Mädchen / Holz-ist / schlagen-können / *wadang* / rasch / beenden.

Bevor sich die Arbeitsgruppe abends auf den Heimweg machte, hackten die Jungen mit ihren Haumessern trockene Äste in armlange Stücke, Feuerholz, welches die Mädchen in ihren Tragekörben auf dem Rücken nach Hause trugen. Die Mädchen im Lied hier sind müde, sie wollen nach Hause und singen: «Die Sonne geht schon unter, wann schlagt ihr endlich Brennholz?» Der Begriff *müri* bezeichnet das Land der *mürir* östlich des Dikhu-Flusses. *Mürir* sind die ‹Zurückgebliebenen› – die heutigen Chang, Konyak, Sangtam, Yimchungrü usw. – im Gegensatz zu den Ao, eigentlich *Aor* – den ‹Fortgezogenen›, die vor vielleicht tausend Jahren das Ursprungsdorf Chungliyimti am Hang über dem Ostufer des Dikhu verliessen, den Fluss überquerten und ihr heutiges Gebiet westlich des Dikhu in Besitz nahmen. Im Lied steht *müri* deshalb für den Osten, und die erschöpften Mädchen singen: «Die im Osten aufgegangene Sonne geht schon unter.»

Die Jungen beschwichtigen mit Komplimenten, «ihr singt gut, ihr sprecht gut, ihr seht hübsch aus mit euren Haarknoten», und sie vergleichen die Mädchen mit Mithan-Rindern, die für die Naga nicht ‹dumme Kühe›, sondern anmutige, kostbare Wesen sind.

Die Mädchen erwidern die Komplimente und singen: «Ihr seid das Licht des *wadang*.» Bevor die Gruppe zu arbeiten beginnt, legt sie ein *wadang* fest – ein je nach Grösse und Selbstvertrauen der Gruppe kleineres oder grösseres Stück des Feldes, welches danach ohne Unterbrechung bearbeitet wird, bis die

Brandrodungsfelder und Feldhütten der Konyak unweit des Dorfes Chui, Nagaland, Indien, 2011. Foto: Rebekka Sutter.

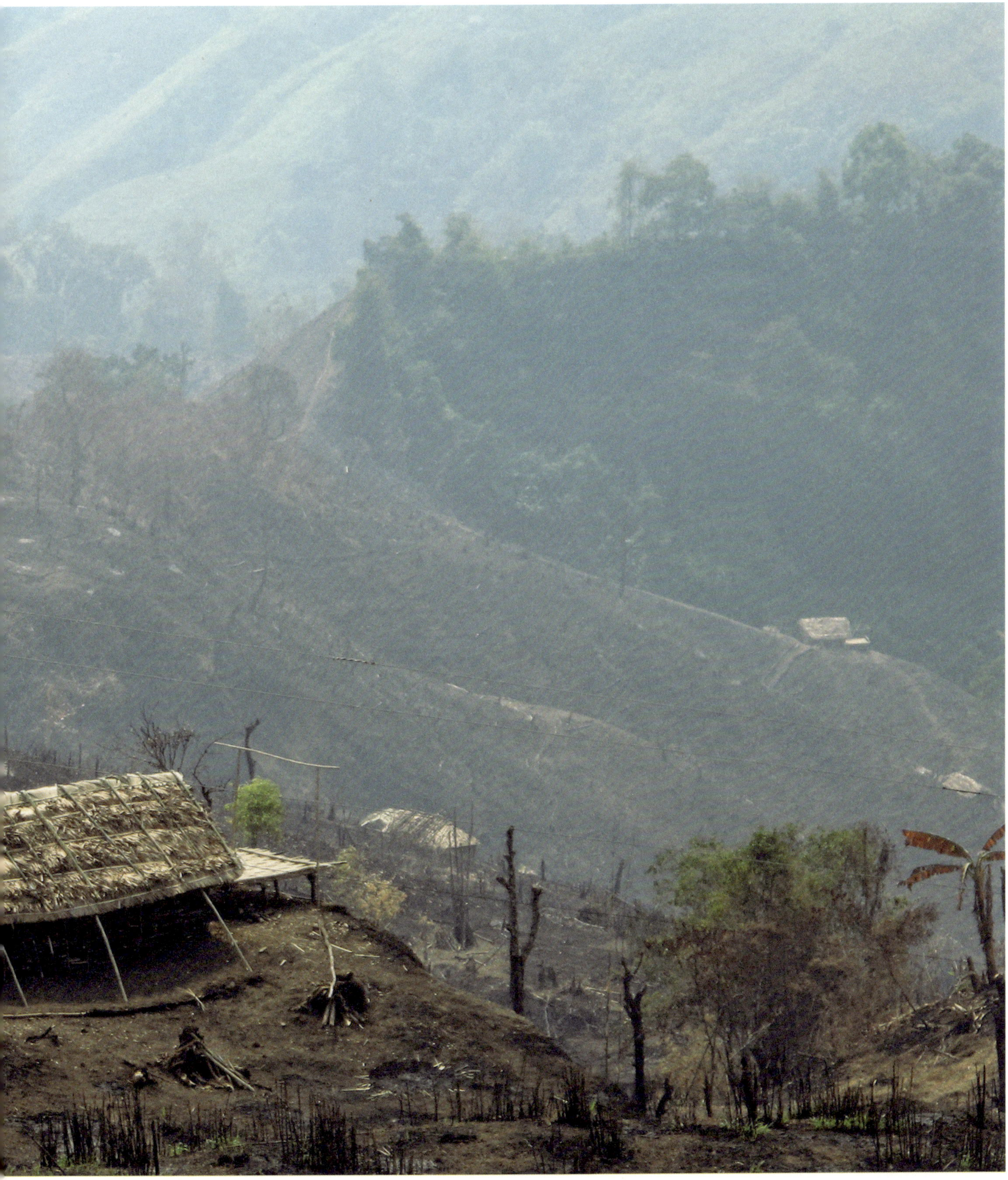

Arbeit getan ist. Nach einer Pause nimmt sie sich ein nächstes *wadang* vor; im Laufe eines Tages können so mehrere Feldstücke bearbeitet werden.

Die Jungen kommen zum Kern der Sache und singen: «Dass wir mit dem letzten *wadang* des Tages noch nicht fertig sind, liegt daran, dass ihr zu viel gesungen und geplaudert und deshalb zu langsam gearbeitet habt. Das macht ja nichts, aber lasst uns jetzt zusehen, dass wir fertig werden. Wir kümmern uns dann um das Brennholz.»[62]

Die sprachliche, kulturelle, geografische und zeitliche Distanz zu den Liedern der Naga ist zu gross, um ihre Stimmungen und die darin enthaltenen Emotionen zweifelsfrei beurteilen zu können, doch scheinen auffallend viele der Lieder von einer anrührenden Freundlichkeit getragen zu sein, die so gar nicht zu den martialischen Kopfjägern einschlägiger Aufsätze und Bildbände passt.

Jeder Arbeit im Bauernjahr entsprach eine spezifische Liedform und oft auch Formen von wortlosem Gesang, welcher die Arbeit rhythmisierte und optimierte, da die Mitglieder der Gruppe so im buchstäblichen Einklang arbeiteten und keines voranpreschte oder zurückblieb. Es gab Lieder zum Schlagen der Bäume eines neuen Feldes; es gab den Gesang der Feuerwächter, die nachts die Feldbrände im Auge behielten und dafür sorgten, dass sie nicht auf die Reisspeicher oder die Häuser des Dorfes übergriffen; es gab Lieder zum Einsammeln der halb verbrannten Hölzer nach dem Erlöschen der Brände; und es gab Lieder zur Aussaat, zum Jäten, zur Ernte, zum Einbringen der Ernte und zu den grossen Erntedankfesten im Herbst.

Zum Jäten – und nur dann – arbeiteten bei den Konyak die Jungen und Mädchen aus Schlafhäusern verschiedener Dorfteile, d. h. von unterschiedlicher Klanzugehörigkeit, gemeinsam auf den Feldern:

> Zahlreiche Romanzen nahmen zur Zeit des Jätens der Reisfelder ihren Ausgang, und wo immer solcherart gemischte Gruppen bei der Arbeit waren, wurde viel gelacht und gescherzt. Gegen Ende des Jätens bewirteten die Jungen der Gruppe ihre Freundinnen in einer der Feldhütten und betrachteten es als Ehrensache, ausreichend Reisbier bereitzustellen, um die Gäste betrunken zu machen. Wenn sich die Mädchen nicht mehr alleine auf den Füssen halten konnten, trugen die Jungen sie auf ihren Rücken nach Hause und setzten sie stolz bei den Häusern ihrer Eltern ab. Einige Tage später erwiderten die Mädchen die Gastfreundschaft, und jetzt lag es an ihnen, die Jungen betrunken zu machen.[63]

Mills vermutete einen Zusammenhang zwischen der Liebe im Korn und bäuerlichen Fruchtbarkeitsvorstellungen der Naga. Immerhin liess sich der weibliche Reisgeist der Rengma erst dazu herab (buchstäblich, von einer Astgabel), den Erntedank der Menschen entgegenzunehmen und sie zu segnen, nachdem ein Mann zu dem Baum hin trat und sich «unsittlich entblösste».[64] Ebenfalls bei den Rengma konstatierte Mills erhöhte sexuelle

[62] Tonarchiv VMZ: <20061104_naga-ao_ungma_36>. Gesang: Chutisang Pongen; Transkription und Übersetzung: Alemla und Sangyusang Pongen.

[63] Fürer-Haimendorf 1969: 33.

[64] Mills 1937: 83.

Freizügigkeit zur Zeit der Aussaat (von seinen Gewährsleuten dahingehend begründet, dass zu jener Zeit besonders viel Reisbier getrunken würde), und in einer Fussnote erwähnte er, dass reiche Konyak in Wakching jungen Männern erlaubten, auf den Veranden ihrer Reisspeicher Schlafplätze einzurichten, wo sie dann die Nächte mit ihren Geliebten verbrachten.[65]

DIE UNHEILIGE SCHRIFT

Mit dem Vertrag von Yandabo, welcher im Frühjahr 1826 das Ende des Ersten Anglo-Birmanischen Kriegs besiegelte, trat das Königreich von Ava – das heutige Myanmar – auch die Herrschaft über die Brahmaputra-Ebene Assams an die Britische Ostindien-Kompanie ab, die dort Ende der 1830er-Jahre erste Teeplantagen anlegte. Die Briten waren wenig interessiert an einer Einmischung in die inneren Angelegenheiten der Naga. Sie setzten in den von ihnen kontrollierten Gebieten das Verbot der Kopf- und Sklavenjagden durch, da diese das Funktionieren der Teegärten störten, hatten ansonsten jedoch an den Naga, die weder über Bodenschätze noch über Einkommen verfügten, welche sich hätten besteuern lassen, vor allem ethnologisches Interesse.

Den britischen Truppen auf dem Fuss folgten Missionare des American Baptist Board of Foreign Missions, die im März 1836 in Ober-Assam mit dem Aufbau einer Missionsstation begannen. Ihnen ging es weder um Geschäfte noch um wissenschaftliche Studien; ihnen war daran gelegen, den Naga, jenen «wilden Kindern der Natur»,[66] den «abgrundtief unwissenden, dummen und würdelosen [...] Heiden»,[67] die «keine Form der Religion ihr Eigen nennen»,[68] diesen «nackten, gefallenen Menschen den Mantel der Erlösung überzuwerfen».[69]

Als Instrument zur Durchsetzung ihres Ziels – der Christianisierung ‹heidnischer› Gesellschaften durch Ausmerzung von deren eigener Kultur – diente ihnen die Sprache.

In ihren Missionszentren richteten sie Druckpressen ein, wo sie religiöse Traktate in den Sprachen der im Umland lebenden Ethnien produzierten. Sie setzten dabei auf die lateinische Schrift, da man sich, wie der Missionar Nathan Brown in seinen Tagebüchern des Jahres 1836 festhielt, «fast sicher» war, «dass die bengalische Schrift in wenigen Jahren in ganz Indien vergessen und durch die englische ersetzt sein wird».[70] In den dörflichen Missionsstationen wurden Schulen eröffnet; für den Unterricht wurden von der American Sunday School Union herausgegebene Bücher verwendet, welche «stilistische Einfachheit mit religiöser Unterweisung verbanden».[71] Die Missionsschüler erhielten englische Namen, was sie angeblich zu Anstrengungen anspornte, zu denen «ihre verblödeten, Opium rauchenden, engstirnigen Gefährten» nie in der Lage waren, auch liessen sich so «jene vulgären Assoziationen ausmerzen, die sich mit Namen wie

65 A. a. O.: 43.
66 Bronson, Ruth 1841: 318.
67 Bronson, Miles 1841: 215.
68 A. a. O.: 87.
69 Bronson, Miles 1840: 218.
70 Brown 1837: 119.
71 A. a. O.: 172.

Katze, Ratte, Hund usw. verbinden und schlimmer noch, mit den verwerflichen Namen ihrer heidnischen Götter».[72]

Zur zentralen Bedeutung des Schrifttums für die missionarische Arbeit bemerkte Brown in einem Brief:

> Unsere erste Aufgabe ist es, ihnen eine *geschriebene* Sprache zu geben. Der Grundstein für ihre Literatur muss gelegt werden. […] Jene, die ihnen als erste eine geschriebene und gedruckte Sprache geben und für die nächsten fünfzig Jahre ihre Bücher auswählen, werden den Charakter ihrer gesamten zukünftigen Literatur bestimmen. […] Die Menschheit im rohen Zustand dieser Stämme betrachtet ihre Literatur, so sie denn über eine solche verfügt, als Prophetenwort; und es ist eine unleugbare Tatsache, dass fast jede heidnische Religion in erster Linie von der dazugehörenden heidnischen Literatur gestützt wird.[73]

Die «heidnische Literatur» der Naga, die Stütze ihrer Lebensweise, waren die Lieder. Da diese als Teil der mündlichen Tradition und nicht in Büchern existierten, liessen sie sich – und das Selbstverständnis, für welches sie standen – nicht direkt und physisch ausmerzen, sondern einerseits durch Verbote, andererseits durch Verunglimpfung.

Verboten wurden die Schlafhäuser – die zentralen Lehr- und Lernstätten der vorchristlichen Naga; verboten wurden Dorffeste, Tanz und Gesang, und verboten wurde schon im späten 19. Jahrhundert der Genuss von Reisbier.

Perfider als ein Verbot wirkt die Verunglimpfung. Verboten lässt sich zuwiderhandeln, doch es ist schwer, sich der Lächerlichkeit zu entziehen.

In einem Tagebucheintrag vom 22. März 1840, kurz nach der Errichtung einer ersten, nur wenige Monate existierenden Missionsstation bei den Naga, erwähnte Mrs. Bronson die *gay ornaments*, den «bunten» oder «heiteren Schmuck» der jungen Männer;[74] es war dies vielleicht das erste Mal, dass ein kulturelles Attribut einer nordostindischen Lokalkultur als *gay* bezeichnet wurde. Der in diesen zwei Wörtchen zum Ausdruck gebrachte Charakter missionarischer Sprache – einfältig, verniedlichend und desinteressiert – hat in Nordostindien das Sprechen und Schreiben über die kleinen Lokalgesellschaften nachhaltig geprägt.

Berichten Lokalpresse oder lokale Fernsehstationen heute über eines der zahlreichen *cultural programs* oder *tribal festivals*, sind Kleidung und Schmuck der Teilnehmer stets «bunt», die Tänze sind «fröhlich», die Gesänge sind «Volkslieder» und Artefakte «Kunsthandwerk», die Atmosphäre ist «heiter» und die Feiernden selbst sind «einfache Leute» (*simple folk*). Niemals wird ein Tanz, ein Lied oder ein materielles Artefakt als Leistung gewürdigt, als ein Produkt von Erfahrung, Wissen und Können; niemals entsteht ein Medienbeitrag aus einer Perspektive der Augenhöhe, aus einem Dialog mit denen, die feiern. Sprachlich sind die Stammesgebiete Nordostindiens noch immer Kolonie.

72 Brown 1837: 171.
73 Brown 1838: 6.
74 Bronson, Ruth 1841: 317.

DINGE UND LIEDER

Während Reisbier einst sämtliche Bereiche von Kultur und Gesellschaft der Naga tränkte und nährte, ist Nagaland heute ein *dry state*. Der Verkauf von Alkohol ist gesetzlich verboten, d. h. im Verborgenen allgegenwärtig; hinzu kommen die hinlänglich bekannten Begleiterscheinungen jeder Prohibition.

Mit dem Verbot des Reisbiers verkümmerte die Lebensweise der Naga zur Folklore für Touristen. Die materiellen Zeugnisse vorchristlicher Naga-Kultur liegen heute in westlichen Museen: umfangreiche Sammlungen in Wien und in Oxford, kleinere Sammlungen etwa in Basel und in Zürich. Der ganze, mächtige Reisbier-Komplex manifestiert sich darin fast ausschliesslich in ansprechend verzierten Trinkbechern und Trinkhörnern, die für sich genommen viel über das ästhetische Empfinden der Naga, nichts jedoch über ihren Umgang mit Reisbier aussagen.

Ethnografische Museen sammeln in ihren Depots Artefakte, weil europäische Gesellschaften im Lauf ihrer Geschichte zum Schluss kamen, dass Artefakte fremder Kulturen und vergangener Zeiten für sie relevantes Wissen verkörpern und deshalb auf Dauer bewahrt und der Forschung und öffentlichen Wahrnehmung erhalten werden sollten. Als Artefakte gelten dabei materielle Objekte, die sich erwerben, besitzen, mit Händen begreifen, ablichten, herzeigen, tauschen und zur Not veräussern lassen zu Preisen, über die sich nach dem Gesetz von Angebot und Nachfrage ein Kunstmarkt verständigt.

Nebenher sammeln ethnografische Museen Fotos, schriftliche Aufzeichnungen, Film- und Tonaufnahmen, doch bislang dienen diese in Ausstellungen und Publikationen vor allem der Illustration, der (meist visuell) ansprechenden Wiederholung einer bereits getroffenen Aussage mit anderen Mitteln; sie dienen mehr der Inszenierung denn der Kontextualisierung von Exponaten.

Die historisch begründete Ausrichtung ethnografischer Sammlungen nach Konzepten und Strategien von Sammlungen westlicher Kunst ist unzeitgemäss. Denn anders als bei Kunstwerken erschliessen sich Wert und Bedeutung eines ethnographischen Objekts weder aus seinem Alter noch aus seiner Einzigartigkeit oder Seltenheit, seinem materiellen Wert oder seiner ästhetischen Aussage; sie entsprechen dem Stellenwert, den das Objekt in seiner Herkunftsgesellschaft genoss, und bemessen sich danach, wie und wie oft es zur Hand genommen und benutzt wurde und wie darüber gedacht, gesprochen oder gesungen wurde: Das Lied verleiht der Bedeutung des materiellen Objektes eine zusätzliche, ich meine unverzichtbare Dimension und ist deshalb als immaterielles Objekt einer ethnografischen Sammlung mit derselben Wertschätzung zu behandeln wie ein Ding.

Der Bierbecher für sich genommen ist ein funktional zurechtgehauenes Stück Bambus; der Becher im Lied – in der Hand des verliebten und vor Verlegenheit schwitzenden Mädchens – ist nicht bloss ‹Kulturgut›, sondern von Menschen geschaffen.

BIBLIOGRAFIE

VORWORT UND EINFÜHRUNG

Internetquellen

Obadia, Lionel, Le «boire». Une anthropologie en quête d'objet, un objet en quête d'anthropologie, in: *Socio-anthropologie* [En ligne], 15.2004, mis en ligne le 15 juillet 2006. <http://socio-anthropologie.revues.org/421>.

Wilson, Thomas M., Globalization, Differentiation and Drinking Cultures, an Anthropological Perspective, in: *Anthropology of Food* [Onlineressource], issue 3, 2004. <http://aof.revues.org/261#abstract>.

Literatur

Bérard, Laurence et Marchenay, Philippe, Les dimensions culturelles de la fermentation, in: Montel, M.-C. et al. (coord.), *Les fermentations au service des produits de terroir*. Paris 2005, pp. 13–28.

Castelain, Jean-Pierre, Vers une anthropologie du boire, in: Caro, Guy (dir.), *De l'alcoolisme au bien boire*. Tome 1. Paris 1990, pp. 70–72.

Dibie, Pascale, in: Dhoquois, Anne (éd.), *Comment je suis devenu ethnologue*. Paris 2008, pp. 63–78.

Douglas, Mary (ed.), *Constructive Drinking. Perspectives on Drink from Anthropology*. Cambridge et al. 1987.

Duin, Renzo S., Ritual Economy. Dynamic Multi-Scalar Processes of Socio-Political Landscapes in the Eastern Guiana Highlands, in: *Antropológica*, tomo 56, no. 117. Caracas 2012, pp. 5–52.

Fabre-Vassas, Claudine, La boisson des ethnologues, in: *Terrain*, no. 13. Paris 1989, pp. 5–14.

Farquhar, Judith, Food, Eating, and the Good Life, in: Tilley, Christopher et al. (eds.), *Handbook of Material Culture*. London 2006, pp. 145–160.

Flammer, Dominik, *Schweizer Käse. Ursprünge, traditionelle Sorten und neue Kreationen*. Baden 2009.

Garine, Igor de et al. (eds.), *Drinking. Anthropological Approaches*. New York, Oxford 2001.

Haudricourt, André-Georges, La technologie culturelle. Essai de méthodologie, in: *Encyclopédie de la Pléiade*. Vol. 24: *Ethnologie générale*. Paris 1968, pp. 731–822.

Ingold, Tim, *The Perception of the Environment. Essays on Livelihood, Dwelling and Skill*. London, New York 2000.

Ingold, Tim, Walking the Plank. Meditations on a Process of Skill, in: Dakers, John R. (ed.), *Defining Technological Literacy. Towards an Epistemological Framework*. New York, Basingstoke 2006, pp. 65–80.

Lemonnier, Pierre (ed.), *Technological Choices. Transformation in Material Cultures Since the Neolithic*. London, New York 2002 [1993].

Miller, Daniel, Artefacts and the Meaning of Things, in: Ingold, Tim (ed.), *Companion Encyclopedia of Anthropology. Humanity, Culture and Social Life*. London 1994, pp. 396–419.

Müller, Klaus E., *Nektar und Ambrosia. Kleine Ethnologie des Essens und Trinkens*. München 2003.

Reuss, Jürgen, Dannoritzer, Cosima, *Kaufen für die Müllhalde. Das Prinzip der geplanten Obsoleszenz*. Freiburg 2013.

Schiefenhövel, Wulf et al. (eds.), *Liquid Bread. Beer and Brewing in Cross-Cultural Perspective*. New York, Oxford 2011.

Schuster, Meinhard, Zur Frage der Abgrenzung des Gegenstands der Ethnologie, in: *Archiv für Völkerkunde*, 51. Wien 2000, S. 9–15.

Sigaut, François, Technology, in: Ingold, Tim (ed.), *Companion Encyclopedia of Anthropology. Humanity, Culture and Social Life*. London 1994, pp. 420–459.

Sigaut, François, *Comment Homo devint faber*. Paris 2012.

Steinkraus, Keith H. (ed.), *Handbook of Indigenous Fermented Foods*. New York et al. 1996 [1983].

Teuteberg, Hans-Jürgen, *Die Rolle des Fleischextrakts für die Ernährungswissenschaften und* den Aufstieg der Suppenindustrie. Kleine Geschichte der Fleischbrühe. Stuttgart 1990.

Vargas, Luis Alberto, Thirst and Drinking as a Biocultural Process, in: Garine, Igor de et al. (eds.), *Drinking. Anthropological Approaches.* New York, Oxford 2001, pp. 11–21.

Weule, Karl, *Leitfaden der Völkerkunde.* Leipzig, Wien 1912.

Weule, Karl, *Die Urgesellschaft und ihre Lebensfürsorge.* Stuttgart 1912.

Weule, Karl, *Vom Kerbstock zum Alphabet. Urformen der Schrift.* Stuttgart 1915.

Weule, Karl, *Der Krieg in den Tiefen der Menschheit.* Stuttgart 1916.

Weule, Karl, *Die Anfänge der Naturbeherrschung.* Bd. 1: *Frühformen der Mechanik.* Stuttgart 1921.

Weule, Karl, *Die Anfänge der Naturbeherrschung.* Bd. 2: *Chemische Technologie der Naturvölker.* Stuttgart 1922.

Wilson, Thomas M. (ed.), *Drinking Cultures. Alcohol and Identity.* Oxford 2005.

MILCH IN DER SCHWEIZ

Internetquellen

Dubler, Anne-Marie, Kuhrecht, in: Stiftung Historisches Lexikon der Schweiz (Hrsg.), *Historisches Lexikon der Schweiz = Dictionnaire historique de la Suisse = Dizionario storico della Svizzera* [Onlineressource], 2010. <www.hls-dhs-dss.ch/textes/d/D14194.php>.

Durgiai, Bruno, Raaflaub, Martin, *Glossar – alpwirtschaftliche Begriffssammlung. Eine Dokumentation im Rahmen des Verbundprojektes AlpFUTUR* [Onlineressource], 2012. <www.alpfutur.ch/src/2012_alpwirtschaft_glossar.pdf>.

Literatur

Ammann, Hansruedi, Einzigartige Toggenburger Alpkultur, in: Ammann, Hansruedi et al., *Alpen im Toggenburg.* [Flawil] 2011, S. 182–193.

Anderegg, Felix, *Illustriertes Lehrbuch für die gesamte schweizerische Alpwirtschaft.* Teil III. Bern, Leipzig 1898.

Andrea, Yannick et al., *Neues Handbuch Alp. Handfestes für Alpleute, Erstaunliches für Zaungäste.* Mollis 2012 [2005].

Anonymus, Über Milchfälschung, in: *Dingler's Polytechnisches Journal*, Bd. 227, Miscelle 15. Augsburg 1878, S. 316–317.

Bachmann-Geiser, Brigitte, Der Betruf in den Schweizer Alpen, in: *Histoire des Alpes = Storia delle Alpi = Geschichte der Alpen.* Bd. 11. Zürich 2006, S. 27–36.

Bienerth, Martin, Labspuren – Spuren von Lab, in: *Zalp*, Jubiläumsnr. 10. Mollis 1999, S. 14–15; 21.

Bukofzer, Manfred, Zur Erklärung des «Lobetanz» durch die schweizerische Volksmusik, in: *Schweizerisches Archiv für Volkskunde*, Bd. 36, Heft 1. Basel 1937/38, S. 49–57.

Bürgi, Matthias, Wunderli, Rahel, Furrer, Benno, Die Entstehung der modernen Alpwirtschaft, in: Lauber, Stefan et al., *Zukunft der Schweizer Alpwirtschaft. Fakten, Analysen und Denkanstösse aus dem Forschungsprogramm AlpFUTUR.* Birmensdorf 2013, S. 36–53.

Camenisch, Arno, *Sez Ner.* Solothurn 2009.

Fink-Kessler, Andrea, *Milch. Vom Mythos zur Massenware.* München 2013.

Flammer, Dominik, *Schweizer Käse. Ursprünge, traditionelle Sorten und neue Kreationen.* Baden 2009.

Flammer, Dominik, Müller, Sylvan, *Das kulinarische Erbe der Alpen.* Aarau 2012.

Gmür, Max, *Schweizerische Bauernmarken und Holzurkunden.* Bern 1917.

Henkel, Theodor, *Katechismus der Milchwirtschaft. Ein Leitfaden für den Unterricht an Molkereischulen und landwirtschaftlichen Lehranstalten, sowie zum Selbstunterricht*, neu bearbeitet von Karl Zeiler, 8. Aufl. Stuttgart 1950 [1904].

Hermanns, Matthias, *Die Nomaden von Tibet. Die sozial-wirtschaftlichen Grundlagen der Hirtenkulturen in A mdo und von Innerasien. Ursprung und Entwicklung der Viehzucht.* Wien 1949.

Herzog, Felix et al., Warum es *die* Alpwirtschaft nicht gibt. Versuch einer Beschreibung, in: Lauber, Stefan et al., *Zukunft der Schweizer Alpwirtschaft. Fakten, Analysen und Denkanstösse aus dem Forschungsprogramm AlpFUTUR.*

Birmensdorf 2013, S. 18–35.

Hösli, Giorgio, Technische Daten einer Kuh, in: Andrea, Yannick et al., *Neues Handbuch Alp. Handfestes für Alpleute, Erstaunliches für Zaungäste.* Mollis 2012 [2005], S. 48–53.

Hösli, Giorgio und Schläpfer, Chrigel, Zigern ist die Alchemie des Käsens, in: Andrea, Yannick et al., *Neues Handbuch Alp. Handfestes für Alpleute, Erstaunliches für Zaungäste.* Mollis 2012 [2005], S. 248–255.

Hürlemann, Hans, «Bääbele ond Gädele» im Museum. Das Appenzeller Brauchtumsmuseum in Urnäsch zeigt alte Spielsachen, in: *St. Galler Bauer*, Nr. 31. Flawil 2004, S. 22–23.

Imfeld, Karl, Der Betruf, ein alpenländischer «Ringsegen», in: *Schweizer Volkskunde*, Jg. 82, Heft 2/3. Basel 1992, S. 34–38.

Inauen, Josef, *Innerrhoder Alpkataster. Die Alpwirtschaft in Appenzell I. Rh. mit einem Beschrieb der einzelnen Alpen und Alprechte.* Appenzell 2004.

Kobelt, Reinhard, «Bloderchääs». Spezialität der Obentoggenburger Sennen, in: Ammann, Hansruedi et al., *Alpen im Toggenburg.* [Flawil] 2011, S. 164–167.

Lauber, Stefan et al., *Zukunft der Schweizer Alpwirtschaft. Fakten, Analysen und Denkanstösse aus dem Forschungsprogramm AlpFUTUR.* Birmensdorf 2013.

Lienert, Meinrad, *Schweizer Sagen und Heldengeschichten.* Wiesbaden 2006 [Stuttgart, Olten 1915].

Luchsinger, Chr., Das Molkereigerät in den Alpendialekten der romanischen Schweiz, in: *Schweizerisches Archiv für Volkskunde*, Bd. 9. Zürich 1905/06, S. 177–186.

Luchsinger, Chr., Bei den welschen Sennen, in: *Schweizerisches Archiv für Volkskunde*, Bd. 19. Basel 1915, S. 97–108.

Lütolf, Alois, *Sagen, Bräuche, Legenden aus den fünf Orten, Lucern, Uri, Schwiz, Unterwalden und Zug.* Hildesheim et al. 1976 [1862].

Meile, Reto, Die Alpwirtschaft – phänomenal multifunktional, in: Ammann, Hansruedi et al., *Alpen im Toggenburg.* [Flawil] 2011, S. 144–153.

Mock, Bruno, *Rugguusseli. Zur Tradierung der Naturjodelkunst in Appenzell Innerrhoden.* (Unveröffentlichte Dissertation.) Rickenbach 2007.

Moser, Peter, Brodbeck, Beat, *Milch für alle. Bilder, Dokumente und Analysen zur Milchwirtschaft und Milchpolitik in der Schweiz im 20. Jahrhundert.* Baden 2007.

Niederer, Arnold und Anderegg, Klaus et al. (Hrsg.), *Alpine Alltagskultur zwischen Beharrung und Wandel. Ausgewählte Arbeiten aus den Jahren 1956 bis 1991.* Bern et al. 1996 [1993].

Niederhäuser, Andreas, Historische Alputensilien, in: *Zalp*, Nr. 19. Mollis 2008, S. 4–5.

Nussbaumer, Thomas, Natur im Volkslied – Volkslied in der Natur, in: *Vierteltakt*, Nr. 3. Linz 2003, S. 11–14.

Oechslin, Max, Aus dem Urner Älplerleben, in: *Schweizerisches Archiv für Volkskunde*, Bd. 33. Basel 1934, S. 179–191.

Orland, Barbara, Alpine Milk. Dairy Farming as a Pre-modern Strategy of Land Use, in: *Environment and History*, vol. 10, no. 3. Isle of Harris 2004, pp. 327–364.

Pavlovic, Voji, Vielfältige, ökologisch wertvolle Pflanzenwelt, in: Ammann, Hansruedi et al., *Alpen im Toggenburg.* [Flawil] 2011, S. 54–63.

Roth, Peter, Vom Klang der Toggenburger Alpen, in: Ammann, Hansruedi et al., *Alpen im Toggenburg.* [Flawil] 2011, S. 172–179.

Rütimeyer, Leopold, Über einige archaistische Gerätschaften und Gebräuche im Kanton Wallis und ihre prähistorischen und ethnographischen Parallelen, in: *Schweizerisches Archiv für Volkskunde*, Bd. 20. Basel 1916, S. 283–372.

Rütimeyer, Leopold, Weitere Beiträge zur schweizerischen Ur-Ethnographie aus den Kantonen Wallis, Graubünden und Tessin und deren prähistorischen und ethnographischen Parallelen, in: *Schweizerisches Archiv für Volkskunde*, Bd. 22. Basel 1918/19, S. 1–59.

Scheuermeier, Paul, *Bauernwerk in Italien, der italienischen und rätoromanischen Schweiz. Eine sprach- und sachkundliche Darstellung landwirtschaftlicher Arbeiten und Geräte.* Bd. 1. Erlenbach 1943.

Schneider, Manuel et al., Alpweiden. Geprägt durch Mensch, Tier und Umwelt, in: Lauber, Stefan et al., *Zukunft der Schweizer Alpwirtschaft. Fakten, Analysen und Denkanstösse aus dem Forschungsprogramm AlpFUTUR. Birmensdorf 2013, S. 54–67.

Senti, Alois, *Der Sarganser Alpsegen*. Mels 1994.

Slawik, Alexander, *Die Eigentumsmarken der Ainu*. Berlin 1992 [1952].

Staehelin, Martin, Bemerkungen zum sogenannten Alpsegen. Wesen und historische Tiefe, in: *Schweizerisches Archiv für Volkskunde*, Bd. 78, Nr. 1/2. Basel 1982, S. 1–35.

Stebler, F. G., Die Hauszeichen und Tesslen der Schweiz, in: *Schweizerisches Archiv für Volkskunde*, Bd. 11. Basel 1907a, S. 165–209.

Stebler, F. G., *Am Lötschberg. Land und Volk von Lötschen*. Zürich 1907b.

Sterchi, Beat, *Blösch*. Zürich 1983.

Sulzer, Barbara, Kühe sind nicht geschmacklos, in: Andrea, Yannick et al., *Neues Handbuch Alp. Handfestes für Alpleute, Erstaunliches für Zaungäste*. Mollis 2012 [2005], S. 66–71.

Sulzer, Barbara und Hösli, Giorgio, Die Alpweide, in: Andrea, Yannick et al., *Neues Handbuch Alp. Handfestes für Alpleute, Erstaunliches für Zaungäste*. Mollis 2012 [2005], S. 58–65.

Sulzer, Barbara, Schuler, Kaspar, Oestreich, Maike, Wie melkt man eine Kuh?, in: Andrea, Yannick et al., *Neues Handbuch Alp. Handfestes für Alpleute, Erstaunliches für Zaungäste*. Mollis 2012 [2005], S. 218–223.

Tamarozzi, Federica et Gros, Christophe, Les troupeaux de bois, un jeu des ethnologues du siècle dernier, in: *Totem*, no. 65. Genève 2013, pp. 20–21.

Tanner, Katrenka, Ein langes Leben lang, in: Hösli, Giorgio und Hugentobler, Paul (Hrsg.), *Hirtenstock und Käsebrecher. Älplerinnen und Älpler im Portrait*. Mollis 2010, S. 52–73.

Tobler, Alfred, *Kühreihen oder Kühreigen, Jodel und Jodellied in Appenzell*. Leipzig, Zürich 1890.

Tschanz, Christoph, Ohne Anfang und Ende, in: Andrea, Yannick et al., *Neues Handbuch Alp. Handfestes für Alpleute, Erstaunliches für Zaungäste*. Mollis 2012 [2005], S. 430–437.

Valance, Marc, *Kühe*. Zürich 2010.

Wagner, Stephan, Privatalpen und privatrechtliche Korporationsalpen, in: Ammann, Hansruedi et al., *Alpen im Toggenburg*. [Flawil] 2011, S. 28–34.

Weiss, Richard, *Das Alpwesen Graubündens. Wirtschaft, Sachkultur, Recht, Älplerarbeit und Älplerleben*. Erlenbach 1941.

Werner, Florian, *Die Kuh. Leben, Werk und Wirkung*. München 2009.

Weule, Karl, *Vom Kerbstock zum Alphabet. Urformen der Schrift*. Stuttgart 1915.

Winkler, Justin, Der Betruf des Sarganserlandes. Aspekte mündlicher Tradierung, in: *Schweizer Volkskunde*, Bd. 71, Heft 5. Basel 1981, S. 88–95; 113.

Wyss, Johann Rudolf (Hrsg.), *Schweizer Kühreihen und Volkslieder = Ranz de vaches et chansons nationales de la Suisse*. Zürich 1979 [Bern 1826].

Wyss-Meier, Tonisep, *Der Betruf im deutschsprachigen und rätoromanischen Raum. Sammlung von Texten und Erläuterungen*. Appenzell 2007.

MILCH AFRIKA

Internetquelle

Guilhem, Dorothée, *Le lait de vache dans les sociétés Peules. Pratiques alimentaires et symbolisme d'un critère identitaire*, mis en ligne avril 2006. <www.lemangeur-ocha.com/texte/le-lait-des-vaches-dans-les-societes-peules-pratiques-alimentaires-et-symbolisme-dun-critere-identitaire>.

Literatur

Ba, Sada Mamadou, Dis-moi ce que tu manges et je te dirai qui tu es. Le lait des Peuls, *Kosam Foulbé*, in: *Anthropozoologica*, vol. 39, no. 1. Paris 2004, pp. 27–41.

Bassi, Marco, Every Woman an Artist. The Milk Containers of Elema Boru, in: Silverman, Raymond A. (ed.), *Ethiopia. Traditions of Creativity*. East Lansing et al. 1999, pp. 65–87.

Beattie, John, *Bunyoro. An African Kingdom*. New York 1960.

Beier, Ulli (ed.), *The Origin of Life and Death. African Creation Myths*. London et al. 1974 [1966].

Bierschenk, Thomas, *Die Fulbe Nordbénins. Geschichte, soziale Organisation, Wirtschaftsweise*. Hamburg 1997.

Bieulac-Scott, Maggy (éd.), *Cultures des laits du monde. Actes du colloque des 6 et 7 mai 2010 au Muséum national d'histoire naturelle.* Paris 2011.

Bjerk, Paul K., They Poured Themselves into the Milk. Zulu Political Philosophy under Shaka, in: *The Journal of African History*, vol. 47, issue 1. Cambridge 2006, pp. 1–19.

Corniaux, Christian, Vatin, François, Ancey, Véronique, Lait en poudre importé *versus* production locale en Afrique de l'Ouest. Vers un nouveau modèle industriel?, in: *Cahiers agricultures*, vol. 21, no. 1. Montrouge 2012, pp. 18–24.

Czekanowski, Jan, *Forschungen im Nil-Kongo-Zwischengebiet.* Band 3: *Ethnographisch-anthropologischer Atlas. Zwischenseen-Bantu, Pygmäen und Pygmoiden, Urwaldstämme.* Leipzig 1911.

Dahl, Gudrun, Mats and Milk Pots. The Domain of Borana Women, in: Jacobson-Widding, Anita et al., *The Creative Communion. African Folk Models of Fertility and the Regeneration of Life.* Uppsala 1990, pp. 129–136.

Dia, Djiby, Duteurtre, Guillaume et Dièye, Papa Nouhine, Le Sénégal, terre de laits. Du lait local au lait en poudre, in: Bieulac-Scott, Maggy (éd.), *Cultures des laits du monde. Actes du colloque des 6 et 7 mai 2010 au Muséum national d'histoire naturelle.* Paris 2011, pp. 251–263.

Dupire, Marguerite, The Position of Women in a Pastoral Society (The Fulani WoDaaBe, Nomads of the Niger), in: Paulme, Denise (ed.), *Women of Tropical Africa.* Berkeley, Los Angeles 1963, pp. 47–92.

Elam, Yitchak, *The Social and Sexual Roles of Hima Women. A Study of Nomadic Cattle Breeders in Nyabushozi County, Ankole, Uganda.* Kampala 2011 [Manchester 1973].

Faye, Bernard, *Peuples du lait.* E-book. Versailles 2010.

Feresu, Sara, Fermented Milk Products in Zimbabwe, in: *Applications of Biotechnology to Traditional Fermented Foods. Report of an Ad Hoc Panel of the Board on Science and Technology for International Development.* Washington DC 1992, pp. 80–85.

Food and Agriculture Organization of the United Nations, *The Technology of Traditional Milk Products in Developing Countries.* Rome 1990.

Gadaga, T. H. et al., A Review of Traditional Fermented Foods and Beverages of Zimbabwe, in: *International Journal of Food Microbiology*, vol. 53. Amsterdam 1999, pp. 1–11.

Herskovits, Melville J., The Cattle Complex in East Africa, in: *American Anthropologist*, new series, vol. 28, no. 1–4. Menasha WI 1926, pp. 230–272, 361–388, 494–528, 633–664.

Huetz de Lemps, Alain, *Boissons et civilisations en Afrique.* Pessac 2001.

Infield, Mark, *The Names of Ankole Cows.* Kampala 2003.

Kandt, Richard, *Caput Nili. Eine empfindsame Reise zu den Quellen des Nils.* 2 Bde. Berlin 1914 [1904].

Karenzi, Eugène et al., Fermentation of *kivuguto*, a Rwandese Traditional Milk. Selection of Microbes for a Starter Culture, in: *Sciences & technologie C*, no. 36. Constantine 2012, pp. 9–17.

Karenzi, Eugène et al., *Kivuguto* Traditional Fermented Milk and the Dairy Industry in Rwanda. A Review, in: *Biotechnologie, agronomie, société et environnement*, vol. 17, no. 2. Gembloux 2013, pp. 383–391.

Katz, Sandor Ellix, *The Art of Fermentation. An In-Depth Exploration of Essential Concepts and Processes from around the World.* White River Junction 2012.

Kuhn, Barbara, «Kossam waala ceede waala» – «Keine Milch, kein Geld!». Zur Bedeutung der Milch für Fulbefrauen, in: *Sociologus*, Neue Folge, Jg. 44, Heft 1. Berlin 1994, pp. 53–65.

Kuper, Adam et al., *Wives for Cattle. Bridewealth and Marriage in Southern Africa.* London et al. 1982.

Mathara, Julius Maina et al., Isolation, Identification and Characterisation of the Dominant Microorganisms of *kule naoto*. The Maasai Traditional Fermented Milk in Kenya, in: *International Journal of Food Microbiology*, vol. 94. Amsterdam 2004, pp. 269–278.

Meyer, Hans, *Die Barundi. Eine völkerkundliche Studie aus Deutsch-Ostafrika.* Leipzig 1916.

Morris, Henry Francis, *A History of Ankole*. Kampala 2007 [Nairobi et al. 1962].

Nzigamasabo, Aloys, Nimpagaritse, Angeline, Traditional Fermented Foods and Beverages in Burundi, in: *Food Research International*, vol. 42, issue 5/6. Amsterdam 2009, pp. 588–594.

Rodegem, Firmin M. (éd.), *Sagesse kirundi. Proverbes, dictions, locutions usités au Burundi*. Tervuren 1961.

Rodegem, Firmin M., *Dictionnaire rundi-français*. Tervuren 1970.

Spittler, Gerd, Das einfache Mahl. Kost der Armen oder Ausdruck des feinen Geschmacks, in: Kunst- und Ausstellungshalle der Bundesrepublik Deutschland [Hrsg.], *Geschmacksache*. Göttingen 1996, S. 140–158.

Taylor, Christopher C., *Milk, Honey, and Money. Changing Concepts in Rwandan Healing*. Washington DC, London 1992.

Trouwborst, Albert A., L'organisation politique en tant que système d'échange au Burundi, in: *Anthropologica*, new series, vol. 3, no. 1. Waterloo ON 1961, pp. 65–81.

Trouwborst, Albert A., L'organisation politique et l'accord de clientèle au Burundi, in: *Anthropologica*, new series, vol. 4, no. 1. Waterloo ON 1962, pp. 9–43.

Williams, F. Lukyin, Hima Cattle. Part 2, in: *Uganda Journal*, vol. 6, no. 2. Kampala 1938, pp. 87–117.

MANIOKBIER

Internetquellen

Cervejaria Colorado: <www.cervejariacolorado.com.br/home>.

Cervejaria Sul Brasileira: <www.xingubeer.com/site/>.

SABMiller: *Impala – from subsistence farming to cash crop*. <www.sabmiller.com/index.asp?pageid=2349>.

Literatur

Antoni, Klaus, *Miwa – der heilige Trank. Zur Geschichte und religiösen Bedeutung des alkoholischen Getränkes (Sake) in Japan*. Stuttgart 1988.

Baer, Gerhard, *Die Religion der Matsigenka, Ost-Peru. Monographie zur Kultur und Religion eines Indianervolkes des Oberen Amazonas*. Basel 1984.

Bérard, Laurence et Marchenay, Philippe, Les dimensions culturelles de la fermentation, in: Montel, M.-C. et al. (coord.), *Les fermentations au service des produits de terroir*. Paris 2005, pp. 13–28.

Bianchi, Cesar, *Artesanías y Técnicas Shuar*. Quito 1982.

Bissegger, Marianne, Elsner, Pascal, *Die Achuar. Traditionen und Wandel eines Amazonasvolkes*. (Lizenziatsfilm.) Zürich 2008.

Brown, Michael F., Van Bolt, Margaret L., Aguaruna Jivaro Gardening Magic in the Alto Rio Mayo, Peru, in: *Ethnology*, vol. 19, no. 2. Pittsburgh 1980, pp. 169–190.

Bücheler, Walther, *Bier und Bierbereitung in den frühen Kulturen und bei den Primitiven*. Berlin 1934.

Carneiro, Robert L., The Cultivation of Manioc among the Kuikuru of the Upper Xingú, in: Hames, Raymond B. et al. (eds.), *Adaptive Responses of Native Amazonians*. New York 1983, pp. 65–111.

Caspar, Franz, *Allein unter Indios. Meine Einmann-Expedition zu den Tuparí-Indianern am Matto Grosso*. Braunschweig 1952.

Caspar, Franz, *Die Tuparí. Ein Indianerstamm in Westbrasilien*. Berlin, New York 1975.

Crosby, Alfred W., *The Columbian Exchange. Biological and Cultural Consequences of 1492*. Westport CT 1972.

Descola, Philippe, *Leben und Sterben in Amazonien. Bei den Jívaro-Indianern*. Berlin 2011.

Duin, Renzo S., *Wayana Socio-Political Landscapes. Multi-Scalar Regionality and Temporality in Guiana*. [Gainesville FL] 2009.

Duin, Renzo S., Ritual Economy. Dynamic Multi-Scalar Processes of Socio-Political Landscapes in the Eastern Guiana Highlands, in: *Antropológica*, tomo 56, no. 117. Caracas 2012, pp. 5–52.

Erikson, Philippe (éd.), *La pirogue ivre. Bières traditionnelles en Amazonie*. Saint-Nicolas-de-Port 2006.

Farabee, William Curtis, *The Central Caribs*. Oosterhout 1967 [1924].

Feldhaus, Franz Maria, Über die Saftpresse der Guayana-Indianer, in: *Zeitschrift für angewandte Chemie*, Jg. 31, Heft 53. Leipzig 1918, S. 132.

Goldman, Irving, *The Cubeo. Indians of the Northwest Amazon*. Urbana IL 1963.

Hartmann, Günther, *Alkoholische Getränke bei den Naturvölkern Südamerikas*. Berlin 1958.

Holloway, H. L., East of the Ecuadorian Andes, in: *The Geographical Journal*, vol. 80, no. 5. Oxford 1932, pp. 410–419.

Hurault, Jean, *Les Indiens Wayana de la Guyane Française. Structure sociale et coutume familiale*. Paris 1968a.

Hurault, Jean, *Musique Boni et Wayana de Guyane = Boni and Wayana Music from Guiana*. Schallplatte. Paris 1968b.

Johnson, Allen, Machiguenga Gardens, in: Hames, Raymond B. et al. (eds.), *Adaptive Responses of Native Amazonians*. New York 1983, pp. 29–63.

Karsten, Rafael, *The Origins of Religion*. London 1935.

Katz, Sandor Ellix, *The Art of Fermentation. An In-Depth Exploration of Essential Concepts and Processes from around the World*. White River Junction 2012.

Kelley, Patricia and Orr, Carolyn, *Sarayacu Quichua Pottery*. Dallas 1976.

Killick, Evan, Ashéninka Amity. A Study of Social Relations in an Amazonian Society, in: *The Journal of the Royal Anthropological Institute*, new series, vol. 15, no. 4. Oxford 2009, pp. 701–718.

Koch-Grünberg, Theodor, *Zwei Jahre unter den Indianern. Reisen in Nordwest-Brasilien 1903–1905*. Bd. 1. Stuttgart 1909.

Koch-Grünberg, Theodor, *Zwei Jahre unter den Indianern. Reisen in Nordwest-Brasilien 1903–1905*. Bd. 2. Stuttgart 1910.

Koch-Grünberg, Theodor, *Vom Roroima zum Orinoco. Ergebnisse einer Reise in Nordbrasilien und Venezuela in den Jahren 1911–1913*. Band 1: *Schilderung der Reise*. Berlin 1917.

Koch-Grünberg, Theodor, *Vom Roroima zum Orinoco. Ergebnisse einer Reise in Nordbrasilien und Venezuela in den Jahren 1911–1913*. Band 3: *Ethnographie*. Stuttgart 1923.

Mowat, Linda, *Cassava and Chicha. Bread and Beer of the Amazonian Indians*. Aylesbury 1989.

Musée d'ethnographie de Genève (éd.), [Schoepf, Daniel, texte et photographies], *La marmite Wayana. Cuisine et société d'une tribu d'Amazonie*. Genève 1979.

Nimuendajú, Curt, *The Tukuna*. New York 1971 [Berkeley, Los Angeles 1952].

Nordenskiöld, Erland, The American Indian as an Inventor, in: *The Journal of the Royal Anthropological Institute of Great Britain and Ireland*, vol. 59. London 1929, pp. 273–309.

Rival, Laura, Seed and Clone. The Symbolic and Social Significance of Bitter Manioc Cultivation, in: Rival, Laura et al. (eds.), *Beyond the Visible and the Material. The Amerindianization of Society in the Work of Peter Rivière*. Oxford 2007 [2001], pp. 57–79.

Rival, Laura and McKey, Doyle, Domestication and Diversity in Manioc (*Manihot esculenta* Crantz ssp. *esculenta*, Euphorbiaceae), in: *Current Anthropology*, vol. 49, no. 6. Chicago 2008, pp. 1119–1128.

Roth, Walter Edmund, An Introductory Study of the Arts, Crafts, and Customs of the Guiana Indians, in: *Annual report of the Bureau of American Ethnology to the secretary of the Smithsonian Institution*, vol. 38 (1916/17). Washington DC [2013], [1924], pp. 25–745.

Schoepf, Daniel 1979, siehe Musée d'ethnographie de Genève (éd.).

Schoepf, Daniel, Le domaine des colibris. Accueil et hospitalité chez les Wayana (région des Guyanes), in: *Journal de la Société des Américanistes*, nouvelle série, tome 84, no. 1. Paris 1998, pp. 99–120.

Schuster, Meinhard, *Dekuana. Beiträge zur Ethnologie der Makiritare*. München 1976.

Sirén, Anders, Festival Hunting by the Kichwa People in the Ecuadorian Amazon, in: *Journal of Ethnobiology*, vol. 32, no. 1. Flagstaff 2012, pp. 30–50.

Soentgen, Jens, Hilbert, Klaus, Präkolumbianische Chemie. Entdeckungen der indigenen Völker Südamerikas, in: *Chemie in unserer Zeit*, vol. 46, issue 5. Weinheim 2012, S. 322–334.

Staden, Hans, *Warhaftige Historia und beschreibung eyner Landtschafft der Wilden, Nacketen,*

Grimmigen Menschfressen Leuthen, in der Newenwelt America gelegen, vor und nach Christi geburt im Land zu Hessen unbekant, biss uff dise ij. nechst vergangene jar. Marpurg 1557.

Uzendoski, Michael A., Manioc Beer and Meat. Value, Reproduction and Cosmic Substance among the Napo Runa of the Ecuadorian Amazon, in: *The Journal of the Royal Anthropological Institute*, new series, vol. 10, no. 4. Oxford 2004, pp. 883–902.

Whitten, Norman E., *Sacha Runa. Ethnicity and Adaptation of Ecuadorian Jungle Quichua.* Urbana IL 1976.

Whitten, Norman E. and Whitten, Dorothea Scott, *Puyo Runa. Imagery and Power in Amazonia.* Urbana IL, Chicago 2008.

KAWA

Bott, Elizabeth, The Kava Ceremonial as a Dream Structure, in: Douglas, Mary (ed.), *Constructive Drinking. Perspectives on Drink from Anthropology.* Cambridge et al. 1987, pp. 182–204.

Buchner, Max, *Reise durch den Stillen Ozean.* Breslau 1878.

Deihl, Joseph R., Kava and Kava-Drinking, in: *Primitive Man*, vol. 5, no. 4. Washington DC 1932, pp. 61–68.

Forster, George, *A Voyage Round the World, in His Britannic Majesty's Sloop, Resolution, commanded by Capt. James Cook, during the Years 1772, 3, 4, and 5.* Vol. I. London 1777.

Forster, Georg, *Johann Reinhold Forster's Reise um die Welt, während den Jahren 1772 bis 1775 in dem von Sr. itztregierenden grosbrittannischen Majestät auf Entdeckungen ausgeschickten und durch den Capitain Cook geführten Schiffe the Resolution unternommen.* Zweeter Band. Berlin 1784.

Forster, Georg, *De Plantis Esculentis Insularum Oceani Australis Commentatio Botanica.* Berlin 1786.

Friedländer, Benedict, Notizen über Samoa, in: *Zeitschrift für Ethnologie*, Jg. 31, Heft 1. Berlin 1899, S. 1–55.

Friedländer, Immanuel, Beiträge zur Geologie der Samoainseln, in: *Abhandlungen der Mathematisch-Physikalischen Klasse der Königlich Bayerischen Akademie der Wissenschaften*, Bd. 24, Abt. 3. München 1910, S. 507–541.

Gifford, Edward Winslow, *Tongan Myths and Tales.* Honolulu 1924.

Graeffe, Eduard, *Reisen im Innern der Insel Viti-Levu.* Zürich 1868.

Graeffe, Eduard, Meine Biographie in meinem 80. Lebensjahr geschrieben, in: *Vierteljahrsschrift der Naturforschenden Gesellschaft in Zürich*, Jg. 61. Zürich 1916, S. 1–39.

Grünwald, Jörg, Müller, Cordula and Skrabal, Jürgen, *In-Depth Investigation into EU Member States Market Restrictions on Kava Products. Kava Report 2003.* Pacific Islands Report (archives.pireport.org). Brussels, March 2003.

Haslwanter, Katharina Wilhelmina, *Die Südsee-Sammlung von Prof. Carl Cramer und Dr. Eduard Graeffe am Völkerkundemuseum der Universität Zürich.* (Diplomarbeit.) Wien 2009.

Herle, Anita and Carreau, Lucie, *Chiefs and Governors. Art and Power in Fiji.* Cambridge 2013.

Katz, Richard, *Ein Bummel um die Welt.* Erlenbach 1954 [1927].

Keller, Conrad, Eduard Gräffe (1833–1916), in: *Vierteljahrsschrift der Naturforschenden Gesellschaft in Zürich*, Jg. 61. Zürich 1916, S. 733–736.

Koch, Gerd, Kawa in Polynesien, in: Völger, Gisela et al. (Hrsg.), *Rausch und Realität. Drogen im Kulturvergleich.* Teil 1. Köln 1981, S. 194–199.

Lebot, Vincent, Merlin, Mark and Lindstrom, Lamont, *Kava. The Pacific Elixir. The Definitive Guide to its Ethnobotany, History, and Chemistry.* Rochester VT 1997 [1992].

Lebot, Vincent, Schmidt, Mathias and Vergano, Paolo R., *Establishment of Health and Safety Standards for the Production and Export of Kava-Based Products. Validation Workshop – Overall Strategy.* International Kava Executive Council (www.ikec.org). Port Vila, 14 March 2012.

Lester, R. H., Kava Drinking in Vitilevu, Fiji, in: *Oceania. A Journal Devoted to the Study of the Native Peoples of Australia, New Guinea, and the Islands of the Pacific*, vol. 12, no. 2. Sydney

1941, pp. 97–121 and no. 3, pp. 226–257.

Mariner, William and Martin, John (ed.), *An Account of the Natives of the Tonga-Islands, in the South Pacific Ocean*. 2 vols. London 1817.

Mariner, William und Martin, John (Hrsg.), *Nachrichten über die Freundschaftlichen, oder, die Tonga-Inseln*. Weimar 1819.

Melk-Koch, Marion, Kava und Noni – Lifestyle-Heilmittel aus dem Pazifik, in: *Mitteilungen der Berliner Gesellschaft für Anthropologie, Ethnologie und Urgeschichte*, Bd. 24. Berlin 2003, S. 55–68.

Mückler, Hermann, *Fidschi. Das Ende eines Südseeparadieses*. Wien 2001.

Mückler, Hermann, *Einführung in die Ethnologie Ozeaniens*. Wien 2009.

Nicolson, Dan H. and Fosberg, F. Raymond, *The Forsters and the Botany of the Second Cook Expedition (1772–1775)*. Ruggell 2004.

Pratt, George et al. (eds.), *Some Folk-Songs and Myths From Samoa*. Wellington NZ 1891.

Sahlins, Marshall, The Stranger-King or Dumézil among the Fijians, in: *The Journal of Pacific History*, vol. 16, no. 3. Canberra 1981, pp. 107–132.

Scheps, Birgit, *Das verkaufte Museum. Die Südsee-Unternehmungen des Handelshauses Joh. Ces. Godeffroy & Sohn, Hamburg, und die Sammlungen «Museum Godeffroy»*. Keltern-Weiler 2005.

Schouten, Willem Corneliszoon, *Warhaffte Beschreibung Der Wunderbarlichen Räyse vnd Schiffart, so Wilhelm Schout von Horn, auß Hollandt nach Suden gethan, vnd was gestalt er hinter der Magellanischen Enge, ein newe vnd zuuor vnbekante Durchfahrt in die Sudersee gefunden. Neben kurtzer Anzeig der Landschafften, Insuln, Völckern, vnd dergleichen, so er auff angedeuter Räyß angetroffen. Sampt etlich beygelegten Kupfferstücken*. Arnheim 1618.

Seemann, Berthold, *Viti. An Account of a Government Mission to the Vitian or Fijian Islands in the Years 1860–61*. Cambridge 1862.

Seemann, Berthold, *Flora Vitiensis. A Description of the Plants of the Viti or Fiji Islands, with an Account of Their History, Uses, and Properties*. London 1865–73.

Singh, Yadhu N., Kava. An Old Drug in a New World, in: *Cultural Critique*, no. 71. Minneapolis 2009, pp. 107–128.

Stevenson, Robert Louis, *Vailima Letters*. London 1912 [1895].

Tomlinson, Matt, Everything and Its Opposite. Kava Drinking in Fiji, in: *Anthropological Quarterly*, vol. 80, no. 4. Washington DC 2007, pp. 1065–1081.

Turner, James W., «The Water of Life». Kava Ritual and the Logic of Sacrifice, in: *Ethnology*, vol. 25, no. 3. Pittsburgh PA 1986, pp. 203–214.

Williams, Thomas, Rowe, George Stringer (eds.), *Fiji and the Fijians*. Vol. 1. London 1858.

PALMWEIN

Internetquellen

Dalibard, Christophe, Overall View on the Tradition of Tapping Palm Trees and Prospects for Animal Production, in: *Livestock Research for Rural Development* [Onlineressource], vol. 11, no. 1, 1999. <www.lrrd.org/lrrd11/1/dali111.htm>.

Ushie, Thomas, Tapping in the City. The Trials of Megacity Palm Wine Tappers, in: *National Mirror* [Onlineressource]. Lagos 11.5.2013. <http://nationalmirroronline.net/new/tapping-in-the-city-the-trials-of-megacity-palm-wine-tappers/>.

Literatur

Akamine, Jun, Whisper of the Palms. Etic and Emic Perspectives in Comparative Linguistics, in: Liao, Hsiu-chuan et al. (eds.), *Current Issues in Philippine Linguistics and Anthropology. Parangal Kay Lawrence A. Reid*. Manila 2005, pp. 115–123.

Arndt, Paul, Opfer und Opferfeiern der Ngadha, in: *Folklore Studies*, vol. 19. Tokyo 1960, pp. 175–250.

Babitseng, Thamani Meshack, Teketay, Demel, Impact of Wine Tapping on the Population Structure and Regeneration of Hyphaene petersiana Klotzsch ex Mart. in Northern Botswana, in: *Ethnobotany Research & Applications*, vol. 11. Honolulu 2013, pp. 9–27.

Bourgeois, Arthur P., Suku Drinking Cups, in: *African Arts*, vol. 12, no. 1. Los Angeles 1978, pp. 76–77; 108.

Dransfield, John et al., *Genera Palmarum. The Evolution and Classification of Palms*. Kew 2008.

Engelhard, Jutta Beate, Fenner, Burkhard, *Wer hat die Kokosnuss …? Die Kokospalme – Baum der tausend Möglichkeiten*. Köln 1996.

Ferguson, William, *The Palmyra Palm, Borassus Flabelliformis. A Popular Description of the Palm and Its Products, Having Special Reference to Ceylon. With a Valuable Appendix, Embracing Extracts from Nearly Every Author that Has Noticed the Tree*. Colombo 1850.

Fomine, Forka Leypey Mathew, A Concise Historical Survey of the Bamum Dynasty and the Influence of Islam in Foumban, Cameroon, 1390 – Present, in: *The African Anthropologist*, vol. 16, no. 1 & 2. Yaoundé 2009, pp. 69–92.

Foss, Perkins, The Sign of the Leopard. Beaded Art of Cameroon, in: *African Arts*, vol. 9, no. 2. Los Angeles 1976, pp. 24–27.

Fox, James J., *Harvest of the Palm. Ecological Change in Eastern Indonesia*. Cambridge MA, London 1977.

Geary, Christraud M., Art and Political Process in the Kingdoms of Bali-Nyonga and Bamum (Cameroon Grassfields), in: *Canadian Journal of African Studies*, vol. 22, no. 1. Abingdon 1988, pp. 11–41.

Goldwater, Robert, From … By … And For … Ralph C. Altman, in: *African Arts*, vol. 1, no. 2. Los Angeles 1968, pp. 36–39, 78–79.

Hardgrave, Robert L., *The Nadars of Tamilnad. The Political Culture of a Community in Change*. Berkeley 1969.

Hodges, William Robert, Jr., «Ganti Andung, Gabe Ende». (Replacing Laments, Becoming Hymns). The Changing Voice of Grief in the Pre-funeral Wakes of Protestant Toba Batak (North Sumatra, Indonesia). [Santa Barbara] 2009.

Huetz de Lemps, Alain, *Boissons et civilisations en Afrique*. Pessac 2001.

Ilogu, Edmund, *Christianity and Ibo Culture*. Leiden 1974.

Johnson, Dennis V., *Tropical Palms*. Rome 1998.

Kozok, Uli, *Die Bataksche Klage. Toten-, Hochzeits- und Liebesklagen in oraler und schriftlicher Tradition*. Bd. 1. Hamburg 2000.

Lebbie, Aiah R. and Guries, Raymond P., The Palm Wine Trade in Freetown, Sierra Leone. Production, Income, and Social Construction, in: *Economic Botany*, vol. 56, no. 3. New York 2002, pp. 246–254.

MacRow, Donald W., Ukeje, L. O. (eds.), Palm Wine, in: *Nigeria Magazine*, no. 51. Lagos 1956, pp. 367–379.

Mbuagbaw, Lawrence, Noorduyn, Stephen G., The Palm Wine Trade. Occupational and Health Hazards, in: *The International Journal of Occupational and Environmental Medicine*, vol. 3, no. 4. Shiraz 2012, pp. 157–164.

Meek, Charles Kingsley, *Law and Authority in a Nigerian Tribe. A Study in Indirect Rule*. London, New York 1950 [1937].

Ngokwey, Ndolamb, Varieties of Palm Wine Among the Lele of the Kasai, in: Douglas, Mary (ed.), *Constructive Drinking. Perspectives on Drink from Anthropology*. Cambridge et al. 1987, pp. 113–121.

Stokes, Deborah, Rediscovered Treasures. African Beadwork at the Field Museum, Chicago, in: *African Arts*, vol. 32, no. 3. Los Angeles 1999, pp. 18–31; 91.

Szalay, Miklós (Hrsg.), *Afrikanische Kunst aus der Sammlung Han Coray, 1916–1928*. München, New York 1995.

Templeman, Dennis, *The Northern Nadars of Tamil Nadu. An Indian Caste in the Process of Change*. Delhi, New York 1996.

Thorpe, Michael, The Toddy Tapster, in: *Transition*, no. 29. Kampala 1967, p. 48.

Vansina, Jan, Initiation Rituals of the Bushong, in: *Africa*, vol. 25, no. 2. Cambridge 1955, pp. 138–153.

Vansina, Jan, Recording the Oral History of the Bakuba. [Part] II: Results, in: *The Journal of African History*, vol. 1, no. 2. London 1960, pp. 257–270.

Winkler, Johannes, *Die Toba-Batak auf Sumatra in gesunden und kranken Tagen. Ein Beitrag zur Kenntnis des animistischen Heidentums*. Stuttgart 1925.

Wuhrmann, Anna, *Beschreibung zu den Lichtbildern aus Bamum (Kamerun)*. Manuskript im Archiv der Basler Mission, Ref. Nr. E-30-0,6. Basel 1917.

TEE

Internetquelle

Deutscher Teeverband e. V., *Tee als Wirtschaftsfaktor*. <www.teeverband.de/wirtschaft/pdf/WFT_2013_DE_final_27-JUNI.pdf>.

Literatur

Anderson, Jennifer L., Japanese Tea Ritual. Religion in Practice, in: *Man*, new series, vol. 22, no. 3. London 1987, pp. 475–498.

Anderson, Jennifer L., *An Introduction to Japanese Tea Ritual*. Albany NY 1991.

Bertsch, Wolfgang, The Use of Tea Bricks as Currency among the Tibetans, in: *Der Primitivgeldsammler*, Jg. 27, Heft 1. Rüsselsheim 2006, S. 19–51.

Brauen, Martin, *Heinrich Harrers Impressionen aus Tibet*. Innsbruck, Frankfurt a. M. 1974.

Brauen, Martin, *Bambus im alten Japan. Kunst und Kultur an der Schwelle zur Moderne. Die Sammlung Hans Spörry im Völkerkundemuseum der Universität Zürich = Bamboo in Old Japan. Art and Culture on the Threshold to Modernity. The Hans Spörry Collection in the Ethnographic Museum of Zürich University*. Stuttgart 2003.

Brucker, Karin, Sohns, Christian, *Die tibetische Küche. 108 Köstlichkeiten vom Dach der Welt*. München 2003.

Causemann, Margret (Hrsg.), *Volksliteratur tibetischer Nomaden. Lieder und Erzählungen*. Wiesbaden 1993.

De Khar, Wan, Changes in Family Material Life among the Nomads of Northern Tibet, in: *Chinese Sociology & Anthropology*, vol. 35, no. 2. Armonk NY 2002/03, pp. 65–97.

Dong, S. K., Long, R. J. and Kang, M. Y., Milking and Milk Processing. Traditional Technologies in the Yak Farming System of the Qinghai-Tibetan Plateau, China, in: *International Journal of Dairy Technology*, vol. 56, no. 2. Oxford 2003, pp. 86–93.

Ekvall, Robert B., *Fields on the Hoof. Nexus of Tibetan Nomadic Pastoralism*. New York 1968.

Freeman, Michael, *New Zen. The Tea-Ceremony Room in Modern Japanese Architecture*. London 2007.

Freeman, Michael and Ahmed, Selena, *Tea Horse Road. China's Ancient Trade Road to Tibet*. Bangkok 2011.

Fujioka, Ryôichi et al., *Tea Ceremony Utensils*. New York, Tokyo 1973.

Goldstein, Melvyn C. and Beall, Cynthia M., *Nomads of Western Tibet. The Survival of a Way of Life*. London 1989.

Gruschke, Andreas, *Die Heiligen Stätten der Tibeter. Mythen und Legenden von Kailash bis Shambhala*. München 1997.

Gruschke, Andreas, Zimmermann, Astrid und Schörner, Andreas, *Tee – Süsser Tau des Himmels. Geschichten und Legenden vom Tee*. Freiburg i. Br. 2007.

Hermanns, Matthias, *Die Nomaden von Tibet. Die sozial-wirtschaftlichen Grundlagen der Hirtenkulturen in A mdo und von Innerasien. Ursprung und Entwicklung der Viehzucht*. Wien 1949.

Hermanns, Matthias (Hrsg.), *Himmelstier und Gletscherlöwe. Mythen, Sagen und Fabeln aus Tibet*. Eisenach, Kassel 1955.

Hermanns, Matthias, *Die Familie der A mdo-Tibeter*. Freiburg, München 1959.

Kato, Etsuko, *The Tea Ceremony and Women's Empowerment in Modern Japan. Bodies Re-Presenting the Past*. London, New York 2004.

Kondo, Dorinne, The Way of Tea. A Symbolic Analysis, in: *Man*, new series, vol. 20, no. 2. London 1985, pp. 287–306.

Lee, Sherman E., Some Japanese Tea Taste Ceramics, in: *The Bulletin of the Cleveland Museum of Art*, vol. 60, no. 9. Cleveland 1973, pp. 267–278.

Lhamo Pemba, *Bod kyi gtam dpe = Tibetan Proverbs*. Dharamsala 2007 [1996].

Mair, Victor H. and Hoh, Erling, *The True History of Tea*. London 2009.

Mergenthaler, Markus (Hrsg.), *Teewege. Historie, Kultur, Genuss*. Dettelbach 2013.

Mori, Barbara Lynne Rowland, The Tea Ceremony. A Transformed Japanese Ritual, in:

Gender and Society, vol. 5, no. 1. Thousand Oaks 1991, pp. 86–97.

Müller, Claudius C. et al. (Hrsg.), *Der Weg zum Dach der Welt.* Innsbruck, Frankfurt a. M. [1982].

Ohki, Sadako and Watanabe, Takeshi (contrib.), *Tea Culture of Japan.* New Haven CT, London 2009.

Okakura, Kakuzo, *The Book of Tea.* London, New York 1906.

Okakura, Kakuzo, Steindorff, Ulrich und Steindorff, Marguerite (Übers.), *Das Buch vom Tee.* Leipzig [1922].

Okakura, Kakuzo and Richardson, Bruce (Introd.), *The Book of Tea.* Perryville KY 2011.

Palmieri, Richard P., Yak, in: Kiple, Kenneth F. et al. (eds.), *The Cambridge World History of Food,* vol. 1. Cambridge 2000, pp. 607–615.

Pitelka, Morgan, *Handmade Culture. Raku Potters, Patrons, and Tea Practitioners in Japan.* Honolulu 2005.

Rauber-Schweizer, Hanna, *Der Schmied und sein Handwerk im traditionellen Tibet.* Zürich 1976.

Ronge, Veronika, Das Handwerkertum, in: Müller, Claudius C. et al. (Hrsg.), *Der Weg zum Dach der Welt.* Innsbruck, Frankfurt a. M. [1982], S. 153–201.

Ronge, Veronika, Gedrechselte Holzgefässe aus Tibet, in: *Zentralasiatische Studien,* 17. Wiesbaden 1984, S. 184–217.

Ronge, Veronika, Was essen und trinken die Tibeter?, in: *Mitteilungen aus dem Museum für Völkerkunde Hamburg,* Neue Folge, Bd. 36. Hamburg 2005, S. 549–567.

Schachinger, Barbara, Tee- und Biergenuss bei den Tibetern. Objekte aus der Sammlung Ernst Schäfer im Staatlichen Museum für Völkerkunde in München, in: *Münchner Beiträge zur Völkerkunde,* Bd. 4. München 1994, S. 57–95.

Sen, Sôshitsu, Yamasaki, Hiromi (Ill.) und Dunkel, Christian (Übers.), *Einführung in die Teezeremonie. Comic.* Kapitel 1. Berlin 2001.

Société d'Ethnozootechnie (éd.), Le Yak. Son rôle dans la vie matérielle et culturelle des éleveurs d'Asie centrale, in: *Ethnozootechnie,* no. 15. Paris 1976.

Surak, Kristin, *Making Tea, Making Japan. Cultural Nationalism in Practice.* Stanford 2013.

Völkerkundemuseum der Universität Zürich (Hrsg.), *Tee.* Zürich 1990.

Wilkes, Garrison H., Interesting Beverages of the Eastern Himalayas, in: *Economic Botany,* vol. 22, no. 4. New York 1968, pp. 347–353.

Willson, K. C. et al. (eds.), *Tea. Cultivation to Consumption.* London et al. 1992.

Yü, Lu and Carpenter, Francis Ross (transl.), *The Classic of Tea.* Boston, Toronto 1974.

REISBIER

Antoni, Klaus, *Miwa – der heilige Trank. Zur Geschichte und religiösen Bedeutung des alkoholischen Getränkes (Sake) in Japan.* Stuttgart 1988.

Bastian, Adolf, *Die Vorgeschichte der Ethnologie.* Berlin 1881.

Baxandall, Michael, Exhibiting Intention. Some Preconditions of the Visual Display of Culturally Purposeful Objects, in: Karp, Ivan et al. (eds.), *Exhibiting Cultures. The Poetics and Politics of Museum Display.* Washington DC 1991, pp. 33–41.

Boas, Franz, Some Principles of Museum Administration, in: *Science,* new series, vol. 25, no. 650. Washington DC 1907, pp. 921–933.

Bronson, Miles, Extracts From Letters of Mr. Bronson, in: *The Baptist Missionary Magazine,* vol. XX. Boston 1840, p. 218.

Bronson, Miles, Journal of Mr. Bronson, in: *The Baptist Missionary Magazine,* vol. XXI. Boston 1841, pp. 85–88.

Bronson, Miles, Letter of Mr. Bronson, in: *The Baptist Missionary Magazine,* vol. XXI. Boston 1841, pp. 213–218.

Bronson, [Ruth], Extracts from the Journal of Mrs. Bronson, in: *The Baptist Missionary Magazine,* vol. XXI. Boston 1841, pp. 317–323.

Brown, Nathan, Journal of Mr. Brown, in: *The Baptist Missionary Magazine,* vol. XVII. Boston 1837, pp. 117–119, 170–173.

Brown, Nathan, Letters of Mr. Brown, in: *The Baptist Missionary Magazine,* vol. XVIII. Boston 1838, pp. 4–8.

Bücheler, Walther, *Bier und Bierbereitung in den frühen Kulturen und bei den Primitiven*. Berlin 1934.

Crew, Spencer R. and Sims, James E., Locating Authenticity. Fragments of a Dialogue, in: Karp, Ivan et al. (eds.), *Exhibiting Cultures. The Poetics and Politics of Museum Display*. Washington DC, London, 1991, pp. 159–175.

Deori, Chaya, Sofika, Samim and Mao, A. A., Ethnobotany of *Sujen* – A Local Rice Beer of *Deori* Tribe of Assam, in: *Indian Journal of Traditional Knowledge*, vol. 6, no. 1. New Delhi 2007, pp. 121–125.

Elwin, Verrier, *Myths of the North-East Frontier of India*. Itanagar 1993 [Shillong 1958].

Elwin, Verrier, *Nagaland*. Guwahati, Delhi 1997 [Shillong 1961].

Fürer-Haimendorf, Christoph von, *The Konyak Nagas. An Indian Frontier Tribe*. New York et al. 1969.

Goode, G. Brown, The Museums of the Future, in: *Report of the National Museum 1888/89*. Washington DC 1891.

Hutton, John Henry, *The Angami Nagas. With Some Notes on Neighbouring Tribes*. London 1921.

ICOM – Internationaler Museumsrat (Hrsg.), *Ethische Richtlinien für Museen von ICOM*. Zürich 2010.

Jacobs, Julian et al., *The Nagas. Hill Peoples of Northeast India. Society, Culture and the Colonial Encounter*. London 1990.

Jamir, Tiatoshi und Vasa, Ditamulü, Archäologie der Lokalkultur. Neue Funde und Deutungen in Nagaland, in: Oppitz, Michael et al., *Naga Identitäten. Zeitenwende einer Lokalkultur im Nordosten Indiens*. Gent 2008, S. 323–339.

Kaiser, Thomas, Die Lieder der Naga, in: Oppitz, Michael et al., *Naga Identitäten. Zeitenwende einer Lokalkultur im Nordosten Indiens*. Gent 2008, S. 233–252.

Kaiser, Thomas, Namen und Lieder. Mündliche Traditionen der Naga-Gesellschaften Nordost-Indiens, in: *Archiv Weltmuseum Wien*, Nr. 61/62. Wien 2013, S. 51–81.

Kunz, Richard et al. (Hrsg.), *Naga – eine vergessene Bergregion neu entdeckt*. Basel 2008.

Matthews, Washington, Some Sacred Objects of the Navajo Rites, in: Starr, Frederick et al. (eds.), *The International Folk-Lore Congress of the World's Columbian Exposition*. Chicago 1898, pp. 227–247.

Maurizio, Adam, *Die Geschichte unserer Pflanzennahrung von den Urzeiten bis zur Gegenwart*. Berlin 1927.

Mills, James Philip, *The Lhota Nagas*. London 1922.

Mills, James Philip, *The Ao Nagas*. London 1926.

Mills, James Philip, *The Rengma Nagas*. London 1937.

Oppitz, Michael et al., *Naga Identitäten. Zeitenwende einer Lokalkultur im Nordosten Indiens*. Gent 2008.

Parry, Nevill Edward, *The Lakhers*. London 1932.

Saul, Jamie, *The Naga of Burma. Their Festivals, Customs, and Way of Life*. Bangkok 2005.

Shih, Sheng-han, *A Preliminary Survey of the Book Ch'i min yao shu. An Agricultural Encyclopaedia of the 6th Century*. Peking 1962.

Sutter, Rebekka, *Tigermenschen. Tigerwandlung und Kosmologie der Naga in Nordost-Indien*. (Lizenziatsarbeit.) Zürich 2012.

Teramoto, Y., Yoshida, S. and Ueda, S., Characteristics of a Rice Beer (Zutho) and a Yeast Isolated from the Fermented Product in Nagaland, India, in: *World Journal of Microbiology & Biotechnology*, vol. 18, issue 9. Dordrecht 2002, pp. 813–816.

Tiba, Th. Robert, *History and Culture of the Maram Nagas. A Reconstruction from Oral and Folklore Tradition*. Delhi 2013.

Wettstein, Marion, Besiegte Krieger, erfolgreiche Weberinnen. Männerkleidung im Wandel männlicher Identität bei den Ao Naga, in: Oppitz, Michael et al., *Naga Identitäten. Zeitenwende einer Lokalkultur im Nordosten Indiens*. Gent 2008, S. 129–146.

Woodward, Mark R., Economy, Polity and Cosmology in the Ao Naga Mithan Feast, in: Russell, Susan D. (ed.), *Ritual, Power, and Economy. Upland-Lowland Contrasts in Mainland Southeast Asia*. DeKalb 1989, pp. 121–142.

BILDNACHWEIS

S. 4. Palmenkletterer, Malabarküste, Indien, 1935. Foto: Alice Boner. Museum Rietberg Zürich, Legat Alice Boner, ABF 270-10.

MILCH SCHWEIZ

S. 38. Alprechnung über die Alp Kummen. Foto: Albert Nyfeler. Ferden, Lötschental. Zwischen 1815 und 1940. Médiathèque Valais – Martigny. N° inventaire 063phG00068.

S. 39. Alppersonal auf dem Weg zum Melkplatz. Foto: Charles Krebser. Alp Torrent. Um 1925. Médiathèque Valais – Martigny. N° inventaire 011ph-00448.

MILCH AFRIKA

S. 62f. Karte Vegetation Afrikas. © NASA's Earth Observatory.

S. 86. Junge Frau mit Milchbehälter *gorfa*. Foto: Neal Sobania / Raymond Silverman. Dololo Makala, Äthiopien, 23. Mai 1993. © Neal Sobania / Raymond Silverman.

MANIOKBIER

S. 106f. Zwei Aguaruna-Frauen und ein Kind im Garten. Foto: Hansruedi Dörig. Rio Marañón, Peru, 1965. © Völkerkundemuseum der Universität Zürich. Film A66-91_8.

S. 116ff. Fotoserie zur Herstellung eines Maniokbiers der Aguaruna. Fotos: Hansruedi Dörig. Peru, 1965. © Völkerkundemuseum der Universität Zürich. Dia-Nrn. (v. l. n. r.) 2194, 2193, 2202, 2145, 2146, 2151, 2190, 2152, 2154.

S. 124. Apalai-Mann. Foto: Heinrich Harrer. Brasilien, 1966. Heinrich-Harrer-Museum Hüttenberg. SUR_00023.

KAWA

S. 135. *Piper inebrians*. Zeichnung: Sydney C. Parkinson. 1769. © Natural History Museum, London.

S. 139. «Kavabereitung auf Samoa». Foto: Alfred John Tattersall. Postkarte. Samoa, ca. 1900. © Völkerkundemuseum der Universität Zürich. VMZ 236.00.055.

S. 142. «Poulaho, King of the Friendly Islands, drinking Kava». Zeichnung: John Webber. Stich: William Sharp. In: Cook, James, *A Voyage to the Pacific Ocean*, London 1784, Tafelband. © The Trustees of the British Museum. 1841,0313.75.

S. 152. «Preparing for feast, Fiji». Fotosammlung Immanuel Friedländer. Fidschi, vor 1908. ETH-Bibliothek Zürich, Bildarchiv. Hs_0625a-0003-005. «Fijian clubs and curios, Viti Levu». Fotosammlung Immanuel Friedländer. Viti Levu, Fidschi, 1907. ETH-Bibliothek Zürich, Bildarchiv. Hs_0625a-0003-007.

PALMWEIN

S. 164. Gewinnung des Palmweins und Palmzuckers. Fotograf unbekannt. Südindien, ca. 1880. © Völkerkundemuseum der Universität Zürich. VMZ 050.00.021.

S. 166. Tuba, der vergorene Palmsaft. Foto: Bernd Schütze. Polomolok, South Cotabato, Mindanao, Philippinen, 2000. © Bernd Schütze.

S. 171. Der aus dem Blütenkolben gewonnene Saft. Foto: Bernd Schütze. Brgy. Bato-Bato, Narra, Palawan, Philippinen, 1993. © Bernd Schütze.

S. 172. «Männer aus der Palmbauerkaste.» Foto: Heinrich Kühner-Frohnmeyer (?). Malabarküste, Indien, zwischen 1896 und 1908. Archiv Basler Mission, Ref.-Nr. C-30.65.013.

S. 175. Kokospalmen. Foto: Bernd Schütze. Brgy. Bato-Bato, Narra, Palawan, Philippinen, 1993. © Bernd Schütze.

S. 182. Porträt eines Karo-Batak-Mannes. Foto: I. Asada, Grand Hotel Berastagi.

Karo, Nordsumatra, Indonesien, 1913–1923. Tropenmuseum, Amsterdam. Coll. no. 60053780.

S. 183. Ein Verkäufer von Palmwein. Foto: Tosari Studio. Bali, Indonesien, 1920–1930. Tropenmuseum, Amsterdam. Coll. no. 60026306.

S. 190. «Kamerun, Grasland die Reichsinsignien Schwert, Speerbündel, 3 Pfeifen u. eine Palmweinkalebasse.» Foto: Anna Wuhrmann. Foumban, 1. 1. 1911. Archiv Basler Mission, Ref.-Nr. QV-30.481.4983.

S. 194. Die korrekte Art des Trinkens aus einem Titelbecher. Foto: Hans Knöpfli. Babungo-Mbuakang, Januar 1992.
© Hans Knöpfli. Dia-Nr. XII.5.073.

TEE

S. 211. Teeverkauf in Lhasa. Foto: Heinrich Harrer. Tibet, 1948–1950. © Völkerkundemuseum der Universität Zürich. VMZ 400.08.01.036.

S. 213. Küche und Herdstelle in einem tibetischen Wohnhaus. Foto: Pietro Francesco Mele. Tibet, April–Oktober 1948.
© Völkerkundemuseum der Universität Zürich. VMZ 402.00.0198.

S. 215. Links: Tee zum Abschied. Fotos: Heinrich Harrer. Tibet, November 1950.
© Völkerkundemuseum der Universität Zürich. VMZ 400.08.01.097, VMZ 400.08.01.097a, VMZ 400.08.01.097b.
Rechts: Tee im Alltag. Fotos: Peter Aufschnaiter. Tibet, Juli und August 1951.
© Völkerkundemuseum der Universität Zürich. VMZ 401.29.040 (26.7.1951), VMZ 401.31.011 (29.7.1951), VMZ 401.34.004 (23.8.1951).

S. 217. Empfang zu Ehren des nepalischen Gesandten in Lhasa. Foto: Heinrich Harrer. Tibet, 1950 © Völkerkundemuseum der Universität Zürich. VMZ 400.08.01.708.

S. 232. «‹Koicha Demae›, the thick tea ceremony.» Mehrfarbendruck nach Vorlage von Toshikata Mizuno (1866–1903). Fukui Asahido Co. Ltd. Kyoto, Japan.
© Völkerkundemuseum der Universität Zürich. VMZ 877.00.013.